年報・死刑廃止2019

オウム大虐殺

インパクト出版会

目次

特集① オウム大虐殺　13人執行の残したもの

太田昌国
可知亮
中村一成
前田朗
山口薫
菊地さよ子

オウム大虐殺

13人執行の残したもの

オウム真理教の思想と行動を検証する　魚住昭・中島岳志・安田好弘・岩井信

アレフ広報部長・荒木浩さんに聞く

オウム真理教家族の会　永岡英子さんに聞く

年報・死刑廃止2019

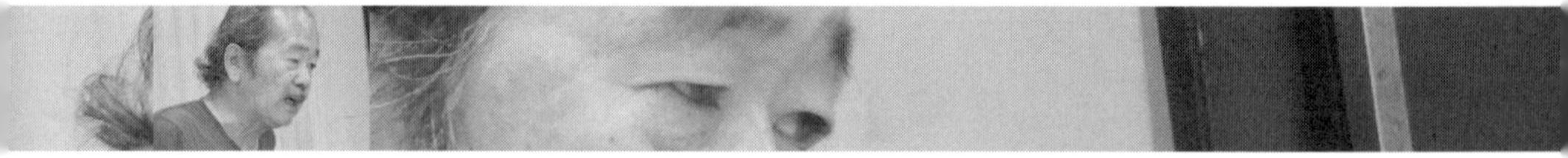

UOZUMI Akira

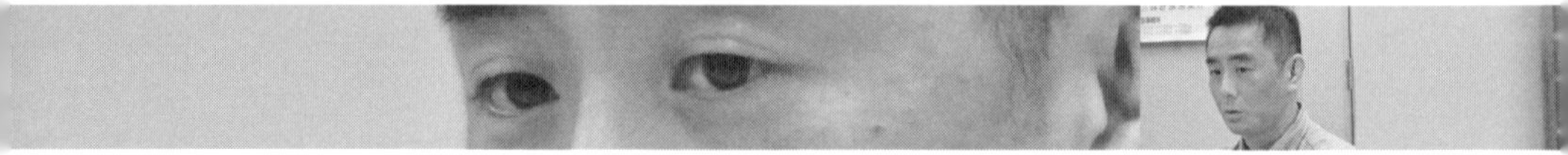

NAKAJIMA Takeshi

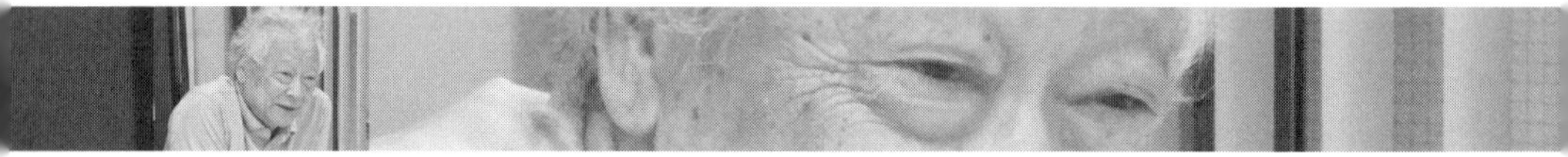

YASUDA Yoshihiro

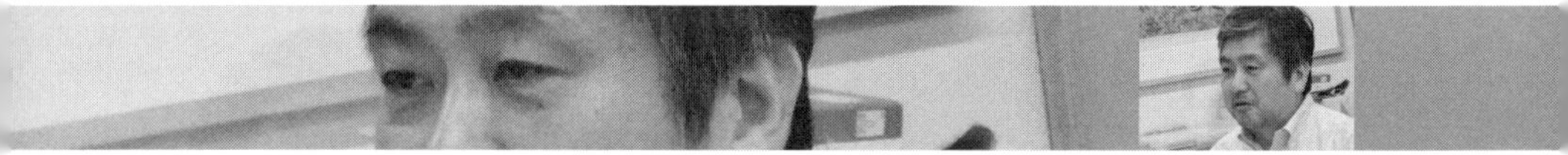

IWAI Makoto

オウム真理教の思想と行動を検証する

I

特集⊃オウム大虐殺　13人執行の残したもの

魚住昭×中島岳志×安田好弘×岩井信（司会）

魚住昭
ジャーナリスト。
『渡邉恒雄 メディアと権力』『野中広務 差別と権力』
『官僚とメディア』『特捜検察の闇』など多数。

中島岳志
東京工業大学リベラルアーツ研究教育院教授。
著書に『秋葉原事件―加藤智大の軌跡』『親鸞と日本主義』『血盟団事件』『アジア主義』など多数。

安田好弘
弁護士。
松本智津夫（麻原彰晃）氏の一審での国選弁護人であり、再審弁護人を務めた。

オウム真理教事件をめぐって考えたこと

岩井　昨年のオウム事件死刑囚の死刑執行から一年が経ちました。少し距離をおいて振り返る時期になっているなかで、オウム事件とは何だったのか、それは今の社会にどういう意味をもっているのかという点をもう一度見直したいと思っています。

オウム真理教は選挙を通じて政治を目指し、その選挙後にオウム事件へと向かうのですが、どこが起点になっていたのかということがあります。一方で、真面目な若者がオウムに惹かれていったことは社会構造から考えなければいけないと多くの論者が言うわけです。こうした問題関心から、中島先生の『親鸞と日本主義』を読むと、悩み苦しんでいる青年たちが、親鸞を契機としてむしろ日本主義の方向へと思想や生き方を形成していくという、いろいろ事例を挙げられていて非常に面白く読みました。無理矢理結びつけるというつもりはないのですが、当時の若者たちが悩み苦しんで親鸞を契機に日本主義にいくという流れと、現代の悩み苦しむ若者たちが何を見て、何を契機にオウム真理教に向かったのか。魚住さんからの問題提起として、オカルティズムやオウム真理教の背景にあるとも言われる酒井勝軍《さかいかつとき》らの陰謀史観がオウム真理教の中で果たしている役割も含めて一度話してみたいということもあり、今日の座談会となりました。

安田　魚住さんには、ずっとオウム事件に関心をもっていただいていて、おそらくジャーナリストとして膨大な裁判記録だけでなく関係記録のほとんどをじっくりと読み込まれたのは魚住さんくらいだと思います。もちろん法廷も傍聴してもらいました。

魚住　しかし、残っているのは要は検察の記録・証拠だけだったですね。本人の話は、途中でバチンと切れているわけですね。ちょうど一審の法廷がクライマックスにきた時に、彼は精神の不調を訴えるようになって、本当に残念なところなんですけれども、ある意味では事件の真相を探る作業というのは、ピタッとそこでストップしているんです。だから、それ以上のことを明らかにするのは至難の業だと思いました。検察側の記録ばかり読んでいると向こうの論理に入ってしまいますしね、難しい局面に突き当たってしまったなと思っているのは確かです。

僕と麻原氏のつながりをご説明しておこうと思います。私は熊本県八代郡鏡町というところ、今は八代市になっていますけれども、そこで一九五一年に生まれました。そこからちょうど南へ一〇キロくらい行ったところが麻原氏が生まれた八代市の田舎なんです。時期的にも、麻原氏の方が僕より四つくらい若いですが、場所の上でも時間の上でもかなり近接したところで育っていました。だから、彼がどういう空気、風土の中で育ったのかというのは実感としてわかるんですね。ただ、僕は正直言ってオウム事件が花盛りのころにはほとんど取材はしておりません。安田さんが言ったように、後で二五七回の裁判記録を読んだり、検察側の証拠とか、弁護側の接見記録を読みまして、あの事件は一体何だったのか、真相はどこにあるのかというのを、未だに興味を持っているのですが、正直言ってその作業を集中的にやったのは六、七年前で、今は詳しい記憶はあまりないので、責任を持ってちゃんとしたことは言えないかもしれませんが、わかる範囲でお話ししたいと思っています。

岩井　中島さんは東京新聞（二〇一八年七月二五日付）で「麻原元死刑囚刑の執行の是非　悩ましい「究明」の優先度」を「論壇時評」に書かれていて、そのなかで「理由が不透明だから不安が増大する」「オウム事件の結果、増大したのは不安や恐怖心であり、そのことによって集団化や同調圧力が加速した。今回の麻原死刑によって、事件を指示した動機が語られることはなくなった。分からないことによる不安や恐怖が一層増大し、監視権力が強化される」と、述べられています。その中で、当時「オウム事件真相究明の会」の呼びかけに応えないという中で、いろいろ考えているうちに執行がなされたということが率直に書かれています。死刑執行後、ちょうど一年経ったわけですが、現時点でどういったことをお考えになっていますか？

中島　死刑の執行自体には、僕はやっぱり反対だったんですね。ただ、その会の呼びかけ人として僕が名を連ねるということに、本当にそれでいいのか、自分の中で死刑とはいったい何なのかとか、いろんな決着がつかないままこれに名前を連ねるってどうなんだろう、ウーンと逡巡しているうちに時間が経って、機を逸して、そして死刑が執行されてしまった。けれども、断るにしても、呼びかけ人に名前を連ねるにしても、自分のなかでモヤモヤした誤魔化しがあるという感覚があって、率直にそのことを書いてみようと、この「論壇時評」では思ったのです。だから、非難されるというのも覚悟で、素直に時間が経っているうちに流れてしまったということも書いたのです。

森達也さんがおっしゃるように、「分からない」ということが非常にいろんな人たちの不安というものを増長するというところは、その通りだと思っているんです。森さんもよく似たことをおっしゃっていますが、「分かりやすさ」をめぐって、僕は近年非常におかしなことが起きていると思っていて、「分かりやすさ」と「単純化」の区別っていうことが、いろいろなところでつかなくなっていると思うんですね。とくにテレビがそうで、僕自身は田原総一朗さんは大好きな方なんですけれども、絶対に『朝まで生テレビ』には出ませんというふうに田原さんには申し上げていて、一度も出ていないんですけれども、それは、田原さんがやはり「単純化」をされるからなんですよね。「憲法九条改正、賛成なの、反対なの、どっち」。けれど、賛成と反対という極論の間の無数の選択肢を吟味するというのが僕の作業だと思うんですけれども、この「AかBか」「YESかNOか」とか、そういうようなことでいろいろなものが語られるような、これこそが「分かりにくさ」を増長していて、不安を増長し、そしてより防御的なものを加速させていると思うんですね。監視権力的なもの。みんな「監視カメラいっぱい着けてくれ」みたいなことにつながっていると思う。

やはりオウムの問題のどれを読んでもわからないところが、最後の最後に出てくる。何でサリンを撒く必要があったのかという決定的なことについては、いくら説明されても論理に飛躍があるように読めてしまう。彼らに捜査の手が迫っていて、追いつめられていったのはよく分かります。しかし、一連のプロセスだけで事件を読み解いていいのか。根源のところに思想的な問題が絡んでいないのか。ここがまだ明確になっていない以上、これ、執行してしまったら、松本智津夫という人がもう一度語り出すことがどれくらいの可能性であるのかはさっぱり分かりませんけれども、しかしそれを含めて判断できない以上、やはり執行に賛成することはできないというモヤモヤだった。それが嘘偽りのない率直な感じだったんです。

岩井　一年経過して、そのモヤモヤは何か変わりましたか？

中島　もう少し僕が勉強しないとと思うんですけれど、やはりオウムの関係本が出るとめくってみるんです。じゃあそれでスッキリしたのか、これだという感覚を自分の中で確証を得るようなものというのはないんですよね。ここをどう自分で埋めたらいいのだろうなと、けれどもう当事者はいない。残されたものからみんなで立体的に積み上げなければいけない。けれど、その努力をやめちゃいけないといいますか、これで終わりにしてしまわないというのが重要なんだろうと思って、今日も思想上からこの問題に迫れるとしたら、いろいろとご議論を聞かせていただきたいなと思って参加させていただきました。

岩井　安田さんは一審の段階で主任弁護人として関わってきて、麻原さん本人とも面会し、ある意味では近いところにいたわけです。「分かりやすさ」と「単純化」が混同された時代だということが挙げられましたが、安田さんからすると、事件に至る経緯については、今どういうふうに思っておられるでしょうか。

安田　僕はたまたまこの事件を受けることになったんですね。最初から受けたいと思ったわけではないし、むしろ彼が逮捕されて護送車で運び出される車の彼の顔が映し出されて、あぁ、この人はこの時を境にして再び生きて出てくることはないと思われ、とても暗く悲しい思いで見ていました。ところがいろいろな経過があって私は彼の弁護人になりました。で、彼とは多数回、しかも長時間会いましたし、沢山の話もしました。

当時、私は、刑事事件は刑事事件として扱われなければならない、そこには偏見や予断があってはならない。とりわけ、宗教とかそういうものを持ち込んで、宗教裁判にしてしまってはならない。それを避けるためには、事実だけで、徹底的に事実にこだわってやっていこうと考えました。ですから、彼の一挙手一倒足についてまで、また心のヒダの一つにまでこだわって、事件を明らかにしていきたいという思いでした。麻原氏を含めておもだった人がみんな処刑されてしまった今考えると、それが本当に正しかったのかどうか自信はありません。むしろ、徹底して宗教裁判化して全ての出来事や行動について宗教的に意味づけて事実を明らかにしていくこと、この人たちの生き方や世界観を明らかにしていくことも必要ではなかったかと思っています。

ですから、私は、彼に何をやったかを中心に話を聞いてきたのですが、何を考えたか、どういう背景がそこにあったかについては、それほど立ち入りませんでした。しかし、彼が私に要求したのは、この本を読んでくれと、例えば『ヨーガ根本経典』をぜひ読んでくれということを一所懸命私に言ってくれていたんです。しかし、私は敢えて読みませんでした。書籍を通してでなく、個人対個人の対話の中で彼を理解しようと思いました。今となっては、私の方こそ傲慢であったのではないかと反省しています。

もっとも、何回も会っているうちに、錯覚かもしれませんけれども兄と弟のような情緒的な感覚が出てきて、彼も心理的に私に依存する、私もなんとか彼を支えようという思いがあって、そういう心理的な繋がりの中で、いずれどこかで彼が何を考えていて何をしたかったかということを包み隠さずに、つまり、心理的な抑制のすべて取っ払ったところで語ってもらい、それに基づいて議論を重ね、それではじめて、彼の存在と行動が理解でき、それを裁判の場面で明らかにしていく。私は、そう考えたのですが、途中で彼がああいう精神状態でしゃべることができなくなってしまいました。加賀乙彦さんや野田正彰さんなど彼を診察した五名の精神科医は、治療すれば治ると言ってくれていたのですが、拘置所は、詐病だとしてまったく治療しようとしないまま、死刑を強行しました。ですから、結局、彼とまともに話をすることができないまま終わりました。

また、私は、他の人たちからも話を聞こうと考え、特に生物化学兵器を開発したという遠藤さんに話を聞きたかったのですが、拒否されました。しかし、この二、三年間、新實さんと中川さんとは面会することができ、話を聞き続けてきました。もっとも、接見時間が一回三〇分に制限されたものですから、端緒についたばかりで終わってしまいました。新實さんが執行された日は、ちょうど、私が彼に会いに行く日でした。新實さんは、自分たちのやろうとしたことは内乱だったと、オウムの国家を作ることだったと話していましたが、どうしてそのようなことを目指すことになったのかについて、いよいよこれから話しが始まろうとしているところでの、執行だったわけです。

岩井　安田さんは弁護人として取り組み、魚住さんはジャーナリストとして見てきたという立場でいうと、魚住さんはどういう観点で事件を見てきたのでしょうか

魚住　二つありまして、一つは言うまでもなく、先ほど中島先生がおっしゃったように、要するにこの事件の最大の謎はなぜサリンを撒いたのかなんです。まだボツリヌス菌のアタッシュケース事件はわかるんですよ。だって、あれをやっても誰の犯行かすぐにはわかりませんからね。だけど、その後のサリンを撒けば、オウムの犯行だと即わかる状態にあったことはまず間違いない。それなのに、オウムの実行犯の一人が言っていたと思うんですが、「招き猫みたいなこと」、つまり強制捜査を早めるようなことを、なんであの時点でやったのかは、いまだに本当にわからない。最大の謎なんです。それを知りたいというのが、まず一つあります。だから、大きく言えばそれを中心にした事件の謎を知りたいということがあります。

もう一つは、中島さんの前で僭越ながら、やはり思想史的にきちんとオウムを位置づけないと、実はオウム真理教事件というのは何であったのかということは、きっと分からないだろうなと。それをやった人はいないよねというような感覚です。いろんな学者がおっしゃっていることを聞いても、ある種ピントがずれているという感じが拭えなくて、そういうことを知りたい。

正直言って、僕の見た範囲では、実はヒントは麻原さんの接見記録の中にあるんですね。彼は二人名前を挙げているんです。自分が影響を受けた宗教人、一人は大本教の出口王仁三郎、もう一人は酒井勝軍。とくに彼と関連性が深いのが、酒井勝軍の方です。この人を基準に、この人の思想から麻原氏の思想を考えていくと、結構わかりやすいんです。すごく共通点があって、一つは日本とユダヤが祖先が同じであるという「日猶同祖論」というのを酒井さんは展開している

んですけれども、この「日猶同祖論」とオウムのユダヤ陰謀論には共通点があります。もう一つは、近い将来にハルマゲドンが来るという終末論も共通しています。この酒井さんというのは元もとはクリスチャンで、明治時代にアメリカに四年くらい留学して、日本に帰って来て日露戦争に従軍したのをきっかけに国粋主義者に変わっていくという複雑な経緯をたどった人で、ある種のシンクレティズムなんですね。キリスト教と神道と儒教、いろんなものが混ざり合っている。だから、ハルマゲドンというキリスト教的世界の観念が入ってきたり、古神道的な話が入ってきたり、それからピラミッドみたいなことに興味をもったりとか、まあいろいろなことをやった人です。この人に一時麻原氏が影響を受けたというのは、恐らくオウム真理教事件を考えるうえでヒントになるのではないかというのが、僕が考えたことの一つです。

岩井　昨年の執行後、一一月一日付で新潮文庫から高山文彦さんが書いた『麻原彰晃の誕生』という本が再刊されています。この中には今話された酒井勝軍との関係が、相当ページ数がさかれて書かれています。例えば、麻原彰晃氏らが教団の石井久子さんらを連れて東北・五葉山へ行って、酒井勝軍の場所を案内し、関係者に会って話をしているということを直接取材されています。高山さんも、酒井勝軍さんとの接触、その背景にあった「竹内文書」という古文書のこと、それが当時の『ムー』という雑誌などでの訪問記を書いている等ということに触れて、確かに麻原氏自身がそういう側面に非常に興味を持っているということは出てきています。安田さんは、これらが事件に至る教団の成長や軌跡に与えている影響と捉えることができると思いますか。

安田　酒井勝軍の話は、私が興味を持っていなかったからでしょうが、麻原氏とはほとんど話題になりませんでした。彼との話で多く出てきたのは、『毛沢東選集』でした。彼の実家に行ったら、本棚に『毛沢東選集』が並んでいました。彼のお兄さんが日中友好協会に入っておられて、中国にも訪問されて、麻原氏曰くお兄さんの影響をガッチリ受けたと。高校時代だと思いますが、まだ目が不自由でないころ『毛沢東選集』を読破したと。彼は、農村から都市への戦術戦略的な部分だけではなくて、毛沢東と太平天国の洪秀全を重ね合わせていました。宗教的確信に基づく決起と宗教国家の樹立。しかもその戦略として毛沢東的な根拠地戦争と遊撃戦争的なものを考えていた。波野村や上九一色村は根拠地の一つであったでしょうし、生物・化学兵器は、遊撃戦の有力な武器であったのではないかと思います。私がかつて学生運動をやっていたこともあったものですから、彼はそっちの方に重点を置いて私に話をしていたのかもしれないなと思っています。

私は、上九一色村のサティアンを見て回りましたが、麻原氏が住んでいた居室を含めて、全てバラック、つまり兵舎だったような気がします。宗教施設であれば、豪華できらびやかなものが目に浮かびますが、まったくそのようなものとは無縁なものでしたし、みなさんの生活は徹底した集団生活でしたし、衣食住の全てが宗教的でそして質素でしたね。そうは言っても、オウムは麻原氏を教祖とする組織ですから、組織としての矛盾、教祖との距離の取り方や、幹部間の軋轢や、虚々実々の支配・被支配があったのではないかと思います。そして、それらの複雑な絡み合いの中で、麻原氏を頂点として、現実に存在していたオウムを理解する必要があると思ったのですが、それらは、オウム裁判で被告人となった幹部のみなさんが一緒に裁判を受けるのではなく、個々人に分離されて裁判が行われたので、分からないままに終わったのではないかと思います。

オウム事件への経緯

岩井　確かにオウム事件を事後的に位置づけようとすると、どうしても私たちの関心事に引きつけて説明をして、そこである程度わかった話になってきて、解明したというふうにもなりかねません。それが間違えると、中島さんが先ほどおっしゃった「分かりやすさ」と「単純化」の「単純化」の方向での理解になってしまいます。今日はそこも頭におきながら、あえて今の議論を進めていったらどうかと思っています。

キーワードとして出てきているのは、酒井勝軍という人で、この方は一八七四年に生まれて一九四〇年に亡くなられている。正に戦前に亡くなられて、先ほど魚住さんが説明されたとおりのいろいろな話をして、最後は日本民族こそがユダヤ民族を含む世界のあらゆる民族の起源となった存在という考えを広めていくような部分があったようですね。一方、安田さんの話からも、毛沢東主義的な戦略戦術を超えて、太平天国のこととも結びつけて、そこで、オウム真理教が国をもじった組織体系を作っていくというのも、何かオーバーラップもしてくる。オカルティズムとも言えるし、シンクレティズム（混合主義）という、宗教的な非常にまだわかりづらい側面と政治的な側面の二つが奇妙に同居しています。そういった流れを踏まえて、中島先生の率直な感想はいかがでしょうか。

中島　僕が麻原という人を捉える際に、思想史の人間として書こうと思っていることは、三つのアプローチがあります。一つは熊本という問題なんですね。この熊本の風土で、例えば麻原が生まれ育った八代というと、私のような戦前の超国家主義の研究をやってきた人間からすると、蓑田胸喜を生み出した土地で、国家主義との関係が連想されます。熊本には五高（第五高等学校）があり、大川周明のところで学んだところでもあります。徳富蘇峰も熊本出身で、明治初期には神風連の乱もありました。思想というものに湿度がある所と言いますか、そういう風土があるんだと思うんです。しかも、それが簡単に「右」「左」という観念では分けられないようなところに「熊本」という所の思想の根っこがあると思うんですね。ですから、パトリへの情念やエートスを、むしろ戦後には谷川雁さんとか森崎和江さんとか、あるいは石牟礼道子さんとか、炭鉱の周辺でサークル村をやっていったような、そしてそれはアジアに開け、毛沢東とつながっていくような思想構想・文学的精神を持った人たちが引き継いでいった。熊本がもってきた「土地からくる湿度」のようなものというのが一つのアプローチだと思います。麻原という人を見ていると、この「思想的な湿度」ですよね、これを非常に濃厚に持ちながら、しかも親に対する非常に複雑な、「捨てられた」という思いを持ち、兄を頼りつつ、しかし兄を超えていこうとするような、そこと鍼灸をやりながら合理では解けない何かを探求するという、この人生の苦悩と直結した熊本的湿度があると思うんです。

二つ目は、先ほど魚住さんがおっしゃり、僕も注目してきたのは、酒井勝軍とかあるいは大本です。とくにオウム真理教とパラレルな問題としては大本を非常に意識せざるを得ません。大本がもっていたのは、万教帰一という普遍主義とスピリチュアリティ。そして、鎮魂帰神法という霊能。そこから立てていった論理が「国家の正史」とぶつかってしまう。ナショナルヒストリーからずれていく。大本の「艮の金神」というのは須佐之男系に行くので、天照の物語とはそぐわないんですよね。同じ神道的なものを語りつつ、なぜ大本は二度にわたって弾圧されるのかというと、それは天皇制を民衆側からの下からの熱情によって乗っ取られるという感覚があったからだと思います。しかも、貧しき人たちのうめき声のようなところに、出口なおのところにはお筆先というのが降りてくるわけです。苦境の中で、書けなかったはずの文字が降りてくる。そういうような、ある種の戦前のもう一つの民衆史みたいなところ、そこと宗教というものが非常に土着的なものと結びついたという思想史、それが二つ目に麻原という人に迫るときの伏線だと思います。

三つ目に、この人が宗教に、阿含宗を入り口として入っていく八〇年代、ここでオウムの輪郭ができるのだと思いますが、この八〇年代における陰謀史観にしろあるいはスピリチュアリティに関心が集まります。その前の七七年には見田宗介＝真木悠介が『気流の鳴る音』を書き、非常に大きなブームをもたらすわけです。東大の社会学にいたような人たちがインドに渡ったりするような、もう一つの近代世界を乗り越えた、近代を超克した世界があるのだと、そういう世界認識。これの元には六〇年代後半のヒッピーブームがあるのだと思いますけれども。その流れの中で、それを知的なものにしていったのが中沢新一さんです。麻原はやはり中沢さんの書いたチベット仏教のものに非常に強く影響を受け、中沢さんはかつそれを阿含宗の版元から出しています。同時代的なスピリチュアリティへの関心。理性によっては捉えられない何かというものをポストモダン的に求めるような心性を捉えておく必要があります。

魚住　『虹の階梯』とか。

中島　そうですね、『虹の階梯』が一番大きかったですね。

僕は、その三つのアプローチを複合的になって、彼の何か根拠のようなものが見えないかなというのが率直な感覚です。

魚住　中沢さんは見田宗介の系譜になるわけですか？

中島　大きくはたぶんそういうところがあると思いますね。しかも、例えば酒井勝軍などにつながっていると言うと怒られるかもしれないんですけれども、網野善彦さんが出てきたのがやはり七〇年代の末なんです。つまり、天皇制、それから稲作農耕民のような、あるいは大嘗祭につながっていく農耕儀礼から外れた海の民とか山の民のもう一つの歴史があるんだぞというのが網野史観として出てきたものだったんですよね。そこの中に中世的なアジールを見ていったりというのが、あの頃の歴史の一つの流行で、ここと酒井勝軍などは、もう少しの距離なんですよ。つまり、正しい何か天皇を中心とした歴史とは違う歴史があるのだと。別の人たちがいるのだと。

魚住　「竹内文書」の世界ですね。

中島　そうですね。日本海で外の世界と繋がっているようなナショナルヒストリーに還元されない世界。網野さんが調べたのも能登半島で、朝鮮半島と自由に行き来しているような人たちとか。こういうある国家中心の歴史には残ってこない周辺の歴史というものの中に、実は日本の多元性みたいなものがあるんだという認識ですよね。その背景に、やはり思想的には「沖縄」とか「アイヌ」とか、吉本隆明の「南島論」だとか、島尾敏雄の「ヤポネシア論」というものがあったり、あるいは太田竜という人がアイヌの方に行き、そしてそれがテロ事件の背景になっていくような、太田竜はその後陰謀史観になっていき、極右になっていきますけれども、何かこういうあの時代の思想というものの中にこの人はいたんだろうな、オウムを位置づけないといけないと思うんですね。

魚住　七〇年代、八〇年代のある種「時代の空白」と言ってはおかしいかもしれないが、そういう状況、カオスみたいなところがあるわけですね。

中島　もっと言うと左翼思想の転換点という問題だと思っているんです。どういうことかと言いますと、僕の定義上は、やはり六〇年代の後半に大きな左翼の転換があると思っています。本来の左翼思想というのは、基本的には近代的な理性によってよき社会というものを人為によって作っていきましょう、だから頑張っていきましょうというのが、革命思想なんかにつながっていくものでしょうけれども。

魚住　構築主義というやつ。

中島　そうなんですよね。しかし、六〇年代に同時に起きたのは、アメリカのヒッピーブームの火付けになってきたのは、そういう近代主義こそが非常に大きな問題である、近代合理主義いうものがベトナム戦争などの背景にあると。そういう四角四面な大人たち、スクエアというふうに言いましたけれども、そういうものを乗り越えていかなければならない。つまり重要なのは理性の追及ではなくて、感性の解放であると。なので、合理主義を超えていこうというムーブメントが、六〇年代のアメリカで非常に花咲き、それが、例えばインド思想とかネイティブ・アメリカンとか、大麻を使って精神を解放しようとか、ビートルズがインドに行ったりするような時期ですけれども、こういう文化が六〇年代半ばに非常に大きくなってきた。これが全共闘世代に入ってきたのが六七〜六八年くらい。で、フーテンと言われた人たちの一部が、コミューンを作り始めるというのが七〇年代にかけてで、それが宗教と交わっていくのが「ヤマギシ会」なんかですよね。全共闘の挫折組というのがヤマギシ会に行ったとよく言われます。この流れと麻原の八〇年代をどのように結びつけて考えていくのか。

岩井　仮にそういうふうに見た場合には、麻原さんの特質だけではなくて、むしろそういう歴史的な経緯から見ると、そこにいわば麻原さんがはまっていく、そういう流れもあると言えますか。彼独自の思想というよりも、すでにある流れの中に位置づけらことができますか。

中島　そうですね。同時に、それがないと、彼が千葉の船橋で薬事法に触れるような店を運営したり、その後都内でヨガ道場を開いたりし、そこに多くの人がついてくるわけです。そういう社会状況の中で、「麻原彰晃」が誕生していくんだと思うんです。このプロセスは、やはり時代の中で吟味しないといけない。

岩井　一人だけでは「誕生」になっていかない、それを受け入れる人がいて初めてその人が伸びていくと言えるわけですね。

中島　最初は鍼灸師なんだけれども、どんどんある種の精神性を伴った、宗教性というものを伴った治療方法みたいなものに、彼の中では発展をしていくわけですよね。これは、あの当時のスピリチュアルブームと連鎖している。

麻原彰晃の誕生

岩井　安田さんは、実感としてはどうですか。

安田　話が元に戻ってしまうのですが、私が麻原氏の実家を訪問したときのことだったんですが、町に入ろうとしたら、棒を持った人たちが町の入り口に立っているんですね。私は、彼らに追い返されるのではないかと思ったんですが、彼らが追い返そうとしていたのはマスコミの人たちだったんですね。彼らは、麻原氏の実家を守ろうとする自警団だったわけです。この人たちからすれば、麻原彰晃ではなく、松本智津夫ちゃんなんでしょうが、麻原氏は、松本智津夫ちゃんが町を出て行ってなりとげた英傑なんですね。当時、日本国中が、麻原憎しだけでなく、麻原彰晃という人間そのものを生理的に忌み嫌っていたんですが、地元ではそうではなかったんですね。地理的には少しズレるんでしょうが、かつて朝廷に与しなかった熊襲の話を思い出しました。

　オウム事件の中では、オウムが、麻原彰晃を主権者とし、天皇家を排籍して一般人とする神政一致の基本律と称する「オウム憲法」を作り上げようとしていたことが明らかになったわけですが、このことについて麻原氏に訊くと、彼は「そんなの冗談ですよ。青山が遊んだだけですよ」って言っていましたけれど、遊びにしては中身が濃すぎるわけです。天皇を引きずり下ろして一般人の戸籍を与えて普通の人にしてしまうというのですから、彼が実現しようとした権力感は、天皇を包摂してしまうほどの大きなものだったのだと思いました。彼の話の中では、オウムが対峙する権力として常にユダヤが出てきます。アメリカはその傀儡に過ぎず、日本つまり天皇制はローカルな問題に過ぎないというわけです。彼の意識の対象は、ユダヤであって、彼らが世界を支配するか、自分たちオウムが支配するという戦争が待っている。そのために、日本をオウムの国にし、一二万人の軍隊を作って、ユダヤと最終戦争をせざるを得なくなるという話もありました。そのための準備をやってきた。原爆を製造しようとしたり、ボツリヌストキシンや炭疽菌などの強力な生物兵器を開発したり、さらに七〇トンのサリンを製造できるプラントを建設したり、ＶＸなどの化学兵器の開発にも手を出したのは、そのためだと言うわけです。日本シャンバラ化計画と言われていますが、ユダヤに勝利してオウム真理教に基づく理想の国「シャンバラ」の建設をしようと言うんですね。

　ただ、私は、彼が何をやったかという事実にこだわっていたものですから、彼の話を真正面から聞こうとしませんでした。しかし、彼が何を考えていたかを理解しないで、何をしようとしたかを理解できるはずがないわけですから、私自身の力不足であったと反省しています。

魚住 水俣病については、何か感じましたか？

安田 確か、彼の言葉には出てこなかったですね。

魚住 藤原新也さんという人が、麻原氏が目が悪かったのは水俣病の影響ではないかという仮説を書いています。そこの流れでいくと、オウムが皇太子の成婚パレードを襲撃しようとことがありましたよね。

安田 あれは、炭疽菌ですね、亀戸の道場の屋上から七千気圧で炭疽菌の入った水溶液を照射する。標的は皇居であり、結婚式の皇太のパレードだったんですね。彼らはビル全体を改造して水圧を極限にまで高めていたようでしたし、風の影響を計算するため気象会社と契約したりしていましたし、当日は、必要な要員を残して避難させたりしていますから、本気だったんだと思います。皇居を取り囲んでアジトも用意していましたから、本当に天皇に成り代わろうというか、天皇を超えちゃっていたんだと思います。

魚住 天皇制に対する怨恨、恨みみたいなものの背後に、自分は水俣病で目を悪くしたんだという気持ちがもしあるとしたら、分かりやすくはあるんだけれども。ただ、よく考えてみると、お兄さんが十二歳上で、やはり麻原氏と同じような目の悪さ、同じ症状ですよね。

安田 緑内障なんですね。

魚住 水俣病が症状として現れてくるのは昭和三〇年前後だと思いますが、麻原氏のお兄さんは十二歳上ですから、幼い頃から目が見えない状態だとしたら早過ぎるんです。

中島 水俣病以前ですね。

魚住 水俣病以前の発病ではないかと思われる。そうすると、水俣病説というのは、あまり信憑性がないという感じがします。それよりも、先ほど中島さんがおっしゃったような視点で見た方がいい。

安田 彼と彼のお父さんやお母さんが話しておられたのは、遺伝的な緑内障だと。男の子に遺伝する。最初は見えるけれども、十五、十六歳頃になると見えなくなってきて、大人になると完全に見えなくなるということでした。麻原氏のお宅は畳屋さんですから、現金収入があって地元では他のお宅よりも豊かなんですね。お母さんのお兄さんは、長年、町会議員をやっていたりして、どちらかというとインテリなんですね。お父さんは、子供がいずれ目が見えなくなることから、盲学校に入れて将来ちゃんと生活できるようにと考えたんですね。彼のお兄さんも、弟さんもそうでしたね。お兄さんは、鍼灸師の資格を取り、日中友好協会の幹部にまでなった人だそうですし、久保亘という参議院議員と懇意だったみたいですね。だから、お兄さんの手元に毛沢東撰集があり、彼がそれを読み、毛沢東につながっていくことになるのだと思います。

彼は、体がでかくて頑丈だし、勉強は良くできるし、友達は目が見えなかったけど、彼は見えていたんですね。ですから、学校ではずば抜けていたんだと思います。しかし、やがて目が見えなくなるという、彼にとっては、どうしようもない運命が待ち構えていますし、それを自覚していたんですね。そういう中にあって、彼は東大医学部に行こうとしましたし、続いて東大法学部にも行こうとしたんですね。上昇志向がもともとあったんでしょうが、それが権力志向に変わっていったんだと思いますね。そして、彼は東京に出てきて予備校に通うんですが、挫折する。それで、先ほどおっしゃった鍼灸師を始める。その後、薬屋さんもどきを始めて健康食品というんでしょうか漢方薬を販売する、それが薬事法に触れるということで逮捕されるんですね。彼は効能を書いただけだった、誰かにたれ込まれたと言っていましたが、警察はわざわざ事件として取り上げ、彼を逮捕したんですね。彼はそのことを大変怒っていました。それで反権力になったかどうかは別として、少なくとも国家に対する不条理感を持ったのではないかと思います。そしてヨーガの修行と道場を開くんですね。阿含宗にも入っていたと言うことでしたね。彼ほど修行ができる人はないと評価されていたと聞いています。

麻原家が極貧だったとか、父親が口減らしのために麻原氏を盲学校に入れたとか、父親が定期的に盲学校に訪ねてきて県から支給される麻原氏の小遣いを持って行ったとか、そして、盲学校では同級生を暴力や恫喝によって思うままに支配していたとか、マスコミでは色々な話がまことしやかに話されていますが、そのほとんどのネタもとは盲学校のかつての教師でして、彼女はそもそも麻原氏のことさえ憶えていなかったですが、マスコミを集めてレクチャーというか、彼らに煽られて話を面白おかしく作り上げていったというのが実態だったと思います。

彼は、修行そのものをプログラム化というか、このように修行すればこうなると数式のようにプログラム化していくんですね。そして、現実に実践によって弟子たちに示したというんですね。空中浮揚もその一つだったんだと思いますが、周辺の人に言わせると、彼に師事することによって現実に神秘体験を得たと言っている人も多かったですね。

話を元にもどしますと、麻原氏の元にあるのはやはり熊本、九州という所の風土だと思いますが、加えて、兄の影響を受けた中国へのあこがれ、そして目が見えなくなるという運命的な自覚、それを東大に進学するということで立ち向かおうとする、そういうものが複合されて、やがて宗教に関心が強くなっていったのではないかと思います。

魚住　補足的に言いますと、一つはお兄さんの存在がすごく大きいだろうなということを感じます。カリスマ的な鍼灸師だったという噂を聞きますけれども。麻原氏がオウムを立ち上げる時に、お兄さんに教祖にならないかという話を持ちかけたという。お兄さんは断ったと言っていましたけれども。で、お兄さんの供述調書を見ると、まだ坂本弁護士一家殺害事件の真相がわからない時に、弟がやっているのではないかと思っていたというふうなことで、それくらい弟に対してわりと突っぱねた見方をする人だったんですね。

まず最初に彼は、熊本の盲学校で鍼灸を勉強するでしょう。その中で、中国の老荘思想あるいは古典のようなものを読んでいる。そこから鍼灸を通じて宗教的世界につながっていって、熊本の盲学校を卒業した後どこかの鍼灸院に勤めるんです。その後、お兄さんの伝手で鹿児島へ行き、旅館に住み込みで鍼灸をやるわけです。そこで結構金を儲けて、その金の半分くらいを日中友好協会へつぎ込んだと言っているんです。そして、お兄さんが日中友好協会の招待で、訪中団で中国へ行く時に、お兄さんの代わりに行くんですよ。ちょうど行った時に毛沢東が死んだ。ところが、日中友好協会の人とよくいろんな話をしてみると、この人たちは本当に革命をやる気はないとわかったというんですよ。毛沢東思想を礼賛しておきながら本気で生きてないと、がっかりしてして、日中友好協会から離れていくというようなことを言っているんですよね。

中島　なるほど、そうなんですね。

魚住　ですから、中国の老荘思想とか毛沢東思想とか、あるいは日中友好協会の革命戦略であるとか、そういうものとまず触れ合っているんです。それから東京へ行って知子さんと会って、ヨガ道場を始める。

もう一つ補足的に言っておかなければならないのは、小さい時からすごく彼は頭がいい。三歳ぐらいでかけ算九九を言えたとか、幼稚園に行ってもあまりにもレベルが低いから面白くなくて行かなくなったとか。いわゆる神秘体験をすることが多くて、家で昼寝をしていると自分の魂が飛んで行って隣の家の様子を見るという経験とか、そういう神秘体験をよくしていた体質であったというようなことも言っています。それから、ヨガ道場を始めてからの話だろうと思いますが、接見記録に書いてあったことは、漢文のお経みたいなものが空中に幕みたいに降りてくる、お経の文字がずらずらっと空中に浮かんでくるというような神秘体験をしていたんだと。その話の流れで、大本教の話と酒井勝軍の話が出てきて、それからよく安田さんが言っていましたけれども、何年だったか未来の広島に行ってきたんだ、時間と空間を超えることができたんだと。

安田　自分が実際に行ったんだ、時間と空間を超えることができると。自分が実際に見てきたんだ、それで現場にいた人に聞いたんだ、それを私は話しているんだと言うわけです。そういう話の語り方です。日米戦争が起こってアメリカが日本に再び核爆弾を落とした。その廃墟となった焼け野原に一人の男の人が突っ立っていた。その人にこれはどうしたのかと聞いたら、広島弁で教えてくれた。未来を予測しているのではない、現実に未来を見てきたから言っているのだと。何故、日米戦争かというと、それはアメリカの背後にイスラエルがあって、イスラエルが米国を使って日本を潰そうとしたんだと。イスラエルはアメリカを使って世界をイスラエルが国家的にも宗教的にも支配しようとしている。その過程の最後の段階でハルマゲドンということが起こる。彼が言うハルマゲドンとは、世界がイスラエルに潰されていく最後の前兆となる事件なんだ。イスラエルに世界の王が集まる、それがハルマゲドンなんだと言っていました。その時から、イスラエルによる世界の支配が始まる。最終戦争が始まると言うわけです。一九九七年三月に地下鉄サリン事件が起こっているんですが、その一一月にイスラエルのラビン首相が暗殺されたんですが、その葬儀に世界中の首脳が葬儀に参加するためにイスラエルに集まったでしょう。それが正にハルマゲドンだと言って、その時から、イスラエルの世界支配の戦争が始まる。自分は、そのことが分かっているから、今、戦いを準備している。日米戦争に備えて、今から軍を用意しなければならない。時空を超えた将来の話と現在の話とが常に一緒になって、話が出てくるんですね。僕なんかこういう人間だから、フンフンフンというぐらいにしか聞いていなかったんですよ。彼が力説したのは、実感していると。自分は行った、自分は聞いた、自分は見たと。

魚住　その人は広島弁で話をしていたというんですね。

安田　そうそう。自分は広島弁を知らないけれども、焼け野原にいた男の人は、広島弁で話していた。自分はその口調を知らなかったが、広島出身の者に聞いたら、広島弁だと教えてくれた。

魚住　しかも、核爆弾が落ちた後の広島に行って、というんですね。

安田　だから、彼にとってはリアリティがあるものとして存在しているわけです。

魚住　荒唐無稽に見えるけれども、理路整然としているんですよ。決して頭が狂った状態で話しているのではないんです。

安田　確かに、ラビン首相は、イスラエルとアラブが共存して和平を実現しようとし、そしてそのことが評価されてノーベル平和賞を受賞するまでになったのですが、彼が暗殺されたことにより、アラブとイスラエルの和平は一気に破壊され、その後、アメリカとイスラエルが一体となってアラブとの対立が拡大し、湾岸戦争が起こり、イラク戦争となり、さらにシリア、トルコ、イラクを巻き込んだ紛争となり、アメリカはイスラエルに追随するかのようにエルサレムに大使館を置き、サウジアラビアを引き連れて、いよいよヨーロッパを巻き込み、何時、米・イラン戦争が勃発してもおかしくないほどの危機的状態となっているんですから、その流れは彼が言っていた流れと合っているんですね。

当時、麻原氏が言うイスラエルは私からすると、はるかにリアリティーを超えていたんですが、彼は警視庁の留置場の中にいるにもかかわらず、それを超えて、現実に見てきたかという将来の話をするんですね。つまり、彼は時空を超えることができるというリアリティーを語るんですね。

それからもう一つは、彼は、生死を超えちゃうわけです。つまり、過去の生も未来の生も全部彼は体験し、行き来できる、その記憶もしっかり残っている。だから、彼は自分の弟子が前の生で何をやったか、それだけでなく、無限に繰り返される輪廻の中での一つ一つの生で何をやっていたかということも分かる。

彼は、時空も超えられるし生死も超えることができる。彼の中では自己と他人というものも超えることができるし、現在、過去、未来も超えることができる。つまり、自己も他人も、無限に続く輪廻転生の一場面に過ぎないし、そのすべてを見通せるだけでなく、コントロールすることもできる、それがオウムであり、麻原彰晃である。彼の言葉ではありませんが、彼はそういう趣旨で話していましたね。

スピリチュアリティの時代背景

岩井　彼の語る神秘体験であったり、普通の人からみるとトンデモ話みたいなものが、現実にはオウム真理教という形で人が集まり、組織ができ、一定の階層が生まれて、集団が動いているわけですよね。どうしてそうなったのか、やはりわからない。先ほど中島先生から一つのヒントとして出されたのが、その時代背景です。八〇年代などは、とくに七〇年代の流れを受けて、近代に対する懐疑的な見方、近代を超えた別の生き方、それを求める人たちが一定数いて、その一定数の人たちの中で麻原さんの話す神秘体験とか、そういう話を真剣に受け止める一群がいたというように聞いたのですが、いかがですか。

中島　八〇年代というのは、やはりそういうスピリチュアリティの時代だったと思います。一方で、『ムー』などは学習研究社からでしたが、大手の出版社から出て、かなりの読者を集めていたりとか、やはり麻原という人が世の中にざっと広がっていくのは、あのような雑誌に空中浮遊の写真が出て、それが一気に彼の周りに人が集まってくるという状況が生まれた。

これは見田宗介さんが言っていることですが、「その時代の位相を見るには、それぞれの時代において『現実』という言葉の反対語が何だったのかを考えるのが重要である」と。それで、戦後すぐから七〇年くらいまでの二五年間というのは、「現実」の反対語は「理想」であったと。みんな理想を求めているという、そういう時代。しかし、七〇年代の半ば以降、「現実」の反対語が「虚構」というものになっていったというんですね。八〇年代は、八三年にディズニーランドができますけれども、あれもやはり現実を忘れて虚構の中で戯れるというような、そういう時代であったと。そのディズニーランド的な虚構との戯れがポストモダンだとするならば、もう一つの虚構が『ムー』とか空中浮遊とか、ある種の理性の外部との戯れだったと思うんです。だから、一方で浅田彰さんのようなポストモダニズムと共に、密教的神秘体験に接近した中沢新一さんがあの時代のスター学者になるわけです。これはやはり八〇年代の持った位相だと思うんです。ニューアカデミズムがポジの存在だとすると、オウムはその「ネガ」だと思います。ニューアカブームと呼応しながらも、強烈な土着性を放っている。新しい時代の風潮と、伝統社会の土着性の交点にこのオウム真理教が誕生したという感じがするんです。だから、あの時代抜きには語れない。一方で、麻原が言及しているように、大本や酒井将軍といった戦前の超国家主義に行き当たる。これは同時代にもやはり徴候があって、全共闘世代ってやたらと北一輝が好きなんですよね。例えば松本健一さんが代表だと思いますけれども、北一輝にある種のロマンを持っているんです。北一輝って天皇主義フェイクみたいなところがあって、天皇を使ってある種の革命をやってやろうとする。そして北一輝はものすごくスピリチュアルな人で日蓮主義ですけれども、世界を一つの有機体と捉えている。その中で、一つの生命の中に回帰しようというような、そういう観念が非常に強い。それを、政治によって革命によって成し遂げよう、それで最後の最後は天皇を乗り越えていくという発想が非常に強くて、この魔力的なものに全共闘の人たちというのは、天皇を利用した革命主義として惹かれたところがあったわけですよね。あの時代、竹内好、あるいは橋川文三とか、こういう人たちが戦前期の浪漫主義や超国家主義、アジア主義をもう一度読み直していくという作業が、丸山真男とは違う形でうずいていた時代。渡辺京二さんだって熊本的な土着性の中から石牟礼さんと繋がり、戦前期の超国家主義にアプローチしたタイプだったと思います。こういう七〇年代から八〇年代の思想史の中で、このオウムというものを位置づけないと、時代の問題としては見えない。松本健一とか渡辺京二とか、僕がとても愛着を持って読んできたもののあだ花としてオウムがあるという感覚が、僕は当時すごくあったんですね。

魚住 熊本でくれれば、渡辺京二、石牟礼道子を生み、一方で箕田胸喜を生んだ思想的風土と切り離しては考えられないんですよね。

中島 そうですね。

岩井 それは時代性に収斂させることができるのでしょうか、そして、今という時代にどういう影響があるのでしょうか。要するに、今でも同じ事が起き得るのか、ということですが。

中島 僕はスピリチュアリティとナショナリズムという問題だと思っています。ヒッピーブームなどが、近代のオルタナティブを求めていき、スピリチュアリティに流れていく。それは、一方において例えばスローフード運動とか、いろいろなものと呼応するんですけれども、その中からナショナリズムにつながっていくという流れが現れてきたと思っているんです。例えば窪塚洋介という俳優が出てきて、「GO」という映画に出て在日コリアンの役を演じた後に、なぜか右傾化するんです。在日コリアン社会の中で在日ということを強いられる青年と日本人の女性の恋の物語なのですけれど、その物語では、「民族とか国境とか全部ぶっ潰してやるよ、俺は」みたいな青春ムービーなんです。けれど、窪塚はずっと自分探しをしていて、この杉原を演じた時に、「杉原がうらやましい」と言い始めるんです。なぜならば、自分が超えようとする何かのアイデンティティとか壁がある、俺にはそんなものがない、俺っていったい何なんだ、俺に強いているものは何かといった時に、彼は反転して日本主義者になっていく。それで、小林よしのりの「戦争論」などを読んで、今で言うネット右翼的発言を繰り返し、そこからスピリチュアルの世界に行くようになるんです。そんな中で『凶気の桜』という映画を撮ったりして、九階からのジャンプをするんです。

魚住 窪塚洋介は九階から飛び降りた？

中島 自宅マンションの九階から飛び降りるんですけれども、それで命を失わなかったんです。大けがをするんですが、回復して俳優として復活します。ただ、今でも彼はスピリチュアルな陰謀論などを持っていて、それが政治的発言とリンクしている。

魚住 出てきたときはそういう感じはなかったけれどね。

中島 この延長上に「安倍昭恵問題」がある。みんな左派／右派という古いパラダイムでは捉えきれないんですよね。脱原発、防潮堤反対、有機農業、自然保護と言っている、その人がなんで極右教育の森友学園へ行って涙を流すのかという問題なんです。これがたぶん、ここのところと関わっていて、理性主義的な左翼というのは、感性の解放というムーブメントによってパラダイム転換を起こし、反転して反近代や土着回帰になっていく。つまり里山とか日本の伝統社会の中にこそ近代を超えた英知があるという話が、七〇年代から左翼のパラダイムになっていくんです。そうなっていった時に、いわゆるかつての右翼的な伝統主義の世界観というのと、左翼が反転して一致するようなところがどんどん現れてくる。

魚住　エコロジカルな神道みたいな感じですよね。

中島　そうなんです。なので、安倍昭恵さんとかも、そこから大麻の問題とかいろいろなところに踏み込み、彼ら・彼女らによくあるのは縄文回帰とかですね。縄文ブーム、それがアイヌとつながっていて、沖縄とつながっていて、それから日本の原始スピリチュアリティだということになる。これが本当の日本の魂で、しかし、それが疎外されている。何によって断絶されているかというと近代主義であり、その典型が一部の資本主義者による石油経済の独占である。その中核にいるのはユダヤ資本で…というようにどんどん陰謀論に繋がっていく。このような流れと自然食ブームや国産のものを食べようという世界観がリンクしている。左派スピリチュアリティと右派的な原理主義が手を結ぶ。このような問題との関係でオウムの思想を捉えなければならないと思っています。

岩井　八〇年代においてオウムを準備したスピリチュアリティの流れが、今は違った形で底流は存在していると、そういう見方になるのでしょうか？

中島　だと思いますね。ですから、その中のいくつかの枝葉というのがオウムだったり、窪塚だったり、安倍昭恵だったり、三宅洋平だったりとか、いろいろな枝葉があるんですけれど、「幹」を何とか思想史でつかみたいんですよね。

魚住　酒井勝軍も反転するんですよ。アメリカ留学から帰って来て、日露戦争で従軍する時に、要するに日露戦争の現場に行って、戦争というのはものすごく悲惨だと思ったけれども、実は死体から赤いシャクナゲが咲いていた、すごく綺麗なんだと。彼の思想はもともとはアメリカ流の民主主義、デモクラティックなクリスチャンだった人が、ゴロンと極度の国粋主義者に変わっていって、そこからキリスト教にあるハルマゲドンの思想だとか、まったく荒唐無稽な日猶同祖論だとか、「竹内文書」だとか、実はモーゼが日本に来ていたんだとか、日本にキリストの墓があるとか、いま日本にある陰謀論あるいは荒唐無稽なフェイク歴史みたいなもののほとんどは、この人や、その系統の戦前に作った話の焼き直しなんです。ですから、ここにピラミッドがあるとか、五戸にイエスの墓があるとか。僕は学生時代に釣られて五戸に行ったんですよ。そうしたら、土まんじゅうが二つありまして、こっちはキリスト、こっちはキリストの弟の墓でと。現地の人たちは何とも思っていない、要するに馬鹿にしているわけ。そういう話に釣られてくるのは僕みたいなアホ学生で、現場へ行って、見てガッカリして帰ってきたんですけれどね。そういう話はたくさんあるわけです。例えば、源義経が蒙古へ行ってジンギスカンになったとか、全部同じ系列の人たちが作った話です。それがいまだにずっとある。そこの源流の一つにあるのは、酒井勝軍の反転なんです。デモクラティックなプロテスタントが、日本で反転していく。だから、中島先生がおっしゃるのを聞いて、なるほどなと思って。窪塚洋介現象とか、そういうものとすごく通じるというか。

浅原彰晃が、やはりそこなんですよ。ちょっと強引かもしれないけれども、もともと毛沢東主義から入っている人が極右化する。右と言っていいんだろうな。それで、いつも絡んでくるのが「ユダヤ」なんです。オウムのユダヤ観というのは「良いユダヤと悪いユダヤ」、「白いユダヤ」と「黒いユダヤ」があるんだというんですよ。だから、陰謀論でも、ユダヤに対して両面的なんです。両面的だというのは、酒井勝軍の「日猶同祖論」もそうです。両面的なんです。結局は日本人が世界を主導することになるんだけれども、ユダヤ人も同じ選民、神に選ばれたと。

岩井　完全に「反」ではないということですね。

魚住　そうです、反ユダヤではないんですよ。これは、戦前戦時中に河豚計画（ユダヤ難民の「満州国」への移住計画）ってあったじゃないですか。日本人にとってユダヤとの精神的距離って、すごく近いんですよね。

中島　そうですね。

魚住　あれは満州ですね、アメリカのユダヤ人を狙ったのかもしれませんが、資本を持って来て満州開発をしようという思惑もあったらしいのですが、ユダヤ人と日本人の間の距離感って、同じ選民だというような意識が歴史上現れてきますよね。いろいろいとなところで似ているところがあって、中島先生の話を聞いていて、なるほどなと思いました。

急進化への道

安田　私は、事件現場を見るということで上九のサティアンに行ったことがあります。そこには、彼が出入りしていた部屋があって、五〇畳ぐらいでしたか、その床にはアルミでできたインゴットが敷いてあるんです。おそらく、国土地理院の五万分の一の地図を、立体的にしたものでインゴットにしたものなんですね。手で触ると、道路が分かり山の高さが分かり、おそらく、建物の高さもある程度分かったのではないかと思いますが、上九から東京までの地図がそのまま、目が見えなくても触ればわかる。主に新實さんの話なんですが、実際にプラント建設して七〇トンのサリンを作ろう、そしてそれを撒くためにヘリコプターを購入し、弟子に操縦の習熟を命じる。これが化学兵器です。それから、生物兵器、それはボツリヌス菌を培養しその毒素だけを取り出す、それを大型クルーザーに乗せて、日本各地の港で市街地に向かった撒く、トラックに積んで、首都高や米軍基地で撒く、現実に、彼はトラックで撒いて回るんですね。横須賀の米軍基地や多摩の貯水場に撒きに行っているんですね。加えて、炭疽菌も撒こうとしている。現実に彼は動いているわけですよ。生物兵器は全くできておらず、これは遠藤氏が一貫して嘘を言っていたんだと思いますが、全部失敗しているんですけれども、サリンは成功しているんですね。それが松本サリン事件だったわけです。もっとも、地下鉄サリン事件も彼らは行っているんですが、これは、従前の事件とは別だと、僕は思っているんですが。

　事件として見ると、過去のこの種の事件を突き抜けているんですね。それは、単なる構想や願望ではなく、現実に実行しているし、実行しようとしているんですね。もし、サリン製造が阻止されいなかったら、そして生物兵器が実際に製造されていたら、それを使用した、麻原氏からすれば、イスラエルやアメリカとの戦いに備えるための戦争、つまり日本をオウム化するための戦争が起こされていたんですね。

岩井　トンデモ話で終わらず、それが現実として実行にまで動いていったのは何なのでしょうか。

安田　それぞれは、坂本さん事件がその契機になったのではないかと思います。坂本事件というのは、言われているとおり、実行部隊が戻ってきた時に、麻原氏は刑法の一九九条の条文を示して、殺人だから死刑だということを、実行行為者と一緒に確認したと言われています。自分たちの命運は坂本事件によって決まってしまった、そのまま捕まって死刑になるか、国家を奪って死刑にさせないで生き延びるか、運命はすでに決まったようなもので、彼らは国家を奪うしか生き延びる道はなかったのではないかと思うんです。それで、まず、選挙に出て平和裏に国を奪おうとするんですが選挙に大敗して大恥をかく。それで、一気に武装化へと突き進む。武力を使用して国家を奪う、そのために、生物兵器や化学兵器の製造や銃器の製造に着手するんですね。彼からすると、選挙では大勝していたはずなのに、政府の陰謀により大敗させられてしまった。つまり、票を誤魔化されたと言うんですね。それで、残されているのは、実力、つまり武装化することによって国家を奪わざるを得ない。それで、炭疽菌を培養するのですが失敗する、それよりも強力なボツリヌストキシンを製造しようとするがこれも失敗する、それで、化学兵器の製造に着手し、サリンを製造するんですね。その過程の中で、原爆を製造しようとするんですがそれは最初から失敗するんですね。化学兵器の製造には成功し、松本での実験に成功して、サリンを七〇トン製造するプラントの建設に取りかかるんですね。しかし、一九九五年一月一日の読売新聞の報道があって、サリンの製造をあきらめ、建設途中のプラントを中断して、プラントを農薬工場に仮装するんですね。

　すでに、この段階で国家との関係ではすでに決着がついていたんですね。麻原氏は、そのことをどう考えていたのか、結局、そのところまで彼とは議論が進まなかったのですが、村井氏や遠藤氏は、捨て忘れていたサリンの原料、これは麻原氏に隠していたことですが、それでサリンを製造し、村井氏に指示された人たちが地下鉄にサリンを撒いたんですね。もっともその数日前に、遠藤氏が完成させたというボツリヌストキシン、それが本物であったとすれば、後に使用されたサリンの数万倍以上の効力があると言われている量のボツリヌストキシンを霞ヶ関の地下鉄に撒くんですね。それが本物であったなら、東京はほぼ壊滅してしまうんではないかと思うんですが、これは、単なる水まき事件、彼らがボツリヌストキシンだと信じていたものは、単なる水、つまり遠藤氏は、ボツリヌストキシンの製造に成功したと嘘をついていたわけです。麻原氏に言わせると、炭疽菌も含めて、そのようなことはすでに知っていたというんですね。そうであるとすると、地下鉄サリン事件は、益々複雑になって、麻原氏が何を考えていたか、分からなくなってしまうのですが。

　これが、現象面だけをとらえた一連の流れではないかと思うんですけど。

中島　最後のところというのは、二段階を考えなければいけないと思っていて、表面的に捉えれば、彼らが追い込まれていって最後にサリンを撒くという、ある種の保身という説明の仕方ができると思うんですけれども、しかし、選挙に出て武装化というプロセスは、保身というよりはユートピア建設のような、そういう発想があったんだと思うんです。そこから始まったものが阻害されていくというプロセスで、サリン事件が起きる。サリンを作り始めるというその入り口には、五・一五や二・二六や、あるいは血盟団事件といったような、あの時代のユートピアを作るための一種のテロ、クーデターによる世界の反転を目指した人たちと非常に近いものがあるという感覚はあるんです。最後のサリンを撒いたのは、状況の中で追い込まれていって、保身に走った結果なのだと思いますが、そこだけを捉えてもサリン事件の答えにはならない。もっと根本のところを見ないといけないような気がするんです。

安田　そうですね。

中島　これも反転なんですけれども、大川周明、北一輝ってマルクス主義者なんですよ。やはりレーニンのロシア革命に非常に大きな影響を受け、大川周明などは、これからはレーニンの時代だとレーニン大絶賛論なんです。仲間の満川亀太郎が「何故にボルシェビキを敵とするや」というパンフレットを書き、それを大川周明などが撒く。北一輝はロシア嫌いだったのでちょっと違いますが、しかし、ロシア革命というものに一つの範をとっていた。しかし、自分たちはロシア革命では駄目だと思う、なぜならばそこには宗教性というのが足りない、というんですよね。大川周明の五・一五事件の調書を読んでいると、自分をはっきりと「革新」という勢力に位置づけているんです。どういう革新かというと、同時代には共産党にいく奴とか、あるいは国家社会主義をやる奴とかがいる、自分は、それを日本主義という天皇の名の下に行う革命主義者である、それは何かと言うと「一君万民」、天皇という超越性の下、すべての人間、万民は平等であると。なので、この「一君」と「万民」の間に入っている「君側の奸」を除去すればユートピア社会が現前するというのが彼らの発想で、それを一番ラディカルにやったのが血盟団事件です。ただ殺す、で、何かを作ろうとする意志を放棄する。自らの力でユートピアを作ろうとするのは、計らいの世界である。賢しらな計らいは「漢意」で、日本人は神々の御仕業にお任せするという「やまとこころ」に殉ずるべきである。そんな国学の思想が入ってくるわけです。そこに日蓮宗などが入ってくる。テロ、クーデター、革命、暴力、ユートピアなどが混然一体となった世界です。

こういうテロ事件に近い世界観が、選挙という合法的なものによってユートピアを作るというのが挫折した後のオウムの中にはあったんだろう、つまり「救済としてのサリン」というのがあったんだろうと思うんです。けれど、それが事情によっていろいろ追い詰められていく、強制捜査が来るというので最後に東京の中心で撒くことになった。けれど、ここだけをとってしまうと、オウムの中核が見えなくなるという感じはするんです。

安田　そうですね。オウム事件の中で全然語られていない部分が、先ほどの皇居に向けて炭疽菌を、あるいは皇太子の成婚パレードに向けて放つと、それだけじゃないんですよ。実は彼らがやったのは、池田大作氏に対してサリンを二度も撒くわけです。それから、大川隆法氏にもやろうとするわけです。ですから、すごく目的的で、積極的なわけです。炭疽菌の時には、彼らは皇居の周りにアジトを用意するんです。ですから、先ほどの五・一五ではないですが、すごく実戦的であるわけです。その背景で三千丁のAK25というロシアの自動小銃を生産しようとする。そして、レールガンというロケットよりも速く遠くに飛ぶとされている大砲の製造に取りかかるわけです。おっしゃるとおり戦後の中でそういうふうな大規模なテロ事件が存在しない、しかし戦前の、すぐ何十年か前にはそういうものがあったわけです。それと結びつけると、オウムはわかりやすくなるというのは確かだと思います。

中島　どうしても北一輝のイメージが強くあるんですよね。北一輝も、一見すると天皇主義者なんですけれども、最後は二・二六で捕まった時に、「若殿に兜取られて負け戦」と。若殿って昭和天皇ですから。しかも彼、北一輝って、北で一番輝く星、北極星になぞらえているんですよ。本名は北輝次郎なんですけれども、それは中国思想で常に王というのは北極星を背景として支配をするというものになぞらえているので、この感覚が麻原彰晃という人に何か非常に近いという気がするんです。北一輝は、全世界が一つの生命体になっていき、他者と自己の区別がなくなった完全なる一つの生命になっていくという宗教的救済思想です。これに麻原という人は、何か近い感覚がある。

岩井　先ほど安田さんが言っていた「オウム憲法」というのは、「真理国基本律」というものですね。第一条に主権者の規定があり、「初代主権者は神聖法王と称する麻原尊師である」。第二条に天皇の廃位、民籍にさせるということが書いてあります。これは省庁制の導入時に作られた一種の新しい憲法だということらしいですが、現在の日本の制度を意識して、それに対するいわば「太平天国」のような組織を自分たちで作る、国の中に新たな国を作るということですね。そこを真面目に麻原さんは考えていたのでしょうか。安田さんは、冗談半分だと彼は笑っていたとも話されましたけれども。

安田　麻原氏は、原子爆弾を製造しようとして、オーストラリアに行ってウランを採ってこようとして、入国で引っかかって追い返されてしまうんですが、そのプランが麻原氏個人の中にあったのか、それとも麻原氏の取り巻きの中にあったのか、それは結局つかみきれないまま終わってしまったんですね。よくオウムウォッチャーの人たちが、取り巻きの人たちが劇画的な世界の中でそれを語り、フリーメイソンの陰謀を語り、それを麻原氏に植え付けていったのか、それを見て見ぬふりをしていたのか分かりませんが、私と彼との会話の中ではそのようなことは出てきませんでしたし、共犯者とされていた人たちの調書にもそのような話は出てこなかったですね。しかし、新實氏は、麻原氏と近いところにいた人ですが、自分はそういう話を麻原氏本人の口から聞いた、つまり天皇を廃位する話、それから七〇トンのサリンを撒いて日本をオウムの国家に変えてユダヤと闘うんだ。そして、ボツリヌストキシンという生物兵器を撒いて、国家を乗っ取る。しかし、自分たちはその戦いで死ぬわけにはいかないから、石垣島に全員避難すると。実際に信徒の人たちは、石垣島でセミナーが開かれるということで、東京を離れるんですね。そして、残された新實氏らが、先にお話ししましたが、ボツリヌストキシンを首都圏に撒いて回るんですね。そのようなことからすると、二・二六、五・一五に近い話にはなっているんですね。

テロルの時代を考える

岩井 今日の議論の中で一つ確認できるのが、国家との関係におけるテロという関係で見ると、五・一五事件ないし二・二六事件ないし日本の歴史の中でも参照できる事象がある、オウム事件が特異な事例ではないという視点があったと思います。もう一つは、八〇年代に向けて、スピリチュアリティを求める流れの中で、一定受け入れられる素地があったと、そういうお話もありました。

中島 僕は『秋葉原事件』という本を書き、ほぼ同じ時期に戦前の血盟団事件を追いかけて本にしたのですが、やはり極端な貧困格差というものの中と、生きづらさを抱えた若者たちというのが大勢いて、そこが大きな事件を起こすという構造は非常に似ているんです。そして、政治に対する不信があって、第三極みたいなものに対する非常な待望論、それは十年前でいうと橋下徹であり、戦前期でいうと青年将校みたいなものですが、それが二大政党政治に対するアンチテーゼとして出てくる。こういう構造はよく似ていると思って、時代を隔てた二つの事件を同時に追いかけながら書いたのですが、秋葉原事件と血盟団事件の決定的な違いは何かというと、やはり無差別殺人なんですよね。血盟団の人たちというのは、殺す相手が明確だった。つまり、一君万民の間に入っている君側の奸を除去すれば、すべて天皇と君民一体の国体というものが現前する、だからあいつらをやっちまえばいいんだという明確な図式を持つことができた。けれども、秋葉原事件の加藤智大は、自分が置かれている不遇感みたいなものがどこからやってくるかわからない。だから、何に刃を向けたらいいのかがわからない。だから僕は、無差別テロ事件というのは「誰か」を殺せない事件だと思ったんです。これを殺せばいいんだとか、これがいるから世の中が悪くなるんだとかいうものがもっと不透明なので、彼は秋葉原に行って、無差別にまったく知らない人たちを殺すという、そういう闇雲な暴力を発露するしかなかった。これは、繰り返しこの十年起き続けている無差別殺傷事件ですよね。

とするならば、問題はより深刻になっている。戦前期の日本以上に、自分たちの境遇というものがわからない生きづらさだけを抱え込んでいる人たちがいる。この社会というのをどういうふうに見渡せばいいのかというのが、僕のあの事件からの問いなんです。だから、ここ とオウムの問題というのはどう考えたらいいのか、僕自身もまだ整理がついていないのですけれども、何となくオウムより深刻な感じがするんです。オウムの人たちも、特定の人たちを排除すれば何か新しい世界のビジョンが、みたいなその一応の構図を描けたんだと思うんです。それは天皇だったり、米軍だったり、政府だったりしたかもしれない。けれど、そんな暴力とは違う無差別殺傷になっているという、この暴力というのは一体何なのかというのを問題としては考えなきゃいけないんじゃないのかと思っている感じです。

岩井　京都アニメ事件が起きてしまいましたが、そういう無差別殺傷事件と呼ばれる事件がありますね。安田さんはいかがですか?

安田　世界的に見れば無差別殺傷事件というのは日常的に起きていますが、私たちには、なかなか実感として伝わってきていませんが。今、中島先生が整理された形で、今の日本の中で起こっている出来事は、お話を聞いていて私もよくわかるんです。ただ、オウムについて注意しなければならないのは、あの事件を起こしたのは一万五千人くらいの信者のうちのごくわずかだということです。あれからすでに二〇年以上も経っているにもかかわらず、同じ事件を起こした人はいない。しかも、ずっと逃げ続けた人も万引きさえやらない。その差とは一体何なのかということです。一面からすると、規律性が維持されている。同時に、宗教的な思念というので完結している。そうすると、宗教そのものの中に危険性があるのか、宗教を携えている人たちのごく一部の中に危険性があるのか、そこのところははっきり分析しない限り、社会との関係、危険性との問題ではなかなか語れないと思うんです。

それから、宗教そのものを語る前に、やはりあの一月一日の読売新聞の記事（一九九五年一月一日付、上九一色村でサリン残留物検出と報道）がどうして出てきたのか、どういう捜査によってオウムがサリンを作っているとわかったのかという話ですが、それはまったく明らかにされていないわけです。一月一日というのは、まだ松本サリン事件は河野さんがやったのではないかと言われ続けていた時でした。しかし、警察の中枢部は長野県警を尻目にしっかりと捜査をして、第七サティアンの側溝からサリンの残留物を検出しているわけです。おそらく前の年の十一月にはわかっていたと思いますが、それを秘密にしていて、一月一日の元旦の読売新聞のしかもトップ記事で流させる。その後の地下鉄サリン事件へと繋がる事態の展開も当然予想できたはずなのに、地下鉄サリン事件を起こさせてしまう。地下鉄サリン事件の場合、彼らの行動をNシステムによって完全に捕捉してたはずです。幹部たちがサリンプラントのある第七サティアンに集合し、都心に向けて出発していくわけですから。人着《ニンチャク》と言って、捜索する時には、誰が何処でどのような動きをしているか、つまり、持ち物を何処に持ち出しているか、尾行するなどの捜査を行っていたはずですから、地下鉄サリン事件で動いた幹部たちの行動はすべて把握していたはずなんですね。しかも、その前の段階でアタッシュケース事件というのがあったわけですから、地下鉄が標的にされていることも知っていたはずだと思います。あのときは、地下鉄のホームに「このアタッシュケースを見た人はいませんか」という看板を掲示して大々的に捜査を展開していたわけですから、通常ならば、地下鉄サリン事件は防ぐことができたはずだと思うんです。しかし、それを防ぐことができなかった。なぜなのか、そのことも同じく解明しないと社会的な意味がないと思うんです。

それから、信徒さんたちの中に一般的にみられるのは、理念というかインテリジェンスの問題と肉体の問題とが、今まで分離して考えられることが多かったのですが、オウムの人たちを見ていると、修行という肉体的なものと信仰という精神的なものとが完全に一致している。彼らは、修行することによってスピリチュアル的にあるいは精神的に高揚していく。そういう修行と精神の相互間の中に真理を得られると確信し実感していた、そういう実態も存在するんだということを捉えなきゃならないと思うのですが、そういう中にあって、麻原彰晃とその取り巻きだけが事件を起こしており、他の多数の信徒の人たちは、オウムが事件を起こしていることさえ全く知らない。そればかりか、教祖がとらわれ、死刑に処せられようとしているのに、これに抗して闘おうという動きも、その発想さえない。結論的にはもっともっと分析が必要で、今の分析ではものすごく足りないという感じがしてならないんです。お二人にはぜひそこらあたりを解明するのに、もう一つ汗をかいてほしいなという気がしています。

魚住　抜けていると思うのは、では地下鉄サリン事件は何だったのかということではないですか。

安田　私は、結果は重大でしたが、動機は非宗教的な些末な話ではなかったかと思います。一連のオウムの事件とはちょっと違う。単純に、社会を混乱させ、警視庁の職員を殺害することによって、目の前の強制捜査を阻止しようとしたもの。その数日前にアタッシュケース事件を起し、これが彼らの本命だったわけですが、撒いたのはただの水であった、そのことを麻原氏は知っていた。麻原氏は、遠藤氏が作ったという生物兵器は、みんな偽物だと知っていた。亀戸の道場から撒かれたという炭疽菌は、異臭がしたが、単なる泥水であることを知っていた。だから、当日、自分は、子どもたちを連れて、亀戸の道場に出かけて行ったのだと、言うわけですが。嘘は嘘でも構わない、出来なくても一生懸命出来るように努力するのが修行なんだと言うわけです。でも、それが実現すれば、それはそれで、意味のあることだと言うわけです。井上氏は、假谷さん拉致事件で、拉致の現場を目撃され、しかも假谷さんを上九一色村に連れ帰ってきて死亡させてしまうという失敗の上に失敗を重ねるんですね。しかし、その元はというと、村井氏が開発したというレーザーガンという武器を渡されて、それを使用すると一瞬のうちに假谷さんを制圧できると言われて使用するんですが、全く効果がなく、假谷さんが抵抗して、その様子が目撃されるんですね。しかも、それがきっかけとなって、オウムの施設に強制捜査が入るということになったために、村井氏と井上氏は、これを何とか阻止しようとして、遠藤氏に話を持ちかけてボツリヌストキシンを撒くんですが、単なる水だったんですね。それで、麻原氏に指示されてサリンの原料を全部捨てたのですが、その時に、捨て忘れていた原料が残っていて、これを捨てるには中和させて毒性を消さないと駄目なのですが、その装置もないということで、捨てきれずに、麻原氏に隠れて、井上氏がこれを隠し持っていたわけですね。それで、いよいよ困って、村井氏は隠し持っていたサリンの原料でサリンができないかと遠藤氏に持ちかけるわけです。サリンの原料といっても、Aという材料とBという材料から合成するのですが、Aという材料しか残っていなかった。それで、遠藤氏は、土屋氏の力を借りてAという材料だけでサリンを作り出す方法を考えて貰うんですね。それで、ようやくサリンが製造されるんですが、そのことを麻原氏は、知らないんですね。私の見方は、地下鉄サリン事件は、村井氏らが假谷事件に失敗して、強制捜査を招き入れるようなことにしてしまった失態を挽回するために、彼らが窮余の策として、前後の見境もなく行ったものだと思うんです。もちろん、間違っているかもしれませんが、私はそのように考えています。麻原氏は、事後にそのことを知らされて、教祖として弟子たちのやったことを祝福した。彼にとっては、今生も来生も限りなく続く輪廻の一つに過ぎないというわけです。

ですから、私に言わせると、地下鉄サリン事件は、オウム事件の中心でないと思いますし、これが中心だとしている警察・検察・裁判所の事件のとらえ方は間違っていて、正しく理解していないと思うんですね。さらに問題なのは、彼らはそのことを知っているということだと思います。彼らは、四六時中、彼らを監視していたのですから。

魚住　なるほどね。そうか、地下鉄サリンを中心にものを考えていくと訳がわからなくなっちゃうということですね。

安田　地下鉄サリン事件は、オウムのテロ事件だとされていますが、実は、麻原氏の取り巻きの嘘の上に成り立っているんですね。

魚住　僕は、前から思っていたのは、井上氏が地下鉄サリンの前に北海道に行っているんです。北海道で自衛隊の幹部と会っている。

安田　情報を取りにね。

魚住　井上氏が自衛隊幹部に会いに行ったという供述調書が二つくらいあるんです。オウムの中の人間の供述調書ですけれど。で、もしかしたらと思ったのは、もともと井上氏は自衛官とか警察官に対する工作をやっていましたよね。で、あの中で、自分たちが地下鉄サリン事件を起こしてきっかけを作れば、それに呼応して自衛隊が動く、そこでいわゆる一種の革命が起きる、みたいな幻想を教団内でバラまいたのかな、もしかしたらそういう状態が生じたのかなと思っていたんです。で、本当のことを知っているのは井上氏くらいで、あとはみんな麻原氏だって井上氏から報告を受けているくらいだし、ほかの幹部だって実態はわからないわけですからね。だから、そういう幻想だけが膨らんでいく状態が生じ得る可能性はあるなと思っていたんです。そういう要素を加味すると、地下鉄サリン事件というのは、もう少しわかりやすくなるというか、要するに反乱のきっかけとしてのサリン事件というふうなとらえ方も可能かなというふうに僕は思っていました。

安田　警察は、三月二三日にオウムの施設にガサ入れをするために朝霞の自衛隊基地で練習していたのですが、井上氏は、そのことを押さえていたと思うんです。それから、地下鉄サリン事件後では、井上氏は、東京湾で石油タンカーを爆破する、それからコンビナートを爆破するということを考えているんですね。彼が考えていた地下鉄サリン事件の先は、地下鉄毒ガス事件もありますけど、彼の発想からすると、出来たか出来ないかは別として、少なくとも正に「戦争」なんですね。しかし、麻原氏の話を聞いている限りでは、もう自分たちは動かない、座して死を待つというのではないでしょうが、宗教的な次元、つまり輪廻転生の一場面として状況を捉えていたのではないかと思います。彼は弟子たちを信じていなかったというか、彼らの精神は信じるものの、作ったとか成し遂げたというものは、ハナから信じていなかったと、言うのが彼の弁明でもありましたね。

魚住　それに関連して、ちょっとお聞きしたいのは、麻原氏が地下鉄サリンの裁判の途中で、安田さんがちょうど井上氏をいじめている時に、やめろやめろと、本当に彼は言い出すんですね。

安田　妨害するわけです。

魚住　麻原氏は安田さんの井上氏に対する反対尋問をことごとく妨害していくんですよ。その反対尋問は、僕に言わせると唯一地下鉄サリン事件の虚構がゴローンとひっくり返る、つまり、反転しだす正にその瞬間です。新聞報道では、そこはまったくと言っていいくらいわからない。実はあの瞬間だけ、事件の実相が浮かび上がってきつつあった時期なんですね。僕がわからないのは、何で麻原氏はそこまでアーナンダ（井上嘉浩）に気持ちを寄せたのかということなんです。

安田 井上氏を擁護しようとしたのかということですね。

魚住 そう。自分の子どもみたいに思っている感じなんですね。自分の子どもをいじめるなと、安田さんに向かって。

安田 怒るわけです。

魚住 怒るんですよ。で、それでも安田さんが、これをやらなきゃ裁判をやっている意味がないというような気持ちだったんでしょうけれども、途中で休憩したりして、何とか麻原氏を説得したりして、また井上氏に対する反対尋問を続けるんですよ。で、その日から精神がおかしくなった。拘置所へ帰ってから、壁叩いたりとか、錯乱状態になっていく。その日から麻原氏は別人になっていくんです。それまでは、ものすごく冷静です。教団との連絡ぶり、教団に対する指導ぶりを見ていても、すごい的確で、これから教団をどう運営していくかということについても、ああ、ここまで考えているのかというくらい徹底していましたね。要するに、教団を表と裏に二つに分けろと言うんですね。表の部隊はどうせ破防法か何かでやっつけられるだろうから、その表が潰れることを前提として裏を作るというふうなことも言っていたと思います。宗教というのは三人いれば成立するんだとも言っていましたよね。

安田 組織は必要ないと。

魚住 実際にこれからのオウムを運営していくには、ここは記憶があやふやだけど、たしか六人ずつのチームを作れって言うんですよね。で、そのうちの何人かが働いて残りの人を支える。それがいくつもいくつも出来ていけば、それで教団というのは成立するんだっていう。ああいう状況下に置かれていた人間が考えることのなかでは、最も冷静かつ沈着な対処法だったんだろうなというふうに思って、すごくびっくりしたことがありましたね。

安田 彼は、破防法は適用されると考えていましたし、破防法の怖さは十分に理解していたんです。検察からどんどん言われていましたから。で、破防法と引き換えに喋れということも言われているわけです。破防法というのは大変怖い法律でして、オウムを支持するビラを持っているだけでも犯罪になるという法律ですから、いざ破防法が適用されるとオウムの行動は完全に規制されてしまうんですね。当然、教団の中は不安状態に陥り、麻原氏にどうしたらいいかとお伺いを立ててくる。で、今の話が出てくるんです。彼は、宗教には教団は必要ないと。核心ですよね。マントラを唱えろ、十万回でも二十万回でも唱えろ、そうすれば、仮に教団を捨てても、人間として覚醒していくことは妨げられないという言い方もしていました。殉教ではないんですね。これは、キリスタン弾圧で殉教していった人たちや殉教せざるを得なかった場合とは違うんですね。彼は、オウムを捨てて一人になっても信仰を貫き生きていけると言ったわけです。彼は、遠藤周作さんが小説の中でで問いかけた沈黙の場面では、「麻原彰晃を捨てても生きていける」と言ったわけですから、今となって思うと、自分はキリストも仏陀も超えていると、オウムはそれらをすべて包摂する宗教だと言っていたのを思い出します。

オウム事件後への視座

岩井　最後にひと言ずつ、今後の私たちの課題というか、自分自身の課題としてどういうことを考え、もしくは動いていきたいと思っているかということをお願いします。

魚住　僕はそんな大層なことは言えないんですけれど、今までの議論でもう一つ出ていないことがあると思います。それは、元もと仏教とは何なのかということだと思うんです。オウム真理教も、何だかんだと言ってもチベット仏教が基本にありますから、実は原始仏教というのは、どういう性質の宗教だったのかと言ったら、学者の先生の前で言ったら怒られるかもしれないけれど、仏教って元もと生と死を相対化しますよね。僕らみたいに生と死を絶対的に区別して考えていなくて、生と死を、どっちもあんまり大したことじゃないんだよ、みたいな考え方をしてる。仏教ってもともとそういうふうに、人を殺すことあるいは人が死ぬことを絶対悪として捉えている宗教なのかと、僕は疑問を持っているんです。常に輪廻転生で、生と死が移り変わっていくんだよという世界観があるから、オウム真理教に現れてきたようなある種の人命軽視というか、人の死を重大事として捉えないような性質を、仏教はそもそも持っているのではないかという疑問がずっとありまして、そこもちょっと考えなきゃいけないんじゃないか。だからと言って、僕は仏教を非難しているわけでも否定しているわけでもなくて、人間が長い間生きていくうえで考え出した知恵みたいなものが、仏教に凝縮していると思うんですけれども。

安田　わかる範囲の話をさせていただいたんですけれども、オウムがどう捉えられているかというと、事件をやった人たちは、「マインドコントロール」という言葉は誰が考え出したか知らないんですけれど、それで自分がやったことを説明しようとしている。それから、麻原彰晃という人は、凶悪性というか、それで彼の全部を整理しようとしている。しかし、それは違うんじゃないか、用いている尺度が違うんではないかという気がするんです。オウムに入った人たちの中には神秘体験をした人も多かったですけども、同時にすごく強い他人依存性があったという気がしてならないんです。麻原彰晃という人は、それは論理の世界かどうかは別として、生と死を突き抜けちゃったと。だから、魚住さんの話を聞いていて合ってくるかなと思ったのは、生と死を区別しないんですね。もう輪廻転生してしまって、生が絶対でもないし死が絶対でもないし、次にまた生があるからどうでもいい話じゃないかと。で、先ほど出たんですけれど、井上氏が喋った時、私がこれを潰そうと思った時に、彼は何て言ったかというと、「彼は聖人だから、その人を汚してはならない」。

魚住　聖なる魂を汚すなと、そういうふうなことを言ったんですね。

安田　そんな下世話なことで彼を汚すなと。もう一つは、彼は今でこそこう言っているけれども、前の時は私の妻だったかもしれないと。

魚住　人が裏切るとか裏切らないとかいうことは些末な問題なんだと言うんですよね。だから、井上氏が裁判で自分に都合のいいことばっかり言っても、そんなこと全然問題にしていないんですよ。要するに徹底的にかばう。自分の子をいじめるなと。あの精神というのは、よく分からないと言うか、宗教者ならではかな。

安田　それからおかしくなるんだけれど、その直前はどうだったかと言うと、井上氏の言っていることは絶対に嘘だと、ありっこないって。実際にそうなんですよ。井上氏も、そんなことはありませんでしたと他の所で言っているんです。それから、隣に座っていた人たちも、そんなことは聞いたことがないと言う人たちばかりなんです。彼は、井上氏の証言の前に調書が開示されていて、調書で嘘をついているということに気が付いているわけです。でも、彼をかばうんですね。世間では、井上氏に致命的な証言をされたから精神的におかしくなったと言われているんですけど、そうじゃない。私に尋問させなかったんですから。私は、最後には、彼に「静かにしてくれ！」と怒鳴ったくらいでしたから。そして、現実に、私が井上氏に十分に尋問できない状態にさせられてしまったわけです。

魚住　そこのアーナンダと麻原氏との関係性というのは、結局僕は未だによく分からないですね。元もとアーナンダという名前を付けた時点からそうなのかな。

安田　そうですね、仏陀に一番帰依した人、つまり自分に一番帰依した人として井上氏を捉えていたんですね。

魚住　特別なんですよね。

安田　しかも、前世じゃなくて前々生、何万回か昔の前世で自分の妻であったという話も、彼の中では生きているんですね。

魚住　だから、分からないことがまだまだたくさんあって、繰り返しになりますけれど、みんな生きていてほしかったという気持ちはすごくありますね。

安田　一万回昔の過去、一万回先の未来がもしあるとすると、すごく面白くなっちゃうわけですよ。ロマンチックになってくる。そういう中で、今自分はこういうふうに生きているということになってくると。それは一万分の一でしかないんですよ。私からすれば、現実を突き抜けた話ですけどね。

中島　一番最初に戻るんですけれども、まだ分からないんですよ。かつ、分かったって言う人たちに対して、僕はやはり不信感がどうしてもあって、そんな簡単に入って分からないですよね。だから、違う角度から見られる人とか、違う知見からの話を聞けると、また違ったものが出てきたりとか、別の光が筋になっていったり、いろいろだと思うんですね。仏教学者にしろ、あるいはヒンドゥー教の研究者にしろ、もっと専門家がいたりする。いろんな角度から検証して光を当てていかないといけないし、まだそれの入り口に立ったばっかりですかね。五・一五事件だって分からないんですよ。二・二六事件だって。けれども、僕たちは分かろうとする努力を積み重ねるしかない。その時に、大切な証言と言うか、当事者っていうものを、ある国家的な何らかの権力的な都合なり、何らかのことで葬るというのは、余計に見えづらい世の中になり、不信感とか不満とかの中で、人々が防御するような態勢を生み出していく。なので、やはりそう簡単に死刑の執行というのは頷けないですね。

（二〇一九年七月二二日、港合同法律事務所にて）

オウム事件略年譜（敬称略）

1984年

2月　「オウム神仙の会」発足

1987年

7月　「オウム真理教」と改称

1988年

修行中に死亡した信者の遺体を焼却

1989年

2月　男性出家信者を殺害

8月　東京都から宗教法人の認証を受ける

10月2日　「サンデー毎日」オウム批判キャンペーン開始

10月21日　オウム真理教被害者の会発起人会（のちオウム真理教家族の会）

11月4日　坂本弁護士一家殺害事件

1990年

2月　総選挙に麻原教祖ら幹部25人が出馬し惨敗

4月16日　オウム真理教、信者1000人の石垣島ツアー

1991年

9月　麻原彰晃、朝まで生テレビ出演

1993年

小銃の密造開始

6〜7月　亀戸道場で二度にわたり炭疽菌噴霧、失敗

11月　池田大作創価学会名誉会長サリン殺害計画、失敗

1994年

1月　元信者の落田耕太郎（29歳）リンチ殺害事件

5月9日　滝本太郎弁護士サリン殺人未遂事件

6月26日　省庁制発足

6月27日　松本サリン事件。死亡者7人、重軽傷者144人

7月10日　元信者の冨田俊男（27歳）リンチ殺害事件

9月20日　江川紹子宅にホスゲン・ガス襲撃事件

12月12日　会社員の浜口忠仁（28歳）VX殺害事件

1995年

1月1日　読売新聞が、上九一色村でサリンの残留物が検出されたと報道

1月4日　オウム真理教被害者の会の永岡弘行会長（58歳）、VX襲撃事件、意識不明の重体

2月28日　目黒公証人役場の假谷清志事務長（69歳）の拉致監禁致死事件、翌日死亡。

3月20日　地下鉄サリン事件発生。死亡者13人、負傷者数約6300人

3月22日　九一色村など全国の教団施設25ヶ所を強制捜査。

4月23日　教団幹部・村井秀夫（36歳）が東京総本部前で刺殺される

5月5日　新宿駅青酸ガス事件

5月16日　松本智津夫（麻原彰晃）を殺人及び殺人未遂で逮捕

5月26日　東京地裁、林郁夫に無期懲役判決

9月6日　自首した岡崎一明の供述により坂本弁護士夫妻の遺体発見

10月　東京地裁が宗教法人法に基づく解散命令を決定

1996年
5月15日、28日　破防法第3回第4回弁明手続きに麻原彰晃出席
7月　公安調査庁が破防法に基づく団体解散指定を請求
1997年
1月　公安審査委員会が破防法に基づく団体解散指定処分の請求を棄却
1998年
5月　地下鉄サリン事件等で教団幹部・林郁夫に無期懲役判決
12月　安田好弘麻原主任弁護人、強制執行妨害で逮捕
1999年
12月　団体規制法と被害者救済法（オウム二法）成立
2000年
1月　教団の名称を「アレフ」に改称
2004年
2月27日　麻原彰晃、東京地裁で死刑判決
2005年
4月7日　岡崎（宮前）一明、最高裁で死刑確定
2006年
3月27日　麻原弁護団が控訴趣意書を出すと約束した前日のこの日、東京高裁が突然控訴棄却決定
9月　最高裁で麻原彰晃、特別抗告棄却により死刑確定
2007年
5月　教団から脱退した上祐史浩が新団体「ひかりの輪」を設立、代表に
7月20日　横山真人、最高裁で死刑確定
10月26日　端本悟、最高裁で死刑確定
2008年
2月15日　小池（林）泰男、最高裁で死刑確定
2009年
7月17日　早川紀代秀、最高裁で死刑確定
11月6日　豊田亨、広瀬健一、最高裁で死刑確定
12月10日　井上嘉浩、最高裁で死刑確定
2010年
1月19日　新實智光、最高裁で死刑確定
2011年
2月15日　土谷正実、最高裁で死刑確定
11月18日　中川智正、最高裁で死刑確定
11月21日　遠藤誠一、最高裁で死刑確定
12月31日　平田信が警視庁丸の内署に出頭、翌日逮捕
2012年
6月3日　殺人と殺人未遂容疑で菊地直子を逮捕
6月15日　殺人容疑などで高橋克也さんを逮捕
2018年
1月18日　高橋克也、最高裁で無期懲役確定。オウム裁判、全て終了
7月6日　オウム死刑囚7人の死刑執行
7月26日　オウム死刑囚6人の死刑執行

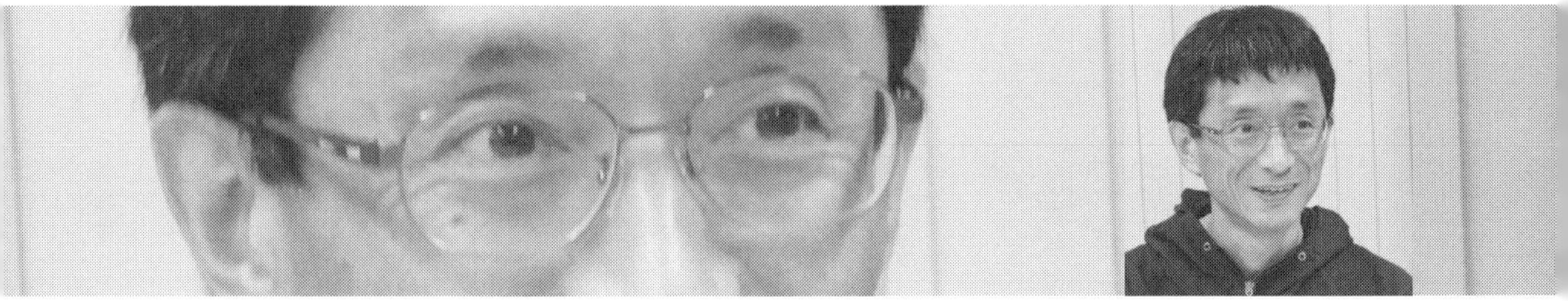

ARAKI Hiroshi

アレフ広報部長 荒木浩さんに聞く 2

聞き手＝安田好弘・岩井信

特集⊃オウム大虐殺　13人執行の残したもの

オウム真理教との出会い

岩井 今日は荒木さんの個人ヒストリーとアレフが今どうなっているのか、を話していただきたいと思います。最初に、荒木さんがオウム真理教に出会うまでの簡単な経歴をお願いします。

荒木 教団との最初の関わりは一九九二年です。当時私は大学生で、京都に住んでいました。京都大学の文学部で美学美術史を専攻していました。その年の六月と一一月の二度、麻原尊師の講演会が京都で開かれ、それを聞きに行ったのが直接のきっかけです。

岩井 具体的にはどういう美術史で、どういうことに興味を持っていたのですか。

荒木 それほど専門的に研究する前に大学院を中退したのですが、ロシア出身のカンディンスキーがいわゆる抽象絵画を描き始めた頃の作品やその背景に興味がありました。それらを「芸術」として成立させているものは何か、という問題意識だったのですが、指導教官から「そんなの制度だよ、あなたの言説を含めて」というようなことを言われて、まあそうかも知らんけど何かつまらない話だなと。

岩井 麻原さんが講演に来たときに、行こうと思ったきっかけはなんですか？

荒木 ちょうど前年の九一年に麻原尊師がテレビ朝日の討論番組「朝まで生テレビ」に出演して話題になっていた直後に、京都大学の学園祭で尊師の講演会が開かれました。学園祭の実行委員に友人がいて、大教室が学生であふれかえって収拾がつかないほどだったと後で聞きました。私はテレビ番組のことも講演会のことも知らず、特に関心もなかったので、そのときは聞き流す程度でした。ところが大学生協の本屋に入ると、オウムの本が何冊か平積みで置かれていて、結構学生が手に取っているので少しびっくりしました。

岩井 それは第三者がオウム真理教について書いた本ですか。

荒木 いえ、教祖自身の著作で、『生死を越える』などの修行の本が中心でした、

岩井 麻原氏はヨガの本とかを出していますね。

荒木 友人の下宿に遊びに行ったらそこでも本棚にオウムの本があって「こういう本読んでるんだ？」と聞いたら、非常に面白いと言う。哲学を専攻している優秀な友人で、学園祭の講演会も聞きに行ったということでした。そこで初めて本を手に取って目を通してみたら、観念的なお祈りの宗教という感じではない。非常に実践的で、具体的な行法があり、そのプロセスが実体験として語られていて、その意味合いが仏典やヨーガ経典に基づいて説明されている。それまでにも「オ

ウム真理教」の名前は聞いていましたが、随分イメージと違うな、という印象を持ちました。

その後、翌九二年の六月、その友人から京都でまた講演会があるらしいよという話を聞いて、ちょうど大学の研究会が直前にキャンセルになってたまたま時間が空いたのでちょっと覗いてみようかなと足を運んだのです。私の下宿近くの市民会館みたいな所でした。

岩井　その頃は、総選挙に立候補して惨敗したところで、その前にはすでに坂本弁護士一家殺害事件が起きていたわけですよね。そういった話は耳に入っていたのですか。

荒木　選挙に出たことは知ってたかな。熊本でも何かトラブルを起こしている団体だと。あと、修行で土に埋められたり水に潜ったりとか。過激というか、いかがわしげなイメージが率直に言ってありました。ただ、友人から話を聞いたり本を読んだりして、それまでと違う印象を持ったというのは、先ほど申し上げたとおりです。

岩井　その講演会は、何人位参加していたのですか。

荒木　会場がほぼ埋まっていましたね。信徒の人もいたと思うのですが、三、四〇〇人くらい。

岩井　麻原さんに直接、至近距離で会ったのですか。

荒木　そのときはこわごわと会場の隅っこの方で目立たないように話を聞いているという感じでした。

岩井　タイトルや内容は覚えてますか。

荒木　仏教の世界観というか宇宙の創成についての話で、正直言って内容はよくわかりませんでした。ただ、舞台中央の大きな椅子に腰を下ろした尊師が、深いところから響く声で、目を閉じてゆったりと語り続ける姿が非常に印象的でした。過激さや狂信的なところは微塵もなかった。講話のあとで会場から脳死と臓器移植に関する質問があって、これに対して、仏教の肉体の布施という考え方をもとに回答していたのにはちょっと感心しました。

最後に、ちょうど最近修行を終えたばかりのお弟子さんが紹介されて、修行体験を披露する一幕がありました。クンダリニー・ヨーガの修行を成就した「師」と呼ばれる人で、当時二四歳だった自分と同年代くらいの若い女性。この人の体験談はとてもインパクトがありました。

岩井　どういうところが印象的でした？

荒木　富士山麓の道場で、厳しい修行を二十四時間不眠不休で続けるという生活を何カ月もしてきたと。その中でいわゆる神秘体験――体から意識が抜け出して、そこから光に包まれた世界に入って行くという話を実感的にされるんですね。ちょっと信じられないような体験なんですが、それを非常にリアルに、事も無げに語られるので、嘘を言っているとか幻を語っているというようには全く聞こえない。水の中に潜ったり土に埋められたり、何か変ったことをしている人たちという認識がまだ少しあったのですが、修行の意味というか、極限的な状況の中である種の心身覚醒体験の生み出すためにやっていて、教祖はその修行の指導者だったのかと。あと、水中や土中での修行というのも、空気を遮蔽して呼吸停止の瞑想状態（サマディ）を自ら体現するための一種の科学的実験であることがわかりました。このとき聞いた体験談はとても印象的で、オウム真理教に対する見方が大きく変わりました。

岩井　講演会が終わってから直接麻原さんと話をする機会はあったのですか。

荒木　このときはありませんでした。ただ、会場を出るときに教団の本を五、六冊もらったので、下宿に帰ってそのうちの一冊を何となく見ていました。それで、気がつくと自分の内側がとても静かなんです。いつもと何か違うなという気がして、それが何か自分でもよくわからなかったのですが、そういう感じで一冊二冊と集中して読み続けて、気が付いたら全部読んでしまった。

安田　その本の中で今でも記憶に残っているような中身ってあります？

荒木　尊師と高弟の人たちが、九一年にインドに修行に行ったときの説法と質疑応答をまとめた書籍があって、それがとてもユニークで面白かった。この人たちの修行体験の共通基盤として、体内のエネルギーとかその通り道の確固たる感覚があって、その感覚をもとに経典の言葉でコミュニケーションを取り合って、それがしっかりと成立している。そして、そのやり取りを見ていると、指導者である教祖の修行体験の次元は、弟子と比べて別格という印象を受けました。

岩井　麻原さんの本を読んだ時に、観念的な宗教論じゃなくて具体的なプログラムとか修行が書いてあることで引き込まれたと言われましたね。なにか具体的な修行に関心があったのですか

荒木　これが自分にとってどんな関係があるのかというのは、このときはまだよくわからなかったですね。ただ、もともと美学を専攻していて、芸術的な世界というか、そこでの体験というのは、自分にとって大切なものでしたので、そういう日常とは違う世界に対する関心はありました。それが修行というものと結びつくとは思っていなかったのですが、自分が芸術の研究を通じて解明したいと思っていた世界と何か接点があるような感じがしたのは事実です。同時代の他の多くの芸術家と同様、カンディンスキーも神智学に傾倒して、瞑想修行を試みたこともあったようです。

安田　耳学問として、物語とか修行体験記とか経典とかあると思うんです。しかし実際に自分で実践をやり始めるという

のはいつ頃、どういう契機でですか。今の話だと、見た目、読んでどという話なんだけど。

荒木　それはやはり入信してからです。このあと一一月にもう一度、今度は大学の学園祭で、前年に続いて二度目の教祖の講演会があるのですが、それをきっかけに入信することになりました。

岩井　九一年秋に来てたけど、そこには行かなかった、九二年六月に市民集会が公民館かどこかであった、その後一一月に大学でもう一回聞いてその場で入信した、という流れですか。

荒木　そうですね。一回目、六月に尊師の話を聞いたあと、自分の内側が非常に変化した。いろんな欲求がなくなったというか、止まった。見たいとか聞きたいとか食べたいとか寝たいとか。異性に対する見方も。そういうものに心が動かなくなったというか、興味がすっかり薄れていった。

安田　何に興味がいったんですか。

荒木　何にも興味を持たず心を動かさず、自分の内側の世界に静かに留まることが一番心地よかったというか、こんな感覚があるのかというのが何週間か続いたんですね。このような経験は初めてのことでした。そのうちに、その感覚が弱まっていって、また元の自分、普通の生活に戻っていくんですけれど、あれは何だったのかな、というのはその後もずっと考えていました。自分としては、やはり六月に尊師の話を聞いて、それがきっかけとしか思えなかった。それで、また一一月に学園祭で講演があるという話を聞いて行くことにしました。

入信

岩井　「入信」には手続きがあるんですか。

荒木　申込書を書いて、入会金一万円と一〇〇〇円程度の月会費を納めるだけです。

安田　誰でも受け入れられるんですか。入信したい人は入信して。

荒木　特に条件はなかったと思います。

ただ、二回目の講演を聴きに行こうと思った時も自分が入信するとは考えてはいませんでした。前年は部屋から聴衆があふれてしまったので、今度は京大で一番大きな、時計台下の円形大講義室が会場でした。会場の中央後方の席に座って待っていると、右手後方から尊師が姿を現しました。尊師は赤紫の衣を着ていて、目が見えないのでお弟子さんに先導されてゆったりと平行移動するように歩いていました。何か天上的な音楽が鳴っていました。普段の大学ではあり得ないような、不思議な光景でした。尊師が演壇中央の大きな白い椅子に着席し、説法が始まりました。その時にどれだけ理解できたかわかりませんが、前回もらった本を読んで前よりは予備知識がある形で聞いたので、当時の自分なりに修行することの意味やそのプロセスについて、ある程度わかるようになっていました。

安田　自分の実体験とあうように。よくいわれている修行のプロセスが明らかにされていって、それを実践することによってどれだけ宗教的なステージのアップにつながるかというのがしっかりと語られていると。修行をやるということの自分の位置づけと意味づけと将来への展望がわかりやすいと言われているんですけど。それは昔のヨーガの道場のときは実践から入っている。でも今の話を聞くと話から入っているという感じがするんです。そういうふうにお聞きしていいんですか。修行というのは入信してからスタートしたのか、入信する前からもう修行が始まってたのか。

荒木　自分で意識的に行う具体的な行としての修行は入信してからです。ただ、その前は確かに話だけなんですけど、自分の内側では明らかにそこから変化が始まっていた。教祖のエネルギー、エンパワーメントに感応すると、自ずとそういう現象が起きるみたいなんです。

安田　そうするといろんな雑念とかどんどん消えていって純化されていく。

荒木　そうですね。それまでよく聴いていた音楽の聞こえ方が全然変ってきた。音楽で情緒や感情に身を委ねるよりも、心の内側の静けさとか安らぎみたいなものの方が、自分にとってはるかに心地よかった。

安田　それは今おっしゃった教祖のエンパワーと接する、あるいは受ける、考え方でも言葉にならないエンパワーとかそういうものの体験だったんですか。

荒木　教義的には、そのように理解することもできる、説明することもできる。でも本当なのかなと。それなら自分で確かめてみたいという気はありましたね。このときに入信することになるのですが、これですべて正しいという感じではなくて、一体自分に何が起きているのか、そのことにどういう意味があるのか知りたい、というところが大きかったと思います。

安田　入信入会するということはそんな決意的なものではなくて、よく入信入会以降出家という形で世間との関係を断つというのがあるじゃないですか。そういうふうな厳しい決意とかそういうものじゃなかったのですか？

荒木　それはありませんでした。今も昔もそうですが、そもそも在家信徒として社会生活を送りながら修行をすることと、そこから世俗を断って出家するというのは全然次元の違う話です。在家として入信する段階については、受け入れる教団の方も条件を特に設けていなかったし、入会する側もそれによって何か代償を払わなければいけないものでもないし、強制されることもありません。本人が積極的に希望すれば別ですが、差し当たり月々千円ぐらいの会費を払うくらいのことです。

安田　入信する、出家するといろいろな表現がありますね。それは入信した人のあり方なのかそれとも、組織として宗教団体として決まっていて、入信とは何、入会とは何、どうすることで入信、あるいは入信しなければならないとか、そういう外的なものによって形作られているのか、それとも入会した人の心持ちの問題なのか。そこはどうですか。

荒木　オウム真理教の場合、入信あるいは出家という手続きや段階はありますけれど、いずれの場合も、それはグルに弟子入りするということです。つまり、「入信」というよりも「入門」。一対一の関係がその根本にあります。弟子が一〇〇人であろうが千人であろうが一万人であろうが、あくまでも一対一の関係性を重視する。それはだんだんわかってきたことでもあるんですけれど、そういう説明を最初に聞いていましたので、私としては、オウム真理教の信者になるというよりも、グル麻原に弟子入りしてヨーガ指導を受けるという、そういう気持ちでした。

岩井　一九九二年一一月に書類を書いた時には、麻原さんに弟子入りするという気持で入信したのですか。

荒木　そうです。学園祭での講演のあと、質疑応答の時間がありました。好奇心旺盛な学生たちが質問に立ち、「解脱で得られる歓喜とは何か」「文化・人種によって信仰が違うのはなぜか」「オウムが選挙に勝っていたら改憲してオウム真理教を国教にしていたのか」「麻原氏はなぜそんな偉そうな椅子に座っているのか」等々聞いていきました。教祖は、真面目な質問には極めて真剣に、ちょっと意地悪な、ひやかし半分の質問にもはぐらかすことなく落ち着いて対応していました。とにかく相手の言うことを良く聞いているし、答え方も論理的で、なかなか見事なものだなと思いました。そこでわたしも、せっかくの機会だからと思い、あまり深く考えてではありませんでしたが、率直に自分がその当時感じていた個人的な問題というか日々の人間関係での違和感みたいなものを説明し、そういうことについて何かアドバイスいただけますか、みたいな質問をしました。それに対して、これは言葉にすると伝わりにくいのですが、尊師は、他人に対する慈しみの心というか、相手に対する心持ちをもっと自分の中で意識すれば、心が通じるようになるでしょうといった話をされました。てらわず淡々と、という感じで。よくわからない仏教用語もあって、ちゃんと理解できたとは言い難いのですが、自分にはそういうのは難しいと思うんですと率直にお答えしたら、いや、できると思いますよと。そのくらいのやり取りでした。ただ、その内容というよりも、目の前で尊師が語りかけてくるその言葉の波動というか、表面的ではない別のところで深く心に感じ入るものがありました。この直接の対話をしたあと、私の中でこの人は信頼できる人になりました。

安田 文字活字という問題ではなくて言葉に表現される、言葉を超えたものを感じたんですか?

荒木 率直に言うと感激したんですね。出家してからですが、そのときのやり取りを文字起こししたものを見る機会があって、当時は理解できなかった仏教の「四無量心の教え」が回答の軸になっていたことに気づきましたが、取り立てて感動的なやり取りというふうには見えなかった。言葉だけ見るととてもあっさりしていて、むしろ素っ気ないくらい。でも、尊師がそこにいて、自分がここにいたというそのときの場面は、今でもありありと再現できる。

安田 説教集というのがあるんですけど、言葉としては特別のものはないように見えるんですね。どこでもありうる話でよくある標語みたいなものだという印象を持ったんですが。

荒木 普通のことでもあるかもしれないけれど、とにかくそれを正面からぶつけて来られて、正面から受け止めようとしたということです。そのときの私は。そのことがとても大きなことだった。

岩井 そこから大学はやめることになるんですか。

荒木 いえ、大学の講演会が終わって後片づけをしているときに入会の申し込みだけしましたが、しばらくは学校が忙しかったので、半年ぐらいは何もしていないんです。教団からは機関誌が送られてくる程度で、特に誘われることもありませんでした。学校が一段落して春休みになった頃、初めて道場を訪ねました。下宿から自転車で二〇分くらいのところの貸しビルの一室で、一階が喫茶店で二階に道場がありました。外壁に「オウム真理教京都ヨーガ道場」という看板が出ていましたが、一面蔦に覆われて半分以上隠れているような感じ。「ここか?」と思いながら怖々階段を昇ってドアを開けると、二〇畳くらいの事務所を畳敷きにして道場にした明るい空間の中で、何人かの信徒さんが足を組んで黙々と修行していました。畳は全部古畳で、よくいえば質素ですけど…。

岩井 実際に行ったのですね。

荒木 修行道具を買いに行くのが目的だったので、この日は一緒に修行した訳ではありません。

岩井 何が買えるのですか。

荒木 奇異に思われるかもしれませんが、鼻に紐を通してしごくとか、長い布を飲み込んで引き出すとか、ヨーガの「浄化法」という修行法があるのですが、その道具を。

岩井　それは他のヨーガをやっているところでも買える物なのですか。

荒木　インドの方では一般的ですが、日本ではあまり見かけないですね。物自体はそんなに特別なものではないのですが、他では手に入らないので、それを購入しようと。

安田　よく『ヨーガ根本教典』とかヨーガに関わる本がありますがそういうものとの出会いというのはなかったですか。むしろ麻原氏との出会いでしたか？

荒木　はい。教団で用いられている経典の中に一般のヨーガ経典や仏典の引用や解説があるので、それを見た後に実際の原典と照らし合わせるという作業は、入信してからするようになりました。

安田　道場に行く、あるいは道場に行く前の話の中で今おっしゃっているのは麻原氏との関係を述べていらっしゃるのだけど、仲間たちとの関係というのはできるものなのですか。それとも麻原氏とだけ一本でつながっていくものなのですか？

荒木　先ほどの教祖の講演会ですけど、それを準備しているのはお弟子さんたちなんですね。本部がある富士山のほうから同行してきた白い服を着た出家の弟子もいれば、京都の支部道場に所属している在家の信徒もいました。京都は学生の信徒が多く、大体自分と同年代か少し下くらいの人たちが会場の準備や後片付けを手伝っていたのですが、講演会のあと、そういう人たちの話を聞いたんです。いろいろ話してくれたんですが、自分と同じくらいの年代の若い男性が「自分は麻原尊師の内弟子です」と言うので、「内弟子って何しているんですか？」と聞くと、「出家して富士の道場で尊師の身近で奉仕をしながら修行してます」と。出家というのがよくわからなかったので聞いてみると、家族を含めて世俗との関係を断って、修道院みたいな形でそこでの生活に身を捧げているということでした。それは自分にとって結構ショックな話でした。自分と同年代の若者がそういう生活に一生涯を捧げているという、そういう生き方に触れて、なんて自分と違うんだろうと。それが本当に生き生きして見えた。自分は当時くたびれた学生でしたので、正直言ってうらやましいと言うか、夢中にさせているものって何なんだろうと。

岩井　荒木さんはご家族とはどんな関係だったのですか。

荒木　当時は下宿していましたので、一緒には住んでいませんでしたけど、実家のある大阪で週に一回アルバイトに行ったとき、実家に泊まっていました。

岩井　特に仲違いしているわけでもないし、べったりでもないしという感じですか。

荒木　はい。

安田　仏教なんか見ると門徒さんのサークルというか、門徒同士の話と教祖との縦のつながりというのと、縦と横が一緒になって動いてるような感じがするんですが、今の話を聞くとそれと割合似ていますね。

荒木　京都は信徒に学生が多かったので、特に同質性が高かったのかもしれません。信徒の指導に当たっていた「師」といわれた二人も、自分より一つ上か二つ上くらいの人で、先輩、みたいな感じでしたね。ただ、修行者としてとても真摯で敬すべき方たちでした。

安田　仲間同士の間で共有するものはしっかりあったわけですね。オウム真理教というのでつながった。

荒木　非常に強固に感じました。

安田　そこで聞きたいのですが、若い頃だから当然自分の将来を考えるじゃないですか。入信して後自分はどう変って行くか、最後はどうなって行くかいうようなものは頭に浮かんでいたのですか、入信することと自分の将来ということと。あるいは将来を捨てちゃってたのですか。

荒木　当時はある意味で気軽にというか、興味優先というか、好奇心というかそこが強くて、自分の将来に決定的な影響をするものとは思っていませんでした。まだそこまでは求めていなかったし。

安田　でも目の前には出家した人がいるわけですよね。出家した人の将来は一体どうなるのかと、出家してそれで終ってしまうのか。その先はないわけですよ、その見方からすると。

荒木　出家するなんて全然考えてなかったですよ。

岩井　在家信徒として、いわば平行して自分の人生の中で行くような。

荒木　はい。ほとんどの人がそうだと思います。

岩井　道場には定期的に行くようになるのですか。

荒木　そうですね。行ってみると雰囲気は悪くないし、先輩の人たちもユニークな人が多かったので、その輪にはすっと入って行けた。修行を教えてもらったり、体験談を聞かせてもらったり。

岩井　道場の中で？　あるいは一緒に食べに行くとか？

荒木　道場の中で。あとオウム真理教では、ヨーガのいわゆる行法のほかに、「バクティー」という奉仕行、功徳を積む修行を重視するんです。行ばかりやっていると霊的な敏感さだけが高じてしまって心身のバランスを崩してしまうだという考え方があって、同時に功徳をしっかり積むことが強調されました。その奉仕行をみんなと一緒にやっていました。

岩井　そのときの「奉仕」の内容というのはどんなことですか。

荒木　一つは教団のお手伝いというか、具体的には、教祖の講演会があるとしたらそのための諸々の準備などです。自分が入ったときは、ロシアにオウム真理教のオーケストラが結成されて、その公演が日本で初めて開かれるという直前だったので、その演奏会のビラ配りとか大学等の音楽サークルへの案内を教団挙げてやっていた時期でしたので、みんなでいろんなところに出向きました。

安田　普及させることは功徳だったのですか。

荒木　はい。そして、私の場合、そのときに霊的な体験が鮮明に起きたんです。もちろんヨーガの行法もしていて、その過程でそれまで感じなかったエネルギーの感覚というか、背中を何か気流が上昇して行くような感覚が生じ始めていました。ただ劇的に「これは」という体験が生じたのは外でビラ配りをしているときでした。

岩井　いま功徳を積むという言い方もされたのですが、ビラを配るということは結局、組織を拡大する仕事をした時に功徳を積むという言い方になっていたのですか。

荒木　それは仏教で教えられているとおり、一般的には財施・法施・安心施ということになると思います。財物を施すこと、教えを伝えること、心に安らぎを与えること。先ほどの例は、仏・法・僧という三宝に対する奉仕という意味での功徳です。仏というのはほとけ、オウム真理教ではグルがそれを象徴する存在です。法とは教え、僧が教団です。

岩井　こういうものが功徳ですと、書いてあるものがあるんですか。口頭で伝授されていくようなものですか。

荒木　尊師の説法の多くがそのような内容のものです。仏典の解説というかたちで講話をされることがほとんどでした。信徒はまずそれらを学ぶわけです。具体的な生活規範として、「生き物を痛めつけない。殺さない」から始まる十戒、あるいはその裏返しとして、「生き物を慈しむ」といった十善、というかたちで定式化されたものもありますが。

岩井　そういう形で道場に通うようになり、社会に対して組織を広げたり、組織を支えるような仕事と関わるようになってきたということですか。

荒木　そうですね。はじめはビラ配りなんかがどんな効果があるかよくわからなかったのですが、とりあえずみんなと一緒にやっていたわけです。その中で、先ほど述べた霊的な体験、いわゆるクンダリーニの覚醒だったと思うのですが、それが生じました。

安田　いわゆる神秘体験ですか。

荒木　いわゆる神秘体験です。ただ、教団の教えの中ではそれが理路整然と説かれているので全然「神秘」じゃないんです。あるプロセスに沿っていけば、理論的にも実践的にも自ずと生じる。

安田　いわゆるチャクラと言われるものが抜けるということですか。尾てい骨から頭頂部にスコーンと抜けるという表現があったんですけど。

荒木　背筋を下からぐうっと押し上げてくるような感じで頭

頂に至って広がる。修行を始めたときは、何か行を通じてそういう体験が生じるかと思っていたら、全然違った。京都での公演も間近なその日、先行して名古屋で公演がありました。京都公演の準備が遅れていたのでしっかり宣伝しなきゃといわれていたんですけど、名古屋に行けば尊師の説法も聞けるというので京都から車に相乗りして出掛けた信徒も多かったんです。でも自分は京都の公演をしっかり準備することが大事だと思って、その日も市民会館の前でビラ配りをしていたら、前触れもなくそういう体験が生じたんです。時計を見ると、ちょうど名古屋で公演が始まる時間でした。何か尊師から「それで良い」と言われたような気がしました。そのときすごく安心感というか幸福感があって、入信してから「どこにいてもグルは弟子のことを見守っている」という話をいろいろな人から聞いていたのですが、こういうことなのかと思いました。

安田　当時はビラを撒く人だったんでしょうけどビラ撒きの先には信徒を獲得するとなってきますよね。拡大ですよね。拡大させていくというモチベーションというか、意味というのはどう理解してたんですか。拡大なんかする必要はないと言ったら終わりですよね。あるいは、いろんな見方があって広げていく、成長拡大という問題と、深めていく問題もあるけれどいっぽうそもそもそんなもの関係ない、自分たちだけでやっていればいい話じゃないかというのがありますね。まったく切り口が違って平和的な拡大じゃないですか。実力でさらってきて洗脳してしまえばいいじゃないかというものもあり得るじゃないですか。

荒木　最後の点についていえば、「洗脳」ってよくいわれますけれど、それってやっぱり難しいと思います。自分の実感としては、本人がその気にならないと修行なんて出来ないしあまり意味がない。嫌々やってもものにならないと思います。

安田　じゃあ増やすことの意味って何なんですか？

荒木　やはり求めている人がいるなら伝えた方がいい。もちろん、当時はよくわからずに何となく布教活動に関わりはじめたわけです。ただ、段階的に修行を進めていく中で最後は出家までするわけで、やはりこれは価値ある教えだという確信が持てるようになってくると、もっと知られていいのではないかと。もっといえば、これを必要としている人がまだまだいるはずだとも思うのです。

安田　自分だけでなくて。それが一種の救済にもなっていくわけですか。同時に功徳になる。僕は麻原氏と功徳の問題と修行の問題を話していて、修行の問題については自分はとにかくどこまで修行すれば最後はどうなるか、ということを自分で実現して実践したんだと。つまり実感していると。そしてその結果として輪廻転生を越えて、過去生にも未来生にもいくことができるし、魂をどこにでも植え付ける、持っていくこともできるようになったというか解脱したという話はありました。もう一つは、じゃあそんなこと全然やらない人間はどうなのかというときに、安田は安田でちゃんと功徳しているというわけですよ。修行は関係ない、それはそれで功徳しているんだと。功徳は尽くされてるんだという言い方をされていて。だから功徳という問題と修行という問題とは切り離されているけれど同時にあの人の中では統一されてたのかなと理解したんです。聞く人、話す人に変幻自在に話が変わるという感じを受けたんですけどね。だからいま荒木さんの話を聞きながら、荒木さんの中におけるオウム真理教を聞いていたのかなという気がしていたんですが。経典に記載されている画一的な言葉や画一的な意味ではなくて、変幻自在と言うんですかね。

荒木　その辺はある意味ではおっしゃるとおりかもしれません。もちろん、教えの原則というのは明確に示されているわけですが、それぞれの個人史の中では――過去世の生も含めて――一人一人に語らせるとそれぞれの語り方があると思います。で、私の場合は、ともかくも出家になるんですね。

出家

岩井　チラシを配ってたときには在家信徒としてチラシを配っていたのですね。出家はいつですか。

荒木　ちょうど一年後ですね。

岩井　九四年五月ですか。出家の時までは大学はどうしていたのですか。

荒木　籍は置いていましたが、あまり行かなくなりました。

岩井　在家の信徒のときから行かなくなったのですか?

荒木　はい。とりあえず大学院まで進んだものの、その先どうやって生きていくのかというのは自分の中でまだ決めかねていました。恩師から美術館への就職の話を何度か持ちかけられたりもしたのですが、いろいろ考えた末にどれも辞退して、将来に迷っていた時期でもありました。まあモラトリアム青年だったのでしょうが、時代は九〇年代初頭、バブル期の盛りです。今なら誰しも「世の中狂っていた」と振り返るような時代の水ぎわで立ちすくんでいた若者の話です。世間知らずの。今から思えばそこが分かれ目だったのかもしれませんが、どういう道が開かれてくるかわからないけれどしばらく修行の方に軸足を置いてやってみるか、と決めたのです。

安田　けっこう修行に打ち込むということですか?

荒木　気持ちとしてはそうでした。ただ、先ほど申し上げたとおり、当時はまだ出家をしようとは考えていませんでした。修行を手順に沿って進めていくと、本当に教義どおりの体験が生じて、その次、その次という感じで展開していくので、じゃあその先はどうなるかなと、一つ納得できるまでやってみるかという気持ちが出てきた。

岩井　出家するためには最低限こういうコースを経なければいけないという基準はあるんですか。自分が出家したいというだけで出家できるのですか。

荒木　一定程度の教義の習得は求められました。

岩井　一定の神秘体験を経験してなければいけないとか。

荒木　そこまではなかったと思います。

岩井　誰でも出家したいと言えば出家を受け入れられのですか。

荒木　最終的には尊師が決めます。内弟子として認めるかどうか、ですから。

岩井　面接があるのですか？

荒木　出家時の面接というのは必ずしもなかったと思います。それ以前の段階で、尊師が各地の支部道場を年に何度か説法に回るときに直接の面談を申し込める機会があり、そういうときにどんな人かを把握されていたのだと思います。自分も在家信徒時代に二、三回面談を受けたことがあります。

岩井　強制されるものじゃなくて自分から面談を申し込むということですか？

荒木　はい、そのときに修行の指導を受けたりします。人によっては懺悔を受けてもらったり、告解の場でもあった。この面談は、ごくごく短い時間で入れ代わり立ち代わりという感じで行われていたのですが、うなだれて今にも崩れ落ちそうな感じで面談室に入った人が、一分後にはまったく別人のような明るい表情で部屋から出てきて、びっくりしたことを覚えています。あるいは、一見平然とした様子で面談に臨んだ人が、やはりその直後に、決壊したかのように号泣しながら出て来たりとか。「一体何が起きているんだ？」と思いましたね。その人の本質を見透し心をつかむ力は凄かった。天才です。

安田　出家イコール弟子として取っているのですか。

荒木　直弟子あるいは内弟子。在家の信徒も弟子ですが、直弟子ではない。出家を希望しても、認められない人もいました。

岩井　認められない人はそのあと辞めてしまうのですか？

荒木　それでやめたという話は聞いたことがないです。在家として修行を続け、もう一度改めて出願するとか。

岩井　出家すると自分の家族とは接触してはいけないというルールはあるのですか。

荒木　基本的には、家族を含めて世俗の関係を一切清算して、身一つでサンガという出家修行者共同体に自らを置くことになります。

岩井 サンガという共同体は、現実に住む場所が自分の家族とは別にあると言うこと?

荒木 はい。出家すると最初に富士の本部で手続きがあって、そのあとそこで入門者向けの修行や研修が行われました。その後、どこでどのような奉仕行に従事するかが決められて正式に配属されるというシステムでした。

岩井 出家をしたことで、京都から富士山の麓のところに行ったのですか。

荒木 そういう決まりでした。入信した当初は出家なんて頭になくて、特に薦められることもありませんでした。ただ、修行していくと明らかに感覚が変容していくんですね。これを端から見たらいわゆる洗脳、マインドコントロールだということになるのかもしれませんが、そういうふうに自分の身心が変化していくプロセスは冷静に観察していました。先ほど、尊師の講演を聴いたあと自分の内側が変化し外側のことに興味が持てなくなったと言いましたが、そういう感覚がさらに深まっていき、だんだん普通の生活が——何というか、苦しくなってきた。

岩井 気持ちが苦しくなってきた?

荒木 気持ちというか、何をやっても楽しめない、思ったほど。普通に友達と食事に行ってあれこれ話をしたり趣味の音楽を聴いたりしても、これに対して気持ちが求めるほどには自分の心に響かない。何かむなしい。そういう感じが強くなってきて、そうなると結局はむなしく終わるんだなというのを先取りしてその終わりから見てしまうようになってきました。そして、あらゆるものが遠く感じられるようになって、現世でやりたいことがなくなってしまった。このときは、修行ってなんてつらいんだろうと思いましたね。でも、知ってしまった以上もう引き返せないだろうし、やっぱり引き返したくはないと、そんな感じでした。ただ、道場や一人で修行しているときだけは心安らかで、幸福だった。

安田 具体的にはどういう修行をされたんですか。

荒木 浄化法、ヨーガの呼吸法、あとは特別な瞑想法を尊師から直接伝授される機会があって、これらを日課としてやっていました。あとは教学といって、尊師の膨大な説法群を体系化した経典を読んだり、テープで聞いたり。

安田 呼吸法、瞑想、ヨーガの体のポース、浄化法。マントラはどうですか。

荒木 それも日常的にやっていました。

安田 マントラを唱えることと先ほどの呼吸法とかそういうものとはどう関係するのですか。

荒木 いろいろなタイプのマントラがありますが、呼吸法や瞑想と組み合わせて唱えるものもあります。それ以外に、歩いているときや電車に乗っているときに、声を出したり、声を出さずに心の中で唱えたりすることもありました。

安田　マントラというのはそれ自体に意味があるものなんでしょ？

荒木　それはもちろんそうですね。

安田　それを繰り返すわけでしょ。それと肉体的に呼吸云々とは、言葉の問題と肉体問題とはちょっとレベルが違うんじゃないかと思うんですが。

荒木　修行には身心の各層に働きかける作用があって、個々の修行法によってそれぞれ特性があります。マントラは確かに言葉ですから、言葉に対応する次元で作用するものです。

安田　自分の感覚の中の言葉に対応する部分の表現でもあるんですか。

荒木　言葉としての意味と音声としての波動を、ひとまとまりの詞章のかたちで表現したものといえると思います。

安田　当時、荒木さんは師になったんですか。

荒木　なっていません。最初はみなサマナ、要するに平の出家者です。自分はその後も尊師がいる間はずっとサマナでした。

毒ガス攻撃と空気清浄機

安田　サマナというのは宗教的なレベルですよね。組織の中の役割は？

荒木　それはまた別にあります。最初は正式に配属されたのは教団の編集部門でした。オウム真理教では多くの機関誌や書籍を発行していましたので、それらの出版物の編集をするパートでした。

安田　どういう所からスポークスマンになっていくのですか。

荒木　出家して一年後に地下鉄サリン事件があり、直後の強制捜査以降、教祖をはじめ主だった幹部の人たちが次々と逮捕されていった、そのあとのことです。要するに教団組織が半ばていを成さなくなった頃です。

安田　人がいなくなっちゃったから。

荒木　そういうことです。

安田　九四年五月出家だとするとオウムにとってはほとんどアウトの時期ですよね。

荒木　あとから見れば、既にいろいろな事が起きていた。

安田　客観的にはまだアウトではなかったけれども、中身そのものとしてはものすごいアウト、世俗的に見るとすごい矛盾を抱えていて破裂する直前まで行っているんですよね。なぜかと言ったら九四年六月というと松本サリンですしね。だから本当にそれまで続いてきたこととこれからやることとが時限爆弾のような形で起こってくるころ。今から見て、そういうものは感じました？

荒木　ちょうど自分が出家したときはいわゆる「省庁制」が始まった頃で、編集・出版というのは「郵政省」の管轄でした。

岩井　九四年六月に教団内に省庁制が導入されるようですが、そのころですか。

荒木　そうです。その年の冬まで富士山の麓の道場で生活していました。そして、一切世俗から離れたとてつもない解放感。自分にとっては、別天地での夢のような日々でした。実際、儚く終わったのですけれど。

岩井　九四年五月に出家してすぐに富士宮に行ったのですか？

荒木　富士宮の本部で出家の手続きをして、そのあと程なくして山梨県の上九一色村の第八サティアンと呼ばれる施設に移動しました。編集・出版部門に正式配属になる前、全教団を挙げて「コスモクリーナー」と呼ばれる空気清浄機を製作する作業をやっていた時期があり、自分もそれを手伝っていました。教団が毒ガスの攻撃を受けている、そのために浄化設備を自力で作らなければいけないというので。一日十数時間くらいみんなそういう作業をしていました。

岩井　具体的にはどういう作業ですか？

荒木　空気清浄機は次々と改良されていったのですが、自分が駆り出された頃は、射出成形機という工作機械で樹脂を鋳型に流し込んで、イガグリ状のプラスチックのボールを作っていました。そのボールを空気清浄機の中に入れて異物を取り除くという仕組みで、その工程に一カ月ほどいたような気がします。

岩井　何のためにしているかという説明はあったのですか。それは攻撃を受けるからということですか。それは信じていましたか。

安田　実際に攻撃を体験したのか、それはただ言われているだけだったのか、それは実感としてどうですか。

荒木　その時点では、少なくとも自分には具体的な体験はありませんでした。ただ、周りの人からは体調を崩したとか視力が低下したとか直接・間接に話を聞いていましたし、何より教祖自身がそういうので、やはり何か起きているのかなと。

安田　空気清浄機、僕は見たんだけど、ものすごく大きなもので音はうるさくて平穏を害するのじゃないですか。

荒木　だんだん改良されていきましたが、初期のものは特に大きいしうるさいし。日々のメンテナンスも大変な代物でした。

安田　しかも同時にガラス窓全部に目張りやっている。たまったもんじゃない。空気清浄機・コスモクリーナーで対応することと自体は自分たちの生活環境をどんどん悪くしていくという感じを見たんですが。自分たちがそれから免れるということと、常にそこにいるわけじゃないからサティアンの外に出たりしてるわけでしょ。サティアン出たら空気がおかしいわけじゃないですか。

荒木 そういう人もいたけど、私はあまり感じなかったな。

安田 その落差はどういう形で自分のなかで折り合い付けたのか。落差はあったのか、あったと実感したか実感してなかったか。

荒木 それだけの代償、つまり教団全体に設備を作るのにお金も相当にかかるわけですよ。お金だけじゃなくて、教団のいろんな部署のエキスパートをみんな駆り出してやっているわけです。これは本気でやってるな、と思いましたね。

岩井 でも自分の実感では起きていると感じなかったということですよね。

荒木 あと、この時期健康調査が行われました。教団の医師団が、富士宮・上九一色を含めて全サマナを対象に一斉に健康調査をしたところ、一定数の健康被害が出ていることが確認されたということでした。毒ガスの症状が具体的にどういう形で出てくるのか専門的には知りませんでしたが、医師団の疫学的な分析では、それに合致する症状が有意に出ていると。専門の医師たちがしっかりデータを取った上でそう結論づけた以上、やはりそうかとは思いました。医師たち自身、少なくともその当時は自分たちの調査結果を信じていたと思います。医師団のトップは林郁夫氏でしたが、この方は地下鉄サリン事件の五人の実行者の一人です。林医師自らが手記で述べているとおり、教団が毒ガス攻撃に晒されている、このままでは教団がつぶされてしまう、そういう危機意識がなければ、絶対にそんなことやらなかったと思います。

私自身が異変を直に体験したのは九五年のことです。京都の支部道場の近くにサマナの宿泊所があったのですが、そこで仮眠をとっていたときに、喉に焼けるような激痛を感じて飛び起きたことがあります。一緒にいたサマナもやはり同様の症状を訴えていました。あれは何だったのだろうと、今でも思い返すことがありますが、異様な出来事でした。

安田 麻原氏は僕に対しては血を吐いたり、体がとんでもなくひどい状態になって身動きが取れなくなる。体調は無茶苦茶悪くなって来るという話だったですよね。

二つくらい話があって、実際にそうであった、そうでないがそのように思い込まされた、あるいはそうであったとしてもそれは教団の内部で作っていた毒にやられてしまったという話と、実際に米軍が上から小型飛行機やヘリコプターから撒いたと。麻原氏は僕に本当に飛行機が飛んできたという言い方をしてましたね。だから実際に麻原氏は全国を逃げ回るわけですよ。麻原氏自身のなかではそれは信じていた。ただ麻原氏に聞いた時には、どこかの海岸、当時は具体的に名前が挙がっていたのですが、そこにいたときには、実際に飛行機が飛んできた、自分のほうに向かってきたという話だけれど、じゃあそれはどうやって確認したのかと問うと自分のそばにいた人間が飛んできていると教えてくれたという話だったんです。

話飛んじゃって申し訳ないのですが、石垣島のセミナー、それから亀戸異臭事件もうすでに起こっているわけですが、そこらあたりについては知識とかあったんですか。

荒木 当時は知りませんでした。

安田 僕は新實智光氏と話をしていて新實氏曰く、彼は生物兵器を作るんだと北海道の奥尻島まで行ってボツリヌス菌を収集してきて持ち帰って遠藤誠一氏が培養してボツリヌストキシンを作って、そのトキシンという大変猛毒なものを自分はまいて回ったというんです。首都高を走りながら、あるいは米軍横須賀基地に行って実際にまいたと。当時クルーザーに積んで全国の港に撒く予定だったんだと。しかし信者の人たちは、石垣島セミナーという形で石垣島に集められ、ボツリヌストキシンの毒から守ろうとしたと新實氏は言ったんだけど、そこらあたりは端から見ていて感じましたか。

荒木 少なくとも富士宮や上九一色でその種のものを撒いたという話は聞いたことがありません。上九一色の第七サティアンの工場で有害物質の漏洩事故があったという話はありましたが、健康被害はその近辺だけでなくより広範に出ていました。富士宮にはそもそもそういう工場がありません。もしかしたら、裁判で何か自作自演的な証言が出てくるのかなとも思っていましたが、一切ありませんでした。その他当時の現象を説明するような話は、多分何も出て来ていないと思います。それに、当時教団内の健康被害との関連が指摘されていたのは「サリンガス」ではなくて「マスタードガス」でした。後者については、何かの事件で使用されたという話は一切出てきていません。

殺人と教義をめぐって

安田 荒木さんは結局逮捕されてないし、何もされてない。まったく関与していなかったというのが客観的事実としてあるのだと思うんですが、でもまったく関与してない人がいるというのはどういうことなのか。象徴的な話をすれば、坂本さんを殺害した人から始まっているわけじゃないですか。その前の事件もあるけれど。荒木さんは何ら関与してないわけ?

荒木　というか、信者のほとんどがそうです。私が特別なのではありません。

安田　つまり二万人近い人たちのうちの二百人か三百人ぐらいですよね。その中でもさらに今みたいな劇的な話についてはせいぜい三、四〇人ですね。その落差は一体どうしてなのかと思わないですか。石垣島の時入ったのでしたか。

荒木　いえ、石垣島のセミナーは私が入信するずっと前ですね。

安田　その前にもう起こってるわけですよね。そういうものを起こしたあとに入ってきたわけです。オウムの教義そのものはオウムの教義なのか、麻原氏の教義なのか、そのなかに当時行われていた生物化学兵器による社会への攻撃とかそういうものの要素をすでに含んでいるものなのか。それともたまたまその話の中の人の問題としてそういうことが起こったのか。つまり今世間の中ではオウム真理教の教義の中にそういう危険性を含んでいるんだと、だから封印しろとかね、オウムを解体せよという話になってるわけですね。それが正しいかどうかは別ですが、オウム真理教は存在しえなくなっているわけです。荒木さんの実感はどうです？

荒木　私が教祖から受けた教えの中からは出て来ません。

安田　出て来ないけれど幹部と言われる人たち、つまり今の話の中で愛弟子と言われる人たちがそれをやってるわけです。どうしてです？　どう説明できるんでしょうね。これだけ多数の事件があってしかも荒木さんはそれなりの入り方をして、なおかつ重要なそれなりの立場にいて、しかしまったく関与してないでしょ。あれだけ警察が狙っても逮捕することができなかった、転び公妨くらいしかなかったのでしょ。そして荒木さんの周りはほとんどそういう人たちなんですね。なんでだろう。あの激越なやり方からすると、一三人の人たちが死刑囚だったら、だれか奪還とか略奪とかあり得る話じゃないですか。サリンを撒くらいのことができた人たちだから。サリンでないものでやろうと思えばできるわけ。そういうことが何も起こらないまま、一三人が処刑されてしまった。荒木さんはそういうことは考えてもみなかったのでしょ。実力闘争で奪おうとか、警察を襲って人質を取り麻原さんを解放させようとかいう人は荒木さんの周りには誰もいなかったんですか。日本赤軍はやったのですが。

荒木　あとで、過去に赤軍派の人たちが仲間を獄中から奪還したことがあったということを知りましたが、当時はそもそも「奪還」ということの意味がよくわからなかった。赤軍には国際的なネットワークがあったからそういう発想ができたのかもしれませんが、私たちには尊師をお連れして行く当てなどなかったですから。

安田　でもほっておけば殺されちゃうわけでしょ。それは麻原彰晃という人の命なんて関係ないということですか。

荒木　一九九五年にオウム真理教に破壊活動防止法の適用が請求されました。これは、教団が国家に対する破壊活動を起こして、なお将来もその危険性があると見なされたためです。翌九六年には、既に勾留されていた教祖が教団の代表者として出頭を求められ、拘置所で自ら意見を述べる弁明手続きがありました。そのとき教祖は、将来においてオウム真理教が法の規制を破って破壊活動を行うことを禁止し、当時噂されていた自らの「奪還」についても明確に拒絶しました。「これはわたしがこの人生を終わるまで変わることはない」と。これは教祖によるいわば武装解除の指令、平和令だったと受け止めています。

安田　破防法の弁明手続きで何をしゃべるかというのは僕たち弁護人と麻原さんが一生懸命相談したんです。あの段階では破防法を止めることがものすごく重要な問題だったんです。誰を立ち会い人に選ぶかも、しゃべる言葉も相談して決めていきました。だから奪還なんて拒否するというのは相談の中で出てきた言葉なんです。

荒木　尊師がこれで良しと認めたならば、誰かと相談してその提案を受け入れた結果であったとしても、それは尊師の言葉であり、意思です。そもそも本当に奪還なんて試みていたら教団の解散命令は免れ得ないことだったと思います。逮捕されてからの教祖の強い意思としてあったのは、弟子の修行の場を守りたい、それを取り上げないで欲しいということ。これが非常に切実なものとしてありました。残された記録を見ると、当時の教祖の言葉にはそのことが繰り返し出てきます。

安田　やはり破防法は適用されるだろうと半ばあきらめていましたね。だから破防法が適用されたときどうすればいいですか、という質問が麻原氏にあったわけですよ。その時に教団はなくなってもいい、そのような話と、先ほど荒木さんがなんにも関与してなかった、圧倒的多数の人が事件に触れるようなことはやってないということ、つまり麻原彰晃という人はそれをやるなと言ったわけですよ。破防法の時に、外に向かっては。でも一方では事件のほうではやっているわけですよ。その落差は一体なんなんですかね。

僕はあの人の宗教的な思想からすると、サリン撒いたって何したってあたりまえの話で、死なんて大した問題じゃなくて、人間がね、人間は輪廻転生の一場面にすぎない。もっと言ってしまえばポアの思想。麻原さんは僕にはっきり言ったけど、坂本氏はあのままいけば悪業を積んで地獄に行かざるを得ない。自分が指示したわけではないけど、弟子たちがやってきたから、私は彼の魂を北極グマの雌の子宮に移してあげたんだという話なんですよね。だから生と死というのは区別がつかないし大した問題でもないしそれは次にまた何万回と繰り返す過程の中で一瞬間にしか過ぎないと。だから教団であり、親子でありと言った所でそれは今の、何万回と続く中の一瞬間の映像にしか過ぎない。大した問題でもなんでもない。というように彼の話は聞こえたわけです。そうすると地下鉄サリン事件なんてどうってことない話で、処刑されるなんてことさえ大した話じゃない。それくらい突き抜けてるという感じがしたんです。そういうものは、荒木さんの中にはまったく感じないですか。

荒木　自分自身の生き死にということでは安田先生のおっしゃるとおりかもしれません。突き抜けていないとあんな生き方できない。「生死を超える」というのが思想の中核にあることは間違いないと思います。どの生も数限りなく繰り返される生まれ変わりの一こまと見るのが、仏教の輪廻転生観です。ただ、そこから無差別殺人の肯定に一気に話を結びつけるのは、宗教の理解の仕方としては危ういと思います。およそ仏教思想そのものが危険思想になってしまう。宗教固有の世界観と具体的な行動規範とを短絡することは、自分は違うと思っています。

安田　新實さんなどが実際に手を下してるわけですね。それはどう理解すればいいのか。荒木さんが感じてそしてそこに自分の将来を見出したオウムというものと、荒木さんが入った段階ではほとんど多くのことがなされていたオウムと、その折り合いってどこでつくんですか。

荒木　折り合いは——つかないですね。

安田　それはつけようとも思わない？　あるいはもともとついているけれどということなのかな。

人を殺す、殺さないというのは大した問題ではない、だから殺さないことも大した問題ではない、殺さないでも平気でそのまま維持できると、だから虫さえ殺さないで生きて行こうと思えば生きて行ける、一方で人を殺すって大した問題ではないからやろうと思えばすぐ殺せる。だから荒木さんはたまたまひとを殺す必要はないし、そういうものと距離感がある所にあるから殺してないだけで、世間にあるような「殺した、死刑やっちゃえ」という話と次元が違うのかなと。世間でいわれている、殺す殺されるとか、憎い憎らしい、そんなところとは違うところで生きてらっしゃるのかなと。しかし、実際死刑がなくなればいいと思っていたでしょ。

荒木　親鸞がいう、人を殺すか殺さないかというのは機縁次第だというのは、恐らくそのとおりです。ただ、国家による死刑というのは少し性質が違うように思います。これは無くすことができます。

安田　フォーラムに見えていたのは早く死刑がなくなった方がいいと思ってでしょ。それは同時に麻原氏の命を守ることになるし一三人の人たちの命を守ることにもなる。つながってたんでしょ、やはり。

荒木　法に基づく刑執行であっても、仏教的には死刑は殺生そのものですから、それは大きな悪業です。殺人も死刑も、仏教的には根本において変わるところはありません。

安田　アルカイダの人たちとかあるいはイスラム国の人たちは身を捨てて政治的な物事を実現しようとしてるじゃないですか。自爆テロをやったり。しかし、そういうものはオウムの中にはないでしょ。この事件を見ても誰も自爆してない。なんでですかね。

荒木　イスラムには詳しくないので軽々に意見できませんが、オウム真理教事件についていえば、そもそも目的や動機が不明です。少なくとも自分にはさっぱりわからない。ですから、自爆といわれても、それをどう位置付けていいのかよくわかりません。

安田　でも自爆したって彼らは全ての自分の存在が消えるわけじゃなくてもう一度神の国に行けるわけでしょ。ジハードと言って。オウムの中にもありませんか。

荒木　「捨身供養」という考え方がありますが、基本的に仏教は自殺を肯定していません。

安田　それは教祖だけが生死を司ることができるからですか。誰かが自爆テロ的なことをやらんかなと期待してたんですが、どうして誰も何もやらないんだろうかと。見殺しにするのかと思ったのですが。ましてや最初の七人がやられたあとどうして誰も黙っているんだろうと思ったんですけど。

荒木　あらゆる意味でやりようがないです。

安田　それは外向けのアナウンスじゃなくて？

荒木　少なくとも九六年の時点で尊師が奪還を含めた実力的な抵抗を否定された以上、弟子はその言葉に従います。

岩井　ポアについては、教義としても殺すという意味で教祖が使っていると。それは教義の中にも組み込まれている考え方だとよく説明されますが、それは教義の理解としては間違っているのですか？

荒木　そのように解釈できる仏典が存在することは紛れもない事実です。それを教祖が弟子に解説する中で、意識を移し替えることを意味する「ポワ」という言葉を使って説明したということはあります。

岩井　現実の社会には適用すべきではないという意味でそういう説明をしたということですか。

荒木　少なくともわたしはそう理解していました。

岩井　そうすると殺生はいけないんだと、仏教の教えということもいったわけですが、しかし、オウム事件と語られる一連の流れがありますよね。その中に多くの人が殺されて、裁判になってというのがあるわけですね。それに対して、荒木さんとしては殺生はいけないという教えがある教団が関与していないと現在思ってるのか、関与はしたけれどそれは教えとは関係のない個人の行為だと思っているのか、どう思っているのですか。

荒木 破防法による教団解散が現実味を帯び始めた九五年秋、安田先生が国選弁護人に付く前に私選で横山昭二弁護士がついていた頃に、尊師が獄中で書き留めた一冊のノートがあります。翌年の破防法弁明手続きの中で弁護団が「麻原ノート」として公表しました。その中の一節に「今回の事件の幕引きについては、わたし個人は自己の一身をこのようにいじめながらなげうって、いじめながら人生の終わりを迎えたいと考えています…わたしの一身にかえて、弟子の修行の場を取り上げないでください」とありました。結局尊師は、このとおりに生き、このとおりに自らの最期を受け入れて贖いをなした。そうわたしは思っています。

事件をどう見るか

安田 荒木さんからすると実際に起こったものをどのように理解しておられる、あるいはどのように説明できるのですか。

荒木 一人の弟子としては、突き詰めればグルが言ったことがすべて。語ったことは語ったこと、語らなかったことは語らなかったこととして、それをそのまま受け止めるしかない。最期はまさに自己の一身をなげうって、言葉としては語られなかったことをその身をもって示した、ということではないかと思います。

安田 それは自分の防衛的に思考停止の発想になるのか、それとも実際にそう解釈するのが正しいと思っていたのか、どちらですか。

荒木 解釈を述べないわけですから、正しいも何もありません。ただ、弟子の態度として、私はこれ以外考えられない。

安田 解釈拒否とか感覚の拒否ですか、一種の。

荒木 一つには、やはりこれまでの裁判を含めて、決してそれ自体を否定するわけではありませんが、自分のわからないことを推測で、推測を重ねて語りすぎているような気がしています。

岩井 裁判が、ということ？

荒木 裁判もそうですし、メディアを含めて評論家の人たちもそうです。

岩井 裁判の当事者というのは、出家をして麻原さんの弟子になり被告になった人たちも含めてですか？

荒木 含めてです。特に、事件後の〝後付け〟の認識を完全に排除するのは、私自身も大きな困難を感じています。その人たちから見た事件やその背景として、それはもちろん意味

資料

（麻原氏直筆の「麻原ノート」。一九九五年十月七～八日頃、警視庁本部の留置所内で記された）

横山先生へ

皆さんは、一連の事件について、オウム真理教が社会破壊をする団体かのように思われているかもしれない。確かに逮捕された弟子たちの話を聞いたり見たりすると、それも仕方のないことです。しかし、真実そうなのでしょうか。取調官が口をそろえて、皆純真であると言っているのでもわかるとおり、事件から離れた弟子たち1人1人はまじめで純真なのです。

わたしは逮捕され146日余りになります。この間、罵倒を始め懐柔、ある種の理論構成による責めを、毎日8時間から10時間ぐらい続けて責められています。その中心は教義の揚げ足取り、そして弟子のわたしに対する悪口など、そして事件の内容の繰り返しの記憶などです。これが1人に対して5人から7人の刑事、検察がかかってやるのですから、逮捕、勾留されている者たちが、その洗脳に負けることは時間の問題といわざるを得ません。そして、事件は最も悪い形で幕を閉じる。

わたしの場合も、今回の期間中に揺れが1度生じました。そして、事件の真相は闇から闇へと葬られた結果になるでしょう。例えば、現在進行を始めた破防法および宗教法人解散命令は、司法権を侵害する形で使われている。なぜか、それは。この二つが事件と関係がない信徒、サマナに対する大きなダメージを知っているわたしは、そのために虚偽の自白をしなければならないからです。今回の一連の事件は、教団から見て、あるなしは別にして、というのは、そのことについては裁判所が判断すべきことですが、多くの人たちが死に、また傷害を負ったことは事実です。

したがって、地下鉄サリン事件以降、わたしは第6サティアンで瞑想に励み、5月からはニュンネーの修行をやってわたしの血と肉を供養してきました。そして、約30キログラムの血と肉を供養することができたのです。これは48時間のうち、5時間食事をとり、43時間は断食し、そのうち24時間は断水するというもの、137あった血圧も今では106から98まで下がっています。今回の事件の幕引きについては、わたし個人は自己の一身をこのようにいじめながらなげうって、いじめながら人生の終わりを迎えたいと考えているのです。もともと自己の死を、このように推し進めているわたしが何で世界を混乱させようと考えるでしょうか。この記録については留置管理記録に載っていると思います。

したがって、外にいる弟子たちの修行の場を取り上げるようなことはどうかやめてください。もちろん、わたしは代表者を降りましょう。もちろん、わたしは代表者を降りることはやぶさかではありません。それよりわたしの一身にかえて、弟子の修行の場を取り上げないでください。決して国家に対する破壊活動は起きることはないでしょうし、もちろんわたしから、指示、命令をすることはない。決して破壊活動が起こることのないことを確信して。

麻原彰晃

のあることですが、それと、教祖自身から見た事件やその意味というのは、恐らく全く相貌の違うものだと私は思っています。——まあでも、弟子でない人たちのことをいってもしょうがないのか。

岩井 荒木さんは教祖ではないですよね。

荒木 はい。

岩井 そうすると、荒木さんから見た事実があると思うんですよ。それがわからないという部分があった時に、わからないから残るという選択と、わからないから組織を離れるという選択と、どっちもあると思うのですが、荒木さんはなぜ離れないのですか。

荒木 それだけ大きな疑問を残しながらということですか。

岩井 疑問という表現かどうかは別として、荒木さんの中ではわからないことを皆が語りすぎていると言ったので、わからないから、自分でも語らないわけじゃないですか。その状態のまま、ずっとそこにいられるかどうかは人によって対応の仕方が違うと思うんですね。その時に荒木さんが今、とどまっている根拠はなんでしょうか。図式的な言い方をすると、麻原さんに対するなんらかの思いがそうさせているのか、そうじゃない思いなのか。社会には、マインドコントロールされている、いまだに呪縛から解けていないという見方もあると思いますが、そういう見方に対して荒木さんはどう応えますか。

荒木 そう見えるだろうなと思いますね。

岩井 そう見えるだろうなという認識はあるんですか。「だけど……」という所は何なのですか。

荒木 宗教家として、瞑想家として、グルとして教祖が残したもの、具体的には膨大な教えとして残されていますが、それは説法という形もあれば個人的に受けた教えもあります。私は一人の弟子として、ただその教えを汲み取りたいという、そのことに尽きます。それ以上でも以下でもありません。私がまだその意を汲めない教えなんて山ほどあるわけです。宗教とはそういうものです。簡単に答え合わせなんてさせてくれない。

安田 麻原さんが言ったことですが、絶対的帰依なくして解脱はあり得ない。例としてチベットの話で、グルがお前飛び込んでこいと、すると飛び込むと。それくらいの帰依がない限り悟りは生まれないし、教えは理解できないんだという話があったわけです。例えばサリン撒いてこいと言われたら撒いて来なければならないほどの帰依がないとどうしょうもないと。だから、これは単に課題を与えただけだと、実際に撒いてこいという話と宗教的な課題として撒けという話では質的に意味が違うんだと。お弟子さんに対してここの崖から飛び込めと。で、麻原さんは飛び込むだけの帰依がない限りグルの教えを理解できない。でいろんな課題を与えた。お前は例えば化学兵器を作れと。それ自体が修行だと。実際に作ってどうするかなんて全然考えてはいないという話を、麻原さんとやったと思うんですよ。だから麻原さんに対しては……

荒木　それは誰の言葉ですか？

安田　麻原さんだと思うんです。当時、メモをけっこう取って、ほとんどの事件を聞きましたから。全ての事件について麻原さんは自分は指示してない、しかし弟子たちが勝手にやったというわけではないけれど、彼らは彼らの修行としてということになるのかなということもありましたよね。最終的に法廷で話が出なかったから接見の場所で聞いてきた話なんですけどね。

荒木　高弟の一人で弁護士だったA正悟師が、いわゆるマハームドラーの教えについて、それに近い話を尊師の法廷で証言していたと記憶します。この方はグルからマハームドラーの直伝を受けた弟子の一人です。法廷で語られた数多くの証言の中で、もっとも印象的なものの一つでした。ある種の宗教的な深淵ともいえますが。

安田　三つくらい要素があって、生と死というものに対しての、今生きている生と死に対して絶対的価値観を僕らは見てるんだけど、死刑廃止なんてまさにそうですね。そういうものに対するものすごい相対化してみるのがひとつですよね。

もうひとつの問題は修行というのは自分のものを全部無にしてしまって言われることに従って行くんだと、それを通して修行というのは成り立って行くんだという感覚がもうひとつあるわけですよね。

実際に起こった事件がある。荒木さんたちは起こされてしまった事件に翻弄させられてるわけですよ。関与してないにも関わらず、関与したことを前提として批判されていろいろと苦難を受けているわけですね。変な見方をすれば、今そういう状況であること自体が修行なのかもしれない。もっと言ってしまえば、麻原氏が予定した修行なのかもしれないという感じもするんだけれど、そこらへんになってくると禅問答みたいになってわけが分からんようになってくる。でも世俗的にはやはり現実に起こったこと、高弟の人たちが例外無しにやってるわけですよ。あとから出てきた人でやらなかった人もいたけど、でも昔からの高弟は基本的に誰もがやってるわけですね。

で、現実の中で生きてるんだから自分の中における麻原氏とだけ物事を考えるんじゃなくて、客観的に起こっている出来事との間でどう説明できるのかというのが問題となるわけですよ。だから今の話は完全に現実が起こったことについては遮断しているわけです。それを説明せずに生活することもあり得るだろうけれど、説明してくれという人も現実問題としているわけですよ。国家なんてまさに説明せよと言ってるわけですよ。

荒木 聞く耳持たないという感じですけどね。

安田 まったくそうですね。彼らからすれば、説明されたら逆に困ることもあるわけですよ。説明しないことにかこつけて自分たちの仕事を増やして行き延びてる人たちというのが、現実に構造として存在しているわけですよ。今日のインタビューというのは、そこらへんを突破できないのかなあというのが僕の願望があるわけです。好き勝手に利用され、好き勝手に言われているそのものに対してやはりこうだよということを言ってもらいたいなと。ところが今の話だと、私は自分の中の麻原氏との対話でなにごとも全て物事を見ていると。それじゃあ世間との関係ではほとんど話にならないわけですよ。さてどうなのか。何言ってるんだ、馬鹿野郎というのか、言ってる意味はよくわかるというのか、こういう見方があるよというのか、そしてこの間の一三人の人が処刑されてしまったという前代未聞のどでかいことが日本のなかで起こっている。当事者として日本の先行きなんてのは見える部分もあるんじゃないかと、今日の話の中で僕は期待してるんですけど。

荒木 恐縮ですが、私に話せる資格があるとは思いません。宗教馬鹿ですから。

安田 ここまでメタメタにやられてしまった当事者としてね、殺されてからもまだやられてる。遺骨さえ返って来ないなんてとんでもない話だと思う。そしてオウムの教典とか教義は全部著作権が奪われてしまってるでしょ。いったい信教の自由なんてどこにあるんだと。そのうち思考や味覚や嗅覚まで奪われてしまうかもしれない。

荒木 味覚くらいなら「どうぞ」と思います。著作権については、訴訟ではなく民事調停を起こされて使用差し止めを請求されましたが、さすがに裁判所が難色を示し、最終的には事実上取り下げてきました。信教の自由との関係を含めて明らかに行き過ぎた主張で、一種の脅しだったと思います。宗教弾圧です。

岩井 出家をしたのは九四年五月頃でしたね。ちょうど五月は滝本太郎弁護士に対する事件が起きていたり、六月は省庁制が導入されていたり、六月はさらに松本サリン事件があったり、その年の一月にも落田さんに対する事件があったり、オウム事件として語られる一連の事件が集中している時期です。こういうのは出家の時に、出家した直後に、自分が出家した教団でなされている事件という認識か話はなかったのですか。中でこういうことを話し合うこともないのですか。事件があって報道では疑われてるけど、やっていないんだとか、実はやってるとか、そういう議論は荒木さんの周りではなかったのですか。

荒木　松本サリン事件は大きな事件として報道はされていたと思いますが、教団との関係という話は聞かなかったと思います。

岩井　例えば第七サティアンのなかでのサリンプラントの建設が、記録だと九四年五月頃にはじまっているようです。そうすると六月の松本サリン事件と時期的には重なるわけです。それでも噂もなかったのですか。

荒木　松本サリン事件は、教団が毒ガスによる攻撃を受けているといわれていた時期のことで、松本には教団の支部道場もありましたので、逆に「毒ガス攻撃は本当だったのか」と受け止めた人がほとんどだったと思います。

岩井　荒木さんは、出家した教団が一連の事件に関与してるのでは？と疑うことはしなかったということですね。

荒木　ありませんでした。

岩井　事件に直接関与した人と、荒木さんのように直接には関与しなかった人が結果的にはいたことになるわけですが、その境は何が分けたのでしょうか。

荒木　境界は――それはわからないです。ただ、結果として関与しなかった人が圧倒的多数だったことは改めて申し上げておきたいと思います。

岩井　全然その噂も聞いたことがないという感じなんですか。

荒木　出家したばかりで、ただの一サマナでしたから。

岩井　広報部長は。

荒木　いえ、最初は広報の電話番になりました。九五年五月のことです。

岩井　そこから広報部の部長になるのは。

荒木　オウム真理教時代はずっと副部長だったんですが、それが九五年七月ぐらいでしょうか。

岩井　副部長になって、二〇〇〇年一月にアレフになって広報部長になりますね。

荒木　少し細かいことを言うと、九五年に広報に配属された当初は上祐史浩さんのもとでやっていたわけですが、その年の一〇月に上祐さんが逮捕されて、それから結果的に責任者的な立場になりました。その後もずっと副部長ではありましたけど。

岩井　副部長で実質的トップになったと。上がいないから。

荒木　そういうことになります。もともと上祐さん自身、当初は早期に保釈を得て教団に復帰しようとしていたんです。実際に知り合いのジャーナリストに身元引受人を依頼したり、留置所からもいろんな指示を出したりしていたので、上祐さんとしては、保釈までのつなぎぐらいのつもりで自分を取り敢えず後釜に据えたんじゃないかと思います。ただ、結局保釈どころではなくて勾留も長期化し、成り行き上、自分がそのまま仕事を引き継いだという感じです。特に改まって拝命したというものではなかった。本当に人がいなかったのです。

岩井　そういうのを引き受けるのはイヤだとは思わなかったんですか。

荒木　教団中どこもかしこも大変でしたから、人手が足りないということはわかっていました。いる人間でやるしかないと。

岩井　教団を離れるという発想は今まで一度も思ったことはないですか。

荒木　九五、六年頃は退会者が沢山出ました。私の周りでも、朝起きてみると隣にいたサマナが荷物をまとめていなくなっているとか、そういうことが日常的にありました。ただ、私としては、やめるも何もそもそも何が起きているのかわからないという思いが強くて、やめてしまったら、わからないことがそのままになってしまうというのが嫌でした。だから、やめるという発想にはならなかった。それから二十数年、激動です。まだ性懲りもなくやってるわけですが。

教祖の処刑

岩井　二〇〇〇年に教団の名前をアレフに改称することになるわけですよね。アレフとその前のオウム真理教とはどういうふうに理解をすればいいのでしょうか。同じか、違うのか。

荒木　九六年に尊師が教祖を退いたあと、尊師の意を受けてお二人のご子息がその後を継ぎました。ただ、幼少のお二人を教団は支えきれず、お二人もろとも尊師ご一家と教団は分離し、アレフの発足を迎えます。教祖不在の教団として、残された者の合議制でやっていくという意味では組織としては違ったものになったと思います。教義はオウム真理教の教義を基本的にそのまま継承しています。

岩井　教義は、麻原さんが残したものが教義になるんですか。

荒木　そうですね。

岩井　それに新たに付け加えるとか解釈を変えるということはありますか。

荒木　そうなると別の宗教になってしまう。教義を解釈し、提示できるのが教祖ですので、アレフとして独自の解釈を付け加えるということはありません。

　先ほど述べた破防法手続きの中で、一連の事件の背景となったとして危険視された一部の教義について、教祖はこれを封印すると明言しました。アレフではこれに従った措置を取ることになりました。

岩井　一年前に死刑の執行がありました。麻原さんも執行された。それは現在のアレフの人たちからすると教義に殉じた殉教というような位置づけになりますか。そのような意味づけはしていないのですか。

荒木 教団としては――していません。

岩井 荒木さん個人としてはどうですか。破防法の弁明において、麻原氏は自分がひとつの贖いとして決着をつけるというような言い方をしていましたね。それが成就した感じで理解しているのですか。

荒木 ちょうどそれと同じ頃に、自らの裁判での教祖の発言として、「たとえ処刑場に連れて行かれようとも絶対の真理によって生きることが大切なのだ」という言葉があります。もしそういった生き方を最期まで貫いたとすれば、まさに殉教ということになるかもしれません。

岩井 「殉教」という形にさせたくないという動きが麻原氏の死刑執行の後の対応においても見えますが、アレフに残っている人たちや、オウム真理教の教えをいまだに持ってる人たちは殉教という位置づけで見ることがあるんですか。

荒木 奇妙に思われるかもしれませんが、実際のところ、あまり周りと話はしていないんです。教団として特に声明を出してもいませんし、執行部でも何か議論をしたというわけではありません。きっと、それぞれの信仰の全重量において、それぞれの受け止め方があり、それぞれの生き方があります。この先はわかりませんが、執行があり一年経って、でもまだ一年しか経っていないわけですから、教団として何か議論する時期ではないような気がします。

岩井 まだ教団としてきっちり議論する時期ではない、それは事件ないし執行から一年というのは近いという感覚なんですか。

荒木 最初に申し上げたとおり、この宗教の信仰の根本にあるのは、一人の弟子として師と向き合うことです。アレフという教団は、その師の教えを残して継承するための器として必要なんだと思います。

被害者に対して

安田 いつまでも謝罪を求め続けられるじゃないですか。そのことについてはどう思われます?

いつまでも謝罪しなければならないという考え方もありますが、しかし荒木さん自身がやったわけじゃないですよね。

荒木 本当の当事者ではないので、それに応えきれないところがどうしてもあります。この問題で、擬制的に当事者に成り代わるというのは、本当に難しい。こればかりは、どうあがいてもなれっこないんです。宿命的に。でも当事者はずっと檻の中に隔離されていましたし、今はもうこの世から放逐されました。被害者の方が代償を求める相手は、もう我々しかいません。ですから、そういう要求を差し向けられること自体は、こうべを垂れて受け止めるほかないと思っています。

安田　現実的に、金銭的に支払いも求められてるわけでしょ。精神的な問題ではなくて物質的な問題でも大変きつい所に追い込まれているんじゃないですか。そこらへんはどう考えておられます？　実際にやった人が損害賠償請求を受けたわけじゃなくて残っている人たちに損害賠償請求が来ている。それはどう考えますか。被害にあった人もそうですが、残された人たちも過酷な状態におかれているような気がしてならないんですけど。

荒木　現実問題として大変は大変です。

安田　もちろんがんばる人もいるだろうけど極めて不自然ですよね。精神的にも物理的にも不自然だし。疲弊してしまうんじゃないかという気がするんですけど、どうでしょうか。

荒木　今教団に残っている人は、それでもやるということなんだと思います。少なくとも自分はそのつもりです。

安田　それにさらに難しい問題で、麻原家の分裂ですね。主張が完全に対立していますね。

荒木　……

岩井　でも荒木さんはそこに留まるという、結果的には選択をしているわけですね。それを支えているものは何かということです。それは自分が直接弟子になったという、その関係性なんでしょうか。

荒木　自分の眼から見て、この二十数年間、もっとも過酷な状況に置かれてきたのは教祖自身だと思っています。

岩井　自分よりも教祖の方が過酷だと？

荒木　教祖は、絶対の真理を解き明かしたという体験と確信があってこの宗教、オウム真理教を始めたのだと思います。そして、その確信は恐らく最期の時まで一ミリも揺らがなかったと私は思っています。その全体像はもちろん自分には見えませんけれど、自分なりにそれを追体験してその世界を少しでも垣間見たい、そのための教えを学びたいという気持は入信したときから少しも変っていません。

岩井　殺生はいけないと言う荒木さんが理解する麻原さんの教義と、現実に麻原さんが率いた教団が一連の事件に関わり、もしくは責任があると裁判で言い渡されてきている事実とのギャップの中で、麻原さんに対する疑いはやはり思わないですか。

荒木　理解することによって自分はそこを埋めたいということです。

岩井　理解すれば埋まるというふうに思うんですね。

荒木　そう思っています。尊師にとって決して本意でなかったかもしれないことを含めて。

安田　麻原氏と真面目に、正面から向き合えば向き合うほど麻原像というのは拡大していくような気がしてならないんです。これからどんどん思想が拡大されて言い伝えられる過程になるだろうと。

例えば麻原氏から僕に対して、何日かあとに必ず東京で地震が起こる、だから弁護人は逃げてくれと、いう話があったんです。僕は逃げなかったんですよ。そんなの信用できないと。しかし麻原氏は、あんたがた逃げないのはわかってたから一生懸命がんばって地震を止めたんだと。僕らからするとそれはひとつのジョークに近い話かなと思いますが、彼はそれくらいの力を持っていたと解釈する人が出てくるかもしれない。この世における自然現象を止められるくらいの力があったと。そうだとすると、麻原氏が言葉を失いしゃべれなくなったというのは自ら選んだ道で、平気で自ら自分の精神を破壊することくらい朝飯前だろう。あるいは自分の命を処刑させるという形で終らせることも自分の思いどおりだったと。つまり次の来世のなかでどうしていくかを、むしろ自分で早くそっちの方に行ったという話にも拡大されていくように思えるんですよ

いろんなエピソードがあちこち出てくる。ご本人の話がないからこそますます拡大される気がするわけ。キリストはお弟子さんたちが考えをまとめ拡大させて行った。いずれ近いうちに麻原彰晃復活の時期が来るような気がしてならない。そうなってきた時に、今、現在生きている人たちの話があまりにも少ないと思う。同時にそれに備えた議論というのがあってもおかしくないのかなと。それを抜きにしていたらとんでもない野心家が出てきて、麻原氏を騙ってイスラム国のようなことになりかねない。今でこそ静かだけどそのうちどんどん拡大して行き、そういうふうに解釈する人が出てきて、それが主流になり、という形になるのかなあ。沈黙すればいいわけではないと思います。あなたしか解釈できない部分があるし、あなたしか体験できてないこともあるし、あなたしか解釈できない部分があるから。だから積極的に発言したらいいんじゃないかな。

荒木　説明してほしい、解釈して欲しいというのはわかりますが、わからないものはわからないというしかないんです。それは思考放棄、あるいは責任放棄というふうに見えるかもしれませんが、やはり下手に辻褄合わせをしたり、無理に——上祐さんがそうだといっているわけではありませんが——何か意味づけをすればするほど、きっとあとでひずみが出てきてしまう。そうであればこそ、安易な総括、解釈はむしろ危険だとも思います。ともかくも、恐らく日本の歴史上初めて、国家が一つの宗教教団の教祖に死罪を言い渡し、それを実行したわけです。しかも、マス・メディアを総動員した「公開処刑」のようなやり方で。イエス・キリストの例を引くまでもなく、国家によるこれ以上強烈な意味づけはないわけです。そのしっぺ返しは必ず来ると思います。

安田　だから落ち穂拾いをしたり解釈したりしているのは、ご本人たちじゃなくて宗教学者であったりルポを書いてる人かもしれないけど、しかし今お話を聞いていて破防法の弁明手続きの中の麻原氏の言葉、そういうものにものすごく重きを置いてらっしゃるという気がするんです。ただ僕は同時並行にあの時何をしゃべるかをずっと議論をしてきた人間としてはもっと違うところも見てほしいなという気がしていて、落ち穂拾いをやる必要があるけど、もっと多くの落ち穂拾いをね、例えば僕の接見メモにしろ法廷での違う発言にしろ、そこらへんまで射程を広げてやってほしいなという気がします。もちろんその前の段階で事件になる前に言っていた話とか、封印したとされている説教、ああいうものも含めて、必要だと思います。

荒木　それは必要なことですし、そういう記録があれば是非見てみたいと思います。特に逮捕されてからの尊師の言動というのは。教団内に記録が少ないのです。

岩井　麻原さんの言葉として聞いている裁判での言葉や、弁明手続きの言葉が必ずしも麻原さん本人の言葉じゃないかもしれない。かといって、麻原さん本人の言葉がどこにあるのかを探し求めても、そういう真実の本人の言葉がどこにあるかということは多分言えないだろうと。そうすると、どんどん虚像みたいなものが広がっていく可能性もあるし、その中でどう折り合いを今つけられてるのかなと

安田　例えば法廷では、最初、私の名前は捨てましたというので始まりましてね、絶対の自由、絶対の幸福、絶対の歓喜という言葉に繋がります。しかし、それは弁護人と麻原氏との間で、考えた結果ですからね。このへんな裁判に宗教家として立ち向かうという姿勢を示そうということで始まったわけです。裁判所は、「松本智津夫ですね」と聞くから、ふざけるんじゃない、名前なんか捨てた、自分は宗教者であると宣言したわけです。破防法は、本来、革命集団に対するもので、宗教団体に対するものではないんですね。しかし、教団に適用される可能性が大であるから、それに備えようと考えたわけですね。それが、「オウムは解散されても六人おれば十分にやっていける。オウム教団から抜けて一人になっても、十分に修行を続けることはできる。」というのが麻原氏の言葉だったと思いますが、そういう話を直に聞いた私からすると、そのことをみなさんに伝えたいと思いますね。

荒木　先ほども申し上げたことですが、尊師がこれで良しと認めたならば、誰かと相談してその提案を受け入れた結果であったとしても、それは尊師の言葉であり、意思です。ただ、先ほど触れた「麻原ノート」は、尊師が警視庁の独房の暗闇の中、誰とも相談することなく自ら書き付けられたものです。ここにはその後の破防法弁明等での発言につながる内容

がすべて表れていると私には思えます。また、九五年の逮捕後、尊師が獄中から外の弟子に伝えたメッセージのうち、記録上確認できる最後のものは、「正規の宗教活動を行うことにより日本人の心の浄化に貢献するように」というものです。九七年一月に破防法が棄却されて教団解散の危機が去った直後の日付のものです。これはアレフにとっての重要な指針です。これ以降尊師は長い沈黙に入り、その最期の時に至るまでの二〇年間、その沈黙は続きました。

岩井　その議論を進めていくと、「麻原尊師」の言葉はどこにあるかという議論になっていって、それはやはり危険だと思うんですよ。結局は、自分が投じたい麻原像というものを、どんどん自分の虚像で拡大していくことだと思うんです。真実とは違う麻原像、自分が信じたい麻原像が残っていく。第三者の手が入ることも含めて、その中で取捨選択をしていく話になるのではないか。そういう作業をしていいんだろうか。逆に言うと、荒木さんからすると、尊師の言葉を探し求めたいという気持ちがあるんですか。

荒木　やはり具体的に手がかりになるのは言葉ですから、言葉を拠りどころに、まずそこから始めるしかないと思います。むしろ言葉から離れてしまう方が、岩井先生の懸念されるような話になりかねないのでは。

岩井　お骨は誰のものかという議論も起きています。聖地を作りたいという話はあるのですか。

荒木　先ほどの話でいえば、逆に、ご自身の遺骨に関して取り扱いはこうせよと説かれた言葉はないんですね、私の知る限り。

岩井　荒木さんという個人で見るとやはり麻原さんの言葉に対する興味というか、師である麻原さんの言葉との対話を今後も続けたいということになるんですかね。

荒木　残された弟子というのはそういうものだと思っています。

岩井　今アレフに集まっている人は皆さん残された弟子という感覚はあるんですか。荒木さんは麻原さんと直接会っているわけですし、残された弟子という感覚を持つなかで、その場に留まり続けているのですが、その後に参加した人もいますよね。

荒木　出家修行者の大半はオウム真理教時代からの内弟子です。逆に在家の人の場合、かなりの割合の人が、教団がアレフになってから入会した人だと思います。

岩井　代弁できないかもしれませんが、そういう人たちはなぜアレフに参加するんでしょうか。純粋に麻原さんの教義と言うか、言葉に対する感じるものがあるということですか。

荒木　いろいろ話してみて、自分たちと本質的にはあまり変わらないなと思いました。何かの苦しみを抱えている人が、教えに触れてそれに共感し、修行を始める。彼ら彼女らもそうだし、かつての私もそうでした。ただ、今の若い人たちが置かれている環境は、昔よりもずっと過酷なものかもしれません。そこから、尊師の教えと修行が求められているところがあるように思います。一度も出会ったことはないのに、自分も尊師の弟子だと思っている。これが宗教です

アレフは今後どこへ向かうか

岩井　いろいろ話を聞いてきたのですが、荒木さんは、今アレフの広報部長の役にあり、社会との窓口、接点になってるわけですが、今後どういうふうに自分として考えているか。今後何をしたいか。事件の被害者の方との関係で考えていることはありますか。

荒木　宗教法人としての解散命令、その後の破産宣告によって、オウム真理教の資産約一〇億円が被害者の方々に配当されたあと、二〇〇〇年にアレフと破産財団が任意に合意し、破産管財人を通じてさらに約一〇億円くらいの支払いをしてきました。それでもまだ満額の配当には足りないということで、教団としては残り約一〇億円の支払いをさらに継続していくという方針でやっています。

二〇〇九年に破産手続が終了し、極めて異例のことですが、その後破産管財人から民間の任意団体に業務の主体が移行したとされています。「債権が無償で譲渡された」ということのようです。この民間団体は、裁判所が監督する破産管財人と違って、教団への糾弾活動の先頭に立ってきた弁護士グループが中心になってやっています。先ほど述べた著作権をめぐる調停も、この団体から起こされました。

この団体は、破産業務を引き継いだといいながら、被害者の方々に配当しようとしませんでした。教団から被害者の方々への配当を求め、一旦送金を留保したところ裁判を起こされ、現在係争中です。驚いたことにこの団体は、被害者の方々に配当する義務があることを裁判で明確に否定しました。教団としては、被害者の方々のもとに確実に配当が渡るようしっかり取り決めをした上で、継続していければと思っています。

岩井　ありがとうございました。

（二〇一九年七月二四日、港合同法律事務所にて）

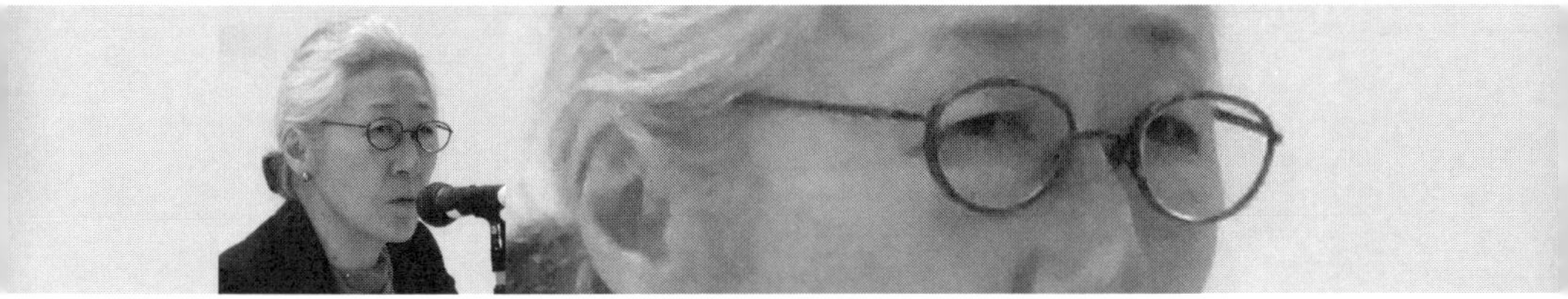

NAGAOKA EIKO

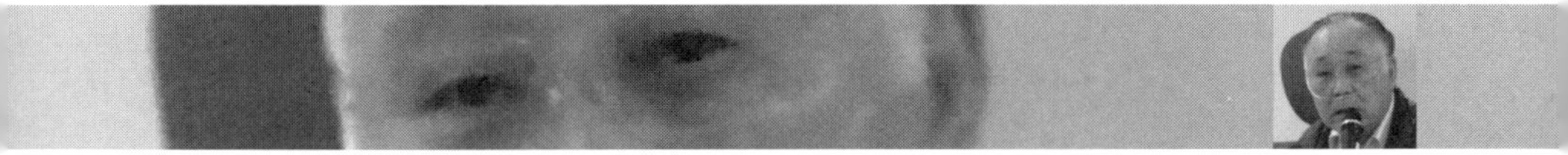

NAGAOKA HIROYUKI

オウム真理教家族の会 永岡英子さんに聞く 3

特集⊃オウム大虐殺　13人執行の残したもの

聞き手＝安田好弘・石川顕

オウム真理教家族の会とは

石川　皆さんご承知のとおり、去年のオウム死刑囚の一回目の執行から今日は一年という日です。その日に永岡さんのお話を聞く会をフォーラム90として開催します。まず最初に今日の集会を開催する意義を、安田さんからお話しください。

安田　ちょうど一年前に七人の人が一斉に処刑されました。それから一年が経ったからこういう集まりを持つのではなくて、一年経過したことによって、今まで話していただけなかったことも話していただけるようになったのではないかと期待して、永岡さんに話を聞きたいとお願いしました。永岡英子さんお一人だけではなくて、永岡弘行さんからもお話を聞きたくて、前に座っていただいています。ですからお二人に適宜、お話を聞かせていただこうと思っています。

私たちは死刑の廃止を目指して運動をやってきました。同時に被害者の方、あるいは被害者遺族の方々もいろんな思いでいろんな運動をやってこられた。そういう人たちとの話、そういう人たちの思いを引き受けて、私たちはやっていかなければならないわけですけれども、今までそういう機会が多くはなかった。そういう機会をぜひ皆さんと共有したいと思って、今日の企画をしました。これまでお二人にはなかなか話していただけなかったのですが、ぜひにと無理やりにお願いしました。今日は思ってらっしゃることを思ってらっしゃるまま話していただこうと思っております。さらに一三人の人が処刑されたわけですけれども、その人の呼び名も、普段、呼んでいらっしゃる名前でかまいませんので、聞かれている人たちの気持を忖度することなく、自分の表現として人を特定し話していただければと思っております。

石川　それではまず最初に永岡英子さんから、お話を聞きたいと思います。オウム真理教との関係、家族の会を作った経緯、それからその後について、思う存分に話していただければと思います。

永岡英子　永岡英子と申します。よろしくお願いいたします。私が所属しているのは「オウム真理教家族の会」と今は申しております。一九八九年（平成元年）一〇月に「オウム真理教被害者の会」というのができました。教団によって殺害された坂本堤弁護士と一緒にこの会を立ち上げ、そこに家族が信者として教団に入った人たちが参加して、被害者の会を発足させたわけです。現在は「オウム真理教家族の会（旧称被害者の会）」と申し上げております。これは、一九九五年（平成七年）に地下鉄サリン事件が起きてから、私たちとは関係なく、一般の市民の方がテロ事件であるサリンの被害に遭われたことから、私たちが被害者と名乗るわけにいかないということで、被害者という言葉は一回閉じ込めて、オウム家族の会として、カッコで被害者の会と申し上げております。

一九八九年一〇月二一日に会の発起人会がありました。その後一一月三日から四日にかけて坂本さん一家が拉致されたわけです。私たちはその間、時間的には、坂本さんに正味一〇時間も会ってないと思うんですね。一〇月二一日の発起人会では今後会をどのようにしていくか五時間ぐらい一緒にお話ししたと思います。一〇月二八日に第一回総会を開くんですけれど、その間に坂本さんと打ち合わせをした時間は、私自身は三時間もないんじゃないかと思います。夫である弘行は、坂本先生や弁護団の先生と何度か打ち合わせをしておりますので、私よりはもう少し密度が濃かったのかなと思います。

坂本さんの家族構成とか、そういったことは拉致されたあとの救出活動で、ご家族のお話や弁護士さんたちのお話を集会のたびに聞いて、ああ、そういう人だったんだということがわかりました。ですから最初のうちは、もうほとんど坂本先生と事務的な関係だったと思います。密度的にはそんなものでした。でも、とても人なつっこい、弁護士らしからぬと言ったらおかしいのかもわかりませんが、親しみのある方で、お会いした時はこれからよくなるんじゃないかと思いましたね。そのあと、事件で先生がいらっしゃらなくなったわけですが、私はお母様と今でも時々連絡を取り合いますけれども、何十年もお話しして、先生よりもお母さんの方がいろんなお話をさせていただいたりしております。

発起人会の時に、教団に入った私たちの子どもたちをどのように親の元に戻すか、どうやっていこうかという話し合いがあり、その時におよその骨組み、会の活動をどのようにやっていこうかということが決まりました。当時、未成年者である大学一年生二年生が多く、三年生はあまりいなかった。この未成年者をとにかく一回は家に戻しなさいと坂本先生が強調されていました。家から通いの修行でもいいじゃないかと提案されていました。

一九八九年八月に教団が宗教法人の認可を東京都から得ました。しかし、その時すんなりと認可が出なかったんです。私たちも運動をしだしたころでしたけど、およそ他のところからも多分にクレームが入っていたんだと思われます。本来なら資料が整っていると、速やかに法人認可は出るのですが、二〜三カ月かかっていたらしい。松本智津夫氏は何としても早く取りたいと、信者に一〇円玉を持たせて、公衆電話の前に列を作って、東京都の宗教法人課に早く宗教法人を認可しろという電話をさせたという話を聞いていました。そんなことがあって、ぎりぎりの三カ月ぐらいでやっと宗教法人が認可されたのです。そのあと、法人を獲得して一年以内なら不備があれば取り消すことができるという規約があるので、私たちの会は、未成年者の出家だとかいろんなことを全部書き上げて、教団の宗教法人を見直してもらう、取りやめてもらうようなことをしようじゃないかと署名活動をしました。その他にもこちら側からみると、とても危険な感じのする部分が多いので、それを見直してもらうために行政にも働きかけようということで、紹介議員をお願いし、国と東京都に請願陳情もやりました。この請願陳情は、結局、九五年のサリン事件の後、教団に対して青島幸男東京都知事が解散命令を出されますが、それまで請願陳情は返ってきませんでした。最後は、そのまま書類が返ってきて、ちゃんと保存してあります。

私たちは学生運動もやってませんでしたし、会員の中には社会運動に参加している人というのは見受けられませんでしたので、素人の集まり。ただし顧問の弁護士さんはいらっしゃいます。ですけど、あくまでも顧問の弁護士で、私たちが何かしたいということで、そこに参加してくださって、アドバイスはいただいてました。ですけど、ほとんど会員の自主的な意見で今まで運営してきています。

入信した息子を取り戻すまで

永岡英子

うちのことを少し話します。息子が大学二年生の未成年の時、宗教学部に所属していたわけですが、オウム真理教に入信しました。オウムというのは実践宗教ということをよくタイトルに出していたんですよね。既存の宗教というのは、机の上で勉強したり、修行というのは永平寺とかああいうところに行くとやっていますけれども、そういうところだと、もう組織が大きすぎて、物足りないというようなことを言っていました。想像するに、自分もそこに参加して、宗教を布教するとか、そういうことをやりたいという気持ちが強かったんじゃないかと思うんですね。

私どもの子どもは八七年頃に入って、九〇年一月、総選挙があった頃に戻ってまいりましたから入っていた年数としてはそんなに長くはありません。私たちの「やめてほしい」気持は本人もわかっているわけで、連れ戻したという言い方もちょっと語弊があると思うんですけれども、お互いにそこで気持が通じ合ったのかなと私は理解しています。

閉鎖的な宗教集団というのは、いろんな葛藤があると思うのですが、ちょっとおかしいな、やっぱり家に帰ろうかとか、ここをやめてどこか違うところに行こうかということを思うと、今度は自分の中で裏返しを考えてしまう。例えばやめて帰ってきて、たまたま車を運転して交通事故にあった。これは教団をやめたせいだ、とかそういうふうな考え方にいっちゃうんですね。そうするとそれが自分をつなぎとめるような、そういう裏表がある。うちの息子はそれは言わなかったんですけれども。過去に話を聞いた範囲では、そういうことがありました。ですからやめた場合には、きちんと宗教のことがよくわかっている専門の方に、どこが間違ってるか、変な部分をきちんと修正しておかないと、またそこに戻っちゃう。そうやって出たり入ったりする人もいるわけです。うちの息子は、たまたまそれはなかった。帰ってきたとき、私は宗教的なことはあまりわかりませんので、お父さんである父親が、宗教的なことというより一般常識的なことも熱心に、私からするとちょっと疲れるなというぐらい、もう一つ一つていねいに話をする。それはやはりすごいなと思いましたね。私はそれをじっと見守るような立場でいましたけれども、やはり放っておいたらまた戻っちゃうんですよね。考えを正しておかないと。そこらへんが難しいところです。

今朝の東京新聞にも、やめたけれども、また戻ったという人の記事がありました。やはりカウンセラーというか教義のことやいろんなことがわかる方について、そこでどのようにそれを正していってくれるか、そういう検証をしていかないと、やはり危険な思想のところに戻ってしまうんです。

私はオウム真理教のことでやってきましたけれども、オウム以外だっていろいろあるわけです。そこを脱皮するには大変な努力がいるということを身をもって経験しました。ちょうど一九九三年にアメリカの統一教会を辞めたスティーヴン・ハッサンの『マインド・コントロールの恐怖』(浅見定雄訳、恒友出版)が和訳され出版されました。それを読んで初めて私たちも教団にピッタリあてはまると思ったんです。それぐらい共通項がいっぱいある。それを参考にして、九三年頃から何組かのご家族の相談にのってまいりました。ご家族もこの本を勉強されたらいいと何度もお伝えしました。入っていく過程とか、親御さんの対応も、どのご家族も似たような感じでした。不思議なもので、これが特徴なのかなと思ったりもします。そんなこんなで九三年からおよそ二年間、相談に乗っていました。

ところが、九五年一月四日に弘行氏がＶＸで襲撃されます。救急車で病院に入院し、退院が一月一八日だったんですけれども、その前日が阪神大震災だったんですよ。運び込まれた慶応大学病院では、九九％無理と言われました。じゃああと一％は何でしょうかと先生に聞いたら植物人間になると言っていました。私は頭の中で車いすを押している格好をぼーっとイメージしました。それでもこの会をやり続けているんだろうなと思いましたね。今、今、弘行さんはここにいますけれども、そんな感じでした。

それで一月一八日に退院しまして、それから九五年二月に假谷清志さんの拉致事件、三月に地下鉄サリン事件があり強制捜査となっていくわけです。

本当は一月の私どものことで警視庁が事件を取り上げて、強制捜査をしていたら、サリン事件はなかったかもわかりませんが、警察はなかなかそういうふうには動かないんですね。假谷さんの事件の時に、強制捜査に入れたということらしいです。

会員の人たちと一緒に、本当に声を大にして言いますけど、みんな一生懸命やってきたんですよ。ただ公表ができない。というのは、やっぱりプライバシーもありますし、こういうのはやっぱり相手方の教団がノウハウを持っているので、とにかく知らせないようにするのが、この活動の大変なところです。これが外に出ちゃうと、相手方から今度は襲撃されるんです。

強制捜査前は、相談に乗っていたご家族のところに、たとえ脱会に至っても、その家に教団のメンバーが確実にチェックに来るんです。そのことがあるので、私たちもご家族に、こういうことがあるから脱会者一人で外出させたら絶対に危険ですと言ったら、案の定、親御さんから連絡が来て、兄と一緒に外出していたから連れて行かれないですんだって。ですから強制捜査までは、それぐらい向こうは向こうで必死なわけです。信者の方一人一人と対応すると、ちゃんとしたい青年、いい女性であったりするんですけれども、やはり教え込まれているものというのは、相当なものです。

私は教団の教義とかそういうことは一切学んでいません。私が信者になるなら別でしょうけれども、そういうものを学ばないほうがいいと逆に思っています。ご家族にも、下手に本を読んだりすることは危険だからよしなさいと言っていいます。昔、お寺さんで勉強会をした時も、その教義を少し若いお坊さんにやってもらったら、とても危険だからと、私たちも忠告を受けました。お寺さんから下手にやらないほうがいいですって。ミイラ取りがミイラになったという言葉もありますけれども、そうならないようにというのは今も大切なことだと思います。

会ができて今まで、私は今まではマスコミとかこういうところではお話はなるべくしないという方針で来たんですけれども、昨年あれだけの人数が執行されもう彼らがいなくなった以上、弘行氏だけがお話しするのではなく、ここで私がバトンタッチし社会にこれを啓蒙していかないと、何のためにこの運動をやってきたのかわからない。彼はＶＸの後遺症とか加齢もありますけれども、いろんなことで記憶が途切れていて、日常生活のなかで忘れていることもけっこう多いのです。ここから先、若い人にここでよく考えないと、あなたの人生も大変なことになっちゃうといけないから、用心しなくちゃならないよということをお伝えしたいと、私は思っています。

この三〇年の歩み

石川　ありがとうございました。被害者の会を発足してから三〇年ということで、三〇年のことを思い起こしていろいろお話しいただきました。いろいろ話を整理するのも大変だと思いますし、しゃべりたいことはまだまだあると思いますので、そこらへんはこれからお聞きしていきたいと思います。永岡英子さんの話をお聞きしましたが、今日は会場に永岡弘行さんもいらっしゃっていますので、今のお話を受けて、自分の気持ちをぜひ、お話しいただければと思います。

永岡弘行　まず皆さんの前でおのろけになりますけれども、家内に対して本当に感謝しております。命を助けてもらったわけです。これ以上の感謝のしようがないという思いで、日々、言うことは聞いております。家内があれだけのことを、ようしゃべってくれたなという想いはあるんですが、絶対的に許されないこと、これだけは言っておきたいということを二、三申し上げておきたいと思います。

　坂本先生の件については、家内が話した通りでございます。坂本先生のご一家のあの事件が起きたとき、私は開口一番オウムしかいないと、考えられるすべて、役所関係、特に警察関係に言ってきました。しかし警察はきちんとした捜査をしなかった。この三月初旬に、あるテレビ局で、あの時に警察が聞く耳を持ってくれていたとすれば、というような内容の放映がありました。概略をお話ししますと、坂本先生の属していた法律事務所は要するに非協力的であると、簡単に言えば共産党系であるということまで、警察ははっきり言っていたわけです。それを面と向かってテレビ局が発表してくれて、本当によかったなと思っております。今さらながらですよ、名前を出して差しさわりがあるかもしれませんけれども、あえて言えば古賀さんという神奈川県警ではトップの人です。とんとん拍子で出世しております。今はもう定年退職でしょう。それ以上言うと、永岡、お前やられるぞと学校の友達がよく言います。もうここまで生きたからいらないよと言っているんですけれども、本当はやっぱり生きていたいですから。

　もう一つ。家内共々、私どもは考えられるすべてのことをやるという主義です。坂本先生と一番最初にお会いした時に、永岡さん、世の中には誰かがやらなきゃならないことがありますもんね、とおっしゃられた。今現在私があるのは、あの先生のお話、言葉、それが忘れられなくて、苦労はかけておりますけれども、女房共々、ベストを尽くしてきたつもりです。これからも尽くします。皆さんによろしくお願い申し上げて話を終わらせていただきます。

石川　それでは、いろいろな質問をさせていただきながら、さらに話を聞いていきたいと思います。まず安田さん、どうですか。

安田　僕はたまたま麻原氏の弁護人だったものですから捜査記録を読む機会があったんですね。坂本さんの事件では二つのことに大変びっくりしました。一つは、坂本さんがオウムに対して大変敵対的であったから、オウムの人たちはそれに反発して事件をやったと、まことしやかに言われていました。坂本さんへのTBSのインタビューのビデオ、これをTBSが放送前にオウムの人たちに見せたことが引き金となって、坂本さんの自宅を襲ったというストーリーになっていたんです。私どもはそのビデオを見る機会がありました。そうしたら、坂本さんの話はたいへん穏やかなんです。相手の信教の自由を認めつつも、でもそれぞれ信者の人たちの親子のつながりとか、家族の人たちの思いを全く無視することはやっぱり無理ですよという言い方で、ゆっくり諭すような話し方をされていて、良い解決策を模索する。ですから坂本さんの話は、決して敵対的でなく、それが事件の引き金になったというのは、およそ考えられなかった。それで事件はいったいなぜ起ったのかということを、僕たちもいろいろ考えていったんです。

もう一つ弁護をやっていて身が震える思いだったのは、坂本さんのお子さんが信州の山の中に埋められていたんですけど、捜査を担当した警視庁のストーリーでは、地下鉄サリン事件の後、オウムに対する一斉捜査が行われて、その中で、坂本事件もオウムがやっていたことが判明した。そして、容疑者を取り調べて、その自白に基づいて遺体を掘り起こしたところ、お子さんの遺体を発見したということだったんですね。ところが、検証調書と言って、その遺体を発掘した時の様子を記録した書面があるんですが、その書面には、その時の様子を撮影した写真が添付してあるんです。その写真を見てみますと、何か変なものが写っているんです。写真を拡大して見てみますと、それは、カラーペイントの錆びたスプレー缶だったんですね。しかも、それは、お子さんの遺体があったところから約七〇センチ離れたところの地中に埋まっていたんですね。実は、その場所というのは、坂本事件があった少し後に、実行犯のひとりが、オウムから離脱していまして、彼が、当時、事件を捜査していた神奈川県警にオウムが行った事件だという告発をするんですね。これを受けて、捜査員が彼を捜し当てて、彼から事情を聞いて、ここに遺体が埋められていますという図面を入手するんです。そして、神奈川県警はその図面に基づいて、発掘したんですけど、遺体が発見できなかったんですね。それで、ガセネタだということで、彼を無罪放免にしたと言うんですね。発掘するにあたっては、地面をA1、A2、B1、B2と細かく区切って、順々に発掘していくわけですが、まず、地面にスプレーで線を引いて区分するんですね。それに使用したスプレー缶が遺体の直ぐ近くの地中に埋まっていたんですね。ということは、神奈川県警は、少なくともそこまで掘っていた。しかし、そこから約七〇センチ離れた場所には子どもさんの遺体が埋まっていた。けれども、彼らは、そこまで掘らずにやめた。もう少し掘っておれば、遺体はその段階で見つかっていたはずなんですね。そうであれば、少なくとも、その時点で、坂本事件はオウムが行った事件として解決していたはずなんですね。そして、そうしていたなら、それ以降の事件、つまり松本サリン事件や地下鉄サリン事件はもとより、オウムが行った事件のほとんどが、坂本事件の実行犯が中心となって行われていますから、それらの事件は阻止されたということなんですね。しかし、神奈川県警は、先ほどのオウムを離脱した元信者の話は、ガセネタだったということで、捜査をやめてしまった。坂本事件の現場、つまり坂本さんのご自宅には、オウムのプルシャつまりバッチが落ちていましたし、坂本さんは、オウムの信者の家族の相談を受けてオウムと交渉していましたから、日弁連は、オウムが坂本事件に関与しているはずだということで、オウムを捜査するように警察に申し入れていたのですが、聞き入れられなかったんですね。先ほどの元信者の人は、私は、自首に相当すると思うんですが、裁判所は自首を認めず、彼にも死刑を宣告し、昨年、彼も処刑されてしまったんですね。裁判では、神奈川県警の捜査状況について、証拠を開示し、審理の俎上に載せるように求めたんですが、裁判所は、事件に直接関係しないことだということで認めなかったんですね。

オウムの事件では、誰が、何のためにやったのかということが重要ですが、同時に、どうしてそれを止めることができなかったかということも重要でして、そうでないと、事件を教訓化できないと思うんです。それで、永岡さんにお聞きしたいんですけれども。死刑存置の人たちは、死刑執行は、人の命を奪えば必ずあなたの命も奪われるんだよということを社会的な価値観として堅持するために必要な制度だと、おっしゃっておられるんですね。譲れない規範としてですね。つまり、何人もの人たちの命を殺めても、自分の命は守られるということはありえない話なんだと、そういう価値観が認められてはならないとおっしゃるんですね。しかし現実問題として、一年前に執行があって、一三人のオウムの人たちの、いわゆる幹部といわれる人たちが軒並み処刑されるわけですね。そこらへんをご覧になって、率直にどういう印象を持たれたのか。それをお聞きしたいんですけれども。

永岡英子　最初から振り返りながら先生の質問に答えたいと思います。執行されたのは、ちょうど去年の今日、金曜日でした。うちは主人が毎月月初めの金曜は病院に行く日ですから、普段よりも早く起きて準備してたんです。そしたらテレビ局の人から朝六時前ぐらいに電話がきて、もう迎えの車が出てるからって。主人をテレビ局に連れていくっていう約束になってたみたいなんですよ。マスコミの人も、三月に移送された頃から、死刑執行があるんじゃないかと見通していたようです。

安田先生がおっしゃったように、私たちも坂本さんを探す会の人たちと一緒に、龍彦ちゃんが埋められていた長野の捜索に行ったんですよ。確かに小川の流れる湿地帯のびちょびちょするようなところでした。その時にテレビ局のクルーも来ていて、その時にいた方が今テレビ局で偉くなっていて、その人とのつながりもあって、執行の当日はその社に専属的に連れていかれて、病院にいくどころじゃないんですよ。テレビ局の車が来て、弘行さんはテレビ局に行って、私は病院に薬と翌月の予約を取るっていうことで別行動になりました。朝早くに連れて行かれて、夜遅く帰ってまいりましたね。テレビ局の人が迎えに来た時に、本当なんですかって聞いたら、首を縦にうんって感じで振られて、会話はほとんどなく、そのまま一緒に車で行ったようです。

私はうちの弁護団の先生にもすぐ電話をして、テレビ局に連れていかれたから執行があるようですと連絡してから病院に行きました。それから一年が経過しましたけれども、あっという間の一年でした。彼らの遺族にきちんと会って、お参りさせてもらったり一切してない。それは私自身がまだそういう気にもならないし、ご家族も大変ですから。こないだお一人だけちょっとお会いしましたけれども。そういうこともあったりして、私はまだ彼らが東京拘置所にいるような気もします。そう言うと、またご遺族の方たちに申しわけないんですけれども。

私たちが最初に「被害者の会」と名乗ったのは、我々から見ると彼らは変なところに連れていかれた被害者なんです。だから「被害者の会」と言っていたのです。教えが正しいと思えば、それを人に広めるのは人間の普通の行動だと思うのですが、その中で被害者が即刻、背中合わせで加害者になってしまう。これが一番恐ろしいことです。私は主人と一緒に、息子がそうなったら困るので、とにかく必死で、どのご家族も自分の家のことは自分でやらないと結論が出ませんので、必死で行動してきました。たまたま息子は早く帰ることができたので死刑囚にならないですみましたけれども、まさか当時は死刑囚が出る事件になると夢にも思いませんでした。

だから九五年になっていろいろ裁判が始まって、私たちもそこから何をどのようにしていったらいいのかよくわからない。全くそういう知識もありませんでしたし、まさかと思いながら、マスコミで死刑という言葉も出てくるわけです。えーっと思ったけど、最終的には、死刑が確定するまでの間だって、刑を軽減してもらうためみんなで嘆願書もやりましたし、それで最終的には一二人については死刑をしないでほしいという署名活動をさせていただきました。皆さんからも多分に署名をいただいているかと思います。その節はありがとうございました。

それから、私自身は本当にいとも簡単に国が死刑をやってしまうことについて、死刑って究極の刑というよりも、戦争に類似するような刑じゃないかなと思っています。死刑ということもよくわからないまま、こうやって運動の中で自分で考えるようになってきたのですが、初めのうちは、本当に死刑制度ということもよくわからないし、ですけど一方では、ご家族を亡くした方々もいらっしゃって、事件自体はとんでもないことなわけですよね。やはり死刑という言葉が、そういうところにあてはまっていくのかなと思いながら。自分は死刑ということには全く関係なく生きてきたので、本当に自分自身の中で、最終的に死刑はよくないっていうところまで気持ちを絞っていくには、とても時間をかけました。

日本には、ご家族が戦死した方が、まだたくさんいらっしゃると思うんです。たまたま私の実家も親戚も、永岡の実家も戦死した人はいないのですが、友人の中にはお父さん、おじさんが戦死されたという人もいらっしゃるわけです。そういう人たちは、いくら平和だと言われても、悲しい部分というのは、やっぱりずっと心の中に残ってるんだろうなと思うと、戦争は国の命令で戦地に行って、それで戦争でお亡くなりになる。これは死刑制度と共通しているんじゃないかなというところに私がやっと自分の気持ちの中で落ち着いたところだったんですね。第三者から言わせれば、それはちょっと無理があるんじゃないかという人もいらっしゃるのかもわかりませんけれども。

カルト集団といったら、皆さん「えっ」って思われるかもわかりませんが、一応カルト集団なので、そういう言葉を使いますけれども、やはりカルトってボスがいるわけですよ。ボスの命令指示は全部、縦の系列で教えをやってるので、横で相談するとか、そういうことはない。全部教祖との縦のラインなんです。ですから例えば松本智津夫氏がいなければ、その教えがなければ教団が成り立たなくなっていく。今現在、彼もいないですが教団は存続していますし、次の教祖が出てきたらどうのこうのと言われますけれども、そういうことは関係ないと思います。彼らの中にその教えが残ってるんですね。だから形のうえで新しい教祖が出たとしても教えは存続しているので、危険な部分は封印したとか言っていますが、私に言わせれば、その封印ってなんなのと思います。封印したということは、心から切除して、脳に行かなくなって考えられないというのならわかるけれども、そういうことじゃない。封印したというのはただ単純に、それを口に出さないとか、教えをそこでやらないということだけであって、それはいつでも開封できるものですね。ですから教え込まれた危険な部分というのは、気持のどこかを掘り起こせば必ずあっという間に出てくる。だからとても危険だと思います。教祖が今現在いなくても、あるいは新しい教祖がいたにしても、その教えの部分を肯定している以上は、それを全部否定してなくしても、きちんと頭の中をコントロールして解除しないことには、その教えは残っている。そんなこんなもあったりして、私たちの会の署名活動には、松本智津夫さんは入っていないんです。一二人の名前が入って、その人たちの刑を死刑から下げてくださいという文面を作り上げてやってきました。私たちの会だけじゃなくても、被害対策弁護団などもあり、一生懸命、カルト集団でこういう事件になったということを訴えていたから、それを理解していただけたのかと思っていたんですけれども、そんなに甘くないんですね、やはり。刑を執行してしまったわけですから。

私はどこかでやはりちょっと期待していたという部分があります。あと私自身の中では、松本智津夫氏を除くということ、あるいはオウムの人たち一二人だけの死刑をやめてほしいということには、ちょっと違和感がありました。やはり事件は事件で、純粋に被害が出ている方が何千人といらっしゃる。オウムのその人たちだけを刑を下げてくださいというのは私自身の気持が何とも落ち着かなくって。そこに、ちょうどこのフォーラム90という会の人たちと接点ができて、ここに参加するようになったのが二〇年前ぐらいです。参加させていただいて、いろいろ勉強させていただいたりして、そしてそのなかでも私たちの署名活動でも、松本智津夫氏の名前がないのに、快く署名活動の場所を提供していただいていたわけです。とても感謝していますけれども。ここに教祖が入ってないのはなんでなんだって、署名をしてくださる時に言う方も何人もいましたね。それはそれでちゃんとその時は、この宗教はこうこうだからと、みんな一生懸命説明していました。私の中では、どうせ生きるなら死刑制度はなくて、もっと被害にあった方、遺族にしても、もっと手厚い保護ができるようにしながら、死刑制度をなくした、もっと穏やかな人間の在り方で、社会ができあがっていけばいいという理想ですね。そんな感じで死刑制度はやはり早くやめていただかなくちゃと思いました。

執行があったときに、ある新聞から取材を受けました。そこで私は、実行犯の証言を、再発防止の教育に生かしてもらいたいというようなコメントをしたんです。教育ということ。中学生ぐらいから、悪いことであるというのを教えるべきであると。今の日本はそういう教育を絶対に必要とするような状況になっているんじゃないだろうかと、そういうコメントをある新聞にしました。教育というのは、簡単なことなんですよね。悪いことはやってはいけませんよと。昔は、全くの赤の他人でも、どこかの子どもが悪いことをしたら、それはいけないことなんだよという声をかけていたんです。ところが今の世の中は触らぬ神に祟りなしというようなことで、ちょっと悲しいことだと私は今思っております。

安田　僕は麻原氏とかなり長時間話していて、だんだん僕の中でわかってきたのは、彼は徹底して非現実だということでした。彼がいつでも私にしゃべったのは、自分は過去の生も記憶があるし、過去の生にも行くことができる。また、来生についても同じで、未来にも出かけて行くことができるんだというわけです。自分たちは、輪廻転生の中にある。今生は、そのうち続く輪廻転生の一場面に過ぎないと言うんですね。私からすれば完全に非現実ですね。非現実の中に彼はいて、何事もそこからスタートしている。だから彼にとっては、生を突き抜けてしまっているし、死も突き抜けてしまっている。生と死は、エピソードに過ぎないと言うんですね。そして、信者の人は、徹底した他者依存というんでしょうか、彼の弟子と称する人たちは、麻原という人に依存していく。オウムに帰依し、麻原に帰依するということは、そういうことだと思うんですね。ですから、麻原氏の言う非現実をそのまま受け入れ、主体的にあるいは現実的に考えない。そういう非現実に対する強依存が、いわゆるマインドコントロールなのではないのかなと思うんです。じゃあ、どうして麻原氏は、それほどまでに非現実のなのか。あるいは、非現実を装っているだけなのか。それは、いったい何なんだろうかと。私は、もしかしたらいずれ目が見えなくなるという免れることのできない現実であったのかもしれませんし、それとは全くの対極ですが、坂本事件というをやってしまったということであったのかもしれないと思うんです。つまり、坂本事件をやってしまったという現実から免れるためには、非現実に逃避し、非現実を貫く以外になかったのかなとも思うんです。その最たるものが、オウムの武装化によるオウム国家の樹立だったのではないかとも思います。

オウム事件の年表を見させていただいているんですけれども、この中に付け加えさせていただくとすると、池田大作氏に対して度重なるサリン攻撃をやっていること。それからさらにボツリヌストキシンという超猛毒な、一〇グラムあれば一万人死ぬといわれているような生物兵器を開発して、首都高速や横須賀の米軍基地や東京都の浄水場に撒きに行く、さらに炭疽菌を増殖させて亀戸の道場の屋上から皇居に向かって発射する。これらは、いずれも無害のものでしたから、実害はまったく生じなかったのですが、彼らがやろうとした事実も年表に加えていただければ、よりはっきりしてくると思うのですが、政権をとって国家を支配し、坂本事件をなきものにしてしまう、つまり坂本事件で刑事責任を追及されないという、現実的な動機からする、非現実への挑戦ではなかったのかと思うんですね。そしてそれを支えたのが、信者の人たちの徹底した他者依存であったのではないかと思うんですね。ですから、そういうことを含めて、オウム事件を解明していく必要があったと思うのですが、なかなかそういう議論が深まらないままの状態で執行されてしまって、無理矢理に幕引きがなされた。ものごとには客観的事実と主観的事実があるんですけれども、結局客観的事実だけが明らかになって、主観的事実はほとんど明らかにならないまま、裁判が終結させられ、そして死刑が執行され、事件は封印されてしまった、私は、そう思うんです。先ほど、永岡さんお二人がお話されたことは重要なことでして、それも客観的事実であると同時に主観的事実でもあるだろうと思うんです。

今日の機会を作っていただいたので、永岡さんにもう少し聞かせていただきたいんですが、一三人のうちの死刑囚の一二人の人の減刑嘆願をされた。その前に先ほどのお話を聞くと、東京都あるいは国に対してもいろんな請願をされたという。そういう活動を私はハタから拝見していたのですが、永岡さんたちの活動は、ほとんど聞いてくれなくて、ごく一部の人しか聞いてくれなかった。そのうちの一人が坂本さんであったんだろうと思うんです。実は社会で孤立していたのはオウムじゃなくて被害者の会の人たちの方が、より孤立させられていた、そういう気がするんです。孤立無援の状態で動かざるを得なかった、そのあたりはどう実感持たれましたかね。

永岡英子　強制捜査まではもう必死だったので、孤立だのなんだのというものの見方は私自身は一切していませんでした。ただ、自分のなかでものすごく印象に残っているのは、坂本さんがいなくなってすぐに、東京都庁の庶務課に私は一週間に二回ぐらい事務の人のところに通っていたんです。四時までパートタイマーで働いていて、当時有楽町にあった都庁に通って、こういうことがあったと、文書にはしなかったけれども、いろんなことを伝えに行っていた。それで坂本さんもこういうふうにいなくなってしまって、拉致されたと伝えたりしました。私の家にも、横浜から神奈川県警の磯子署の人たちが来ました。それでいろいろ動くけれども、人間三人がいなくなったのに埒があかなくて。私たちの運動は、坂本さんのご一家がとにかく早く見つかる、それで早く帰ってきたら、坂本さんがお寿司が好物だったらしいので、みんなでお寿司を食べに行こうというふうに会の親御さんとよく話をしていたんです。でも全然、動きがない。どうしてこの国はこんなに息苦しいのかなというのは、そこですごい感じました。それまでは私ぼーっとしてきた人生ですから、そういうことは感じなかったんです。本当に動いても、当時、親が未成年の小学生ぐらいの子どもを連れて出ていって、学校に行かせないということがあって週刊誌なんかにも書かれていて、文部省の役人に、週刊誌をお読みになってますかと言ったら、読んでますとおっしゃってました。それは都道府県の問題だからとか言われて、あまり聞く耳を持ってもらえなかったというのが印象でした。

石川　最初にお話しされたなかで、洗脳されて戻ってきた人たちのケアが非常にデリケートで繊細だというお話もありました。マインド・コントロールのことをよくわかってない人間からすると、微妙なことなんだなと思いました。かつて永岡さんがどこかでお話しされていたのを読んだんですけれども、永岡弘行さんが、もう一〇〇人ぐらいを脱会させてきたというようなことが書かれていたんですけれども、これはどちらに答えていただいても結構なんですけれども、どのようにして、退会しなさいだの脱会しなさいという説得をしてこられたのか。そこらへんは、どういうやり方をされたのかなというのをちょっと聞かせていただきたかったんですけれども。

永岡英子　やはり本人をいきなりどうのこうのはできませんから、私たちも、他のカルト集団の親御さんたちが長年研究してきたやり方を勉強させていただいて、なおかつ先ほど申しました『マインド・コントロールの恐怖』というスティーヴン・ハッサンの本をテキストがわりにして、相談のご家族にもそれをよく読んでいただいて、お子さんが接触してきたときに話をしようということで。その前に家族がとにかく、否定的なことをしたら絶対無理なんですね。私も途中からなるほどなと思ったのは、オウムの教義とか私は一切読んでもいませんので、最初は薄気味悪いという部分もあったのですが、よくよく考えてみたら、松本智津夫氏は私よりも年齢は若いし、日本で教育を受けた人で、神様でもないわと思ったら、とたんに気が楽になった。あと私たちが考えることの真反対を読むと、およそ教団のやることが見えてきた時期が九〇年ぐらいからありました。それからは全然、恐怖感はなくなってきた。それで相談者のご家族には、とにかくお子さんを脱会させるためには、ご家族には直接的にカウンセラーのようなことは無理なんですね。やはり家族というのは結構甘えとかいろんなのがあって、とてもすんなりとはいかない。だからその部分に関しては、宗教をきちんと勉強している方々に対応していただかないといけない。ですけど、そのほかの部分に関しては家族のところに落ち着く以上は、ご家族がそういうことをきちんと学んでいないと、どうしても摩擦が起きる。甘やかすというのではなくて、それぞれのご家族の事情もありますし、対応の仕方がとても微妙で、だからおおまかな対応の仕方はあると思うんですけれども、家族によって違う。家族構成によっても違いますし、先ほども石川さんおっしゃったように、本当にデリケートです。

永岡弘行　自分が変われば周りが変わるという言葉がありますね。それは息子が帰ってきたときに、親父は変わったよと、そういうことを開口一番言われました。なぜなんだろうと思いました。私はこうと思ったら、自分に対して納得がいくまでやりました。私は飛行機なんて、鉄の塊が飛ぶわけがないという人間ですけれども、こういうことがありました。麻原彰晃という男が、自分はダライ・ラマ法王からもあなたは最終解脱者だと言われたのだ、と言ったものですから、そんな馬鹿なということで確認に行きました。大嫌いな飛行機に乗って。ダライ・ラマ法王に直接にはお会いできませんでしたけれども、のちにダライ・ラマ法王のアジア太平洋地区の代表の宗教大臣に会えました。そうしたら、「法王ですらも修行中の身です。人様にあなたは最終解脱者だなんて言うわけありません」と言われました。それを息子が聞くに及んで、いっぺんで目が覚めました。

家族がお前は間違ってるんだ、間違ってるんだと言ったって、全然聞く耳を持たないわけですから、実証することが一番でしたね。その言葉をもって、頭に叩き込んで、私は数えきれないぐらい麻原彰晃氏に会っています。例えば一〇〇〇円以上のお布施をと言われた説法会で、あることをやりました。一万円札を三枚持って行って、封筒に入れるんですね。入れるふりをして落っことしました。彼はひょっと見ました。これは完全に全盲じゃないと。ところが信者は、目が見えないのにすべてお見通しだ、という解釈をするんです。そんなことが通るわけがないじゃないか。これはインチキ以外の何物でもないんですね。言ってることは素晴らしいんですよ。端的に言えば世のため人のため。それ以外の何物でもないんだと。私は一介のサラリーマンでしたけれども、一週間、一〇日、それこそ睡眠不足でやられると、白いものが黒くなるという、そういう状況下に置かれていましたから、実感として、白いものが黒くなることはありえるんだというような体験をしておりますので、それから考えたらインチキだということがよくわかりました。

安田　一つお聞きしたいんですけれども、一三人の人が処刑されましたね。そのうち一人岡崎一明さんは途中で脱会できたわけです。ところが一一人の方は脱会できなかったわけです。ところが永岡さんの息子さんは脱会することができた。この一一人の人はどうしてそういうことができなかったのか。どういうふうにお考えですか。

永岡英子　やはり専門的なところで面白い部分もあったと思うんですね。信者として、ましてや縦のラインで松本智津夫氏というのはとても人間の扱い方がたけていたと私も思います。大勢に説法と称して話をするときにも、皆聞き入るわけですけれども、それはそれでカリスマ性があったんじゃないかなと思います。ましてや、死刑囚になった人というのは、それぞれ一人ひとりが特徴がある技術があっただろうし。うちの子は、もう本当にぼーっとしているあれでしたから、そういう技術的なことに携わらないで、そのまま出ることができました。土谷正実君なんか研究者なわけですよね。そういうことから言うと、そういうのに没頭していると、それはそれで面白かったんじゃなかったかと思います。いいとか悪いとかじゃなくて、自分の大学でそういうことをやっている以上に面白いものが経験ができる、そういうのもあったのかなと思いますね。

永岡弘行　ドラム缶をつないで潜水艦を作ると言って、実際に作ってね、防波堤から入って、それに水が入ってしまったと。そういうバカバカしいことを平気でやるんです。ところが、常識の世界に住む人間はバカバカしいと思うかもしれないけれども、彼たちはそれを本気でやっているというふうに解釈しないと会話が成り立たない。

私は麻原彰晃という人間に対して、これはインチキだという思いが非常に強かった。ある時、彼は自分は際限なく水中に潜っていられるみたいなことを言っていたんです。私は建築関係をやっていましたから、息子から水槽を作ってくれと言われました。そんな必要ないだろう。神宮のプールに入ったらいいじゃないかと。私はスキューバダイビングをずっとやっていましたから、よーいどんで、私と入ろうじゃないかと、そんなバカバカしい申入れまでしましたよ。そうしたら彼曰く、忙しくてできないと。ただ人間というのは三分間ぐらい、私も潜りますけれども、今はもちろんできませんけれども、信者の中にはそれぐらいやった人がいるんです、実際に。自分の教えがそのぐらいの弟子を作るんだ、だから自分は際限なく入っていられるんだ、みたいな類のことは平気で言います。さっきも申しましたように、ダライ・ラマ法王に会えなかったけれども、法王曰く自分もまだ修行中の身だからということを言ったら、「それがどうしたー!」と大音声で言いましたからね、あの男は。法を説く人間に、たった一つの嘘があってもいけないんじゃないかと、それ以外の何物でもないわけですよ。

石川　今の安田さんの質問にも関連するんですけれども、その脱会させられなかったこと、今日の新聞にも永岡さん、彼らの暴走を止められなかったという発言をされています。以前読んだものでも、彼らがどんどんカルト度合いを深めていったのは、私たちが解散させられなかったからなんじゃないかという反省の弁もお答えになっています。今ならば、あの時どうしていればよかったのか、どうして解散まで持っていけなかったのか。そういった、今だったら違うやり方があったかもしれないみたいなお考えはありますか？

永岡英子　請願陳情を出していましたから、いつかその答えがもらえるんじゃないかとずっと思っていました。追加の書面もプラスして、都庁にも出していたわけで、最終的には青島都知事が解散命令を出したわけですが、本当は我々から出したかったんですけれども、してやられたという感じがしました。本当は私たちにそれをさせてほしかったなと思いますね。それでこっそりその請願陳情を受け付けた書類が返ってきました。

あと、うちはＶＸで事件に遭遇したというのも、正式に警察からの連絡はないんですよ。一月四日に救急車で運ばれて、入院しました。翌日が仕事始めで、前日入院した時に採血されて、一月五日に血液の中から有機リン系のものが出たといわれて、私は頭の中がクエスチョンマークで、何それっていう感じだったんです。そうしたら、こういうのは自殺か事件かなんですよと言われて、えっと思った。それならもう事件しかあり得ません。病院がじゃあ警察に入ってもらいますねと言われたので、どんどん警察入れてくださいと言って。そしたらすぐそばの交番のおまわりさんが来ました。でも何を言っても意味がわからなくて。次は四谷警察の刑事さんが来ましたけれども、これもわからなくて。それで住まいが港区だったので港区の警察署の刑事さんも来ましたけれども、わからない。そうこうしているうちに、うちの弁護士と連絡が取れて、今度は病院の院長から、途中の診断書をもって、弁護士が警視庁に伝えに行ったという感じだったんです。

いずれにしても、そこで本当は強制捜査ができれば、ちょっとまた展開が違っていたかなというのもあります。だから、うちは主人は最初は自殺未遂というふうに言われたんです。そういうふうに書いた週刊誌もあった。だからうちの地方の会員がそれを見て、もう動揺して、会も大変だったんです。迷惑をかけたんですけれども。そんなこんながあって。それと私たちの活動というのは、ご家族から相談があれば、それは必ずやめさせたいから相談してくるわけで、それにノウハウというか私が知っている経験談をお話しして、ご家族にも勉強してもらうような格好で実行に移すという形でやってきました。でもだからと言って教団を追い詰めたとも思わないし。その当時は、まだ警察もいろいろお伝えしても動きは鈍かった。ですから今の方が話をすれば、逆に言えば警察が協力してくれる部分はあると思いますが、当時は確かに、私たちの方が孤立していると言われれば、そうだったかもしれません。

安田　どういうひとたちが、永岡さんたちの動きを支えてくれたり、あるいは寄り添って一緒にやってくれた人たちだったんでしょうか。

永岡英子　それは家族の会のメンバーです。今日もご夫婦で初期のころからのメンバーが参加してくれて。本当にありがたいです。もうこれなしには語れません。もうこれは、うちの会は任意の会なので、終わったら辞めて行かれる方も、もう何組もいらっしゃるんです。ですけど、もうご家族はそれこそ終わっているにもかかわらず協力して、皆さんでやっております。本当に会費を出して、みんなで支えあいながらやっております。細々とです。本当に一握りと言ってもいいぐらいです。

会を結成したころ

石川　最初はオウム真理教被害者の会を発足されました。それから家族の会になりましたけれども、最初皆さんで集まった時、中心となった方はどなたで、どうやって声をかけて何人ぐらいが集まって活動が始まったのか。その後、どのぐらいの人数まで広まっていったのか。現在はどのぐらいいらっしゃるのか、話せる範囲で教えていただければと思います。

永岡英子　もう何かでお読みになった方もいらっしゃると思うんですけれども、横浜のお母さんが、お嬢さんが教団に入って困ったということで、いろいろ動いていらっしゃいました。たまたま神奈川新聞に江川紹子さんが文章を書いたのを彼女が読んで、江川さんに連絡を取り、こういう宗教団体に娘が入って困っているということをお話して、江川さんが坂本堤さんを紹介してくださったというのが最初のようです。最初の頃、私はまだ参加していなくて、最初に接触したのが弘行さんなんです。弘行さんも、最初の接触の部分を、はっきり覚えてないんですよね。どこで接触できたかというのが記憶のなかからVXで消されたのかな、よくわかりませんけれども。

それでその横浜の方が一生懸命動いて、お寺さんにも相談に行ってたんです。そのお寺さんの住職が大学の先生もなさっていて、そこでサンデー毎日の記者とも接点ができて、サンデー毎日のオウム真理教批判キャンペーンが始まったわけです。八九年　一〇月二日が最初の号ですが、そこから七週間続けて特集を組んでくださって、そこにオウム真理教の反社会的な部分というのがほとんど書き出されているんですね。その取材のあと、サンデー毎日が私書箱を横浜法律事務所に設けてくださると記事を読まれた全国の親御さんからいっぱい資料が横浜法律事務所に来たんですよ。私はそれまで、家にやはり多少息子がそういうものを残していたと思うんですけれども、私はそういうのを見るのが嫌で、盗み見するというのが性に合わないから一切見ていなかったんですけれど、そういう書類が横浜法律事務所にドカンと届いたので、坂本さんが裁判用に資料を作りたいとおっしゃったので、書類整理をするために発起人会のあとで在京のお母さんたち三人で横浜法律事務所に二日間行って資料整理をしたんです。その時に初めて、教団が信者に出している文章を、私も資料整理するのにやはり読まなくちゃないので読んで、なおいっそうこれは運動をやっていかなくちゃいけないと、そこで強く感じたんですよ。

石川　次の質問に行きますけれども、何人ぐらいの規模で？

永岡英子　最初は五六家族ぐらいだったと思います。一つの家族で、ご家族全員で来た人もいれば、お一人の人もいればという感じで一〇〇人弱でしたね。

石川　そういう方々と支えあって活動を続けてこられたということですね。

安田　先ほどのサンデー毎日の話をお聞きしてね、刑事記録なんかを見ると、サンデー毎日というのは毎日新聞ですね。毎日新聞というのは公明党、創価学会ですけれども、創価学会の新聞をほとんど受けてやっている、だからそこで陰謀史観というんでしょうかね。創価学会が宗教弾圧として毎日新聞に持ちこんで、サンデー毎日の編集長が連続七週、批判記事を書いたんだということと、もう一つはやっぱり坂本さんのところは社会的運動を得意とする事務所ですから、そういう運動体とくっついて、多くの攻撃を受けるという危機感を持ったといわれているんですね。

　それはそれとしてお聞きしたいんですけど、一連のオウム事件が検挙されたあと、三人が逃亡していましたね、彼らは逃亡中、全く事件を起こしていない。ひっそりと生活してきた。そのあとオウム教団、解散になってそのあと新しい教団ができるわけですけれども、その新しい教団の中のメンバーも全く事件を起こしていない。事件を起こしたって聞かないんですね。だとすると、オウム事件の後、すでに二〇年以上経つわけですけれども、そのかん事件を起こしていない人たちがオウム真理教の後裔というかたちで宗教団体として存在しているわけですね。それをどういう形で、事件を起こしたオウムの教団と、事件後のオウムの人たちと、どのように見比べ、どうしてそういう違いが起こるのかということは、どうお考えでしょうか。

いまの教団について

永岡英子 今現在、教団には観察処分というのが付いていますよね。最初、破防法ですか。破防法というのも全く分からなかったし、観察処分というのも何回か更新されているんですが、やはりこういうものがなくなったら、内部で何をしているかがすごい不安です。強制捜査以降、事件がないとは言うけれども、教団がどうなるかというのは、ずっと心配しつづけなくちゃならない、観察処分が取れたとしたら、いつまたそういうのが暴発するかもわからないし。やはりいいふうには捉えないですね。その辺がすごく不安です。だから私たちの家族の会の中にも、観察処分についていろいろ意見がある時がありましたけれども、言い方が悪いかもしれないけれども、私は親御さんに現役の信者の人たちの、悪いことをしないようなお守りだよって言っています。そういうふうに見ないと。もう二度と、あのような事件を起こしてもらっては困るわけだし。それはないよと簡単に言う人もいらっしゃいますが、私はそれは正直、信用できません。

安田 不安が残るし、疑念が残るというわけですね。ただ弁護士の立場から見ますと、例えば殺人をしてしまって無期懲役になる。すると法律の規定では一〇年間何もしなければ、仮釈放の可能性がある。二〇年間善行を保持すると、ますます仮釈放が近くなってくるわけですね。実際、もうすでに二〇年間経って、何もしてないということは、その人たちがよくなったのではなくて、前のオウムと質的に違うのではないかというような気がしてならないんです。そこらへんはどうお考えでしょうか。中身が違うという感じがするんですけどね。

それから話をしているとよく聞くんですけれども、わりあい強固な信者の人、事件を起こした時の人たちです。どうも皆さん神秘体験をしているというんですね。ですから、僕らが聞いても理解できない。神秘体験したから、それはもう体験した人間でないと分からないんですよと。それは非現実の問題ですね。そうなってくるともう会話が通じなくなってくる。先ほども少しお話したんですけれども、今週の金曜日に地震が起きるから、私の弁護人は全部東京から出なさいというわけです。僕らはそんなのは信じないから、ほっとくわけです。すると彼は、いや、あなたが出ないのはよくわかっていた。だから一生懸命、頑張って、地震を止めたんだと言うわけです。僕は現実に非現実がなるか試してみようというので、麻原氏に対して、とにかく頑張って法廷で空中浮遊をやってみようじゃないかと。それがやれればあなたの言っていることは正しいかもしれないと、他人も理解できるかもしれないと。もちろん裁判官は腰を抜かして逃げていくであろうと。裁判なんて完全になくなるだろうといったわけです。

僕は励ましたわけです、彼を一生懸命、頑張れ頑張れって。彼はやったと言ってましたね。一日二〇〇〇回以上のマントラを唱え、自分の霊気を高めていって、空中浮遊できるようにしようとした。でも結局彼はできなかったんですね。ちょっと気の毒だったんですけれども彼が僕に対して言ったのは、看守が自分の体を触るんだ、せっかく溜まったエネルギーがここで拡散して消えてしまうんだ、だからとうとうできなかったという話なんです。で、僕は一方では、いろんな説明の仕方があるなと、一方では、できなかったという現実をどう捉えるかと、ご本人とは徹底して議論する必要があるなと。そこからしか物事は始まらない。彼は僕が体験してないことを体験したと言い切るわけですよ。しかし実際に体験を共有しない限り、彼の非現実というのを現実に引き戻すことはできないのかなと思ったのですが、それをいよいよやろうとした時に、彼もおかしくなってしまったし、私もパクられてしまって、彼と話ができなくなったりして。その辺りで僕は自己不全感があるのです。昔のオウムの人たちと、今のオウムを承継したとする人たちは、ほぼ同じとご覧になってらっしゃるのか、それともただ不安感だけが残ってらっしゃるのか。そこらへんはいかがですか。

永岡英子　いや、それは同じですよ、私の考えの中では。ただ犯罪をする機会はないかもしれませんけれども、しかし教えの根底の中には確実にあると思います。これはやはりその専門の人がきちんと頭の中を開放していかないと一緒だと思います。巷から聞こえてくる分には、新しい人が増えていくいます。中にも、事件があったのに、なかったと思っている人もいるようです。そういうことは事件は現実にあって、死刑囚まで出しているということを否定することになりますから、そのへんから社会通念ではちょっと対応できないふうになってしまうのかなと思いますけどね。ただ人間的には、フォーラムで去年の死刑執行の前までは、10月集会で署名活動させていただいているときに、現役の信者の方にも声をかけてもらうこともあって。以前、強制捜査前でしたら、私たちも鬼のように扱われていたわけで、接点がなかったんですけれども、その後は署名活動している時には、現役の信者の方が、私たちは一人一人知ってるわけじゃないんですけども声をかけてくれて、普通に挨拶してくれるのは、とっても感動的でしたね。それはフォーラムのみなさんに感謝したいところです。本来なら、私たちはあなたたちを、おこがましいけれども、まともに考えられる、世の中の塀があるような、仕切り板を取り払ってあげたいんだけれどもなっていうところを伝えられれば一番いいんですけれども、あまりそういうふうに言うと、また毛嫌いされちゃうだろうし、難しいところです。

安田　フォーラムの集まりとか会議にオウムの人も見えるわけですよね。

永岡英子　はい。

安田　一つの見方としては、教祖の死刑を阻止するためにフォーラムと一緒になって死刑廃止活動をやってるんじゃないかなという見方もありますね。しかし現実はどうだったかというと、この一年経ってるんですけれども、教祖が処刑されても、やっぱり一緒に死刑廃止を言っておられるという話になるんですね。だとすると、これはおこがましいかもしれませんけれども、もしかしたら接点があるかもしれない。永岡さんはずっと接点を生かしていらっしゃるんですけどね、会議の席でも、参加されればオウムの人と話をし、いろんな付き合いをしてらっしゃる。そういうチャンネルというのはものすごく重要なことだという気がするんです。

永岡英子　そう思います。

安田　もう少し口幅ったいことを言いますと、あちこちでテロが起こる。それでテロとオウムとはどこが違うのかとよく思うんです。そうすると、オウムの中では誰も自爆した人がいない。テロをやるけれども自爆しないんですね。他のところでは自爆テロっていうのは基本的にあるので、そこの違いは何なんだろうかという疑問がありましてね。僕の中で結論が出るわけじゃないんだけども、もしオウムの思想の中に自爆という発想まであると、こんなレベルではすまなかっただろうと思うし、自爆という発想があるとすると、この20年間、安泰であるはずはなかったと思うんです。このテロの時代のなかの基本的なところにあるのは、自分の死そのものを突き抜けちゃうという発想で、なかなか今の一種の同世代で生活している人たちの中にはそれがないから、社会的にも一定程度のコンセンサスが作れているし、社会的にも一定の治安が維持出来ているのかなという感じがしているんです。

ただ、この前気づいたんですが、ニュージーランドでテロがあった時に、首相がまず第一に被害者の悲しみに寄り添おうと呼びかけるわけです。被害者に敬意を払おう、そして寄り添って一緒に行動しよう、行動するのは団結だと言うんです。団結とは手をつなぐことじゃなくて、自分たちのアイデンティティを守ることなんだと。その延長上にできたのが、テロを起こさせた思想を徹底して弾劾し、そこと戦おうじゃないかということと、テロを起こした人たちの名前をいうのはやめよう、むしろ被害者の名前を出そうじゃないかという言い方をしているわけです。そうなってくると、もしかしたら家族の会とオウムの今の後裔の人たちとは、そこらあたりでオウムの人たちも理解できるのかなということも、ちょっと思ったんです。

永岡英子　とても難しい。一人だったらとか、あるいは団体となるとまた考え方も違ってきたりしますね。いま安田先生がおっしゃることは、私も実際はそういうことが今一番欠けていて、やはり敵対視だけではいけないと。もともと私たちの会は教団と敵対するつもりでやってるわけでも何でもなかったのが、いつの間にやらテレビの画面を見ても、何につけても、私たちが取材を受けると必ず教団の取材もして、二極対立のような構図になるわけです。テレビでそれをやられて、これはやはり彼らの方が上手なんですよ。私たちはど素人で。教団は専門家もいっぱいいましたから。九三年ぐらいになったときに、はっきり言ってマスコミの取材を受けるのは少しやめようと私自身は思っていました。ところがそのころに、薬品を調達したり、いろんな悪さをする材料を仕入れたりしていたので、それはそれで観察はしていても、そういうところを見逃したとかそういうのではなくて、ちょっと距離を取っていた。我々の取材をすると、必ず相手方も取材して、それで面白おかしいって言ったら変ですけれども。そんなことをやめてほしいっていうことも、マスコミはやはり教団から取材したのも載っけるわけで。あれはやはりよくなかったですね。ただ平等っていうのを盛んに言われるので。そういうのは私にはよくわかりません。報道の世界の人たちの専門なんでしょうけれど。あれはカルトにとってはとてもよくないことだなと思いますね。

安田　やっぱりどうしても対立的に物事をとらえていく。そしてそういうふうな枠組みの中で報道していく。報道していくと、そういう枠組みの中で物事が理解されてしまうと。当然そういう行動規制も起こる。それに反する行動が起こると、批判も起こってくるという感じがしますね。それを超えていくというふうになっていくと、共生とかあるいは多様性という新しい価値観の中でもう一度見直していく必要があるのかなという感じがするんです。オウムの人たちは、家族を破壊する権利はないし、そのほかの人たちには、オウムの宗教そのものをつぶす権利もない。宗教の問題ですからね。ですからお互い同士の共通点を、どこかで一緒に共有できる価値観を持っていく、乗り越えていくというふうになるのかなという気もするんです。ですから切り捨てるんじゃなくて、共生を考える、それから単一じゃなくて多様な考え方を認めていくというところが死刑廃止の根本にあるのかなという気がする。だから死刑廃止のフォーラムの場に、本当は社会からみるとんでもないといわれるアレフの荒木浩さんが来ていたりね（笑）。

永岡さんが来ていて。楽しくいろいろと話をしていらっしゃる。それは単に社交的な話じゃなくて、お互い同士理解できるというか、そういう話をしておられる感じがしてならないんですね。だから手前味噌じゃないですけれども、もしかしたら、このオウムの事件を通して新しい価値観が生まれてきたのかなと思います。

これからどうするのか

石川 会場からの質問ですが、永岡さんに対しては、これからどう活動していくのか。安田さんには、弁護人として司法制度について今後のことを教えてほしいという質問が出ています。ではまず永岡さん、今後の活動をどうされますか。

永岡英子 はい。会はまだ解散するところまでは来ておりません。最初に坂本さんと一緒に会を発足したときに、会員のお子さんが全員帰ってくるまでは解散できないというのが、唯一の会則だったんですよ。そのあと坂本さんが拉致されたあとに、坂本さん救出というのが二つ目の目標になりました。ですから今は、発足当時からまだ現役の人もいらっしゃるわけです。そういった人たちも全部、会の会則がまだ存続する以上は、私たちも会に参加していきます。発足したとき、会を作るから参加したいと弘行氏が私に言ったんですけれども、その時に、うちが先に息子が帰ってきて、じゃあお先に失礼しますっていうことは絶対にできないよね、最後までやらないとやっぱり意味ないねと、弘行さんは忘れてるかもわかりませんけれど、私は二人の間で約束した覚えがあるので、とりあえず私は健康なうち、動けるうちはやはり皆に協力していかなくちゃないと思っていますので、このままの状態を続けると思います。

石川 はい。ありがとうございました。では、安田さんお願いします。

安田 これからどうするのかという話ですが、僕は弁護士になりたての時には、いわゆる捜査弁護と公判弁護と言いまして、ご本人の判決が出るまでが弁護人の仕事だと思っていたんです。ところが死刑事件をやるようになって、死刑事件で負ける。そうすると、死刑囚の人と付き合っていかなきゃならない。つまり事件が確定したあとも、弁護人であり続け、再審を求めるし、再審事由がない場合にも、執行させないようにする、あるいは恩赦を求めていくという、いわゆる弁護活動をやってきたわけです。今度、やっぱりオウムの執行があって、自分の考え方が相当間違っていたなと思ったんです。オウムの執行を見ると、もう法治主義が成り立っていないんですね。法律の規定を全部、無視してやってしまっているわけです。人の命は大切だというので、例えば憲法31条にはぴしっと書いてあるわけです。法律の規定によらない限り、人の命は奪うことはできませんと。ところが法律の規定がないまま執行しているんです、今回ね。典型的なことは、誰が執行するという法律がないんです、どこにも。命令する人は法務大臣。これは決まってるんです。命令されるのは、拘置所の長が命令される。長はどうするかというと、立ち合いをすることができると。さらに立ち会いをする人間を指定することができると書いてあるだけなんです。ところが誰が執行するかを命令できるとはどこにも書いてないんです。そういう法律がないまま執行しているわけですね。まあそういうものをやると、どうするかという大変な議論が巻き起こってしまうから、それを避けてずっとやってきたんだと思うんですけれども。話を元に戻しますと、そういうふうに執行の場面を見ても、法律に基づかないでやっている。だから執行されてしまったあとも弁護を続けないとならないというふうに思っておりまして、例えば今回の執行でも再審請求を無視して執行しています。あるいは法律の規定なく執行しています。あるいは責任能力がないにもかかわらず、執行している。これはやっぱりしっかりと違法を追求していって、同じことをさせないようにという弁護が必要だろうなと思って、死者の弁護っていうのは変な話ですけれども、生きている間も弁護士、亡くなっても弁護する。大変ですけれどもね。でもそういうことを僕たちは怠ってきたから今の状態が起こってきたんだと思っています。

石川　ありがとうございました。時間となりましたので、なかなか話がきちっと終わるような話ではないのですが、ここらへんで集会を終わりたいと思います。まっとうな刑事司法がない日本の中で、死刑事件あるいは刑事事件と取り組んでいく弁護士のみなさん、そして、日本の歴史の一ページに必ず残るような大きな事件にかかわりながら、永岡さんご夫妻のようにこれからも活動されていく皆さん、そういった方々と一緒に、これからも活動していって、死刑制度のない社会、あるいはまっとうな刑事司法が成り立つ社会、そういったものを目指していきたいと思います。どうか皆さんもこれからもご関心を寄せていただいて、できればフォーラム90の会にも参加していただければと思います。本日はご参加ありがとうございました。

（会場からの質疑は省略しました。）

（二〇一九年七月六日、文京区民センターで行われたフォーラム90主催「オウム13人執行から一年、あの死刑執行を問いなおす。永岡英子さんに聞く」での発言。前半は『フォーラム90』一六七号掲載）

2018 — 2019年

死刑をめぐる状況

死刑執行と抗議行動

二〇一八年一二月二七日の執行

残虐な年末の執行

安田好弘（弁護士・フォーラム90）

こんばんは。弁護士の安田と申します。

私の持っている情報と私が感じている感想についてお話しさせていただきたいと思います。今回執行された人は岡本（河村）啓三さん、それから末森博也さんの二人です。一二月二七日という異例中の異例、過去一回、平成二〇年に一度この日の執行をやっていますが、二八日は御用納めですから、その前日に死刑を執行するという異常な事態です。これで昨年は一五名という多数の死刑執行を彼らはやってのけたわけです。

現在の新監獄法、つまり刑事被収容者施設処遇法では一月一日、二日、三日と、一二月二九日、三〇日、三一日は死刑を執行してはならないという規定があるんですね。ですから二七日になると、もう少しで安心した年末年始を送れると思っていたと思うんですね。資料の三ページに、平成三〇年一二月二五日に発信された手紙があります。この二日後に死刑が執行されているわけです。この中にも書いてあるのですが、そろそろ年末だと。「いずれにしても、拘置所の業務もあと三日。このままいけば年内の死刑執行はないでしょうね」。死刑囚の人たちにとっての安息日が目の前に迫っていた。それを河村さんは迎えようとしていた。それをいきなり呼び出して死刑執行する。これはやはり残虐と言っていいだろうと僕は思うんですね。まさに死刑囚の人たちの期待を裏切るというか、冷水をぶっかけるということを彼らは平気でやったわけです。もちろん年末を前にして、また正月を前にして死刑執行をさせられる人たちもたいへんだったろうと思うんです。しかしそういうものを何も考えることなく死刑執行してしまうというほど、法務大臣や法務省は無感覚になってしまっているのかなと思うわけです。

今回の執行ですけれども、朝九時半ちょうどぐらいにマスコミから連絡がありました。二人の執行ですから、おそらく最初の人はこの時刻頃に執行されたんだろうと思います。今回の執行について、いろいろと考えられるわけです。例えば二〇一八年はオウムの一三名の人を執行したわけですね。それをオウムの人たちじゃない人を執行することによって、オウムの人だけを狙った執行ではなかったということの一種の弁明、免罪符を作るための執行であったという見方もできるでしょうし、あるいは、これはどこまで本当かわかりませんけれども、二〇一九年は元号が変わり、天皇が新しく即位する、そういういわゆる国家慶事の年には執行できないから、駆け込みで執行をしたのだという人もいるでしょう。しかしいずれにしても、年末であろうと、すでに一三人もの人を処刑していたとしても、断固として執行してやると。しかも、河村さんは再審請求をしていた最中だった。そういうことであっても執行するという強い姿勢に基づく執行だったんだろうと思います。

今回の執行について、山下法務大臣が記者会見で、死刑制度を維持するんだということを述べているんですね。「国民世論の極めて多数が、極めて悪質・凶悪な犯罪については、死刑制度の存置もやむを得ないと考えています」と。だから死刑制度を廃止することは妥当ではないと考える、と言っているわけです。確かに彼はここでは死刑制度を維持し、廃止し

2018年12月27日に死刑を執行された方

名前（年齢） 拘置先	事件名 （事件発生日）	経緯
岡本啓三さん （60歳） 大阪拘置所	コスモ・リサーチ殺人事件 （1988年1月29日）	1958年9月3日生まれ 1995年3月23日　大阪地裁（谷村充祐）で死刑判決 1999年3月5日　大阪高裁（西田元彦）で死刑判決 2004年9月13日　最高裁（福田博）で上告棄却 2017年9月12日　第4次再審請求申立 著書『こんな僕でも生きてていいの』第1回大道寺幸子基金表現展優秀賞2005年、『生きる 大阪拘置所・死刑囚房から』第3回同奨励賞2008年、『落伍者』第7回同優秀賞2012年、いずれもインパクト出版会刊
末森博也さん （67歳） 大阪拘置所	コスモ・リサーチ殺人事件 （1988年1月29日）	1995年3月23日　大阪地裁（谷村充祐）で死刑判決 1999年3月5日　大阪高裁（西田元彦）で死刑判決 2004年9月13日　最高裁（福田博）で上告棄却

ないということを意見表明しているんですが、なぜ今回一二月二七日に、しかも再審請求中の人を含めて二人も死刑執行したのかということについては説明していない。死刑執行が彼の責務であり、彼の権限だったわけですから、死刑制度について語っても仕方がない話で、彼が死刑執行という権限を行使したことについて説明してはじめて、説明責任を果たしたと言えるだろうと思うのですが、まったくその責任さえも果たそうとしない。これほど無責任というか、批判を受けつけないという態度で彼は今回死刑を執行したわけです。

再審請求中の人に対する死刑執行は、一昨年から連続して続いています。オウムの人に対する死刑執行では一〇名の再審請求中の人を執行していますし、一昨年は三人の再審請求中の人を執行しています。今や、再審請求中であろうと死刑執行するのは当たり前という状態です。これについても法務大臣は記者会見で、とにかく慎重に調査していて、その結果、再審事由がないと判断したから執行しているんだと言っています。つまり法務大臣自らが再審請求理由があるかどうかを判断したというわけです。慎重に判断したと言っているんですけれども、本当に彼はそんなことをやったんだろうか。彼のあの入管法改正過程における国会答弁を見ていると、とてもとても誠実に物事を検討して考えたという様子は見てとれない。そういう上っ面の嘘が平気でここで通っているわけです。

もう一度、ぜひみなさんに考えてほしいんですけれども、再審請求中の執行というのは法律違反。これは法律の権限に基づかない刑の執行ですから、殺人罪に該当すると私は思っているんです。今日、小田幸児弁護士が見えていまして、私は小田弁護士にぜひお願いしたいんですけれども、今回の死刑執行について、法的に争ってほしい、再審請求中の執行は許されないということを司法の場面で主張して争ってもらえればと希望するわけです。ちなみに、くどいようですが、刑事訴訟法の四七五条の一項では法務大臣が死刑の執行を命令すると規定しているんですけれども、その二項にはこう書いてあるんです。法務大臣の命令は、「判決確定の日から六箇月以内にこれをしなければならない」と。ここでは六カ月以内に執行命令を義務づけているわけですね、言葉としては。しかし、「但し上訴権回復若しくは再審の請求、非常上告又は恩赦の出願若しくは申出がされその手続が終了するまでの期間及び共同被告人であった者に対する判決が確定するまでの期間は、これをその期間に算入しない」と規定してあるんです。つまりこの規定は、当時六カ月以内に死刑を執行するということが法律で義務づけられているという前提のもとに、その間に再審請求などがあった場合には、この六カ月に算入しないということですから、執行してはならないということです。しかしその後、この規定は訓示規定だと言われて、六カ月以内に執行しなくてもいいんだということになったわけです。そうなってくると、この法律の趣旨は、再審請求中は執行してはならないという趣旨ですから、六カ月経過した後も同じ趣旨は守られるべきなんです。死刑をするかしないか、死刑の執行が許されるか許されないかというたいへん重要なことですから、法治主義の下では、国会の場で議論して法律で定めるべきなんですね。人の命の問題について、法律の定めなしで、解釈などでやってはならない。再審を受けるというのは裁判を受ける権利です。そして命を守る権利でもありますし、適正手続を求める権利でもあるわけです。まさに憲法上の権利であるわけです。それを奪うということは、最低限、法律の規定と手続きがない限り許されないと思うんですね。しかしそうでないにもかかわらず、平気でやっちゃう。しかも法務大臣が再審事由があるかどうかを判断してやっちゃう。しかし、再審請求の理由があるかどうかの判断はもっぱら司法の問題なんですね。そうすると、それは司法権に対する侵害でもあるわけです。ですから、彼らは平気で再審請求中でも執行できると言っているんですけれども、それは間違っていて、違法行為、すなわち許されない死刑執行、つまり殺人行為であるわけですから、ぜひ法廷で争ってほしいと思っています。私も機会をみて対応したいと考えています。

私はこの前、オウムの人たちが処刑された時に、死刑をめぐる状況は一〇〇年前の大逆事件以前の状態に戻ったと申し上げました。実際にそうなっていると思います。死刑執行の危険のレベルが過去よりもはるかに上がった。死刑執行の強固さが、一段と強化されたと思うんです。つまり死刑囚の人たち、あるいはその支援者であり、また弁護人である私たちがどのような抵抗をしても、それをまったく受けつけずに執行していくという強い姿勢を今回は示したと思います。また彼らは死刑執行に何らためらいがない。遠慮はもとより配慮をすることすらせずに執行してくるということを、今回の執行は示していると思うんです。彼らは言っています、裁判所が死刑判決を出した以上、それに従うんだと。これは、刑事司法における統治の秩序を、検察から裁判所、そして法務大臣まで貫徹するということでして、例えば執行を停止するとかあるいは恩赦を実行するとか、そういうふうな、ストップをかけて、見直しをし、そして慎重に対応することを一切認めないという強い秩序観、国家観というものの表れだと思うんです。こういうなかにあって、私たちは、彼らの問答無用の強い姿勢を打ち砕いていく必要があると思うんです。死刑廃止することも必要でしょう。しかしなかなかこの状況の中では難しいわけです。死刑廃止は政策ですから、多くの人の賛同を得ない限り、死刑廃止はできないわけです。現在の状況では、多くの人の賛同を得るということはまだまだ困難な状態にあるわけですから、結局私たちができることは、死刑廃止に向けた準備をすることしかないわけです。しっかりと将来を見据えて、緻密な戦略の下に、その準備を地道にやっていくということだろうと思うんです。つまり、彼らは死刑が必要だと言っているし、死刑でなければ秩序が維持できないと言っているのですから、あるいは社会の中でも多くの人がそういうふうに考えているのですから、私たちは死刑がなくてもいい、あるいは死刑でなくてもいいという理屈を、そしてそういうスキームを作っていく必要があるだろうと思っています。

これからは僕の個人的意見になるんですけれども、死刑でなくてもいい、つまり死刑を確実に減らしていくためには、やはり終身刑の導入が必要ではないかと思っています。終身刑を導入することをもって、死刑を軸とした強固な刑罰制度に流動化をもたらすことができる。もう一度、死刑について見直しをする効果をもたらすと。あるいは死刑でなくてもいいじゃないかという第二の選択肢を設け、多くの人の理解と賛同を得て死刑を減らしていき、死刑の廃止に向けた準備をしていくことが必要だと思うんです。

今年はさらに厳しい年になるやもしれません。彼らは天皇の即位とかそういうものに関係なくやってくる可能性も持っています。こういう状況の中では、もう一度、私たちがどこからスタートしていくか。死刑廃止に向けた準備としては何をしていくかということを、ぜひフリーにトーキングして、そしてみんなのコンセンサスを作っていきたいと思っています。理念や理想ではなく、現実を踏まえて、明日につながる議論をしたいと願っています。がんばりましょう。

（二〇一九年一月二一日、岐部ホールで行われた執行抗議集会での発言。初出『フォーラム90』一六四号）

虫けらみたいに執行する国を許さない

小田幸児（河村啓三さんの弁護人）

年末の執行に思う

こんばんは。弁護士の小田と言います。河村啓三さんの再審弁護人をやっていました。控訴審から弁護人になり、かれこれ二三、四年の付き合いになります。弁護人は僕と池田直樹弁護士、岸上英二弁護士、この三人が控訴審から再審までずっと弁護をやっています。再審段階になって西園寺泰弁護士も弁護人になりました。

今回、河村さんが処刑されたということを聞いたのは、一二月二七日午前一〇時頃、タクシーで拘置所に向かっている時でした。拘置所には、僕が受けている未決の刑事被告人が何人かいますので、その接見に行こうと思っていました。早く終われば、久しぶりに河村さんにも接見して、また来年頑張ろうと言おうと、そういう思いでいました。二七日ですから、まさかこの段階で死刑執行するなんていうことはまったく思っていませんでした。

私の事務所から、死刑があった、河村さんと末森さんが処刑されたと聞いたときは、信じられないというか、なんちゅうむごいことをするんだと思いました。確かに法律上、死刑が存在しているから、それを執行する。そして肉体を破滅させる。法律上そうなっているんだけど、今回の処刑というのは、単に肉体を消滅させるということだけではなくて、もう少しで正月が来る、この一年もなんとか生きながらえた、そう思っている人の心、それをないがしろにした。いくら二人殺した人ではあっても、国家が人の心をないがしろにし虫けらのように心自体をも砕いていったと思います。そういう処刑だろうというふうに僕は思っています。いまの国家は人々を虫けら同然であると考えているのではないか。国家の都合だけでポッと押しつぶす、そういうことができるんだということを象徴的に表しているんじゃないか、そういうふうに思いました。

河村さんの処刑というのは、僕は再審弁護人として活動しているなかで初めて執行された人です。これまで僕が関わった死刑確定者で執行されたのは今回で四件目になります。それまでの三名の方は確定してからはたまに接見に行くくらいの関わりで、再審の弁護活動には関わっていませんでした。非常にやっぱりショックが大きいというか、自分が関与した人が殺されるのは。今回、弁護人や支援の人もこの一月二五日に集まって、再審請求をすること、それからそれがダメだったら、ぜひ恩赦請求しようじゃないか、そのために次にどういうことを考えようか、どういう再審請求をしようか、そういうようなことをも考えていた、そういう状況でした。二七日に、私は他にも大阪拘置所で弁護をしている確定者の人がいまして、その人がどういうふうな状況だったのか、動揺していないだろうかという心配もあったので、できればその人たちとも接見したいと思ったのですが、他の未決の方たちの接見が長引いてできませんでした。

二七日に処刑がされたのですが、河村さんは僕らに年賀状をすでに発信していました。年が明けて事務所に行ったら、河村さんからの年賀状が来ていました。

「あけましておめでとうございます。心穏やかな新年をお迎えのことと存じます。いのしし年の今年は例年以上、猪突猛進で頑張ってください。先生のご多幸をお祈りします。今年もよろしくお願いします」。

おそらく何人かにこういう年賀状を送っていたのだと思います。そんな思いを、さっき言いましたように虫けらみたいに押しつぶした。それが今の国家権力なんだということを思い知らされました。執行を命じた者に対し、胸倉つかんでね、ほんまにおまえ、なにを考えとるんやと。ふざけるなと。人の命を何だと考えてるんや、という気持ちがずっと消えません。

コスモリサーチ殺人事件

河村さんの事件がどういう事件だったのかを簡単にご説明します。資料にありますように一九八八年のコスモリサーチ殺人事件と呼ばれます。これは株の取引きをやっている仕手筋の「北浜の風雲児」と呼ばれているＫさんという方、それからその人の秘書的なＷさん、そのお二人を殺してＫさんから一億円を奪った強盗殺人事件です。事件のきっかけは一九八七年に始まっています。その年の三、四月ころ、河村さんの共犯者の末森博也さんがこの事件で犠牲になったＷさんからＫさんが東京—大阪を新幹線で五億とか一〇億とか運んでいるという話を聞きつけて、末森さんが河村さんにそういう話をする。これが始まりになります。Ｗさんは、Ｋさんが経営している投資顧問会社で働き、Ｋさんの秘書的な人で、仕手関係の株の情報を末森さんに流していたんです。末森さんも株の投資顧問会社をやっていました。六月ぐらいから、じゃあＫさんを新幹線なりどっかで拉致して五億なり一〇億なりを盗ったろうと。そういう話をどこまで本気で考えていたか分からないのですが、そういう話が進んでいきます。ただ一旦、雲散霧消するような形で終わりました。その後その年の九月か一〇月ぐらいにもう一回、その話をやらないかという話が河村さんと末森さんの間で進んでいきます。この時に末森さんが主導なのか、河村さんが主導なのかということについては、確定審のころから争いがありました。その九月頃にはリーマンショックがあり、末森さんは、株取引でどーんと落ち込んでしまった。それで自分はもう駄目だ、自殺したい、というようなことも考えたようです。末森さんというのは、これまでにも事業で失敗したりとか何やかやあって、何回か自殺を試みたことがあった方です。これは判決がそういうふうに認定しています。

そういうところで、自殺するぐらいなら、一発大きな仕事をしようと河村さんが本件を再度持ちかけたと判決では認定されています。そういうことがあって一二月ころになると具体的に犯行に向けて進んでいく。Ｋさんの住所を調べたり、顔を確認するとか、そういう作業もしはじめます。それだけでなくて、二人だけだと大変だ、もう一人誰かいないかということで、もう一人の共犯者、暴力団組員のＹさんを引き込む。その人は空手の先生もやっている人でした。このＹさんを河村さんがいつ事件に引き込んだのかということについては、争いがありました。

そういうような準備的なことをやっているうちに、この事件の一九八八年一月二八日に具体的に行動を起こします。末森さんが、Wさんに払う金があるからと言ってWさんを呼び出し一緒に行動させて、そしてKさんの家を探すのを手伝わせた。その過程で河村さんはWさんと一緒にラーメンを食べに行ったりして、全く拘束はしていないという状況もありました。そして、最終的にKさんの自宅のマンション近くで待ち伏せし、Kさんを拉致しました。借りていたマンションにKさんを連れ込み監禁し、翌二九日になってKさんの会社から一億円を用意させ強奪した後Kさんを殺害し、さらにWさんをも殺害しました。

この事件では、いつごろから事件を計画したのか、強盗殺人をしようと思ったのか、それからWさんに対しては、いつの時点で殺意が生じたのか、そして、本件は強盗殺人なのか、もしくは殺人と強盗なのか、主導者は誰なのか、それらが争点となりました。特に、本件では、強盗殺人なのか強盗と殺人なのかがもっとも大きな争点だったといえます。というのも、強盗殺人の法定刑は無期もしくは死刑、しかし殺人の場合は、死刑も法定されていますが、懲役五年以上の有期懲役、あるいは無期懲役も法定されています。だから強盗殺人なのか、それとも強盗と殺人という認定の違いによって刑として全く違うからです。また、誰が主導権を握っているのかというところも争いになりました。残念ながら一審から最高裁まで、河村さんの主張は認められず、本件は強盗殺人であり、首謀者は河村さんであると認定されました。末森さんも河村さんと負けず劣らず重要な働きをしたと認定されました。末森さんがいなければKさんのことなんかもわからなかったし、一億を盗ろうとか、そういうこともなかっただろうし、当初から犯行の計画に関与したと。そういう点から末森さんも河村さんに負けず劣らず責任があるんだという判断が示されました。それに対してYさんは事件に関与するのが非常に遅かった。計画にもほとんど関与していなくて、最終段階で加わっただけだという判断で無期懲役になりました。しかし殺害行為自体を考えてみますと、殺害行為を中心的に行なったのはYさん、空手の先生ですし、河村さんと同じように、実行行為、殺す行為をしています。人の命の重さということを考えますと、殺害行為への関与という点では、Yさんの関与の度合いは相当大きい。そうすると河村さん、末森さんとYさんの責任がどれほど違うのか。死刑と無期、Yさんは今でも徳島刑務所で受刑中です。死と生を分けるほどの大きな違いがどこにあったんだろうかという思いはあります。

河村さんの人生をたどる

河村さんですけれども、お父さんお母

さんと、それからお姉さんの四人家族でした。河村さんはもともとは粗暴癖があった人ではなくて、小さい頃は喧嘩してもすぐ泣いて帰る。お姉さんから喧嘩して負けたら言い返せとか、そういうことを言われていたようです。非常に気が弱くて、悪いことはしないというか、真面目で小心者だった。ただお父さん、お母さんからは、躾の際には手を出されていたようで、かなり暴力的な躾がされていたようです。そしてまたお金に対してはすごい執着心があった。お金があることによって、成功しているんだという発想がかなりあったということが、控訴審の心理鑑定において指摘されていました。

河村さんは小学校、中学校も普通に卒業して、高校の時にはちょっとぐれたところもあったけれど、普通に卒業して大学に行きました。彼は高校の頃からバイトをして稼ぐということをやっていまして、大学に入ってからもサラ金関係とか水商売関係とか、そういうところでアルバイトをしていたようです。そういうなかで暴力団組員と知り合いになって暴力団に入り、本件の頃には組員として活動する。だから、そもそもは小心者なんだけれども見栄っ張りというか強く見せたがるという感じがあった。その中で金にまつわる金融関係の仕事をし、そういうようなところで暴力団とも関係していって、どんどん外れていった。

河村さんは水商売をやっているころ結婚され、お子さんが一人生まれました。本件で逮捕、起訴されて後、離婚ということになりました。ただ、死刑判決が確定してから子どもさんが河村さんのことを知り、拘置所に面会に行くなどの交流も始まるというようなこともありました。

さっき言いましたように、河村さんは金融関係とかサラ金関係とか組関係もあるなかで、末森さんは株の仕手筋というか、取引をしていたことから、その関係で河村さんに債権回収を頼んだりしていました。そのようなことから河村さんと末森さんは親しくなっていき、さっき言いましたが一九八七年にＫさんの情報が末森さんから河村さんにもたらされ、本件に進んでいったわけです。事件に関する河村さんの主張は、裁判所では認められず、この事件の主導者は末森さんではなくて河村さんだというような判断がなされました。

確定後

再審につきましては、我々は本件については強盗殺人ではなくて強盗プラス殺人であると主張しました。Ｋさんに対する殺人というのを考えたのは一月二九日、Ｗさんを最終的に殺そうと考えたのも一月二九日なんだという主張をしました。そのために、Ｗさんとラーメン屋に行った時に何らかの拘束もしていませんでした。そのラーメン屋はどういう状況なのか、当時Ｗさんに対する殺意はなかったことの証拠として、現場に行って写真を撮りました。Wさんをラーメン屋で自由にさせていたということは、その時に殺意がなかったんだという立証に繋がるだろうと思いました。また拉致現場であるKさんのマンションまで行って写真を撮ったりしました。要するに計画的だという原審、確定審の判決について、マンションの状況はどうだったのかということを具体的客観的に立証することによって、計画性がなかったことを立証しようというようなことでやりました。

第一次、第二次、第三次と再審をしていて、現在が第四次再審請求の最中でした。じゃあ次はどうしようかということをいろいろ相談しながら、考えていたところです。彼は、確かに事件当時はヤクザをやっていましてイケイケドンドンというか、そういう感じは確かにあったんだろうと思いますし、結果的には二人の方を殺害してしまいました。だけど捕まってからは、自分のやったことについて考えるというか、反省するということを非常に深めていたと思います。教誨師の先生に、いろいろ教えて貰った。それで確定してからだったか、浄土真宗、お西さんに帰依して得度し、法名も貰いました。そこでいろいろと仏教のことを教えてもらって、正信偈とか般若心経も、あそこにも飾っていますが、写仏なども して、ずっとその冥福を祈るという作業をしていました。当初の教誨師の先生が、途中でお亡くなりになり、その後しばらく教誨師の先生がおられなかったんだけれども、再び教誨師の仏教の先生がついて、彼自身仏教のことをずっと考え続けるというのを最後までしていました。

それと被害者の方に何とかお詫びをしたいと考え、一審の途中からご遺族にお詫びの手紙を出し続けました。Kさんのお父さんに手紙を毎月毎月書きました。お父さんは戦争に行った方で、戦友が亡くなったというような方でした。何通も何通も書いているうちに、Kさんのお父さんから河村さんに、返事が来たんです。「たくさんのお便りありがとう。ゆっくり読ませてもらいました。重なる便りの中で君の現在の心境も分かる気がします。あなたも体に十分気を付けてほしいと思います」、そういう手紙をいただくことができました。彼にとってこの手紙は宝だったんじゃないかなと思います。そしてそのこともありまして、河村さんのお母さんと一緒にお参りさせて欲しいというようなことをKさんのお父さんにも申し出て、そういう話で進んでいたんです。ところが河村さんのお母さんの調子が悪くなって、お参りさせていただくことは、結局かなわなかった。彼にとっては、お母さんの支えというのも非常に大きかったと思います。お母さんは今回の事件があってからもずっと接見して彼を励まして、最後まで面倒をみたいというふうに思っていたと思いますが、残念ながら先に亡くなってしまいました。既に彼はお父さんもお母さんも亡くなられて、お姉さんとは連絡がほとんどない状況でした。ただ、唯一幸いなことに、先ほど申し上げた子どもさんと交流できるようになっていた。そして今回、彼の遺体を引き取る、そして撫でる、遺品を引き取る、そういうことを子どもさんがしてくれたそうです。彼にとってはせめてものの慰めだったんじゃないかと思っています。

　末森さんは何回も自殺をしたいという気持ちもあったし、今回の事件についてはもう命乞いはしたくないという思いもかなり強かったようです。ですから末森さんは、再審請求とか恩赦請求を一切していませんでした。末森さんの元の弁護人も、たまに接見してお話を聞いたりしていたようです。再審したらどうかということも勧めていたそうですが、それは一切断って、粛々と処刑を受け入れるみたいな、そういうことであったようです。僕ら河村弁護団でも、実際どういうことだったのか、どっちが主導的だったのかということを含めて末森さんに話を聞きに行きましたが、そのなかでも末森さんは再審はしないと言っていました。

最後に

　今回、国家は河村さんと末森さんを心までをも踏みつけて虫けらみたいに殺しやがってというのはね、ほんまに思います。それとともに、さっき安田さんが少し言っておられましたけれども、刑務官の方も二人の処刑に立ち会って、おそらく突然言われて、年賀状とかをいろんな方に出して、そして正月明けたら何事もなかったかのように振る舞わなければいけないという、その心自身をも、具体的に執行する人の心をも踏みにじっているんじゃないか。役人に対しても、今の法務大臣、総理大臣は踏みにじっている。人を人として思っていない。役人に対しても虫けらだ、自分の器械、道具だと思ってるんじゃないか。そういう思いが非常にします。ふざけるなという思いというのを、皆さんと一緒に固めて、死刑というのがなくなる日を一緒に勝ち取っていけたらなというふうに思います。今後、支援の方と弁護団で大阪で彼の偲ぶ会をしようと思っています。彼の字というのは非常に独特で、手書きなんだけれども活字みたいな字を書く。そこらへんにも几帳面で小心者だということが現れているのかなとも思います。そこに仏画なんかありますが、非常にていねいにていねいに書いた。そういう、本来は心優しい人でした。力及ばず執行させてしまった僕自身の力のなさというのを河村さんに謝り、そして彼の冥福を祈りたいと思っています。ありがとうございました。

（二〇一九年一月二一日、岐部ホールで行われた執行抗議集会での発言。初出『フォーラム90』一六四号）

一日一生の思いで生きた河村啓三さん

深田卓（河村啓三さんの支援者、フォーラム90）

『こんな僕でも生きてていいの』

こういうかたちで話をすることになるとは、本当に思いもよらなかったんですけれども。この二〇年近く、私は彼と付き合ってきました。彼の支援者でもあり、彼の友人でもありました。今日は彼と付き合った範囲で、一体、河村啓三さんというのはどういう人物だったのか、死刑囚としてどういう人生を送って、本当に殺されなければいけない人だったのか。そういうことを話せればと思います。

一九九九年六月に上告審中の死刑囚である大阪拘置所の河村さんから初めて手紙が来ました。その手紙というのは『年報・死刑廃止』の礼状なんですけれども、『年報・死刑廃止』は一九九六年から年に一冊出していて、死刑囚には全員に送っているという本です。その本を、三年間も送ってもらっていながら、なにもお礼も出さなかったというお詫びがまず書いてあって、自分が死刑の執行をされるまでに自伝を書き残したい、なぜなら、私たちのような犯罪がどうして起こったかを明らかにすることが、今後の似たような事件を防ぎ、人命を救うために役立つかもしれないと思うから、というふうに書いてありました。

それから手紙のやりとりが始まりました。彼が書いた、裁判で提出する、わりと短い自伝的なものがあったのですが、それを送ってきたので、それをこうしたほうがいい、ああしたほうがいいというふうに言って、結局何度も大阪拘置所で面会するようになりました。その時、彼は上告審中で未決だったので、接見ができたわけです。

それから五年かけて、彼は原稿を書きました。B4判の四〇〇字詰の大きな原稿用紙に三〇枚とか五〇枚書いて、それをこちらへ送ってくると、こちらで全部入力して、校正のかたちにして送り返してあげる。そうすると、それを見て推敲して、文章を良くしていくという感じでだんだん完成していったわけです。その原稿が完成したころに、最高裁の弁論が入り、死刑が確定してしまう。確定すると、私はもう面会も手紙のやりとりも出来なくなりました。

最初に手紙をいただいた一九九九年に、私が初めて面会に行ったときは、彼のお母さんが亡くなった直後でした。でもお母さんが亡くなったにもかかわらず、自分の家族の人たちは自分になにも連絡をくれない。母が一カ月も面会に来ないのはおかしいと、キリスト教のシスターに頼んで、自宅に行ってもらって、それで初めてお母さんが亡くなったことを知った。母の死と、自分のお姉さんを含めて親族が、自分に全然連絡をくれなかったということに対してすごくショックを受け落ち込んでいる時に初めて面会をしたという感じでした。

彼はずっと五年間かけて作品を書いて、それで完成したのが二〇〇五年です。二〇〇五年というのはちょうど「死刑廃止のための大道寺幸子基金」というのが立ち上がった年でした。それに私も運営会のメンバーだったものですから、どうせならばこれに応募してはどうかということで作品を応募したわけです。それで一〇月に第一回の大道寺幸子基金表現展の優秀賞を受賞しました。同時に受賞したのは澤地和夫さんの『死刑囚物語』という作品です。

この時の選考委員の講評を、ちょっと読んでみたいと思います。加賀乙彦さんは、「なかなか表現力もしっかりしていてよいと思いました」と。それから川村湊さんは、「犯罪をとくとくと、まさにリアリズムで書いている。人を殺す場面、死体をどんなふうにというのは、まさに暗黒趣味というかハードボイルドのミステリーを読んでいるような気持ちにさせられるところがあって、それはある意味で不快感を催すというものであるかもしれないのですが、でもそれを書ききることによって彼が自分の犯罪というものをもう一回きちんと見つめ直している。だから飛躍した言い方をしますと、こういう文章を書いた人をなぜ殺してしまわなきゃいけないのか、というところまで読む人を引きずり込む、考えさせることになるんじゃないか」。それから池田浩士さんですが、この作品というのは、まず絞め殺すシーン、電線というかコードでもって両側から引っ張って殺してしまうシーンが克明に書かれていて、その次は遺体をコンクリート詰めにして、倉庫に置いておく、何カ月か経つと死体が腐敗して、コンクリートが爆発して、中からじくじくと汁が出てくる。それで彼らは仰天してコンクリートを今度はゴルフ場の造成地に持っていって埋めるっていうシーンがあるんですよね。そういうことを細々と書くということで、池田浩士さんは、読者たちは、「こいつ人間じゃねえんじゃないか、と思う「国民」があるかもしれません。それを彼は書ききったということがとても大事なことだと思います。彼はたぶんそういうことにうなされ続けて、最後にそれを言葉にした。それによって、自分のやったことと向き合うことによって、河村さんという人はやはり新しい言葉を発見したんだろうと思いました」というふうに言っています。坂上香さんは、「自分の生い立ちと視点、あとは自分の規範、価値観みたいなものとあわせて、そこにいまと行きつ戻りつしつつ、非常にちゃんと繋げて分析している。さらにそのこと」、そのことっていうのは、自分の出生だとか生活の環境、ぐれてたときの周辺の環境なんかですが、「そのことだけに罪を着せないで、その責任は自分が取るという姿勢に貫かれているので、読んでいて説得力を持ちました」というふうに言ってくれました。この原稿を、『こんな僕でも生きてていいの』というタイトルで二〇〇六年六月にうちのインパクト出版会で発行して、そこに並べているので、ぜひみなさんにも読んでほしいと思います。

そして池田さんが言われたような殺害をした死体遺棄の場面というのは、河村さん自身も、「自分も校正を見ながら、自分はこんなに悪い奴だったのかと改めて思い知らされ、そんな己にとても腹が立ち、何度も啼泣しました」と私への手紙に書いていました。つまり、書くこと、犯罪だとかそういうことを書ききるということには、もう一回、自分のやったことを見つめ直す、そういう苦しさがある、それを避けずに彼はずっとやってきたわけです。

書き続けることが生きることになった

二〇〇六年から、彼との手紙の発受が再開することになりました。それは監獄法改正で新法ができて、確定前に交流していた何人かが面会したり手紙のやり取りができるようになったからです。

彼自身は事件や自己に向き合い原稿を書き続けます。それが自分の生き方になっているわけです。書き続けた作品が二〇〇八年に『生きる　大阪拘置所・死刑囚房から』という本になります。第三回目の大道寺幸子基金の奨励賞を受けた作品です。最初の本の時に、加賀乙彦さんが獄中での生活のことも、もう少し書かれているといいねみたいなことを言われたものですから、それを受けるかたちで書かれています。その二冊目の本について、川村湊さんは、「かなりいいところがたくさんあります。特に雀とか、いろいろな花のこととか、まさに獄中の日常について丹念に書いている。読んだことがあると言えばそんな気もするけれど、やはり迫力というか、リアリティがある」と言ってくれました。

二〇一一年、第七回の表現展のときに、『落伍者』という原稿を応募しました。これはそれなりに好評だったのですが、池田浩士さんは、「書き手と現実の間に空間があるというか、深淵がある。この作品で終止符を打つような気持ちで書いているようで、読んでいてすごく落ち込んだ」というふうな講評をしています。これはどういうことかというと、彼は仏教に帰依したり、それから、死ということがすごく近づいたようなイメージを、もうその頃に持っていたと思うんですよ。宗教的な一種の諦念みたいなものがあって、それで池田さんは、この本を、いいにしても評価できないっていうか、悲しすぎるみたいな感じで、言われたんだと思います。

その本に書かれているのですが、河村さんが事件を犯して逮捕されたときに、お連れ合いのお腹の中に赤ん坊がいて裁判の過程で生まれた。それで一審の裁判の時は、お連れ合いは子どもを連れて大阪拘置所に面会に通っていたんですね。だから三歳ぐらいまでの段階の自分の娘は知っていたのですが、死刑判決が出てからお連れ合いと別れてしまって、子どもとも会えなくなっていました。それが、娘さんが大きくなって一四、五歳の時に自分の父親の名前をインターネットで調べて『こんな僕でも生きてていいの』という本にたどりつく。そして自分の父親が死刑囚であるということに気がつく。そして彼女は、大阪拘置所に手紙を出して、それから面会に行くわけです。その頃はほとんど毎日面会に行っていたようです。おそらく河村啓三さんが獄中で一番幸せな時期、獄中で幸せってなんか矛盾しているようなんですけれども、本当にその時が一番幸せな時期だったんじゃないかと思います。

　その後も彼は書き続けて、二〇一四年に『感謝のほとりにて』という、これは支援者とか弁護団へのお礼みたいな、おもねったような原稿で、これは大道寺幸子基金では全く評価されませんでした。

　次に『ほたるいか』という作品を二〇一六年に書くのですが、これは締め切りに間に合わなくて、ただ書いた部分ですら、やはりあまり評価は高くなかった。

　二〇一七年に今度は小説を書いて、『女の関所』という、タイトルからして問題の多い作品なんですけれども、これが徹底的に酷評されました。選考委員のみなさんが、もっといい作品を読まれたほうがいいんじゃないですか、とか、胸を揺さぶられるような文学っていうのを読んだことがないんじゃないですかっていうようなことを言うので、あ、これはまずいなと思って、私はトルストイとかドストエフスキーを買って差入れして、読んでもらいました。

　彼は『女の関所』の酷評がずいぶん堪えたみたいで、翌年は応募してこなかったんです。それで作品を書くのはもうやめたのかなと思っていたら、昨年末の一二月一九日にいただいた手紙に、「いま真面目な小説を執筆中。来年の応募に間に合うといいのですが。焦らずゆっくりやりますので、応援して下さい」と書いていました。だから今度は純文学を書こうかなと思っていたんだと思います。

近づく死の影

話は元に戻りまして、河村さんは獄中でも模範的な死刑囚だったようです。刑務官にいじめられたとか喧嘩したという話はほとんどありませんでした。もともとヤクザで、気風のいい人だから、なんかそれなりに一目置かれていたのかもしれません。私が接見する時の雰囲気でも、横にいる刑務官も全然悪い態度ではなかったんです。ところが二〇一五年に刑務官による理不尽なイジメみたいなのが始まります。例えば就寝中に髪の毛を触ったというので、不正洗髪。それからタオルを洗面器につけたということでも一週間の懲罰になったり、二〇一五年は、春から秋ぐらいまでずっと懲罰になっているという期間があって、それで彼はものすごく消耗していました。懲罰中というのは本も読めないし、風呂にも入れない。差し入れも入らないし、手紙の授受や面会もできない。もう生きていたくないっていう感じになってくるわけです。先ほどもちょっと話が出た、真宗本願寺派の教誨師が脳梗塞で倒れて拘置所に来れなくなり、この教誨師さんと会えなくなったこともあるのかもしれません。その年の一一月一九日に小田弁護士と一緒に大阪拘置所に行って、拘置所当局に抗議したことがありました。それからイジメはなくなったみたいです。私たちが抗議に行く直前の一一月八日に彼は一度ズボンの紐で首を吊ろうとしています。その翌日、偶然接見に行った弁護士に昨日首を吊ったんだけどしんどくてやめたみたいな話をしたのでそのことを知ったのですが、拘置所当局にはばれていないようです。ばれていればそれでまた懲罰になるはずですから。そういうことを含めて、彼にとって死の影がどんどん大きくなっていった。それは、この刑務官のイジメの頃からだったと思います。二〇一五年一〇月の手紙に、「着々と身辺整理をしていますので、いつお迎えがきても心配ありません」と書いています。そして一一月三〇日に特別抗告が棄却されて、そこで第四次の再審請求をしたのです。

それから二〇一七年七月に大阪拘置所で西川正勝さんという人が再審請求中なのに死刑を執行されました。この時に金田勝年法務大臣は「再審請求を行っているからと言って、執行しないという考えはとっていない」と言っています。河村さんに対して私は、西川さんは、弁護士と相談しながらだが、自力で再審請求を繰り返していた人で、四つの強盗殺人事件を、それぞれ一つずつ順番に再審請求をするというかたちでやっていた、こういう再審だから執行されたのかもしれない、弁護士がついていれば大丈夫じゃないかと励ましていました。しかし一二月に上川陽子法務大臣が再審請求中の二人を執行して、二人とも弁護士がちゃんとついている方でした。松井喜代司さんは第四次の再審請求中で求意見が来ていました。もう一人の元少年は第三次再審請求の即時抗告中であるという段階で、だからここまで来ると、河村啓三さんを執行しない理屈なんてもうないわけです。そして去年七月に、オウムの人たちが執行されたわけですが、一回目の再審請求の人とか恩赦申立中の人たちまで執行されてしまった。僕は、河村さんの執行を止める可能性として一つあるとすれば、共犯関係だった、一度も再審請求をしていない人に再審請求をしてもらえれば、一度目の再審請求の人は執行しないっていうこれまでのルールで行けば、おそらくそれでしばらくもつんじゃないかと思っていたんですけれども、それが去年のオウムの執行で、そういう可能性ももうなくなってしまった。そのうえ河村さんは去年七月にオウムの井上嘉浩さんが刑場にひかれていくシーンを目撃しちゃうわけです。そこでほとんど確信的に、自分は近いんじゃないかと思っていて、とにかくあと何回会えるか分からないから、なるべく接見に来てくれ、首を長くして待っているみたいな手紙をよくもらうようになりました。それで先ほどの最後の手紙で、「いずれにしても、拘置所の業務も後三日。このままいけば年内の執行はないでしょうね。そう思いたいし、そうあって欲しいです」って書いて、その二日後に彼は執行されてしまったわけです。

彼は、執行された末森さんと無期懲役で下獄したYさんと三人で二人を誘拐して、一億円近いお金を盗って殺したわけです。先ほど小田さんがおっしゃったみたいに、計画的殺人じゃなくて、強盗の延長上の殺人であることとか、二人のうちのどちらが事件を主導していったのかとか、最初に誘拐したWさんという人は逃げる機会があったにもかかわらず逃げず、事件そのものに非常に協力的に関わっていたという、そういうふうなことで、確定判決自体の間違い、問題点はすごくたくさんある。しかしながら、殺したこと、お金を奪ったこと、そのうえ遺体を隠してしまったということも含めて、これは間違いのない事実なわけです。冤罪じゃないわけです。従って彼にとっては、執行されるのが当然ではないかということははっきり考えていたわけですよね。それに対して共犯の末森さんのほうは再審もしないし恩赦もしない。とにかく男らしく執行されていくんだみたいなことを態度で示していることに対して、河村啓三さんはやっかんでるというと変ですけれども、自分もそうしたいということをよく言っていたんですよね。再審もやめたいみたいなこともグズグズ言っていたことがあったんですけれども、今までこここまでやってくれている弁護士さんに対して、それじゃあ仁義が通らないんじゃないかっていう話もあって、彼は仁義みたいな言葉に弱いものですから、それでまた続けるというふうになったわけです。

彼は先ほども言われていたみたいに真宗本願寺派の教誨師の人を信頼して、法名という、生前につけられる戒名みたいなものですが、それをもらって、仏画を書いたり教誨師と話し合ったり、教誨師と文通もしていたし、一日一生という言葉が彼は好きなんですけれども、一日一生の思いで、ずっと生きてきた。それで被害者遺族に手紙を書きつづけて、それで八九歳の人から返事をもらっています。つまり彼は、前半三〇年の人生を生きて事件を起こして、そして後半三〇年の人生で自分の事件と向きあって、反省して、ずっと暮らしてきたわけです。もし恩赦制度というのが機能するならば、彼ほどそれにふさわしい人はいなかったんじゃないかというふうに思っています。

彼は事件を起こしたのだから死ぬしかない、再審をしても結局はどうしようもないっていうようなことを言っていましたけれども、死刑制度を廃止すればとにかく助かる、死刑制度の廃止というのはある時、急にガラッと社会が変わって、廃止になることもあるんだよって言い続けていたんですけれども、結局彼が執行される前に死刑制度を廃止することはできませんでした。

　ほとんどの確定死刑囚は、いつ誰が執行されるか分からない状況にもうなってしまっている。もし執行を飛ばされるとしたら、本当に高齢な人と、それから執行に耐えられないほどの病気の人と、共犯の裁判が始まる可能性のある人と、それから世間的に冤罪の可能性が高いと認定されている人たちには手は出さないだろうと思いますが、それ以外は本当にどういう順番で誰を執行するか分からないという、めちゃくちゃなところにまで私たちは追い込まれているというふうに思います。

　みなさん、知恵を出しあって、今後どういうふうに、今の死刑の状況を突破していくかということを考えましょう。

　ありがとうございました。


（二〇一九年一月二一日、岐部ホールで行われた執行抗議集会での発言。初出『フォーラム90』一六四号）

二〇一九年八月二日の執行

死刑廃止に繋がる運動のプランニングを

安田好弘（弁護士／フォーラム90）

［二〇一九年九月一一日、文京区民センターで行われた「山下法相による死刑執行に抗議する集会」での発言］

理由なき死刑執行

こんばんは、安田です。今回、二人の人が処刑されました。私たちには、七月三一日に執行があるのではないかという情報が入りました。参議院選挙が終わり、内閣改造も九月に行われるだろう。八月になれば拘置所の職員の人たちが夏季休暇に入ります。その前に死刑執行をするのではないか。するとそのギリギリが七月三一日ではないかという話だったわけです。確かに過去の記録を見ますと旧盆の前後の八月の中旬には死刑は執行されていません。内閣改造で新しい法務大臣が選ばれるとすると、その法務大臣は就任してすぐに執行するというわけにはいきませんので、現在の法務大臣が退任まで執行しないとすると、長期間執行がない状態が続き、あわよくば今年は執行のない年になるので、無理にでも死刑執行するのかなというおそれもありました。そして結局八月二日、彼らは断行したわけです。

　記者会見では、山下法務大臣は執行の

三日前、つまり七月三〇日に執行命令を出したと言っています。このことからもお分かりのとおり、今回の執行は、スケジュールの中で予定どおりやったということであって、その日に執行しなければならない実質的な理由があったわけではなかったわけです。正にベルトコンベアーです。

彼は記者会見で、執行の正当性を述べています。裁判所が決め、裁判所が十分に審理して判決を出したことだから、それに従うのが当たり前だ、それが法治国家だと。そして死刑の執行については、厳密に吟味したと言っています。しかしなぜ八月二日に執行しなきゃならなかったのか、なぜこの二人を執行しなければならなかったのかについては、何一つ語っていないのです。この一事からしても、死刑の執行というのは恣意的に行われる。彼らのご都合で行われる。死刑をしなければ、何かが失われるわけでもない。つまり必要があって行われるわけではないということだと思うんです。

これで安倍内閣全体で一九回目の執行になり、合計四八名の人が執行されました。皆さん覚えておられると思います。死刑確定者の人たちが一五〇名になろうとしていた時期がありました。彼らは確定した死刑確定者の数をはるかに超える数の死刑執行をしてきたわけです。死刑執行を容認しているにとどまらず、死刑執行を推進し強化しているわけです。カリフォルニア州だけでも死刑判決を受けて執行されていない人は七〇〇名以上に及ぶといわれています。ところが日本では一度に一三人の人が処刑され、さらに一二月二七日という年末の仕事納めの前日には二人が処刑されるというような虐殺ともいうべき大量の執行が行われたわけですけれども、そういうことを安倍内閣は行ってきたわけです。ですから今回の死刑執行もたいへん大きな問題を含んでいると思うんです。

最悪の法務大臣の登場

今日、発表された河井克行新法務大臣は松下政経塾の卒業生です。それだけではありません。あの一〇数名の死刑執行を連続的にやった当時の鳩山邦夫法務大臣の副大臣をやっていた人で、しかも彼を支える会の幹事長をやっていた人で、鳩山邦夫元法務大臣の信奉者でもありました。そして、二〇一一年九月二七日の衆議院予算委員会で、当時の平岡秀夫法務大臣に対して、死刑執行を厳しく迫った人でもあるわけです。また、安倍内閣、特に安倍晋三を支える五人衆の一人だとも言われています。そして中距離弾道ミサイルを日本に導入すべきだという積極的な推進論者でもあるわけです。最悪の法務大臣です。ますます厳しい状況がこれから続いていくだろうと思うんです。

今まで数多くの法務大臣が記者会見で死刑について述べてきています。死刑は

2019年8月2日に死刑を執行された方

名前（年齢） 拘置先	事件名 （事件発生日）	経緯
庄子幸一さん （64歳） 東京拘置所	大和連続主婦殺人事件 （2001年8月29日／9月19日）	1954年10月28日生まれ 2003年4月30日　横浜地裁（田中亮一）で死刑判決 2004年9月7日　東京高裁（安広文夫）控訴棄却 2007年11月6日　最高裁（藤田宙靖）上告棄却 再審請求中。共犯者は無期懲役（死刑求刑） 響野湾子名で短歌・俳句作品多数。2012年までの作品は池田浩士選「響野湾子　詩歌句作品集」として『年報・死刑廃止2013』に掲載されている。
鈴木泰徳さん （50歳） 福岡拘置所	福岡3女性連続強盗殺人事件 （2004年12月12日～15年1月18日）	2006年11月13日　福岡地裁（鈴木浩美） 2007年2月7日　福岡高裁（正木勝彦） 2011年3月8日　最高裁（岡部喜代子）

やむを得ないという言い方をしてきました。法務省の役人も、国会での質問に答えてやむを得ない、今の世論の状況では死刑を廃止するわけにはいかないという言い方をしてきたわけです。しかし、光市事件の第一次最高裁判決から、流れが変わりました。死刑はやむを得ないという永山判決の考え方を一八〇度変更し、「死刑の選択をするほかない」として、死刑を回避してはならないとしたわけです。それが政府に受け継がれて、そして今では今回の山下法務大臣の記者会見にあるように、判決で決まった以上やらなきゃいけないと公言されるようになったわけです。つまり、死刑を肯定し、死刑は有用だという考えの下に、死刑執行がなされているわけです。ですから、彼らが執行を停止することはもとより、躊躇することもなくなってきているわけです。

手抜きの裁判ではなかったか

今回の執行について、弁護士の立場から考えてみます。ここに鈴木泰徳さんの手紙があります。はっきりこう書いてあるんですね。「前回三月の終わりから四月の初めまでに、何通か弁護士に手紙を送りました。偽証公文書の嘘などについての手紙です。それが私のところにそのまま帰って来ました」と。弁護士は鈴木さんの訴えを聞き届けてくれなかったんですね。さらにもう一通あります。最高裁の弁護人が決まって、その弁護人に対して、手紙を出した、「もうすでに三カ月になりますが、何の連絡もありません」とフォーラム90宛ての手紙に書かれています。憲法では、刑事被告人に有効な弁護を受ける権利を保障しているわけです。効果的な弁護と私どもは呼んでいるわけですけれども、弁護人が付いたというだけでは弁護の保障になりません。その弁護人がしっかりと被告人のために働いてくれること、そのことを憲法は保障しているわけです。そういうものがあって初めて公正な裁判と言えるわけですが、鈴木さんのケースは、彼が言っているとおり、本当にその要件を充足しているのか、たいへん大きな疑問があるわけです。そのような手抜きの裁判の中で、しかも彼が同じ手紙で書いていますけれども、「裁判官三名は検察官の言うがまま」と、そういうなかでの死刑判決であり、その判決による執行ですから、一体そこにどれだけの正当性があるのかということ。憲法で保障されている弁護権の保障、あるいは適正手続き、公正な裁判の保障ということが、大きく欠けているわけです。

アメリカでは効果的な弁護の保障の中身として、弁護人に対し、被告人のために十分に弁護活動ができるだけの費用の保障等の財政的な支援のほか、弁護人が被告人の生い立ちから周辺の環境まで調査するための専門スタッフの雇用などの人的資源も保障しています。

尊厳なき執行手続き

さらに二人とも事前に死刑執行の告知の機会が与えられていません。いきなり呼び出され、いきなり執行を告知されて、それから一時間以内のうちに手足を縛られて処刑される。その間、せいぜい教誨を受け、あるいはわずかな時間が与えられて遺言を伝えることができるだけです。それは正に瘏殺というほかありません。これが一体、人間の尊厳を認めたうえでの手続きでしょうか。人間の尊厳を全く無視した手続きだと私は思うんです。

あとでお話したいと思うんですけれども、たまたま私は大阪拘置所でかつて昭和三〇年頃に行われていた手続きを聞くことが出来ました。執行の二日前に告知をし、そして告知された人がみんなと別れの挨拶をし、別れのお茶会を開いてもらい、一緒に別れの歌を歌い、そして家族の人とアクリル板なしで会う。教誨師の教誨を受け、職員にも声をかけられ、みんなで涙ながらに送り出してもらう。死刑は容認できないけれども、こういうことが行われて初めて、少なくとも人間の尊厳が守られたと言えるだろうと思うんです。憲法一三条は人間の尊厳を規定しています。公共の福祉に反しない限り、人間の尊厳は守られるとあるわけです。二日前に告知して、公共の福祉に反することは一切ありません。せめて一日前、せめてその当日であっても十分な時間をおいて告知し、本人の希望を容れる。とりわけ、今まで付き合ってきた人たちと別れを告げる。あるいは弁護人を通して最後の権利の行使をするという機会が。もちろん、そうだからといって、決して死刑が容認されるものではありませんが、現行法の下では、人間の尊厳を踏みにじるような手続は、それだけで違法だと思います。

それからもう二つ問題があるんですね。一つはお二人とも刑務官によって処刑されているということです。しかし法律には、誰が死刑執行するかという条文はどこにもないんです。死刑判決は裁判所が出します。死刑執行は法務大臣が命令すると刑事訴訟法に規定してあります。死刑の執行は監獄で行うということは刑法で規定してあります。そして命じられた監獄の長、今では拘置所の所長になるわけですけれども、彼は死刑執行に立ち会うだけで、死刑に手を出すことは認められていません。誰が死刑を執行するかということについては、法律の定めがないのです。つまり拘置所の職員は、法律の規定がないまま死刑を執行させられているし、死刑確定者はそういう権限のない人に処刑させられているわけです。法律の定めがないということは、私たちが認めたことがない方法で、私たちが認めたことがない人が、つまり法務省が思うがままに死刑をやっているということです。私たち弁護士は、そのことを追及してきませんでした。死刑判決の是非は争っても、死刑執行の場面にまで立ち入って合法か違法かを争うことをしてきませんでした。これからは、死刑執行の場面も含めて死刑全体を司法の場に持ち出して問い直す必要があると思っているわけです。

さらに再審請求中の死刑執行は、裁判を受けるという権利を根本から否定するものですし、司法権を侵害するものです。現行法制の下で、再審事由があるかどうかを判断できるのは唯一裁判所だけです。それを、法務大臣は、勝手に再審事由がないと判断して、死刑を執行しているのです。一昨年から、彼らは、公然と再審請求であるかどうかに構わず、死刑を執行してきました。かつて、再審請求中の人を処刑することは、一部の例外を除いてありませんでした。彼らは、憲法を無視して、また法律の制定を待たずして、死刑を執行しているわけです。

お分かりいただけると思うんですけれども、死刑は無法地帯と言っていいと思うんです。法律のないところで、法務省の思うままに、そして秘密裏に行われている。これが現実です。死刑を国民の下に取り戻すこと、死刑に関することは法律で定めること、法律を定めるにあたって国民が議論に参加していくこと、それなくして死刑の民主化はあり得ません。死刑は、命にかかわることですから、法律の定めなくして何事もできないはずです。もう一度死刑を、私どもの手元に取り戻すこと。つまり、国会で死刑のあり方について、その隅々に至るまで法律を作り直す、見直すということを、ぜひ求めていくし、やっていきたいと思うわけです。

廃止に繋がる運動のプランニングを

それでは、今のような厳しい状況のなかで何をやっていくかということが問題となります。今から二九年前に死刑廃止フォーラムがスタートしました。この時は一五〇〇人の人が日比谷公会堂に集まりました。その翌年も集会を開き、その翌年も開き、そのたびに六〇〇人、七〇〇人の人が集まりました。大阪でも、広島でも福岡でも、そして仙台や札幌でも、さらに四国の高松でも同じような集会が開かれ、五〇〇人、六〇〇人の人が集まって死刑廃止の集会を開きました。当時僕たちは、死刑廃止の世論の顕在化、そして死刑廃止の考え方の情宣といいますか、啓蒙ということを考えていました。当時は死刑廃止の世論調査をやりますと、死刑廃止の世論は一五・七%もありました。その時の世論調査の中身というのは、あなたはいついかなる場合にでも死刑を廃止すべきであるという意見に賛成ですか、反対ですかという世論調査だったんです。つまり死刑廃止の確信犯なのかどうかを問う世論調査だったわけです。そのような異常な世論調査の中でも一五・七%もの人がそうだと答えたわけです。僕は今でも覚えているんですけれども当時の自民党の支持率が一七%程度でした。ですから一五・七%の人たちが大きな声を張り上げて、みんなにそのことを訴えていけば政治のダイナミズムのなかで死刑はなくなるだろうと思ったわけです。しかしそれは完全な錯覚でした。そのあとも集会を開き、あるいは書籍を出版し、あるいは映画を上映し、いろんな催し物をし、展覧会もやってきました。死刑存置を訴える人たちに比べて私たちははるかに多くの活動をやり続けてきました。しかしそれでもご存知の通り一五・七%はどんどん減っていって、とうとう一桁台になってしまいました。その発問も不公正ではありますが、かつてのような異様なものではありません。それでも、私たちが運動を始めたときの半分以下になってしまったわけです。

もう一度私たちは見直してみる必要があると思うんですね。死刑廃止の人がどんどん増えることはない。むしろ、世論調査を一〇年ごとに比較しますと、高齢化するにつれて死刑廃止の人が減っていく。つまり、人は、年齢を重ねるにつれて、死刑廃止から存置に変わっていくわけです。死刑廃止の思想は優れているかもしれません。しかし、上から下に水が流れるように広がりはしないということ。死刑存置の考え方も、死刑存置の感情も、決して軽率な考えではなく、しっかりとした考えと思いの上に立っている。そういうことを認めた上で、そういう人たちと、私たち死刑廃止を願う人間とが一緒にやっていく、そうでない限り、死刑廃止はおろか、死刑を少なくすることさえできないということ。そのことを、この二〇年三〇年の死刑廃止運動の歴史が教えてくれていると思うんです。日弁連も死刑廃止を決めて、二〇二〇年までに死刑廃止をしようと動いています。全国的な組織ですから、全国各地で死刑廃止の催し物と集会が開かれています。しかしその延長上に死刑廃止があるかというと、それはない。これは私どもフォーラム90の二九年の運動の経験です。死刑廃止の人たちだけで死刑廃止ができるわけはなく、死刑存置の人たちと手を携えてやっていかなければ、死刑を少なくすることさえできないと思うんです。私どもと一緒に一〇年、二〇年と死刑廃止運動をやってこられた皆さんに、もう一度考えてほしいんです。死刑廃止の集会をやりましょう。死刑廃止のイベントをやりましょう。しかしそれと同じぐらいのエネルギーと知恵をしぼって、死刑を廃止するためにはどうすることがいいのかと、そのプランニングを作ることに議論をし力を注いでほしいと思うんです。スローガンだけや仲間うちだけや、集会に集まった人の寡多だけでは、山は動くことはないと思います。今一度、自分たちがやって来た運動を虚心坦懐に見直して、自己満足でない、わずかでも確実に死刑廃止に繋がる運動のプランニングを考えようではありません。

それから若い方々にぜひお願いしたいです。私たちがやってきたのではない運動を、ぜひ考えてほしいと。私たちは言葉で他人に語りかけ、あるいは文字で語りかけ、映像で語りかけ、あるいはイベントで語りかけてきました。しかしそれだけでは如何ともしがたかったわけです。新しい表現、新しい媒体、自分たちの言葉をぜひ持ってほしいと思います。私たちをまねる必要はありません。

そして、みなさんにお願いです。何よりも、死刑存置の人たちからの理解を得ることができる運動を考えて欲しい。私は、その一つが、終身刑の導入だと思います。これは死刑廃止をするための終身刑の導入ではありません。現在の刑罰制度の欠陥を回避するための終身刑の導入です。死刑と無期との間があまりにもかけ離れていてその中間領域の人たちに相応する刑がないこと。死刑に不安を持ち、死刑を躊躇し、死刑を積極的に支持できない人たち、さらに死刑に賛成だけれども誤判の危険を無視できない人たちが選択しうる第三の刑罰として終身刑を創設すること、それを言えるのは実は死刑が抱えている絶対的な問題を十分に知っている私たちだけではないでしょうか。私は、死刑廃止の立ち位置に立ちつつ、死刑廃止の立場を離れて、今の刑罰制度をどうするか、被害者支援をどうするかから考えて行こうでないかと思います。私は、死刑廃止を宣言するよりも、一件でも多く、死刑執行させないようにしていく努力をしていく必要があるんだと思います。

六四年前の執行の録音テープ

先ほども少しお話しましたけれども、たまたま私どものところに玉井策郎さんという大阪拘置所の所長をやっておられた方のお孫さんからテープが預けられました。大阪拘置所の所長が職員の教育のために、死刑執行の告知から執行までの五二時間、ひそかに録音して、九〇分ぐらいに編集されたテープです。過去マスコミなどで報じられ、また本などで紹介されていますけれども、全部が紹介されたことはありませんでした。昭和三〇年の録音ですから劣化しています。私どもはデジタル化することによって聞きやすいものにして、ぜひみなさんと一緒に聞こうと思うんです。その中では、先ほど言った二日前から死刑執行の告知をされて、その人が死刑執行に臨むまで。最後にはバン！という大きい踏板が外れて落下していく音も入っています。あるいは劣化した中でも、ロープがきしむ音が聞こえるという人もいます。それから長い沈黙の時間があって、それこそ恐ろしいと感じる人もいます。しかしそこには、先ほど申しましたけれども、死刑執行をされる人の尊厳が懸命に守られています。死刑を執行をする刑務官、死刑執行される同じ仲間の人たちが、自分たちは生きているんだということをお互い同士確認し、そして涙ながらに送り出していくという場面がしっかりと録音されているわけです。今のように無慈悲ではありません。今のように、いきなり処刑するという場面ではありません。それをぜひみんなで聞こうと。できるだけ多くの人でそれを聞こうと。そして死刑というのはどういうものか。今から七〇年前の出来事であるけれども、それを聞いてみようと私は思っています。デジタル化できたあと、皆さんに呼びかけます。どうか皆さん、一緒にその音声を聞いて、もう一遍考えてみよう。死刑について、リアルに向き合おうというふうに思っています。どうぞご協力をお願いします。

　玉井さんは、国会に呼ばれて、「自分たち刑務官は教育者である。死刑は教育者である私たちの立場と反する。死刑は廃止されなければならない」と訴えました。その現場から、スタートしたいと思います。みなさんに声をかけます。宜しくお願いします。

執行された鈴木泰徳さんから

拝啓　フォーラムの皆様　お元気ですか。残念ながらまたしても2カ月に1回の死刑執行、誠に残念に思います。

　特に精神的疑いがある人間、また罪から取下げた人たち、そして一回は無期の判決が出た人については、もう少し考えても良いのではないでしょうか。

　今好意により機関紙を読んでいて皆様の考え行動にはただただ感動させられます。（中略）

　それから少し残念なことを伝えたく思います。フォーラム in おおさかのように福岡でも死刑執行の当日又は翌日に壁の内側に向かって抗議をしていますが、今回の6/18の夜9：10頃からその抗議が始まり皆様の知っているとおり、この時間から就寝時間であり、当所の収容者が叫んでいるものと思い「うるさい〜、じゃかましい」などの罵声が続いて大変でした。（2008年6月）

　福岡の運動団体の方々の声は私達に勇気と希望を与えてくれます。（中略）その罪は赦さないが生きることは許す。このような日が一日でも早く来るよう願いたいと思います。団体の皆様に人の優しさと心の叫びに感謝している事をお伝えください。（2008年7月2日着信）

＊ 2008年、鳩山邦夫法相は2カ月ごとに執行をしていた。

響野湾子＝庄子幸一さんの短歌・俳句から

池田浩士（死刑囚表現展選考委員）

こんばんは。池田浩士と申します。いまご紹介いただきましたように「大道寺幸子・赤堀政夫基金：死刑囚表現展」の選考委員をずっとさせていただいておりますが、私自身は、よくふざけて言うんですけれども「死刑業界」の人間ではないので、死刑反対運動に身を挺して活動をしているということは全くありません。今の若い人がお聞きになっても、もう名前もご存じない方が多いと思うのですが、昔から、「侵略戦争屋のブッシュなんて奴は死刑だ！」とか、そういうことを平気で口走っていた人間です。それが、いま司会をしておられる深田さんと友達になってから、非常に確信的な死刑廃止論者であられる深田さんに感化されまして、死刑について考えるようになりました。もともと私は、悪い奴、特に政治権力を持った奴を処刑するっていうのは、当然のことだと思っていた人間です。今日の庄子さんの歌からもご紹介したいと思いますが、死刑囚の人々は獄中から二度と外に出られない。つまり生きている間は、です。死体になってしか外に出られない独房に閉じ込められながら、自分の表現を発見し、そしてそれを深め、広げていった。そういう人たちと出会うことで、私自身も死刑について本当に初めて真剣に考えようという思いを抱いているところです。ですから、まだ現在進行形の途上にある死刑廃止論者ということで自分自身を見つめなおしているところです。ちょっと手遅れかもしれないんですけれども。

皆さんのお手元に、今日の集会の冊子があります。そのちょうど真ん中あたり、四、五ページに、今日ここで皆さんと一緒に読んで考えてみたいと思う庄子幸一さんの詩があります。実はこの後でもまた触れることになると思いますが、庄子さんは獄中で短歌及び俳句を詠みはじめられ、今までで短歌だけですすでに一万首以上と思われる数を、「死刑囚表現展」に寄せておられます。そのなかから、わずか二三首。そして俳句も一〇〇〇を越える句を寄せておられるんですが、そのうちわずか九句ですが、ここで皆さんと実例を一緒に読みながら、話をさせていただきたいと思っております。

庄子さんについては、私は今日の冊子に書かれている以上のことは全く存じません。享年六六歳。つまり満六五歳になる手前で処刑されてしまったわけですので、私自身よりも一回りちょっとお若いかたですけれども、それ以外のことは全く存じません。もともと大道寺幸子基金として発足したこの死刑囚表現展という企画が始まったのは二〇〇四年です。二〇〇五年に初めて応募作品の選考と、その報告を行ない、受賞作を決めました。受賞作には賞金が出まして、再審請求であるとか、そういう必要な費用に使われてきたと聞いております。庄子さんはこの表現展の第二回目からずっと応募を続けてこられました。今日の冊子にも「選考委員への手紙」という文章が引用されていますが、今年も亡くなる直前四月末の日付で、この手紙を添えて最後の作品が送られてきたわけです。まずここで一つ、皆さんと一緒にもう一度噛みしめておきたいことは、庄子さんがもしも死刑囚になられなければ、短歌や俳句をつくるようになられただろうかという問題があります。そういうことをちょっと前提にしてお聞きいただきたいんですけれども、先ほど申しましたように、死刑が確定してしまうと、もう二度と外には出られません。庄子さんの作品から一番最初、二〇〇六年、最初の応募作品のうちの一つ。

上訴審棄却賜わる今朝よりは
　光り届かぬ深海魚となる

もう光の届かない海の底で、自分は深海魚になったという想いをここで詠まれたわけですね。こういう思いはずっと続くわけですけれども、この深海魚になってしまった庄子さんはそのあと、ものすごい勢いでたくさんの短歌を寄せられます。最初は俳句より短歌の方が圧倒的に多かったんです。私はこの死刑囚表現展の選考委員の一人として、庄子さんが作品を送られてきた最初の年に、自分がどういう評、コメントをこの庄子さんの作品に対してしたかというのをありありと覚えています。実は私は、短歌、短詩型

響野湾子＝庄子幸一さんの短歌・俳句から

「死刑廃止のための大道寺幸子・赤堀政夫基金：死刑囚の表現展」
応募作品より

二〇〇六年（第二回）「優秀作品」
上訴審棄却賜わる今朝よりは　光り届かぬ深海魚となる

二〇〇七年（第三回）「奨励賞」
刑死まで一度は見たし区切り無い　月に太陽満天の星空
深々と後悔を煮る牡丹雪
　枝先の　無きを確かめ　蟻もどる

二〇〇九年（第五回）「技能賞」
我が命もて償うに足らざるを　知りて絶望深まりぬ罪
淋しさは一人分だけ抱《いだ》きいて　数多《あまた》の恨み死刑囚は負ふ

二〇一〇年（第六回）「技能賞」
致死量の悔があるなら人知れず　詫びいる人に詫びて飲みたし

金魚掬ひ　破れて秋は　生まれけり

二〇一一年（第七回）「持続賞」
寝る前に今日得た悔を積み置きぬ　矯正不能と言われし身なれど
刑死なき御用納めの十時過ぎ　我が吐く息の音に気づけり
来世また　人でありたや　盆踊り

二〇一二年（第八回）「優秀賞」
確定に決まりし日より亡者の如く　ずだらずだらと歩く癖つく
独房の壁を這いずる我が未練　蟲の如くに影曳《ひ》きてをり
夢に似し想ひのひとつ無期の妻へ　出所の朝にくちづけを贈りたし
死廃者を標榜したる法相に　処されたる人をりハンカチを洗ふ

二〇一三年（第九回）「努力賞」
この頃は心崩れる音に慣れ　驚かぬ夜に文字忘れゆく
懺悔録　余白なき身の　去年《こぞ》今年

二〇一四年（第一〇回）「優秀賞」
血溜りのやうな夕焼け見続けて　今日の処刑を胸に刻めり
生きたい！と望みし被害者殺《あや》めし手で　我が再審書認《したた》むるを恥ず

二〇一五年（第一一回）「持続賞」
青色はひもじき日々の空の色　今監獄の窓に愛《いと》しも

明日《あした》ある執行かもと思いつつ　重き労働なる寝るということ
虎落《もがり》笛《ぶえ》耳は端《はな》より　欠けてゆく

二〇一六年（第一二回）「表現展賞」
絞首刑受けるその時折れるてふ　喉仏の骨つい触れてをり
溜息は一夜で満ちる独房は　海より蒼し私は海月《くらげ》
遠ざかる雷鳴の中独房に　私は残こる私は残こる
麦の穂や　死後の長さを　ただ想ふ

二〇一七年（第一三回）「深化賞」
一滴の感情も無き獄中で　蟲啼く如く火の声で啼く
逝く先は月の砂漠と決めてをり　戦《いくさ》に満ちたこの星を捨て
肺に水音　月は満月　死者は風

二〇一八年（第一四回）「優秀賞」
振り向かず背《せな》を伸ばし逝く君は　今蛍光灯の中の横顔
息絶えた如く疲れて我れに従ふ翳　名前なきまま死刑囚の「翳」
秋蝉の　明日《あした》残さず　鳴き尽くす

（二〇一九年九月一一日　転記＝池田浩士）

といいますかね。短歌とか俳句とか川柳とか、日本大好きな人だったら、日本独自の文学表現とでも言うんでしょうか。そういうのが全く若いころから嫌いだったんです。そういう形式の枠に自分自身をあてはめて何かを表現するというような文学表現に対して、シンパシーがまったくありませんでした。私は全何十巻という大長篇小説が大好きで、大長篇主義者を以て自認しているんですけれども、長い小説だったら全く苦にならない。しかし、たった一七文字の詩を読むと、もう苦しい、苦痛だという、そういう人間なんですね。それが、その短い詩を何百と書いたものがどさっと送られてくるわけですよ。その庄子さんの最初の年に、私がコメントしたことをよく覚えています。なんでもかんでも頭に浮かんだ言葉を書けばいいってもんじゃないだろう。もっともっと自分の中で言葉を、お酒を醸すときのように、時間をかけてじっくりと醸して、そして自分で、ああこれならば自分で納得できるというのを何首か送ってくればいいのに、なんでこんなに何百もつまらないものをドバッと書くんだ、という意味の講評をしました。しかしすぐに翌年から、その自分が間違っていたということに気づかされざるを得なかったんですね。つまり私は、死刑囚が二度と出られない獄中で言葉を発するということがどういうことか、まったく想像できていなかったわけです。じっくり言葉を練って、そして醸して、そして焼酎だったらさらに濾過して、焼酎じゃなくてもいいですけれども。そしてそのエッセンスを……、なんていうことを言っていたら、自分がいつこの世からいなくなるかわからないわけです。ですからとにかくその一瞬一瞬に、自分にできる極限まで表現するということ。しかもそれは、自分でそれがもう満足できる表現だなんて思うようだったら、これはもともとそんな表現者はどうでもいいので。多分庄子さんは、その一瞬にすべてを込めた表現がまだ足りないと思って、すぐにそのあともう一つ作ったんですよね、おそらく。私はそういう、切羽詰まった表現の必然性、こみ上げるような表現というのが全く想像できていませんでした。ですから本当に嫌いどころか軽蔑していた短詩型、短い形式の表現というものに初めて目を、これは大げさな言い方ではありません。初めて目を見開かされたのが庄子さんの短歌でした。しかもなんであんなにたくさん作らなければならなかったか、ということについても考えさせられたことです。考えてみればなんでもないことです。本当に短い詩の表現に命をかけた表現者であれば、あの芭蕉でさえも、くっだらない作品をもう嫌になるほど次から次へと作ってるんですね。そして芭蕉の句として私たちが知っているものは、せいぜい十ぐらいでしょう。本当に優れた作品として私たちが今、繰り返し味わうことができるのは。芭蕉という人は、浮世で、つまり牢獄じゃないところで生きていても、やっぱりその現実の中で自分の表現に突き動かされた表現者だったということも、私は庄子さんの作品から教えられました。そういう意味で庄子さんは、大げさな言い方になって嫌ですけれども、この世から先生なんていうものはなくなった方がいいと私は思っているんですが、庄子さんは、私の文学の先生の一人だと今でも大げさではなく思っております。

その庄子さんの詩を実際に読んでみると、庄子さんの心の中というのが私たちにも伝わってくるわけです。二〇〇七年（第三回）の詩、

刑死まで一度は見たし区切り無い
月に太陽満天の星空

これは全くそのまま詠まれていますけれども、これが庄子さんが向き合った現実なわけですよね。ところがこうやって、自分がもう二度と出られないということに彼はとどまってしまわないわけです。当たり前のことですけれども、なんでこうなったか。それは自分が人を二人も殺したから。じゃあ殺された人はどうなったか、その家族はどうなったかという問題を、次に庄子さんは歌いはじめなければならなかったわけですね。二〇〇九年になると、

我が命もて償うに足らざるを
知りて絶望深まりぬ罪

これはたどたどしい言葉ですけれども、こうして彼は自分の罪と向き合うことで絶望が深まっていく日々を迎えるようになります。絶望は、二度と出られないということではないんですね。そして私は次の一首がとても身にしみました。

淋しさは一人分だけ抱《いだ》きいて
数多《あまた》の恨み死刑囚は負ふ

このルビ（ふりがな）は庄子さんの句になかったものを私が補ったものです。ですから、もしかしたら庄子さんには「読みかた間違ってる！」と言われるかもしれないんですけれども、私がこう読むのがいいだろうと、たぶん庄子さんはこういうふうに読むつもりだったんだろうと思った漢字にこういうふりがなをふりました。こういう作品って、素晴らしいということが言えないんですよね。すばらしい作品ですっていうことが言えないんですが、すごく心にしみる。淋しいわけでしょ。深海魚になってしまったわけですよね。だけどそれは一人分なんですよね。庄子さんの。淋しさは一人分なんです。だけれども、その淋しさを抱いている一人の庄子さんは、数多の数え切れないほどの恨みを負って生きなければならない、ということに彼は表現を与えることができたんですね。なんだお前、獄中の死刑囚と言って淋しがってるけど、その淋しさは一人分だけのもんだろう。お

前のために何人が、もっと淋しい、悲しい思いをしているか。そうした恨みがどれぐらいのものかということと、彼は向き合わなければならなかったわけですね。二〇一〇年にも同じような一首があります。

致死量の悔があるなら人知れず
　詫びいる人に詫びて飲みたし

これはもうなんの説明も必要ないと思います。そして二〇一一年には——

寝る前に今日得た悔を積み置きぬ
　矯正不能と言われし身なれど

有期刑あるいは無期刑、仮釈放がありうる無期刑にするか、それとも死刑にするかという裁判官の判断の基準は、矯正の余地があり、ひいては更生の余地があるかどうかですよね。つまり生きていても、もっと違う人間になって生き返るということが、この人はもうできないから死刑しかない、という選択ですね。そう言われているわけです。そう言われているんだけれども、彼は毎日悔いを積み重ねているわけですね。そして寝る前に、今日、つまり昨日の悔いとはまた違う、今日得た悔いを積み置いて。ただ積み置いても、それで解決するわけじゃないから、翌日もまた積み重ねられる。もう無限に悔いが重なるわけですね。だけども裁判官は、こいつには更生の余地なしという判断をくだした。そういう自分だという想いですね。そして私は、この二〇一二年のぶんの最初に引用したこの一首に本当に打ちのめされたんですね。

確定に決まりし日より亡者の如く
　ずだらずだらと歩く癖つく

地方裁判所、高等裁判所で死刑が重なって、最後に最高裁判所で死刑判決が出て、ついに死刑が確定した時に、その日から亡者のごとく、自分の独房の中や、そしてわずかな運動時間に歩くとき、その歩き方がずだらずだらと歩く癖つく。人間が生きる望みを失ったときに、こういうふうになるという、この姿がありありと目に浮かぶ。そういう一首ですよね。その絶望はまた、こういう姿を与えられます、

独房の壁を這いずる我が未練
　蟲の如くに影曳《ひ》きてをり

そして、彼はともに殺人を犯してしまった連れ合いのことも詠います。妻は無期懲役なんですね。私はこういう句から逆にそれを知るわけですけれども。だから妻は三〇年後かわからないけれども、可能性としてはいわゆる仮釈放で獄中から外に出ることができる日が来るかもしれない。残念ながら、この本当に痛切なこの一首は実現しませんでした。

夢に似し想ひのひとつ無期の妻へ
出所の朝にくちづけを贈りたし

という、そういう一首が遺されています。そしてこれは二〇一二年の最後に引用した歌は、どうしようかな、やめておこうかなと思ったんですが、実は今日の会場にもこれが掲示されているので、ああ、まあいいんだと思ったんですけれども。

死廃者を標榜したる法相に
処されたる人をりハンカチを洗ふ

なんかやり場のない思いを込めた句ですよね。「死廃者」っていうのは死刑廃止論者です。千葉景子という当時民主党だった政治家で、死刑廃止論者であるということを売り物にしていた、元全共闘だかなんだか知りませんけれども、そういう法務大臣に同囚である死刑囚たちが吊るされてしまったわけです。その法務大臣は、死刑執行と引き換えに処刑場の光景を公にしたと威張っていましたよね。人の命と引き換えにそういうことをやったのが功績になるのが、この国家社会の政治家の在り方だというのを、私は本当に許すことができないという思いが今でもあるんですけれども。もちろんいろんな考え方があるので、いやいや、処刑場の光景が公にされたのは、それだけでも一歩前進だという思いもあると思います。しかしこの死刑囚の表現展で教えられたのは、文字通り、昔ある裁判長が言った通り、人間の命というのは地球よりも重い。地球なんて宇宙の中で軽いものですから、全宇宙よりも深いものだというふうにやっぱり私は思いたいという思いが今あります。

さて、私に与えられた時間もそれほどありませんので、このあとは私の夾雑物を加えずに、みなさんにご自分でこの庄子さんの短歌およびいくつかの俳句をお読みいただきたいと思うんですが、実は私が庄子さんの今までの短歌の中で、一番心にしみて、そしていつもそれに帰ってくる短歌があります。おそらく皆さんほとんどの方は、ここにある作品を一通り全部目を通してくださっても、なんで池田はこんなものにこだわっているのかと思われるかもしれないんですが、私はとてもさりげないこの一首が一番心に残っています。二〇一五年の応募作品として寄せられたうちの一つです。

青色はひもじき日々の空の色
今監獄の窓に愛《いと》しも

これはどういう意味か。皆さんイメージが湧くでしょうか。青色というのは、庄子さんにとって、嫌な色だったんですよね。だけど今その青色は監獄の窓から見ていると、とても愛しい。懐かしくて、まるでその青い空を抱きしめたいと思うような愛しさを感じるという、そういう詩ですよね。それはあの窓から見ても

――一番最初に申しました、

刑死まで一度は見たし区切り無い
　月に太陽満天の星空

これは夜ですけれども、昼の青空というのも、獄窓からはほんのちょっとしか見えないわけです。でもそれが、今はとても愛しいと言っているんです。なんで青色が嫌だったかというと、ひもじかったころの空の色だからというんです。子どものころ、若者だったころ、彼は青い空を見るのが嫌だったわけですよね。それはいつも、その青空の下で、自分が飢えていたから。つまりこれは見事に庄子さんが詠われたんですけれども、私が選考委員として死刑囚の表現から得たことの一つは、冤罪のかたも含めて、この庄子さんのような、空の色を見るのがつらいという、そういう幼いころや若者のころを体験した人が圧倒的な比率だ、ということです。つまり、どうして人間が他の人間を殺すのか。あるいは殺していないのに、なんでよりにもよってこの彼・彼女が、冤罪を引き受けなければならないか。警察権力、司法権力によって、真犯人であるという誤った判断をされなければならなかったかということ。殺人の罪を負い、死刑囚とされた人たちには、こういう青い空に対してもこういう思いを抱かなければ生きていけなかった、そういう人生を体験した人が非常に多いですね。そういうことが、私はこの一首を読むと他の死刑囚の表現まである意味で言うとバーッと頭にあふれてくる思いがします。

先ほど言いましたが、私は確信的な死刑廃止論者ではありません。しかし、庄子さんがこういう人生を送った最後に、人を殺してしまい、そして死刑判決を受け、最終的に確定死刑囚になり、そして処刑されるという、そういうプロセスがなければ、こういう作品は一つも生まれなかったんですよね。別に私は芸術至上論者ではありませんから、芸術表現が素晴らしいとか、人間にとって人間の人間たる所以だとかいう、そういうことを言う気はありませんけれども、自分自身の思いを表現すること――しかもその自分の思いというのは、必ず誰かとの関係の中で生まれ、はぐくまれる思いですよね。そうするとその言葉を獲得するときにも、この言葉を誰に伝えたいかということがなければ、いい表現というのは絶対出てこないわけですから、必ず他者との関係のなかでしか表現はないわけです。そういう他者との関係の中で自分自身を表現するという、そういうふうなことを許されなかった、そういう人が獄中で、こういう言葉を発見し、そしておそらくはそこで初めて自分が体験してきた人生のなかで出会った、例えば妻をはじめ、出会った様々な人、そして自分が殺してしまった人との関係を今度は自分で言葉にしていくという、そういう道を、ずっとたどってきたんだと思うんです。

よく言います。死刑囚が悔悟するためにも、死刑制度は必要なんですよ、って。もしも死刑制度がなければ、庄子さんはこんな歌は作らないで死んだわけです。だから死刑制度というのは素晴らしいじゃないですか、こんな素晴らしい表現を生み出す人を産んでいくんだから。と、いうふうにまず言いましょう。そして一方では、本当に言葉と格闘するということは夢にも考えないで、ぺらぺらぺらぺらとあることとないことどころか、ないことないこと言っている政治権力者がいるわけじゃないですか。あいつも死刑判決を下されればちゃんとした言葉を発見するかどうか私は知りませんけれども、とにかく死刑制度があったから、こういう言葉が生まれたんですよ。だけれどもその死刑制度があってこういう言葉を生んだ人は、幼いころ、若いころ、青空を思い浮かべるのも苦しいという生活を強いられていた。逆にそこで堂々巡りが始まるわけですが、だからその生活の中では言葉を持つことが彼はできなかったわけです。

私が言いたいことはただ一つです。私は確信的な死刑廃止論者ではありません。しかし、青い空にこのような思いを一生抱かなければならない人間を作るような政治を絶対に許してはいけないと思います。私は、死刑廃止というのは、そういうことだと思っています。つまり、こういうふうな人を死刑囚として殺していく、そういう政治をなくすべきであって、死刑廃止というのは単独のテーマではありえないだろうというふうに、私は改めて庄子さんの作品を読んで思わされている――というのが、今日皆さんと一緒に考える一つのテーマにしたかったことです。

庄子幸一さんは響野湾子名で毎年作品を応募していました。B４藁半紙に二首ずつ筆ペンで清書し二つ折りにしたものを束ねて送ってくれました。図版は2017年作品の一部です。（死刑廃止のための大道寺幸子・赤堀政夫基金運営会）

今ある命を全ての物に感謝しながら逝った庄子さん

シスター・クララ澄子（イエスの小さい姉妹の友愛会）

庄子さんとの交流

シスター・クララでございます。一緒におりますノエル・エレーヌもフランス国籍の姉妹。この二人で私たちは庄子さんとの面会を、交替交替に大体二〇〇六年から交流し一三年間友情を深めてきました。私たちは常に、社会から大切に扱われていない人々のなるべく近くに行きたいという思いを持って生きております。支えあい、理解しあいながら友情を深めていきたいと念じております。大きなことをする力はありませんが、家族の一人として、安否を案じ、ごく当たり前の会話、考え方、価値観を語り合いながら今日まで来ました。

八月二日も面会を予定していましたが、急な用事を優先させ、帰宅して少し遅れたニュースを見ましたら、突然二人の執行、一人は東京拘置所、庄子幸一と名前が飛び込んできて呆然としました。私たちは、七月一九日に面会に行ったばかりでした。その時にガラス越しの窓でハイタッチをしながら、また近いうちに会うことを約束して帰ったところでした。そのニュースを知りました時に、認知症の進んだ庄子さんのお母さんにどのような事態が生じているか気になり、電話連絡の結果、リハビリに行っているお母さんを帰宅させ、連れて行こうかどうか少し迷った様子でしたが、連れて一五時には小菅に行くとのことで、私たちも急遽小菅に向かいました。親族以外の面会はできないのを承知していましたが、いつものように面会の願いをしました。家族とも落ち合う旨を伝えました。しばらくして窓口には常にお見えにならない係員の方が、事情を知らせるためにおいでくださいました。たいそう丁重な姿勢で面会はできないということ。そして私たちはここでご家族をお待ちしているんだと言っても、その方にはお分かりでなかったようで、全ての流れを拝見しておりながら、本当に一人一人の係官は、自分の仕事のことにしか通じていないんだという印象を持ちました。みんなバラバラでした。けれどもたいへん丁重なご挨拶をしてくださいました。

その間にお母さんと家族の方が霊安室での対面を終了して、私たちと会うことができました。涙にくれる家族と、久しぶりに私たちとの出会いを無邪気に喜ぶお母様の姿は、あまりにも痛ましいものでしたが、出来事をすぐに忘れてしまうほどに進んでいた病状を、これでよかったと思えたのも事実です。うかがった様子では、とても平和な、静かなお顔でいらしたとのことでした。数日後、別の方の面会の折に聞きましたことは、隣の部屋であったにもかかわらず、全く気づかないほどに静かに事が運ばれたとのことでした。自分は夜の物音をすべて気にしないことにしているけれど、と言いながら、彼のことを偲ばれました。どれほどの静けさの中に、刑場に向かわれたのでしょうか。

庄子さんは二〇〇八年のクリスマスにカトリックの司祭、教誨師から洗礼を受け、たびたびのミサをご一緒にでき、そのたびに係官が花を飾ってくれたとか、司祭と一緒に過ごせた時間の楽しかったことなどを書き送ってくれていました。また、ある年から自分の独学の俳句を添削してくれる人があったらということが会話の中に出て、私は教会のメンバーに俳句を楽しむ会というのがありましたから、その方たちにお願いしました。なんの差別もなく、不在投句を受け入れてもらい、楽しんできました。自分を受け入れてもらえたことへの大きな感謝を常に持っておいででした。

ある日、彼の領置金がなくなってしまっていたことがありました。それは六月末から彼が体調を崩して、熱中症の始まりだったと思うんですが、人の顔が三重にも四重にも見えるようになったり、刑務官の顔がお化けにみえるんだ、みたいな手紙を書いてきました。不在投句をするための切手がなかったということも彼を慌てさせた一つの出来事でした。私どもは、この一三年間、一度も彼から物質的な援助を願われたことはありませんでした。わたくしもうっかりとそういう心遣いすることを忘れていましたけれども、そういうことがあったのを機会に、句の仲間が喜んで切手代ぐらいは送ろうと、切手をお送りしてくださいました。その思いやりがとても彼の心に触れたものでした。句会の人たちが、なんの差別もなく、そして自分の俳句を選んでくださるという温かさ。そういうものにとても大きな大きな光を、人から大切にされるということを見つけなおした、そういうときがあったように思います。

わたくしたちが彼から受け取った最後の手紙は七月二一日にしたためられ、二三日に投函され、わたくしが受け取ったのは二四日です。それが遺言となりました。私たちがハイタッチをしてお別れしてから一〇日あまりののちの執行でしたので、いまだにわたくしたちには現実のものと思えておりません。今から、その最後の手紙を皆さんに聞いていただこうと思います。たいへん読みにくい字で、ちょっとひっかかるところもありますけれども、忍耐してお聞きください。

庄子幸一さん、最後の手紙

「（前略）どうぞ句友に厚く御礼を申し上げてください。感謝申し上げます。面会の折り、まだ体調が完全に戻って居りませんでしたので、頭の中で考えていた事と話した事を舎房に帰って来まして思い出すと、どうしても僕の言葉が足りない事を心から御詫び申し上げます。本当は、死刑確定囚の命のあり方、そしてさまざまな命のあり方をシスター・クララさんの御歳の経験から御聞きしたかったのですが、書きまとめてありますノートを持ってゆくのを忘れ、話がいつもまとまらず、話が千切れ千切れになって御聞き下さっていましたシスター・クララさんの想いが、まとまらなかったのではないかと思い、申し訳なく思っています。

シスター・クララさんの御歳を考えますと、面会に来てくださり、主イエス・キリストの香りを御持ち下さるだけでも、僕は命のあり方を教えて下さっている事を識らなければならないのですよね。八七歳の御高齢を考えると毎度毎度、面会を欠かさずに御来所してくださるシスター・クララさんには、僕の心の中に成長が無い事に、いつもガッカリされているのではないかと思いますが、僕は紙を貼りつつ［紙貼りというのは、なかで働いているデパートの袋の紙貼り作業のことです］、主の祈りをとなへ、自分が人の命の重さも知らず、御二人方も殺めた自分の手を見ますと、震へが止まらなくなります。僕は六十五歳になります。それでも僕は母が一番心から愛せる人なのに、小さい御子様が居た御二方の母の命を奪った事を想うと、人を平気で殺せた自分の愚かさというか卑劣さというか、そこから湧きあがる悲しさと苦しさで今生きているのです。これは人を殺した者にしか理解しがたい暗い暗い闇の道を歩いていて、人から許される事の無い自分の命の魂が主イエス・キリストの導きの光りの道を歩む事により、死して更なる新たなる命が授かると知り、僕は今生きている悲しみと苦しみを、生まれ変われたら、人に喜びを渡せるだけの命でありたいと心から願っているのです。ですので今僕に必要とされている物は、本当は何も無いのです。自分の命でさえもそれは神様の御手の中にあるのですから。生まれ代わって人に喜びを分け与えられる命があったなら、どれ程嬉しい事でしょう。大罪に堕ちた者にとって、針の穴から漏れ零れる小さい、神様が照らされる光りが今、どれ程希望と夢を私に下さる事か！　それにより、とてもとても悲しく、苦しい自分の罪業を常に詫び、謝罪する勇気となっている事をシスター・クララさんには判って頂きたかったのです。

僕はとてもとても心弱い人間です。時としては自分の大罪から逃避しようと考え、あれこれといいわけを考える事があります。法律の事は別として今生きている自分から逃げ出してはいけない事を識って居ります。またどうとり繕っても大罪は消えない事も、それ以上に識っています。その私が人の善意の隙をついて人の心に頼りこむという事はなんと恥ずかしい事でしょう［これは切手がなかったということでカンパをいただいたこととか、私に願われた小さな願い事、ほんのわずかなものです。それを入れたこと。そういう事に対して、甘えがあったということを恥ずかしく思っているということです］。いつも、いつも、物事の後に悔いています。まるで盲目の人の光りを知らない淋しさの様な思いの後に苦しみが湧き上がって来ます。同じ轍を何度踏んだ事か！　人間の良心を僕の心の中にまだある事を願っているのだが、人は姿の見えない暗闇の方にひかれる弱い心がある事をつくづく思い識る毎日です。シスター・クララさん！　僕は苦痛を喜びにして残された人生を生きてゆきますので安心して下さい！　聖霊の導きのままに再会を楽しみましょう。シスター・クララさんの御心が、僕の心の成長を喜べる出会いであった事だったと思う日があります事を願っています。

一口羊かん、また差入れて下さってありがとうございます。ストレスが溜まっていたのか甘い物はそれ程得意では無いのですが御茶を飲みながら大いに頂きました。おいしかった！です。それから切手のカンパをしてくださった句友には心ばかりの本を一冊（あまり入手出来る本ではないと思うのですが喜んで句友の皆様の目にとまれば僕も嬉しいです。次の面会の時に宅下げをしてプレゼントをします。）贈らせて頂きますので宜敷く御願い申し上げます。

死刑確定囚の身分というものはとても悲しいものですね。法律的には何の反省をする事も求められず、処刑されるまでただ健康であればいい命。（健康でなくても歩けなくても！処刑はされますが！）何も求められる物も無く、心が無いままに生かされていて逆に何かを想うと（反省と悔悟等を思い自分を顧り見ると）生きるのが他者から求められない想いの無い空白は、真黒な音の消えた足音だけの日々の中で生きる死刑囚徒の命。再度書きますが、法律的には殺す為の命であり、反省、悔悟さえ求められない冷え切った心で刑場に佇つのか!?と思うと僕は今どうあればいいのか！　自分の心の不安定を誰かに判って貰えばいいのだろうか。判って貰う必要があるのだろうかさえ自覚無い日々の中に身を置いて、この独房に置いて居ります。殺される日を知らされぬままに今日一日を何も求められない、人間でない物として処分を待つだけの命が、命なのでしょうか！　世の中の人々の八割が僕達の反省を求めず、僕の事を知らずして、ただ一人の犯罪者として関心も持たれず、命さえ消せばいい命と思うと、とても本当に悲しく今生きているのが辛い日々を独りで時間を費いやしていると思うと心が折れます。心が折れます。心が折れます。心が折れます。人間ではない、とされた自分の命の存在そのものを国民全てから否定された命では無い命ゆえ、その反動として僕は人の心ある言葉に飢えているのでしょう。それゆえ許された限りの中で、手紙を出し、自分という姿をいつも探し求めています。とても矛盾した命だと思います。

主イエス・キリストを想い、悔い改めた命を持つ事は魂となるまでの生命の道、この独房で反省も悔悟も求められず、被害者ご遺族の方々へ謝罪を語る一辺の手紙を書く事さえ許されぬ命を認められない生命の死へ向かう道。僕にはもう失なう物も無く、残されているものは主イエス・キリストの用意して下さっている光りあふれる道だけです。シスター・クララさん、シスター・エレーヌさん、教会の句友の皆様方は、主イエス・キリストの大樹に繋る数多くの枝葉でもある事が僕の命の全てを支えて下さっています。僕の家族も加害者家族としての被害者と想えば、人を殺めるという事は人類全ての被害者にした！加害者であるのだと思うと、たとえ句会の場だけの恩情としても、僕の句を捨てる事無く、拾って下さる暖かい御心に感謝します。今思う事は神を前にして人と自分を対比する愚かしさです。九九匹の羊をそこに置き、はぐれた一匹の羊を探される御方の想いの中に、この獄中で何が欠けて悲しいのか、何が満たされて心から喜べるのかを深く沈考してゆきたいと思います。

僕は紙貼りひとつとっても、淋しく貧しい心で、いつも人との出来を比べて一喜一憂していました。ほんとうにおかしい事です。愚かしい事です。神様は御ひとり御ひとりに出来る力を〝平等に〟出来る力を授けてくれたのです。一〇〇も五〇も一〇も数で無く、神様が私たちに恵み与えてくださった今！生きるそれぞれの力なのでしょう。そこまで悟る事ができるまで、ずいぶん遠廻りの道と日数が掛かったものです。その上で今ある命を皆様方とともに、喜びの中に心を神様に照らして頂けます様に死刑囚の命でも、今ある命をすべての物に感謝します。神に感謝。神に感謝。主イエス・キリストに感謝。神様の大樹の繋れる皆様に感謝！　ほんとうに淋しい人は、人とその淋しさを分けあう事が出来ない人。悲しいと思うほんとうの人はその悲しみを分けあえない事。苦しい事はその苦しさを誰とも分けあえる事の出来ない人。喜びを誰れにも伝える事の出来、分ける事ができない人。

幸いな事に、私の心の中には僕の言葉を静かに聞いて下さる主イエス・キリストが居ります。僕の悲しみに心砕いて下さる神様がいます。他に何が必要だったのでしょう。心を飢えに干かす人はきっと僕の様に不幸だろう！と思います。それでも僕は気がついたのです。自分で自分の心を縛ってはいけない事を。心の中に、いつも、いついかなる時も（刑場にあっても！）僕の心の中には神様の愛に満たされた光りが私を絶対に孤独にはしないだろうと、主イエス・キリストは僕の負う罪の十字架を、先んじて背負い続けた一体化した今この時が楽園！欲望は人の目を曇らせます。僕はほんとうに心弱い人間です。命ある今を感謝出来ない愚かな飢えを覚える時がまた湧き上がる時があるでしょうが、その飢えは絶対に耐え忍べば神様の御声が暖かく悟して下さるでしょう。

シスター・クララさんは、僕の貯金箱で無い事を忘れる時があります。シスター・クララさんが今、八七歳のご高齢である事もついつい忘れる事があります。神様がとり持って下さるハート・アンド・ハートの関係からは出てはいけない事を、僕は時々忘れてしまいます。自分が負うた荷は、自分の背で負いつづけなければいけないですね！　シスター・クララさん！　大変ご苦労とご心配を掛けてごめんなさい！　心より御詫び申し上げます。それもこれも、紙貼りの業者が持ってくる紙の質、量を僕がこなせなくなったからでしょう！　歳に合った生き方を身につけなければいけないですね。僕は僕です。僕以外の者では無いのですから。でも時間が僕にまだあるとしたら、いつか孤独になると思うと、神様のみが僕の理解者になるのでしょうね！

　今僕は残された命の使い道を探しています。それが、シスター・クララさんの想いにも重なるのではないかと思って、いろいろ書きましたが。シスター・クララさんに希望のある僕でありつづける為に頑張ります。来週には、梅雨も明け真夏になるでしょう。例年ならば青空のまぶしい夏の空なのでしょうが！　梅雨明けを前にシスター・クララさん、シスター・ノエル・エレーヌさんに暑中御見舞い申し上げます。体調の準備が出来る前に暑い真夏日が続きそうですので、どうぞ皆様少しでも涼しく過ごされます工夫を見つけてご自愛くださります事を心より願い祈って居ります。ついでの様な暑中御見舞いですが気は心です。いつも御多忙のクララさんですので次にいつ御会い出来るかは判りませんが、心より再会を楽しみにして居ります。ノエル・エレヌさんにもどうぞ宜敷く!!

活花の無精に欲しき日のありて
　赤きタオルを獄窓にたらしぬ
　　　　湾子

澄子様へ　幸一拝
　七月二十一日」

七月二一日の夜に書かれたものです。

この間にもたくさんの手紙を書いて下さっていましたが、こういう苦しみの中で、人から受けた小さな喜び、そういうものが彼にとって非常に大きな喜びとなり、光として苦しむ人たちを助けることができるという事、まず人に愛されている、大切にされるという事が本当に前の西本〔正二郎さんは二〇〇九年一月二九日に執行された〕さんの時もそうでしたけれども、すべての人の一番望んでいる事ではないでしょうか。こういう生活をしなくても、世間のなかでも、そしていろいろなことが今社会の中で起きますけれども、本当に人が人を心底大切にできる社会が実現します事を切に願っております。わたくしたちも死刑廃止の運動家でもありません。ただ、本当に神様とのつながりを深めながら苦しむ人の支えになることを願っている弱い力のものです。お聞き下さってありがとうございました。

人とのつながりの中で

菊池さよ子（救援連絡センター）

庄子さんとの関わり

救援連絡センターの菊池です。私が庄子幸一さんとのかかわりは、一審の横浜地裁で庄子さんに死刑判決が出て東京高裁に移ってから裁判を傍聴に行ったりした頃からです。その頃から手紙のやり取りを始めたのですが、彼の刑が確定する前に、いま獄中結婚をして栃木刑務所に無期懲役で服役中の奥さんがいるのですけれども、事件の頃は婚姻関係ではなくて、奥さんとの出会いというのは事件の共犯者だったんですね。二人で二件の強盗殺人だったり強姦殺人だったりして、その共犯の女性も庄子さんも一審では死刑求刑だったんです。一審では、庄子さんが主犯ということで死刑になり、当時内縁関係だった女性は無期懲役でした。検察側が控訴したために東京高裁では二人とも控訴審をやっていました。彼が奥さんの無期懲役が高裁で確定し服役する前に、ぜひ婚姻届を出したい、つまり刑が確定すると文通できる相手が限られるので婚姻届を出して正式な夫婦の関係になりたいというので、私は仙台の人と二人で証人になって婚姻届を出しました。それがきっかけになって、いろいろ手紙をやりとりしたりしていました。

私は先ほどのシスター・クララのように面会にはなかなか行けません。昔はもう少し元気だったから、東京拘置所にもしょっちゅう行けたので一〇〇歳近くまで毎日のように拘置所に面会に行ったり、裁判も傍聴に行っていたりという上野延代さんという大先輩がいましたが、とても彼女のようには行けません。でも少なくとも手紙のやり取りだけは続けたいと思って文通は続けていました。

彼は本当に読書家でした。さまざまな本を読んでいます。私も自分が読み切れないぐらい本を持っていてもしょうがないので、獄中ではなかなか本を読めない、つまり購入するお金がない人たちが多いので、自分の本はなるべく皆に活用してもらいたいと思って本のリストを作って、そのノートを差し入れするようにしています。今も何人かの死刑確定者と無期囚の人に本の差し入れリストを送り、希望のある本があれば、その人に本を入れて、返してもらって、また次の希望者に差入れる。本の回覧というのは結構大変なんですけれども、それをずっとやっています。

庄子さんがすごいなと思うのは本をすごくたくさん読んでいることです。本の感想も送ってくれるんです。そういう意味では本のやり取りの中でずいぶん彼も変わってきたと思うし、先ほどシスター・クララの話を聞いていても分かったんですけれども、どんどん自分の内面を深めていったと思います。

最初のうちは、彼の方から、自分の事件を振り返るのがしんどいとずっと言っていました。被害者の方に謝罪の手紙を書かなきゃいけないと思うけど、書けないって、ずっと言っていました。事件の内容もそうなんですけど、やっぱりほとんどの人が自分を正当化すると思うんですね。つまり自分はこうこう、こういう事情があったから、やむを得なかったんだ、決していいことではないけれど、その時は本当にもう他に判断する余地がなかったんだって思ってる、と思います。彼もそういう思いをずっと抱えてたと思うんですけど、先ほどちょっと彼の俳句とか短歌とかの話の中で出てきたように、だんだん深まっていくというのは私も感じていました。やっぱり自分がなぜこういうことをやったのかということに向き合いながら多くの本を読んでいく。特に他の死刑囚、島秋人の『遺愛集』だとか、永山則夫さんの本であるとか木村修治さんの本であるとか、いろんな人たちの本を読んで、そこからいろんなことを捉え返していったんじゃないかと思います。

読書家だった庄子さん

彼からの最後の手紙は七月三〇日付の発信で、処刑の前日である八月一日に届きました。私が大事にしていた本に、小松川女子高校生殺人事件の李珍宇と、彼と文通をして彼の救援をやった朴寿南さんの書かれた『罪と死と愛と』と、『李珍宇全書簡集』、この二冊の本があります。この本を、ぜひ庄子さんに読んでもらいたいと思って差し入れをしました。彼はこの本を何度も何度も読んで、もうしばらく自分の手元に置かせてくださいと言われたので、納得するまで読んでくださいという手紙のやり取りをしていました。それで八月一日の手紙には、本当にいい本を読ませてもらいました、自分なりに、今まで読んだ本の中では、最高に人の愛というか、そういうものを感じる本でした、ようやく読み終わったのでお返ししますと書いてあったんです。ただ、彼は中で請願作業をやってるのですが、今年の夏は体調が悪く、紙貼りの作業のノルマを達成できない。実は私も胆石と目眩の症状を抱えていて、彼も胆石と目眩の症状を持ってるので、病気の症状と、いろんなことを話ししていました。私は検査を受けて病院にかかれるけれど、中では検査をしてもらえない。目眩っていうと、休みなさいと言われるるだけ、薬をもらってるけど、原因に合った薬なのかもわからないということを彼は手紙に書いていました。本当に獄中医療の酷さを感じていました。

話を戻しますと、八月一日の手紙には、すごくいい本で、お返ししますが、今お金がないので、紙貼り作業のお金が入った時点でお返ししますという手紙だったんです。それと堀川惠子さんの『教誨師』という本を送ったのですが、それがなぜか不許可だったんですね。この本は東京拘置所にいた教誨師の人が堀川さんに自分の体験したことを話し、教誨師さんが亡くなったあと、彼女は出版できたわけです。それを東京拘置所は中の人たちに読ませたくない。この本が不許可になったことを、庄子さんは本当に怒っていました。自分は読みたかったのに、この本が読めないのは非常にひどい。残念だけれども、その本は自分が読めないけれども、シスター・クララに送りましたということが手紙に書いてありました。

彼はこのかん、オウムの関係者が去年処刑されたときは身近にいましたし、大道寺将司さんが病気で亡くなった時にも身近にいました。すぐ近くにいる人が、殺されたり亡くなっていくということについては、繰り返し手紙に書いてきました。人が処刑されていくというのは、自分が壊される、自分が殺される、自分が本当に破壊されるんだということです。彼は短歌とか俳句とかいろんなかたちで表現していますが、彼の手紙を読んでも、他人の死というよりも、同じ拘置所にいる死刑囚が殺されていくことを、自分が殺されていくような痛みとして感じる人だということを思いました。先ほどのシスター・クララへの手紙でもそうだと思うんですけれども、ようやく被害者の人と彼が向き合ってきたな、本当に自分がやったことを捉えかえそうとしてきたなと思った矢先に、今回の死刑の執行だったと私は思います。彼はもっともっといろんなことを深めていきたいと思っていたし、本を読むことで、ずいぶん自分の生き方、自分の誤った生き方を感じることができたし、人間として生きるという意味を、本との出会いでいろんなことを学んできたということは彼自身が言ってきたし、もっともっと多くの本を読んでもらいたかったなと私は思っています。

最後の手紙に、本を返すと言ってきたので、私はこの二冊の本は私も返してほしいって本人とやりとりしていたのですが、実は八月二日の死刑執行があった日に、東京拘置所から電話がありました。これは庄子さんの遺言でこの二冊の本はあなたに返してほしいということだったので、お返ししますという連絡でした。それはいま私の手元に帰ってきています。本当に彼の遺言だなと思いました。本を大事にしたいという彼の気持ちが伝わってきたし、本当言うと私は東京拘置所にもっともっと、すでに絶版になって手に入らない本とか何冊か彼に入れているので、その本も返してもらえませんかと拘置所に言ったんですけれども、それはだめですと。遺言にあったのはこの二冊の本だけですと。もう絶版になった本は他で手に入らないんですよねって言ったら、その拘置所の職員も、私も読書が大好き人間なので、今でも市販されている本はいいんですけど、絶版になってる本は貴重ですよね。でも規則ですから、これは返す事はできませんと言われて、残念だったんですけれども。そういうことがありました。

人と人が繋がっていける社会を

私が今感じているのは、庄子さんだけではなく、いろんな人たちが、先ほど池田さんも言われたように、事件を起こして捕まって、死刑判決を受ける中でいろんなことを考えてくるっていうこともあると思うんですけれど、死刑囚だから反省するとか、捉えかえしが出来ると考えるのは私はおかしいと思うんです。永山則夫さんにしても、島秋人さんにして、庄子さんにしてもそうですけれど、本当は今、生きている私たちの社会の中で、人との関係を学び、何のために自分が生きているのか、人と自分とのつながりのなかで本当にいろんなことを考えていき、学ぶことができるんだということ、それができる社会でなければおかしいと私は思うんです。死刑を言い渡して、お前は死刑だ、殺すぞって言って追い詰めておいて、反省を迫るのは変だと思うし、そうじゃないと思う。人はみんな変わりうる可能性を持ってるんだし、本当に環境があれば人は変わりうると思うんです。それは人との出会いだったり、いろんな人との関わり合いの中で、自分を学ぶし、私は逆に言うと死刑囚の人からずいぶん学ぶことがあったと思います。いろんな人と手紙をやり取りして、私のほうが教わることが多いです。もちろん本の感想を求める事だけでも、こういう本を読んでこう思ったというだけでも、人とのつながりの大きな一部だと思います。だから死刑廃止運動というのは、人と人とが繋がっていける社会を目指すということが本当に事件を繰り返させない、それだけじゃなくて、人と人とがこの社会で一緒に生きていけるように、世の中を変えていかなきゃいけない。それは強く感じました。

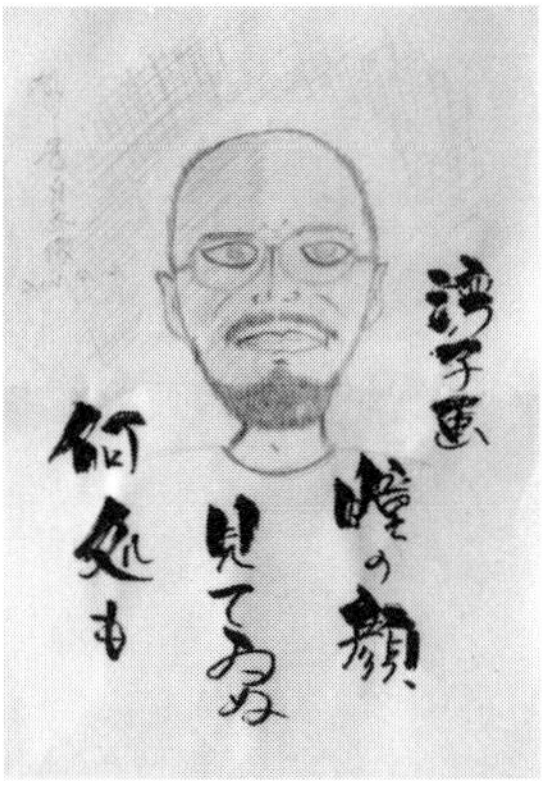

自画像（2014年）

先ほど池田さんも言われたし、シスター・クララも言われたことですが、本当に庄子さんという人は、人と人とのつながりをいろんな意味で教えてくれたと思います。そういう人を国が殺すというのは絶対におかしいと思う。彼だけではありません。彼の死刑の執行の時に近くにいて、彼が連れて行かれるのを全然気づかなかったという人がいます。その人に私も本を入れているのですが、庄子さんに本を入れていて、こういうことがあったよっていう手紙を書いたら、自分もいつも本を送ってもらっているけど、本当に返せるかな、いつ自分も殺されるかな、そう思うと本をこれから差し入れしてくれって言っていいのかな、とまで今日の手紙に書いてきています。そうじゃないんです。本は読んでほしいんです。多くの人がぎりぎりまで、自分が生きることの意味を、本から、あるいは人とのつながりのなかから学んでほしいと思うので、私は本を差し入れする活動というのは今後も続けたいと思うし、正直言って自分も本当にいつ死ぬかわからないから、本だって自分の中に溜めておくよりは多くの人に読んでもらいたい。本もそのほうが本としての役割も果たせると思うから、いろんな人にいろんな本を読んでもらいたい。そのために本当に多くの人に差入れしたいんですけれども、私の財力も資力も体力も続かないので、どうしても限られた人にしかやりとりできていませんけど、本当にこれからもこういう活動は続けていきたい。

　これだけ長く死刑廃止運動をやることになるとは正直いって思わなかったし、死刑の執行があるたびに悔しいというかむなしいというか、そういう気持ちをますます強くしています。最近は前ほど動けなくなって、面会にも裁判にも行けなくなっていますけれども、一日も早く死刑をなくさないと、こんなことを繰り返していたくないなと思います。

　庄子さんの奥さんからは、彼の執行があってから、お礼の手紙をもらいました。ただ本当に悔しいのは、庄子さんって不思議なんですけれども、彼は死刑囚でありながら請願作業をやっていて、お金を貯めて何をしているかというと、奥さんに仕送りをしているんですよね。奥さんは無期懲役囚だから、受刑者のほうがはるかに収入を得られるはずなんですけれども、なんだかわからないけど、庄子さんってそういう人でした。それは自分が妻に仕送りをすることが一つの役割だと思ってる。そういう人だったんだというふうに思います。本当に一日も早く死刑を廃止しなきゃ、こんなことは繰り返したくないなと強く思っています。

図版は2017年作品の一部です。（死刑廃止のための大道寺幸子・赤堀政夫基金運営会）

再審請求中の事件について死刑の執行が強行できるのか 2018—2019

金井塚康弘（弁護士）

死刑をめぐる状況

1 はじめに

昨年（二〇一八年・平成三〇年）三月一六日、再審請求中の松本健次さんが、ある行政事件を提起した。公法上の法律関係等の確認請求事件（大阪地裁平成三〇年（行ウ）第四二号事件）という聞き慣れない事件名の行政訴訟で、昨年五月三一日の第一回口頭弁論期日以降、今月の期日に至るまで八回の期日を重ねている。

その行政裁判の中間報告をし、皆さんのご意見をうかがえたらと思う。

2 松本さんの事件

松本さんは、死刑確定囚として大阪拘置所に収監されている。一九五一年（昭和二六年）二月三日生まれ、胎児性水俣病の疑いがあり（四肢末梢の感覚障害ほか）、知的障害もあり、熊本弁も強い。

松本さんの再審請求事件は、自白の任意性、真実性が問題となる事件のうち、「事件関与型」と呼称されるものの一つであり、アムネスティ・インターナショナルが、日本の死刑廃止を訴えるための国際的キャンペーンの対象としている二つの事件の内の一つ（もう一つは著名な「袴田事件」）である。しかし、松本さんの事件は、いわゆる著名事件でなく、固有の事件名等はない。

事件は、実兄（とその年上の愛人）が起こした強盗殺人および詐欺事件二件が中心である（不動産所有者を殺害してその者になりすまして不動産を業者に売却して現金化するというバブル時代の象徴のような同じ手口の事件が二件）。この事件に関与させられた松本さんは、死刑判決を受けたが、実兄は事件発覚後、松本さんを地元の警察署に出頭させておいて、自分は自殺をしている。つまり死体はあるが、松本さんを有罪とした確定判決を支えているのは、実質的には松本さんの自白しかないという事件で、松本さんは捜査官から主犯格に仕立て上げられて死刑判決を受けたが、まさに自殺した兄の身代わりで有罪にされたような事件である。それで、二〇〇五年（平成一七年）から、繰り返し再審を求めている。再審請求は八次に及ぶが、未だ再審開始決定を得るに至っていない。

　そんな再審請求事件に関連して起こされたのが、今回の行政訴訟である。

3　提訴のきっかけ

　なぜ、再審請求事件とは別に行政訴訟が起こされたのか。提訴のきっかけは、ある意味で単純なことだった。

　それまでは、再審請求中や恩赦出願中等であれば、死刑執行はなされないという「慣例」というか「慣習」というか、「都市伝説」のような言い伝えがあり、松本さんは、死刑執行されないと私たちは考えていた。しかし、特に自公政権が長期化し、安倍政権になってからは、国連やＥＵからの度重なる死刑廃止ないし停止勧告等にもかかわらず、定期的に死刑執行が繰り返されるようになり、しかも、再審請求中の死刑確定囚に対しても、死刑が執行されるようになった（『年報・死刑廃止２０１８』）の特集「オウム死刑囚からあなたへ」で明らかにされている）。

　再審請求をしている者が、その決定や判決を聞くこともできないうちに、問答無用で死刑執行されてしまう。裁判を受ける権利の否定ではないのか、三権分立に反するのではないか（死刑の執行という行政と裁判中という司法の衝突）、これはいかにもおかしいという皆んなの疑問が、提訴の単純な動機だった。

　松本さんの再審弁護団でも、再審請求中の確定囚への死刑執行がなされ、オウム関連の死刑囚達の死刑執行が取りざたされ始めた二〇一七年（平成二九年）末頃から議論を始めた。何とか、理不尽な死刑執行を止める手立てはないものか、そこが出発点である。

4　これまでの議論ないし死刑法制の違憲性

1　死刑の執行を止められないかと、これまで、この難問を考え、議会に、あるいは、裁判所に、訴えてきた先達が多数いる。

　しかし、ことごとく退けられ続けてきた。

2　まず、死刑が、野蛮である、人道に反する、あるいは、憲法に違反するということを論拠とする議論は、古くから提起されてきた。明治初年、刑法、治罪法を起草したボアソナードの「死刑廃止意見書」（一八七七年・明治一〇年）に始まり、帝国議会ができてからは、司法省監獄事務官の小河滋二郎氏が即時死刑廃止を唱え（一九〇二年・明治三五年）、一九〇〇年（明治三三年）から一九〇七年（明治四〇年）まで、弁護士でもあった花井卓蔵議員らが、議会内で刑法改正の議論をして、死刑廃止を繰り返し訴えた。しかし、議会の多数とはならず、戦争と弾圧の時代を迎えてしまう。

第二次世界大戦後、憲法、刑事訴訟法等の大幅改正がなされた際、平和憲法の趣旨から死刑は憲法上正当化されない（木村亀二）、あるいは、残虐な刑罰は禁止され（憲法三六条）、奴隷的拘束すら許されないのであるから死刑が認められるはずがない（小林孝輔）と刑法学者、憲法学者による違憲論が唱えられたが（近年では、最高裁判事にもなった團藤重光）、学説の多数説とまではいえない状況にある。

3

違憲論を根拠とした死刑の執行阻止も繰り返し訴えられたが、裁判所に退けられてきた。憲法三一条が「法律」によれば「生命」を奪えるかのように読めるという捻くれた解釈がわが国では強いのであろう、本来適正手続条項である三一条を根拠に死刑が正当化されてきた（最高裁一九四八年（昭和二三年）三月一二日判決ほか）。ただしこの戦争直後の判決には、「ある刑罰が残虐であるかどうかの判断は国民感情によって定まる問題である。而して国民感情は、時代と共に変遷することを免れないのであるから、……国家の文化が高度に発達して正義と秩序を基調とする平和社会が実現し、公共の福祉のために死刑の威嚇による犯罪の防止を必要と感じない時代に達したならば、死刑もまた残虐な刑罰として否定されるにちがいない」とした四裁判官の補充意見が付されていることを忘れてはならない。

現行刑法は「死刑」を刑の一つと定め（九条）、その方法は、拘置所内で「絞首して執行する」と絞首刑の方法を定めるが（刑法一一条）、絞首刑は残虐な刑罰（憲法三六条）にあたる、あるいは、絞首の執行方法を具体的に定めた法律はなく、明治六年太政官布告六号しかないから、法定手続の保障、適正手続の原則（憲法三一条）に反すると違憲論が主張されて来たが、ことごとく退けられ、絞首刑も合憲、適法と繰り返し判示されてきた（最高裁一九五五年（昭和三〇年）大法廷判決、一九六一年（昭和三六年）七月一九日判決ほか。近年では、最高裁一九九三年（平成五年）九月二一日判決。大野裁判官が、「死刑廃止に向かいつつある国際的動向」や「死刑を残虐な刑罰と考える方向の重大な立法的事実が生じている」ことから、「死刑を厳格な基準の下に、誠にやむ得ない場合にのみ限定的に適用していくのが適当」とする補足意見を付している。また、二〇一四年（平成二六年）九月二日判決は、裁判員裁判で死刑が言い渡された事件であるが、全員一致で「死刑制度がその執行方法を含め」合憲であることは最高裁判例であり、違憲主張にかかる「憲法一三条、三一条、三二条、三六条、三七条、三九条」の「これらの規定に違反しない」とした。「絞首」という執行方法が、銃殺刑、絞首刑や電気椅子による死刑を「残虐な刑罰」として薬物注射による死刑に代えてきたアメリカ合衆国の議論を元に違憲性を争った事件でも、合憲の立場は不動である。二〇一六年（平成二八年）二月二三日判決で「絞首」刑も特に「残虐な刑罰」とはせず、合憲としている。四裁判官が前記の補足意見を付してから七〇年以上も経過するのに、未だに「文化が高度に発達」していないという結果になっている）。

4　行政訴訟を争った先達も少なからずおられる。本人訴訟が多いのも、死刑確定囚にとっては止むに止まれない訴訟という意味合いがあるのか、示唆的である。

死刑執行方法の違法（前述のとおり、明治六年太政官布告しかない）を根拠に死刑執行義務のないことの確認を求める松下今朝敏死刑確定囚の訴えは不適法とされた（最高裁一九六〇年（昭和三五年）一二月五日判決）。また、孫斗八死刑確定囚が提起した死刑執行処分取消等請求事件も訴えが不適法とされ却下（門前払い）されている（大阪高裁一九六二年（昭和三七年）一〇月一九日判決）。

これらは、行政訴訟を通じて確定した死刑判決の取消、変更等を求めるものという理由で不適法とされてきたのであるが、いずれも取消訴訟の原告適格の実質的拡大等を規定し、義務付訴訟や差止訴訟を法定し、行政救済を拡げることを目的とした行政事件訴訟法の改正（二〇〇四年・平成一六年）前の判決であることに留意が必要である。行政訴訟で刑事訴訟を覆せないというような内容がなくミスリーディングであるにもかかわらず、耳障りの良いフレーズが、今も繰り返される。松本さんの行政訴訟でも国側が同じ発想で反論してくるが、要注意である。

5　松本さんの行政訴訟の特徴ないし可能性の中心

1　一つは、行政行為についての司法的救済を拡げた行政事件訴訟法の改正後の提訴として、死刑の執行もきちんと司法審査、司法的コントロールに服させるようにしなければならないということである。以前のような却下判決は、少なくとも裁判所はできないはずである。本件訴訟で、国側は、「死刑の執行は、」法務大臣の命令によって、検察官が執行する、「それ自体も行政的活動としての行刑とは異なる訴訟法的活動である」などという珍説も披瀝するに至っている。また、死刑判決の法効果の排除を刑事訴訟手続以外の訴訟手続で求めることができないなどと、行政事件訴訟法の適用排除を求めている。司法審査に服さない特別の性質の国家の活動を作り出そうとしているので極めて異常な発想である。

死刑の執行も法の支配に服さなければならないということは、当たり前のことである。国側の解釈論は、行政裁判と民事刑事の司法裁判を峻別していた戦前の「司法観」と結局同じ考え方をベースにしており、法の支配とは全く異なる考え、全く異なる「司法観」である。

この点、死刑執行を事後に検証できない、死刑執行に事前に異議申し立てができない、死刑執行に対する異議手段の欠如など、手続的観点から、日本の死刑制度が、立憲主義に反するとの問題提起をしている岩井信弁護士の論考があり、示唆に富む（『年報・死刑廃止2016』、三〇頁以下）。

2　次には、国際人権法の観点からの違法性をきちんと裁判所に判断させなければならないということがある。

この点がわが国の司法ないし裁判判決で不十分であることは、繰り返し国連の人権委員会等から指摘されている。憲法に反するかどうかの違憲論については、裁判所は一応答えるが、国際人権法違反は、批准して、国内法的効力が生じているはずの国際人権法についても、裁判所はほとんど論じない。それがまかり通っている。この現状も打破しなければならない。

国際人権法、具体的には市民的及び政治的権利に関する国際規約（自由権規約）の六条、一項の「すべての人間は、生命に対する固有の権利を有する。この権利は、法律によって保護される。何人も、恣意的にその生命を奪われない。」という規定、あるいは、同条四項「死刑を言い渡されたいかなる者も、大赦、特赦又は減刑を求める権利を有する。死刑に対する大赦、特赦又は減刑は、すべての場合に与えることができる。」とあり、一四条五項は、「有罪の判決を受けたすべての者は、法律に基づきその判決及び刑罰を上級の裁判所によって再審理される権利を有する。」とあるのに、再審請求中、あるいは、恩赦申請中の者が、その結論を聞く前であるにもかかわらず死刑を執行されてしまう、死刑を強行されるというのであれば、上記の国際人権法上の諸権利は、保障されていないに等しいことになるからである。

国側は、法律上の争訟性がないとか、再審請求中の確定死刑囚には、死刑を施行されないという法的地位ないし権利は認められないと刑事訴訟法四四二条本文（「再審の請求は、刑の執行を停止する効力を有しない」）や四七九条（心神喪失等の四つの場合法務大臣は死刑執行の停止を命じるがそれに限られる）から論証しようとする。しかし、それらは訴訟法の枝葉の解釈論でしかない。

憲法三二条（裁判を受ける権利）か

らは、そのような法的地位ないし権利が認められないともいうが、憲法の解釈論としてもおかしく、聞いたことがないし、国際人権法上の議論は全くされていない。

3　最後に、私たちが、再審請求中や恩赦出願中等であれば、死刑執行はなされないという「慣例」というか「慣習」というかがあって、松本さんは死刑執行されないと考えていたことに、本当に根拠がなかったのかということをはっきりとさせたいという点も重要である。

死刑の執行は、法務大臣の命令によると刑事訴訟法四七五条一項に規定されているが、同条二項は、下命を「判決確定の日から六箇月以内にこれをしなければならない」と規定するものの、同項但書は、「上訴権回復若しくは再審の請求、非常上告又は恩赦の出願若しくは申出がされその手続が終了するまでの期間……は、これをその期間に算入しない。」と明記しており、ここには、明らかに「再審の請求」としていて、「再審開始決定」があるときとも、「執行停止事由」あるときともしていない。すなわち、「再審の請求」があって「その手続が終了するまでの間」は、死刑執行停止命令を下せないとの規定が厳然と存在するのである。

刑事訴訟法の注釈書によれば、本条項の趣旨は、「死刑が執行されるととりかえしがつかないから、法務の最高責任者である法務大臣に、あらためて非常救済手続き（再審、非常上告）をとる必要の有無を確かめさせ、また、恩赦を考慮したうえで、執行を決定させるのが妥当だからである」とされている（田宮裕「注釈刑事訴訟法」有斐閣新書、一九八〇、五一四頁）。

また、この規定に基づき、多くの刑事訴訟法の注釈書は、刑事訴訟法四四二条本文に「再審の請求は、刑の執行を停止する効力を有しない」とあるものの、その規定だけではなく、「死刑判決について再審の請求があったときは、その手続が終了するまでの期間は執行命令の猶予期間（六か月）に算入されないとの規定があるので（四七五条二項但書）、これに関連して、死刑判決は右の手続が終わるまでは執行されないのが通例、とされている（鈴木・法セミコンメンタール［新版］三七〇—三七一頁）」と解説がなされ（平場、高田共著「注解　刑事訴訟法　下巻」［全訂新版］一九八三、三五二—三五三頁、高田卓爾執筆部分、同旨、小田中・大出・川崎編著「刑事弁護コンメンタール1　刑事訴訟法」一九九八、四〇八頁、大出良知執筆部分）。

あるいはまた、「なお、死刑判決について再審の請求があった場合でも、法律上はその執行を妨げないわけであるが、実務ではその手続が終了するまで死刑の執行をしないのが通常である（四七五条二項）」と注釈が付されている（田宮前掲書、四九〇頁）。

すなわち、「再審の請求」がなされれば、右の手続が終わるまでは、執行停止と同じ扱いとなるのが「通例」あるいは「通常」であり、実務上の慣例ないし慣習が存在するということを意味すると解釈されてきていたのである。だとすると、少なくとも、再審請求中の死刑確定者について、それを無視して死刑執行を強行することは、従来の慣例ないし慣習、通例あるいは通常とされた扱いを破る違法性があり、許されないとされなければならないと思料する。

4　これら三つの論点を中心に、再審請求中の死刑執行の強行がゆるされないこと、人権侵害であることについての司法判断を引き出したいと考えている。
多くの方々のご支援、あるいは、ご教示、ご鞭撻をお願いしたい。

＊前記第4の死刑廃止についてのこれまでの議論については、團藤重光『死刑廃止論　第6版』（二〇一三、有斐閣）、石塚伸一「再論・死刑と憲法　死刑は既に終わった問題なのか？」（『年報・死刑廃止2016』、五二頁以下）等、その他、本文中に掲記のものを参考にしました。

死刑をめぐる状況

死刑廃止をめざす日本弁護士連合会の活動報告

2018—2019

小川原優之（弁護士）

1 はじめに

日本弁護士連合会（日弁連）は、「日本において国連犯罪防止刑事司法会議（コングレス）が開催される二〇二〇年までに死刑制度の廃止を目指すべきであること」を宣言しており、日弁連会長を本部長とする「死刑廃止及び関連する刑罰制度改革実現本部」を設置しています。私は、この実現本部の事務局長を務めており、二〇一八年から二〇一九年にかけての日弁連の活動について報告します。ただし、意見にわたる部分は私見であることをお断りしておきます。

2 日本における死刑制度の廃止について

（1）日本政府は、死刑の執行を繰り返しており、死刑存廃について公に議論するための場も設けなければ、死刑執行に関する情報の公開も行っていません。私は、死刑賛成の国会議員や市民の方と話す機会が多いのですが、「日本で死刑を廃止するのは不可能ではないか」と言われることがよくあります。しかし、私は、そうは思いません。

（2）諸外国における死刑が廃止になる経緯をみてくると、敗戦の際に廃止した例（ドイツ）、政権交代時に廃止ないしは執行を停止した例（フランス、韓国）、誤判による死刑の誤執行が判明したことによる例（イギリス）や、アメリカのイリノイ州のように、死刑維持にかかる過大なコストやDNA鑑定による多数の誤判の判明がきっかけとなった例など様々ですが、これらの例の範囲内では、①最終的には議会による死刑廃止・執行停止や大統領・州知事による死刑執行停止が必要であること、②そこに至るまでの長期間におよぶ国民各層にわたる広範な死刑反対の運動が必要であること、③敗戦・

政権交代や誤判・誤執行のような何か衝撃的な出来事の発生がきっかけとなって死刑が廃止になっていることは共通しているように思われます。

私は、死刑廃止への道が日本だけは特別ということはあり得ず、文化や制度の違いはあるものの、結局のところは、日本もこれらの諸外国と同様に死刑廃止に至る道筋があり得ると思います。

（3）ただそのためには、日本でも、①の点を明確に意識した、つまり最終的には国会による死刑廃止・執行停止が必要であることを明確に意識しつつ、②の点としては、そこに至るまでの国民各層にわたる広範な死刑反対に向けた活動、例えば与野党を問わず（死刑賛成反対を問わず）、国会議員や市民運動や労働組合や宗教界やマスコミや海外の死刑廃止運動などへの様々な働きかけや連携の積み重ね、いわば死刑廃止の議論を行うための土壌を耕す活動が必要であって、そのような土壌が耕されていれば、③の不幸にも誤判や誤執行の「悲劇」が起こった際に、それを死刑廃止に繋げ得る可能性が生まれてくると思います。

私が会った国会議員の中には、「たとえ誤執行が裁判で明らかになったとしても、それは再審制度の問題であり、死刑は存置するべきだ」と明言している議員もいました。日本の場合には、たとえ「悲劇」が起こっても、単なる「悲劇」で終わりかねず、死刑の廃止には繋がらないおそれもあり、前述したように国民各層にわたる広範な「死刑廃止の議論を行うための土壌を耕す活動」が必要であると思います。

3　二〇一八年から二〇一九年にかけての活動

（1）先日、あるマスコミの方から、「オウムに対する大量の死刑執行後も、執行は繰り返されており、何の変化もないんじゃないですか」との質問を受けました。

確かに目に見えるような「劇的な変化」はなかったかもしれませんが、着実に「死刑廃止の議論を行うための土壌」は耕されてきています。

（2）まず二〇一八年一二月、超党派の国会議員による「日本の死刑制度の今後を考える議員の会」（会長河村建夫衆議院議員・自民党）が結成されました。報道によれば、河村会長は、「あらゆる角度から、これからの死刑制度はどうであったらいいか話し合いたい」と呼びかけ、遠山清彦幹事長（衆議院議員・公明党）は、「（死刑存置派も）あえて入ってもらい、議論を活発に深くしていこうという議連だ」と説明しています。顧問には、死刑存置派の二階俊博衆議院議員（自民党）も就任しています。

日弁連は、この「議員の会」と、勉強会を行うなど意見交換を重ねています。

（3）また二〇一九年六月「死刑をなくそう市民会議」（共同代表世話人平岡秀

夫元法務大臣、菊田幸一明治大学名誉教授ら）が設立されました。この会は、死刑廃止論者だけでなく、「死刑制度についての疑問や違和感を持っている多くの市民に向けて積極的に情報を発信」していくとしており、同年八月三一日の設立集会は、日弁連も後援しています。

（4）日弁連は、二〇一八年三月五日、木村草太首都大学東京教授（憲法）、同年一〇月二三日、萱野稔人津田塾大学教授（哲学）、二〇一九年三月前田万葉カトリック枢機卿、安田純平戦場ジャーナリストらをお招きして、シンポジウムを開催し、多様な観点から死刑について講演をしていただきました。これらのシンポジウムには、ポール・マデン駐日英国大使や、フランチェスコ・フィニEU代表部公使にも参加していただいています。

また二〇一九年六月には、主に国会議員向けに、衆議院議員会館内で、「死刑制度は国益にかなうのか　外交関係における死刑の影響を考える」と題し、オーストラリアのジュリアン・マクマーン弁護士をお招きして、「オーストラリアからみた死刑」について講演していただきました。

また二〇一九年五月には、石塚伸一龍谷大学教授に、「ワシントン州調査死刑廃止・終身刑調査」の報告をお願いし、同年八月には、笹倉香奈甲南大学教授に、「アメリカの死刑制度について」の報告をお願いし、勉強会を開催しています。

（5）マスコミ向けには、プレスセミナーを開催し、二〇一八年五月九日、「日本の死刑制度とその運用の問題点」、同年一〇月一一日、「オウム13名死刑執行を受けて」を開催しました。

4　二〇二〇年に向けて

（1）仮釈放のない終身刑導入の提案

日弁連は、理事会において、死刑制度の廃止に伴う代替刑として、「仮釈放の可能性がない終身刑制度を導入するべきである」との基本的方向性を確認しました。これは、死刑廃止の世論を高めるためには、「仮釈放の可能性のない終身刑制度」を提案する必要があると考えているからで、現在、より具体的な基本方針を作成中であり、年内には、公表する予定です。

今後、日弁連では、この死刑制度の廃止と代替刑導入の基本方針が確定され次第、国会議員に対する要請活動を行う予定です。

（2）京都コングレスの開催

国連犯罪防止刑事司法会議（コングレス）は、二〇二〇年四月に京都で開催されることとなりました。コングレスとは、犯罪防止・刑事司法分野における国連最大の国際会議であり、各国の司法大臣、検事総長などハイレベルの各国政府代表、国際機関、NGO関係者などが参加し、犯罪防止・刑事司法分野の対策や国際協力の在り方について検討し、政治宣言を採択するものです。

日弁連は、コングレスのサイドイベントの一つとして、死刑問題をとりあげるよう提案しています。

またその時期に、日弁連主催で、死刑をテーマにした国際シンポジウムを京都で開催することを計画中です。

さらに二〇二〇年には、東京でオリンピック・パラリンピックが開催されるわけですから、日本の死刑制度について、国際社会の注目がこれまで以上に、集まるものと思われます。

このような状況の中で、死刑廃止について、国民各層にわたる広範な議論を展開できればと思います。

5　結語

生前、元最高裁判事の団藤重光先生が述べておられたように、「死刑廃止の問題は、単なる頭の問題ではなく本質的に心の問題であり、また、単なる机上の理論の問題ではなく実践の理論の問題であり、さらには実践そのものの問題である。」と思います（『死刑廃止論』団藤重光著初版のはしがき　9頁）。

日本だけが世界の中で特別で、死刑制度の廃止は不可能であるとか、「尚早である」などという議論は、実は「神話」であり、私は、「実践の理論」を深め、「実践そのもの」を積み重ねる中で、死刑制度の廃止は可能であると考えています。

いかにして死刑の執行をなくし、死刑廃止への道筋をつけていくのかが問われているわけですが、そのためには、最終的には国会による死刑廃止・執行停止が必要であることを明確に意識しつつ、そこに至るまでの国民各層にわたる広範な死刑反対に向けた活動（国民各層にわたる死刑廃止の議論を行うための土壌を耕すこと）が必要であり、皆さんと協力しながら、その一翼を担っていきたいと思います。

死刑をめぐる状況 2018—2019

死刑をなくそう市民会議の発足

死刑をなくそう市民会議

五月三一日、司法記者クラブで「死刑をなくそう市民会議」発足の記者会見が行われ、平岡秀夫元法務大臣、菊田幸一明治大学名誉教授などが六月一日付で新たな市民運動の発足を宣言した。

八月三一日に明治大学リバティホールで三五〇人を集めた発足集会が開催された。

「死刑をなくそう市民会議」設立趣意書

死刑制度を国際的に見れば、継続して死刑執行をしている国は、一九〇カ国を超える国連加盟国のうち十数ヶ国に過ぎません。国連が一九六六年に採択し、日本が一九七九年に批准した自由権規約（B規約）の基本理念は、「人間の尊厳」及び「生命権（生存権）」を中核とした普遍的価値にあります。国連は、この基本理念を人類で共有するため、すべての加盟国に対し死刑廃止に向けて努力することを求めているのです。

その一方で、日本には、いまだに死刑制度があり、ほぼ毎年死刑を執行し続けています。とりわけ、昨年（二〇一八年）七月には、オウム真理教の元幹部一三人もの大量死刑執行がありました。明治時代に天皇暗殺計画の大逆罪で一二人を死刑執行した大逆事件以来のことであり、国際社会からも厳しい非難が相次ぎました。また、昨年六月には、東京高裁が、二〇一四年三月に死刑裁判の再審を命じる判決が出た袴田事件の再審請求を棄却し、冤罪事件に対する国民の関心が再び高まりました。

しかし、日本政府は、五年前に実施した世論調査で「死刑はやむをえない」との意見が多数であったことを最大の理由として、国連の国際人権委員会が一昨年（二〇一七年）に行った日本への死刑廃止を求める勧告に対し、昨年三月に「死刑制度について特別に議論する場所を設けることは現在のところ考えていない」旨の回答を行い、現在もその態度を変えようとはしていません。それどころか、日本政府は、市民に対し、死刑に関する情報提供をも十分に行っていないのです。

二〇二〇年の日本は、オリンピック・パラリンピック開催国として、国際社会に対し、あるべき社会の姿を示していかなければなりません。われわれは、たとえ人を殺めた者であっても、その生命の大切さから、刑罰によってその生命が奪われることがあってはならないと考えます。われわれは、国の内外を問わずあらゆる分野の市民が死刑廃止の意味と目的についての理解を深め、すべての人間の生命権を重視する死刑のない民主主義社会の即時実現に向けて、ここに、「死刑をなくそう市民会議」を設立する次第です。

設立集会で開会の辞を述べる市民の会共同代表世話人である平岡秀夫元法務大臣

二〇一九年六月一日「死刑をなくそう市民会議」設立発起人一同

Citizens' Committee to Abolish Capital Punishment (CCACP)

事務局連絡先　101-0052 東京都千代田区神田小川町3-28-13-807　03-3294-3366　FAX03-3518-9883　kaigi@ccacp.jp

★呼びかけ人（順不同）

村山富市（元内閣総理大臣）／湯川れい子（音楽評論家・作詞家）／山田洋次（映画監督）／平川宗信（名古屋大学名誉教授）／デイヴィッド・ジョンソン（ハワイ大学教授）／平田オリザ（劇作家・演出家）／笹倉香奈（甲南大学法学部教授）／加藤久雄（国際犯罪学者）／横路孝弘（元衆議院議長）／玉光順正（東本願寺・元教学研究所長）／白取祐司（神奈川大学法学部教授）／佐々木光明（神戸学院大学教授）／中山千夏（作家）／二見伸明（元・衆議院議員　初代死刑廃止議員連盟事務局長）／福島至（龍谷大学教授）／八田次郎（元少年院院長）／中本和洋（前日本弁護士連合会会長）／神田香織（講談師）／安田好弘（弁護士・死刑廃止国際条約の批准を求めるフォーラム90）／高橋哲哉（東京大学教授）／篠田博之（月刊『創』編集長／日本ペンクラブ言論表現委員会副委員長）／朴秉植（韓国東国大学教授）／袴田秀子（再審請求中の袴田巖さんの姉）／石塚伸一（龍谷大学法学部教授）／西嶋勝彦（袴田事件再審弁護団長）／新倉修（青山学院大学名誉教授・弁護士）／海渡雄一（弁護士・元日本弁護士連合会事務総長）／指宿信（成城大学教授）／森達也（映画監督）／佐高信（評論家）／組坂繁之（部落解放同盟中央執行委員長）／雨森慶為（東本願寺・宗教者ネットワーク）／イーデス・ハンソン（タレント）／雨宮処凛（作家・活動家）／鎌田慧（ジャーナリスト）／伊藤由紀夫（NPO法人非行克服支援センター相談員・元家裁調査官）／免田栄（「免田事件」元冤罪死刑囚）／赤堀政夫（「島田事件」元冤罪死刑囚）／浜矩子（同志社大学大学院教授）／西村春夫（元国士舘大学教授）／宮澤節生（神戸大学名誉教授）／不破哲三（元衆議院議員）／姜尚中（東京大名誉教授）／田鎖麻衣子（弁護士）／葛野尋之（一橋大学教授）／大石芳野（写真家）

死刑をめぐる状況 2018―2019

死刑囚の「表現」が異彩を放つ

第14回死刑囚表現展

太田昌国

「死刑廃止のための大道寺幸子・赤堀政夫基金」が、この一四年来取り組んできている企画には二つある。一つ目は、再審請求を行なう死刑確定者に支援金を補助すること、二つ目は、自らの内面を表現する手段を容易には持たない死刑囚が、文章・詩歌・絵画・書などを通してそれを表現する機会を提供するために「死刑囚表現展」を一年に一回開催することである。毎年七月末に応募作品の受付を締切る。だから、基金の運営に携わる私たちは、例年七月になると、今年はだれがどんな作品を寄せてくるだろうか、と心待ちの心境になる。

その七月が、今年は別な意味で、重い記憶として刻まれるものとなった。六日に七人、二六日には六人の確定死刑囚に対する死刑の執行が行なわれたからである。全員がオウム真理教の幹部であった。一人の法相が、七月の二日間で一三人の死刑執行命令書に署名したことになる。上川陽子法相（当時）と、最高責任者・安倍晋三首相の名前は、日本の「死刑の歴史」の中に忘れ難く刻まれるだろう。一九一一年、冤罪事件として名高い「大逆」事件で、一二人の人びとに対する死刑が執行された一〇〇年以上前の歴史的過去が蘇る思いがする。

オウム真理教は、犯行現場に証拠をたくさん残しても、警察の捜査の手が自らに及んでこないことで国家権力を見くびったのか、「国家権力とたたかう」ために省庁を設けて担当大臣や次官を任命した。軍隊と警察を有する国家が独占している殺人の権限を自らも獲得しようとして、他者を殺戮できる兵器や毒ガスの開発に全力を挙げた。最初の日に執行された七人はそれら省庁の「大臣」だった。悲劇的な形で「国家ごっこ」に興じた彼らは、「真正の」国家権力によって処断された。だが、創設からわずか一〇年程度の活動期間しか持たなかったオウム真理教から派生する問題を、今回の処刑にのみ収斂させるわけにはいかない。神奈川県警が、一九八九年一一月の坂本弁護士一家殺害事件の捜査をサボタージュしていなければ、その後のオウム真理教の増長は実現しなかっただろう。人生上の模索や迷いの解決や救いを一新興宗教に求めた青年たちが、松本サリン事件と東京・地下鉄サリン事件で多くの人びとの命を奪い、負傷させ、後遺症で苦しめることになるむごい犯罪に走ることは避けられただろう。その意味で、オウム真理教に関しては、その生成から発展の全過程が今後も検証されなければならない。とりわけ、警察・検察・裁判所・拘置所、そして弁護団が関わった司法の分野では、究明されるべき課題が数多くあるだろう。

　このような視点からすると、死刑囚表現展は、応募する人の在り方（起こした事件とその後）や作品表現を通して、司法界の現状や社会の全体状況が浮き彫りになるような重要な役割を果たしつつあると改めて実感する。

変貌する絵画作品

　今年の絵画応募者の中に、常連の宮前一明（旧姓、佐伯・岡崎）さんがいる。七月二六日に処刑された六人のうちの一人である。彼は坂本弁護士一家殺害に関わった後に教団の在り方に疑問を抱き脱退した。事件の三ヵ月後（一九九〇年二月）には神奈川県警に手紙を送り、遺体の埋葬場所を地図入りで教えるなど、客観的には自らがなした行為への「悔い」がなければあり得ない行動をとっている。右に述べた神奈川県警の捜査サボタージュとは、こんな「垂れ込み」情報を得ながら、同県警が真剣な捜査を怠ったために、オウム真理教によるそれ以降の悲劇的な事件が数多く起きたことを指している。その宮前さんは、表現展初回から、断続的にだが主として絵画作品を応募してきた。その表現の方法は変貌に変貌を重ねた。いつからか立体的な作品を寄せる人が出てきたが、宮前さんが二〇一四年に「糞掃衣」と題して出品した作品は、着古しの作務衣だった。意想外な「表現」に、「まるでコム・デ・ギャルソンみたい」との感想すら出た。選考委員の北川フラム氏は、彼の作品の変貌過程を指して「美術の系統発生をひとりでやっている」と評したが、それは頷ける評言だった。

　宮前さんが二〇一六年に支援者を通じて送ろうとした作品は、東京拘置所当局の妨害にあって、運営会の手元には届かなかった。今年三月名古屋拘置所に移送された宮前さんは、六月五日には拘置所幹部二人に囲まれて、「マスコミを相手

宮前一明「死なない心（虹のコンパッション）」

にするな」「マスコミに送った絵は返品させるか活用しない旨の約束を取り付けろ」「新作や近況をマスコミに知らせるな」「マスコミの質問には回答するな」などと申し渡されている。他の死刑囚からも、拘置所当局による通信妨害や作品送付妨害の報告が届いている。獄中者は、さまざまな嫌がらせと妨害に抗しながら作品を送ってくれていることを忘れたくない。同時に、死刑囚が「表現」することを、なぜこれほどまでに拘置所当局が恐れ、妨害するのか——「公務」に携わりながら、「死刑」制度にまつわることはすべて「秘密」にしておきたいという隠蔽体質が染み渡っている当局の在り方から、国家権力の本質を掴みたい。

奥本章寛「2018年カレンダー　富士」

絵画では、奥本章寛さんの作品が心に残った。一二枚の絵が描かれ、カレンダーとなっている。村祭り、花火大会、村はずれの水車など、死刑囚である自分にはもはや見ることも叶わぬ風景がきちんと描かれている。子どもの時の情景を思い出したこの種の絵に、この表現展ではよく出会う。描いた人の気持ちを思うと、胸を衝かれる。

西口宗宏さんの作品は「郷愁」とは縁遠い。B5の紙を8枚組み合わせた「今夜は満月」は、トイレと掃除用具のそばに作者の名札を付けた人物が骸骨化して横たわっている。上部には満月が輝いているが、ルーバーに妨げられて、よくは見えない。獄の外と内のコントラストが目に染みる。「自画像」との但し書きのある「届かぬ光・阿鼻叫喚」も忘れ難い。自画像の頭部上方に広がる空間には、まがまがしい表情の幾人もの人物が居座り、その目の表情にすごみがある。全体の構図では「償いと赦し」の可能性と、「なお続く憎しみ」の現実が描かれているのか。左右の吹き出しには般若心経が書かれているが、その間に記されたローマ字表現が切ない。「OKAACHAN DAKISHIMETE」「SIKEI WA

西口宗宏「今夜は満月」

KOWAI」「HONMANI GOMENNASAI!?」

風間博子さんの絵画表現に変化が露わになったのは、数年前からだったか。冤罪を訴える彼女は、光を求めてなお闇の中に閉じ込められる自分の姿を描き続けた。今や明暗のはっきりした構図は消え、テーマは多面化した。「命―弐〇壱八の壱〈面会の母は深めの夏帽子〉」もよいが、私は「同・参」に深い印象を受けた。空を飛ぶ鳥や蝶、地上を駆ける動物たち、地面に生えるキノコ、海を泳ぐ魚たち――空と地と海は渾然一体化して、境界はなく、創世神話のような世界が繰り広げられている。描き方の細密さは深みを増している。裁判の現状には絶望を深めているに違いない彼女の表現は、想像力でどこへ向かうのか、注目したい。

風間博子「命―弐〇壱八の参」

やはり表現展さえ居場所なし

文章表現では、加藤智大さんから選考委員が挑戦を受けた。「言論で僕を殺した貴方には死刑廃止を説く資格なし」と大書された一枚を表紙に、「やはり表現展さえ居場所なし」と続く。それでも、応募を続けてくる彼の気持ちを受け止めたい。いくつもの作品があるが、「人生ファイナルラップ」が読ませた。おそらく自分の半生をたどったものだろう。韻を踏み、表現力も豊かだ。私が現実のラップを聞いたのは数少ないが、加藤さんのこの作品をいつしか音楽にのせて口ずさむ自分に気づいた。彼は絵画作品も応募していて、「何力リスペクト―言葉遊びは楽しいよね！」＝「君の縄。」は、他の応募者にエールを送りつつ、社会の流行現象ともなったアニメ「君の名は。」を生かした巧みな表現

加藤智大「何力リスペクト　言葉遊びは楽しいよね！」

加藤智大

「人生ファイナルラップ」

母の夢は絵に描いた餅
京大は俺には無理な口
押しつけられたスタート位置
レースは始まり縮む命
親は力で支配しがち
屈辱に耐える毎日
裸足で雪の上に放置
飯は床にぶちまける措置
会話も禁止女友達
強いられる意図の察知
満点じゃなきゃ平手打ち
泣けば口に布詰める処置
母の攻撃さながらアパッチ
見て見ぬふりのゲスな父
もしくは二人掛かりのリンチ
帰りたくないそんな家《うち》

残り人生あと何周？
いつも警戒母の奇襲

勉強ばかり予習復習
刑務所並みに無味無臭
クルマだけが俺の陣地
憧れた土谷圭市
現実見えぬ俺の無知
人生設計ひどく幼稚
求められる社会的地位
進路は一方的通知
俺にない選択の余地
言えるわけない胸の内
努力足らぬとムチとムチ
アメの約束嘘のオチ
壊れていく俺の気持ち
順位落ち下がる偏差値
夢は次男にバトンタッチ
走らないマシンは無価値
要らない兄は無視の仕打ち
もう出て行こうこんな町

残り人生あと何周？
平成の世に昭和の風習
学校でしか通じぬ優秀

飛びついたのはハケン募集
俺は母の夢叶えるマシン
生きる意味なし痛ましい
虐待死より少しマシ？
黙れリア充やかましい
そのキレイゴトじんましん
積もる殺意を持て余し
空吹かしなどぶちかまし
昇華させるは魅せる魂
まるでレースクイーンの生足
自由の身なんと素晴らしい
津軽弁だばあづましい
ルームシェアするさいたま市
アキバ出張ネタ探し
SNSで使い回し
他者《ひと》楽しませ生きがい増し
それ奪ったのが成りすまし

残り人生あと何周？
不満はない安い月収
気にしていない顔の美醜
望んだのは居場所の補修

路面蹴飛ばすリアタイヤ
漂流《ドリフト》してたら溝ないや
きついカーブで上げたギヤ
判断ミスの狭い視野
このクラッシュかなりデンジャー
オイル漏れ上がるファイアー
悔いる俺無様リタイア
観客席に多数犠牲者
原因不明皆もやもや
精神分析するやぶ医者
真意無視ならもういいや
余命を刻むタグホイヤー
絞首刑かかって来いや
首に食い込む錆びたワイヤー
迎えられないニューイヤー
後はよろしく葬儀屋

残り人生あと何周？
裁判所で決する雌雄
二度殺される死刑囚
それを喜ぶ一般大衆

だ。言葉遊びのようでいて、底は浅くない。

時事川柳と時事短歌に特化したかのような兼岩幸男さんは、毎年ほんとうによく「時事」を見つめている。制限の多い獄中という狭い空間に身はありながら、精神的にはこの限界を突破しようとして、精いっぱいに世相を詠んでいる。

菜の花や月は東に日は西に
　基地は南に火種は北に

一〇年ほど前の作品だったが、「時事漫画」も人物がよく描けていて、風刺も効いている。不思議な才を持つ人だ。

檜あすなろさんも時事に迫ろうとしている。戦争が露出してきた日本の情勢を視野に収めた「二つの選択し」（二〇一六年応募）は、「どうせ殺される」死刑囚が国家によってひそかに戦場に駆り出される物語であり、筆力次第では、大げさかもしれないが星新一や筒井康隆の世界に迫るかと注目した。今回はその「補訂」版の他にも、働き方改革や裁判員裁判の導入などの「時事」を取り込んだ作品を応募している。だが、作品化の内面的根拠は薄弱だ。檜さんは当初、自分が起こした事件をモデルにしたと思われる作品を書いていた。その事件との向き合い方、被害者の女性の描き方――それが他人事のようで、胸に迫ってこないと厳しく批判した記憶がある。テーマは変わった今回の作品についても、同じことを言いたい。十分な表現意欲の持ち主なのだから、必ず壁を突破できよう。

俳句と短歌の響野湾子さんの作品に今年も心惹かれた。殺めた人、死刑囚としての自分、処刑された死刑囚をめぐる重苦しい作品が打ち続く。なかには、例年のように、

柔らかき物に触れたく、この独房《へや》を
　くまなく探がす　無きを悟《し》るまで

などの秀作が散見される。そんな中で、私には他の二種類の作品が印象的だった。一つは看守を謳った作品。

狂《ふ》れおりし心無き人　処刑せる
　朝より担当　言葉雫さず

「星」軽き看守のままで定年す
　囚徒に優しき　背の広き人

日常的に接する看守のなかに、作者がこのような想いを抱く人物がいることに救われる思いがする。二つ目は、シュールな形で情景が日に浮かぶ作品。

誰れからも声掛けられぬ日が続き
　月の駱駝が　呼ぶ声がする

執行のありし日の昼　不思議なる
　蝶の群れに　格子の隙間

色彩もなく、自然の風景が奪われている獄中で、色とイメージとが目にありありと浮かんでくる歌を謳うことは、こころを奮い立たせることだろう。

保見克成さんの「川柳小唄かつを節」には、作者に対して失礼ではないと思うが、笑った。

入浴日、女医が裸で、バタフライ。
　貴方は下で、平泳ぎ
妄想か、ブーツを履いて、尻出して、
　女医が息子と、カーニバル
着替え中、カメラに見られ、乳隠す、
　パンツを脱いで、ポーズとる

これらの歌の「壊れぶり」はどうだろう。無意味なようでいて、情景は目に浮かぶ。そして、クスッと笑わせる。三〇年間を獄中で暮らしたマルキ・ド・サド侯爵は、幽閉の中でどんなに妄想を逞しゅうして、『ソドム百二十日』『悪徳の栄え』などの世界を創り出したことか、などと連想する。すると、一七八九年のフランス革命下、バスチーユ監獄に囚われていたサドおよび執筆中の原稿をめぐるエピソードも思い出され、他方、獄中における「性」の問題にも思いは及ぶ。受刑者には男が多いが、恋人や妻が監獄を訪れて、一夜を共に過ごすという実例も、国によっては見聞きする。死刑囚の場合でもこんな例があるかどうかは知らないが、作品を介して、こうして開かれてゆく視野をこそ大事にしたいと思う。

参加賞一回分の爆買い額

何力さんの日本語理解力の向上はめざましい。

終戦日お詫びの言葉消えにけり
　我は死ぬまでお詫びが続く
参加賞一回分の爆買い額

任意に、興味深いいろいろな歌や句を挙げることができる。掲句は、表現展への応募者には参加賞としていくばくかの現金が差し入れされることを詠んだ作品。「爆買い」するには少額だろうが、獄中のつましい日常がうかがわれよう。何力さんが、逮捕後の取り調べ・調書づくり・裁判の過程などに大いなる不満を抱いていることも、作品から知れる。外国からの労働者の受け入れがますます進行する情勢の下で、外国人といかに共生するかが問われる。「外国人＝犯罪者」などと公然と主張する者たちが現実に存在している。彼らは、移民や難民を排斥する動きが世界各地で噴出している情勢に、彼らなりの自信を深めている。入管収容所における外国人への不当極まりない虐待も明るみに出ている。このような社会にあって、不幸にして犯罪に手を染めた外国人がどのような取り調べ・裁判・拘置所や刑務所での処遇を受けているかは、軽視できない問題である。数は少ないが、外国人の死刑確定囚の表現から汲み取るべき課題は重層的である。

西山省三さんの短歌と俳句には、いつもしみじみとした思いが沸くが、今年は「(怒・怒・怒・怒・怒)」と題して、怒りの歌が多い。

豪雨禍に何がカジノじゃ馬鹿たれが
　被災地域の怒る声聴け。
鏡を磨いて磨いてと心うらはら
　一度に七名をばあさんは吊る。

他方、こんな川柳も詠む「余裕」を持つ人でもある。

耳遠くなるが小便近くなる。
晴耕は怠け雨読は眠くなり。

生真面目な怒りをぶつける歌の背後に、こんなにもとぼけた世界を合わせ持っている作者への共感の念は深い。

小泉毅さんの「特殊相対性理論」に関する論文は、選考委員のだれ一人として理解できなかった。ご本人もそう予想して、これを理解できる専門家に読んでほしいとの添え書きがある。奇特な方からのお申し出を待ちたい。

絵画の応募者は一七人、文章作品の応募者は一八人だったので、ここで触れることのできなかった作品も多々ある。紙幅の制限ゆえお許し願いたい。今年の受賞者は、以下のようになった（敬称略）。

【絵画部門】
細密賞＝風間博子
発明賞＝加藤智大
カオス賞＝西口宗宏
エターナル賞＝宮前一明

【文章部門】
優秀賞（短歌）＝響野湾子
キラキラ賞（「人生ファイナルラップ」）＝加藤智大
ユーモア賞＝兼岩幸男
敢闘賞＝西山省三

＊　＊　＊

先に、保見さんの作品を評して「壊れぶり」という言葉を用いた。それは、想像力上の「壊れぶり」だから、笑えたり、刺激を受けたりもする。他方、日本と世界の政治・社会・メディアなどの「壊れぶり」はどうだ。それは「超劣化」と同義語だ。人びとの日常生活に否応なく大きな影響力を及ぼす政治的権力者が、論理も倫理も失って愚劣な政策を推し進める。同じく劣化した社会には、無念なことには、それへの批判力も抵抗力も喪われている。批判する自由も、抵抗する自由も存在しているのに。

憤怒を抱えてそんな日常を生きる中で、今年も死刑囚の表現に触れた。自由を奪われて、ネット社会の猥雑さと利便性の「恩恵」とも無縁に生きる死刑囚の「表現」が、異彩を放って見えた。自分以外の誰からも生まれない、唯一無二の「表現」を生み出すための試行錯誤が試みられている。総人口との対比で言えば、およそ一〇〇万人に一人に相当する死刑囚から生まれてくる「表現」に目を凝らし続けたい。

（『初出『出版ニュース』二〇一八年一一月上旬号）

「スマホを捨てて、映画館へ行こう!」
第八回死刑映画週間

太田昌国(フォーラム90・死刑映画週間チーム)

二〇一八年、第七回目の死刑映画週間の最終日、私は「死刑廃止運動が長続きするのは、死刑廃止という目標が達成されない期間が長引いていることを意味するのだから、望ましくないことだ。目標を達成して、本来は消えてなくなるべき運動だ」という趣旨のことを話した。それから半年も経たないうちにオウム真理教幹部一三人の処刑が行なわれ、年末ぎりぎりになってもさらに二名の死刑囚の処刑が強行された。一年間に一五名もの人びとが国家によって殺された。「死刑廃止」の課題は、いっそう困難さを増して、私たちの前に立ちはだかっている。「死刑」の本質を覆い隠している、いくつもの秘密のベールを引き剥す作業をたゆまず続けるしかない。

今回は、オウム真理教に関わる映画として、一九九四年に起きた松本サリン事件に題材を採った『日本の黒い夏〔冤罪〕』を上映する。この件については、二つのことを強調したい。

1. この映画が描くように、第一通報者である被害者が警察の見込み捜査によって犯人扱いされ、メディアと市民たちがそれに追随して危うく重大な冤罪事件になりかけていた事実を忘れないこと。取り調べ当局とメディアが持てる権力を背景に暴走した場合、私たちがそれに疑問を挟み込まないと、私たち自身が容易に冤罪に加担してしまう恐ろしさが描かれている。同時に、これは映画からは離れた地点での問題になるが、被害当事者である河野義行さんが一貫して取っている姿勢を記憶に刻むこと。河野さんのお連れ合いは、オウムが噴霧したサリンのために意識不明の重篤な事態に陥り、一四年間の療養生活ののちに亡くなった。河野さんは、それでもなお、公判が続いている間は「被告は推定無罪である」との原則が貫かれるべきであるとして、被告たちに向かって憎悪に満ちた言葉を浴びせることがなかった。松本サリン事件で有罪となった人が刑期を終えて出獄し河野宅に謝罪に訪れると、こころよく迎え入れた。他のオウム真理教の元信者たちとも丁寧に交友を重ねた。被害当事者＝河野さんの一貫した冷静な姿勢は、第三者であるにもかかわらず「犯罪と刑罰」をめぐる問題ではすぐ興奮して「即死刑！」などと叫びだしたりする、いわゆる「世論」の在り方と好対照をなしている。ここから大切な問題を取り出したい。

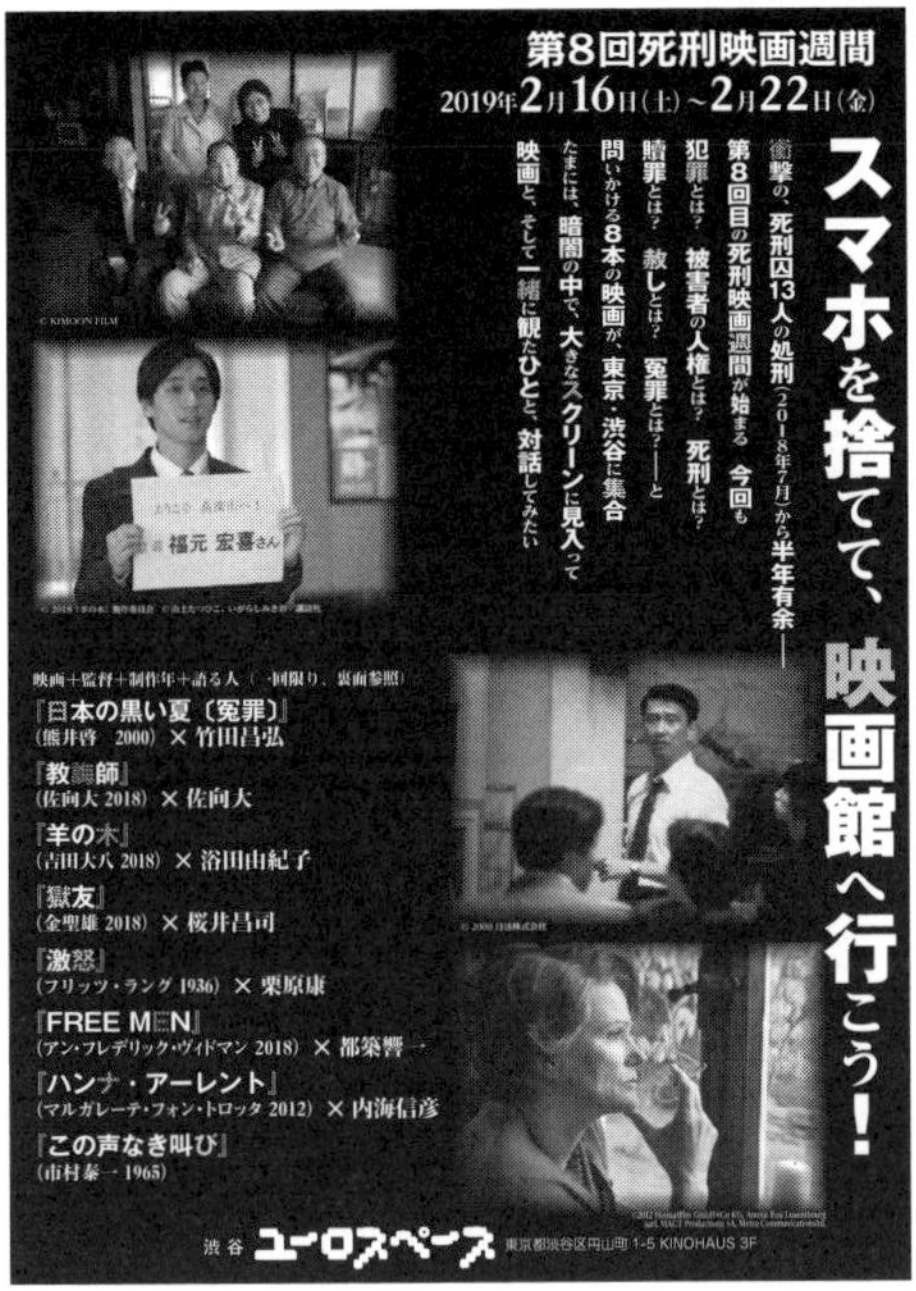

2．次も映画からは離れた問題である。オウム真理教が犯した事件としては、松本サリン事件の五年前の一九八九年に起きた坂本弁護士一家殺害事件（横浜）がある。神奈川県警は、事件の背後にオウムの影がちらつくいくつかの「証拠」には目もくれずに、捜査を別な方向に捻じ曲げた。かつて同県警が行なった不法な捜査方法をめぐる裁判で、同弁護士所属事務所と「敵対的な」関係にあったからである。もし捜査権が適切に行使されて、この事件の実行犯がオウム関係者であることが実証されていたならば、その後オウム真理教が無謀にも増長する機会は奪われただろう。すると、五年後の松本サリン事件も、翌年一九九五年の地下鉄サリン事件も起こらなかった可能性が生まれてくる。多数の死傷者が生まれなくても済んだかもしれない。前途ある青年たちが凶悪な犯行に及ぶことは避けられて、昨年死刑を執行されることもなかったかもしれない。処刑によって事件が終わったのではない。「死刑」をめぐる事件には、これほどの「闇」が潜んでいることの一例に過ぎない。

二〇一四年、静岡地裁は、袴田巖さんに死刑判決を下した「証拠は捜査機関による捏造」で「これ以上の拘置は耐え難いほど正義に反する」として「袴田事件」の再審を決定し、袴田さんを解放した。だが、東京高裁は二〇一八年この決定を覆し、最高検は袴田さんの再収監を要求してさえいる。権力犯罪というべき冤罪事件への耐え難い怒りを込めて、五人すべてが冤罪被害者である人びとを描いたドキュメンタリー『獄友』を再上映する。

（初出・映画週間パンフレット）

ゲストのトークから

まとめ 可知亮

佐向大さん 教誨師

初日のトークゲストは、この映画の佐向大監督。俳優の大杉漣さんが初めて主演をし、プロデューサーとしても参加した作品。そして彼の遺作ともなった。佐向監督は第一回の死刑映画週間で上映した「休暇」の脚本家でもある。

佐向監督と大杉さんには、一緒に映画を製作しようという話がかなり前からあった。何をやろうかというなかで、大杉さんのマネージャーの父が教誨師である、ということからこの企画が持ち上がった。「死刑囚の教誨をしている方ではないが、教誨師をしている牧師さんにはお話をうかがった。映画に出てくる死刑囚に基本的にはモデルはいないけれど、相模原事件の被告は気になっていたので、彼を彷彿とさせる登場人物は出てきます」。佐向監督は大杉漣さんの遺作でもあり、死刑について考えてもらうためにも、多くの人に観てもらいたいと語った。（二〇一八年日本、監督＝佐向大）

都築響一さん FREE MEN

ゲストの都築響一さんは、死刑廃止フォーラム90が開催する死刑囚絵画展の宣伝にも力を貸してくださっている。都築さんは、アメリカの刑務所には実際に数多く訪れている。そのことを踏まえて、今回の映画の主人公である死刑囚ケネス・リームスさんのことも詳しく紹介してくれた。彼が拘置されているアーカンソー州のことや、彼がウエブ上にホームページを持っていること。彼の制作した絵画や彫刻等も映像で見せてくれた。またアメリカの死刑囚たちの描いた数多くの絵画が、ウエブ上で販売されていることを、その販売画面を見せながら話された。とても日本では考えられないことである。

その後は、都築さんが実際にアメリカの刑務所に行った時のことを、その時に撮影した写真を見ながら話された。アメリカでは刑務所跡がそのまま博物館とし

使用写真©「教誨師」members　©Pryamide Productions 2010 - Photo Christine Tamalet

て残されているところが数多くある。囚人たちがいた時のまま保存されていたり、実際処刑で使用されていた電気椅子が展示されていたりするそうだ。お話は死刑に関わることでありながら、笑いを誘う楽しい話に終始した。

（二〇一八年スイス、監督＝アン・フレデリック・ヴィドマン）

羊の木

浴田由紀子さん

ゲストの浴田由紀子さんは、一昨年懲役二〇年の刑を満期出所してきた人だ。

この映画は刑務所出所後に社会に復帰し、更生する人たちのことを描いている劇映画だ。ある港町の市職員である錦戸亮が、刑務所から送られてくる六人の出所者男女を、町の秘密の施策として受け入れていくというストーリー。浴田さんはその六人の中でも、松田龍平が演じた青年が、一番更生しようとしていたと思う、と話された。この映画を観た人なら、多くの人が意外な感じを受けるのではないだろうか。松田龍平は映画の最後で再び殺人を犯してしまう。更生はできていないのではないか、と私も感じた。しかし浴田さんは、彼が六人の中で出所後友達を作ったし恋もした。社会に少しでも早く溶け込もうとした、そのことが大事で、この映画での結論は残念だったけれど、彼の気持ちはよくわかった、と話された。私にはたいへん感銘深い意見であり、更生するということに関してより深く考えるきっかけとなった。

（二〇一八年日本、監督＝吉田大八）

激怒

栗原康さん

トークゲストはアナキズム研究家の栗原康さん。この映画のテーマは死刑であり、暴力と復讐である、と前置きしたうえで、一九九〇年代に少年ジャンプに連載された「変態仮面」の話からトークは始まった。鈴木亮平主演の映画「変態仮面」の話を、栗原さんは派手なアクション付きのユニークな話しぶりで面白く語った。そして死刑制度の話へと移っていった。

死刑制度を含めて懲罰とは、自動販売

機のようなものでないか、と。これは、復讐と交換の論理でないだろうか。これこれこういう罪を犯したから命をもらう、とか無期であるとか、懲役三〇年とか五年とか。このことは、復讐の論理がこの国ではいまだに生きている、ということではないか。この復讐の論理が、自動販売機のような交換の論理となっているのが現状ではないだろうか、と。このような考え方やシステムは変革されなければいけない。

（一九三六年米、監督＝フリッツ・ラング）

桜井昌司さん
獄友

ゲストは獄友たちのひとりであり、冤罪被害者の桜井昌司さん。逮捕された当時の東京拘置所で獄友の袴田巖さんは四舎二階にいて、桜井さんは三階にいたという。四舎二階は死刑囚房で物音ひとつしなかった。たまに二階を通ると「シーン」という音がきこえるようだった。死刑と自分の罰である無期懲役との間の差を強く感じた、と。

桜井さんは、自分が死刑廃止を主張する理由としては、冤罪があるからではないという。なぜ国家が人を殺すという刑罰を持っているのか。それが全くわからないという。刑事の尋問で、死刑になるのが、命がなくなるのが、怖くないのかと脅されたという。それから命というものを考えた始めたと。命は一人一人が一つだけ持っていて、その人にとっては命がなくなれば世界はなくなる。一つの命と世界は同じ価値であると気づいた。「死刑は、世界を奪う刑なのです」。

（二〇一八年日本／監督＝金聖雄）

竹田昌弘さん
日本の黒い夏〔冤罪〕

ゲストは共同通信の竹田昌弘さん。竹田さんは冒頭で「この映画で中井貴一さん演ずるデスクとか報道部長のような人が、日本中のメディアにいれば、今のような日本にはなっていない」と話し始めた。松本サリン事件発生時の写真や新聞記事を見せながら、どんな事件であったかを話された。冤罪で犯人とされた河野義行さんの事件後の活動なども紹介された。

オウム真理教の起こした事件の経緯を、

使用写真 © Kimoon Film、©2000 日活株式会社

竹田さん自身の取材活動に沿いながら詳しく話した。そしてこの映画で描かれているように、メディアが競争で一日でも早く記事を出すことが目標になっていることが、権力にすりよることになる。しかし、大事なのは他会社と報道競争をすることではなく、当たり前だが正しいことを報道し、権力が間違ったことをしていないかをチェックすることこそが大事である、と話された。
（二〇〇〇年日本、監督＝熊井啓）

ハンナ・アーレント
内海信彦さん

ゲストは画家の内海信彦さん。内海さんは、この映画は見た人の鏡である、と話し始めた。会社員とか学生であるとか、どこかの組織に属していると、そこには気がつかないうちにそうではない人への差別意識が生まれてしまうこと。そのことに自覚的でなければいけない。自分だけは例外であるとか、自分だけは別の存在というのはまちがいである。ハンナ・アーレントの先生であったハイデガーがそうであった。彼が言うところの「世界内存在」はナチに影響を与えた。内海さんは、この映画の中でアーレントがアイヒマン裁判を傍聴して言った「悪の凡庸さ」を私たちは忘れてはいけない、それは自分たち自身のことであると、話された。

（二〇一二年独・ルクセンブルグ・仏、監督＝マルガリータ・フォン・トロッタ）

このほかに『この声なき叫び』（日本一九六五年、市村泰一監督）を上映した。

西村京太郎「四つの終止符」を原作とし、田村正和、香山美子、南田洋子、菅井きん、倍賞千恵子、園井啓介、志村喬、笠智衆らが演ずる松竹映画。

生まれながら耳の聞こえない青年が、母を毒殺した疑いを受けて逮捕・起訴される。聾唖者差別が、青年を追いつめていくという物語である。

二〇二〇年も二月一五日から二一日までの一週間、東京渋谷のユーロスペースにて第九回死刑映画週間を実施する予定だ。

死刑をめぐる状況

死刑映画を観る

命を弄ぶ国家

「眠る村」と「金子文子と朴烈」

2018—2019

中村一成

『眠る村』

今年取り上げる「死刑映画」は二本、一本目は国家犯罪「冤罪」を多角的に扱った東海テレビ制作の『眠る村』（鎌田麗香、齋藤潤一共同監督）である。

一九八〇年代、免田（八三年確定、以下同）、財田川（八四年）、松山（八四年）、島田（八九年）の四事件で再審無罪が出て以降、死刑事件での裁判のやり直しは実現していない。冤罪がなくなったからではないだろう。「足利事件」（二〇一〇年）や「布川事件」（二〇一一年）、「東電女性社員殺害事件」（二〇一二年）、「東住吉事件」（二〇一六年）など、生命刑ではない無期、有期刑では、少ないながらも継続的に再審無罪は言い渡されている。「死刑事件の再審無罪は認めてはならない」という、何らかの「力」が働いていることは想像するに難くない。

不可逆的な刑罰でのミスを認めたくない裁判所、検察庁のメンツや責任逃れは当然として、何より権力者たちは死刑制度を巡る様々な問題を議題化させたくないのだと思う。だからこそ毎年度、確実に執行を重ねて空白をつくらない。死刑制度は「あるのが当たり前」という「国民意識」を維持したいのだろう。死刑冤罪の存在を認めれば、曲がりなりにも国会では議題となり、廃止要求の声は勢いづく。メディアはその是非を両論併記で取り上げ、少なくとも複数の媒体では、単なる是非の先にある思想的問題の数々が遡上に上るはずだ。民間人には殺人を禁じ、それを踏み越えた者を処罰する国家が、なぜ一方で合法的に人を殺すのか、果たして国には人を殺す権利があるのか。戦争放棄を憲法に刻んでいるはずのこの国が、戦争に並ぶ国家殺人「死刑」を堅持しているのは矛盾ではないか――。

すでに戦争可能どころか、戦争を欲する国と化し、攻撃的なナショナリズムと排外主義を燃料にあくなき暴走を続

© 東海テレビ放送

けるこの国にとって死刑制度が孕むこれらの「問い」は、決して表面化させたくないものなのだと思う。もちろん、昨年七月のオウム真理教関係事件の大量執行をもが情報として消費され、僅か一年で忘れ去られてしまうこの腐り切った社会で、人の「命」「尊厳」を巡る問題が議論になるか否かは別の問題としてあるが……。

さて、東海テレビがライフワークとしてきたのがその死刑冤罪事件の一つ「名張毒ぶどう酒事件」である。一九六一年三月二八日、三重と奈良の県境にあった山間部の小さな集落で、地域住民たちが楽しみにしている恒例行事「懇親会」で振る舞われたぶどう酒に毒物が混入され、村の女性五人が死亡した事件だ（男たちは日本酒を呑んでいたので難を逃れた）。

その六日後、警察は地域住民の奥西勝さんを逮捕した。捜査段階では犯行を「自白」した奥西さんだが裁判では一貫して無実を主張、自白は警察の強引な取り調べによると訴えた。一審では奥西さんの主張が全面的に採用されて無罪となったが、高裁では逆転で死刑が言い渡され、判決は一九七二年に最高裁で確定。再審の扉は開かぬまま奥西さんは二〇一五年一〇月、死刑囚のまま獄死した。

東海テレビは、事件から四年後、死刑確定の年に開設した因縁を持つ。同局はテレビドキュメンタリー『証言～調査報道・名張毒ぶどう酒事件～』（一九八七年六月放送、取材・構成：門脇康郎）を皮切りに、門脇から取材をリレーした齊藤潤一による『重い扉～名張毒ぶどう酒事件の四五年～』など計四本のテレビドキュメントを制作、放送してきた。

獄中の奥西さんにカメラを向けられない限界性これ自体が不当極まる人権侵害である――に対しては、ドラマ『約束　名張毒ぶどう酒事件　死刑囚の生涯』（テレビ放送二〇一二年六月、劇場公開二〇一五年二月、齊藤潤一監督）を制作した（奥西勝さんを演じたのは仲代達也さんと山本太郎さんである。もはや地上波に食い扶持を求める必要もない大御所俳優と、反原発運動など地上波が嫌がる政治活動に取り組み、本作と同じ年には政界に転じた、ある意味「型破り」な役者。この二人が奥西さん役を引き受けた事実は、人気商売である芸能人が冤罪モノに出るリスクをも物語ってもいると思う）。続く『ふたりの死刑囚』（同二〇一五年七月、同二〇一六年一月、鎌田麗香監督）では再審開始決定で獄を出た袴田巖さんと、当時死の床にあった奥西さんを対比させて、医療刑務所で死線を彷徨う状況でなお獄に繋がれたままの奥西さんの「娑婆」での暮らし、司法村によって奪われ続けている「自由」を想像させてみせた。この二本については劇場映画としても公開し、この最悪の司法犯罪を世に問うてきたが、『ふたりの死刑囚』のテレビ放送後、奥西さんは雪冤の日を迎えないまま死去してしまった。

奥西さんが獄死した後の第一作となる本作のタイトルは「眠る村」、それは進行中の不正義に目を瞑り、声を上げずに眠りを貪る者たちを指している。

映画は奥西さんが霊柩車で、八王子の医療刑務所から「出所」する場面で始まる。裁判官と検事の共同（共犯）作業で被告人の再審開始をとことん妨害し、国家犯罪の被害者を死刑囚のまま死なせて口を封じ、司法村の「恥」を隠蔽する冤罪の構図、帝銀事件では「成就」され、今、袴田事件でも完遂を目指して進行中の卑劣が貫かれたのである。

毎日朝、靴音に怯えながら朝食を迎え、終わるや否や明日朝に来るかもしれない「その時」に慄くまさに地獄の日々、これまで五本のテレビドキュメンタリーと二本の劇場公開映画を制作しながらも、獄中から彼を救いだせなかった歴代制作者たちの無念と、それでも死後再審を実現したいとの決意が映像に滲む。

繰り返すが本作は奥西さん死去の一作目である。ある意味「再出発」の本作で、制作陣は改めて、「奥西有罪」の「根拠」――それは弁護団によってことごとくその信用性を突き崩されているものだ――を振り返る。大きくは「自白」、「『犯行時間帯』を特定する住民証言」、「王冠についた歯型」、そして「使われた農薬の種類」の四つである。四〇年近い取材で蓄積した実写に再現シーンを交え、詳細な検証がなされていく。

「自白」の信用性（任意性）のなさと「犯行時間帯」の不自然さは、一審地裁段階から指摘されていた。前述にように公判で奥西さんは、自白は連日一四時間に及ぶ強引な取り調べと、家族が村で迫害される危険を「ネタ」にした捜査員の脅迫で、当局のシナリオを我が供述とさせられたと証言した。一審の津地裁はそこを「素直」に判断、無罪を言い渡したのだが、名古屋高裁は一転、死刑を言い渡し、最高裁で確定したのである。

「犯行時間帯」の前提となる住民証言は捜査の「進展」と共に変遷している。

物証も決定打にはならない。そこで名古屋高裁の裁判官は奥西さん本人の「自白」に寄り掛かった。弁護団が結成された第五次の再審では三つ目の「根拠」である「王冠の歯型」が奥西さん本人とは違うことや、検察側が提出した鑑定写真二枚の一方が、拡大された疑惑も解明された。歯型を合わせるために大きく印画した可能性があるというのだ。袴田事件や、おそらく狭山事件でもなされた捜査機関による証拠の捏造だった。だが名古屋高裁はまたも「自白」を理由にそれを棄却したのである。そして第七次再審請求では更に決定的な要因が出る。事件で使われた農薬は、村で「奥西だけが所持していた」ものとは違う可能性が高かったのだ。「針の穴を駱駝が通るほど難しい」再審決定がやっと出た。だが検察は異議を申し立て、名古屋高裁はようやく出た決定を取り消した。

　裁判長がそこで依拠したのはやはり「自白」だった。有罪なら死刑の事件で、「嘘の自白をするとは考えられない」と。「科学技術の進展」で覆された（もちろん先の「足利事件」など、DNA鑑定などの「科学捜査」に依拠した非科学的「見込み捜査」の弊害も続出しているが）王冠の歯型や使用毒物の違い、杜撰極まる見込み捜査の結果を、裁判官は「自白」の一点で追認するのである。

　カメラは報道陣による廷内撮影で撮られた裁判官たちの顔を長写しにする。近代刑事司法の鉄則で、最高裁の白鳥決定（七五年）以降、再審事件にも適用されてきた理念「疑わしきは被告人の利益に」を擲ち、奥西勝さんを獄死させた司法村の「村人」たち、不正義に目を向けず、日常の安穏を優先して眠りこけている法服を来た「犯罪人」たちである。

　証拠のおかしさも証言の矛盾にも目を瞑り、ただ「自白」に依拠して眠り続ける。先人の判断に異を唱えるのがそれほど怖いのか、検察との関係を損なうのがそれほど不安なのか。

　本作には現役裁判官時代、三〇件以上の無罪判決を書いた「名物判事」、木谷明弁護士も登場する。彼が「特異」なのではない。それほど杜撰な捜査で訴追がなされ、右から左に有罪判決が言い渡され、確定しているのである。作品では触れられていないが、木谷さんの無罪判決はいずれも上級審で覆されていない。司法無謬論に固執するヒラメ判事をしても覆せぬ強度の無罪を書いたと言うことだ。元検事の弁護士によるワンカットのコメントもタイミングがいい。彼は経験に基づいて言う。

「検察は裁判官のために、『最後のダメ出し』として必ず自白を用意し、裁判官もそれが慣習になっている」と。「自白」は、いわば検事から裁判官への贈り物なのである。

　そしてもう一つの沈黙を破るため、鎌田監督は車を走らせる。事件の現場「葛尾」である。親類縁者ばかりの仲の良い集落で起きた大量殺人事件、その混乱は、

© 東海テレビ放送

六日後の奥西勝逮捕と犯行自供で一定の落ち着きを見るが、一方で犯人・奥西への憎しみが村を染め上げていく。現場となった公民館は村人の手で取り壊され、その残骸は焼却され、事件の記憶を思い起こさせるあらゆるものが村から消し去られていく。そこには奥西さんの母タツノさんの存在や、奥西家の墓までもが含まれていた。最後まで息子の無罪を信じつつ、八四歳で死去した母タツノさんが生前に語った村人からの暴力経験の数々は、陰惨の極みである。それを煽ったのは過熱報道を続けたメディアだった。

いくつかの証言は、捜査当局が描いたシナリオの矛盾を明るみにする。一つは奥西さんが自白したとされる犯行動機、妻と愛人との「三角関係の清算」である。死亡者五人には奥西さんの妻と彼の愛人が含まれていたが、葛尾では彼に限らず性関係は大らかだった。奥西さんが村内のある「未亡人」と男女関係にあるのは集落では公然のことで、それは妻も「公認」していた。三人で農作業をする姿も「普通」に目撃されていた。三角関係の是非や、「妻公認」の内実についてここでは踏み込まないが、ここでのポイントは、捜査当局が犯行動機とした「妻と愛人と私の三角関係の清算」という理由それ自体が、この村では成立しえないということだ。

奥西さんが逮捕された後、住民の供述が検察の筋書きに沿う形で変遷したことも知られている。鎌田監督はそこも改めて取材する。代表格の村人ら二人は口々に言う。

「終わった」、「もう忘れたい」、「奥西は白状してる、あれ以外に（犯人は）居ない」――。

彼らだけではない、狭い共同体の中で、いわば捜査当局の「共犯」となった村人もまた、今に至るまで奥西さんの「自白」にすがり、警察・検察の意に沿って「証言」をした自らの行為を正当化しているのだ。「みんな（加害者も含め）が被害者」という者もいる。だがそうなのか？　私はそこに、この国が後発の帝国主義国として手を染めた植民地支配と侵略戦争という愚行を「戦争が悪い」と一般化して思考停止し、敗戦後もその最高責任者である天皇ヒロヒトを縊るどころか逆に天皇制の継続をも受け入れ、この国の加害責任、ひいては自らの国民的責任を有耶無耶にしてきたこの社会の病理をも見てしまう。

彼らだけではない。「早く終わりにしてほしい」「奥西以外いない」と誰もが言う。皆が終生無罪を訴えた奥西さんを今も犯人として疑わないのは何故なのか。鎌田監督は、当時、ぶどう酒を呑んだ母の胎内にいた男性の、ある意味で核心的な証言を引き出す。彼は死去した父が生前、呟いた「勝さんは友達が少なかったよね」の一言にその理由を見ていた。

そして彼は言う。親類縁者が集まったこの集落で、「分家出身」だった奥西さんには、「力を逆転するほどの関係や財力や地位がなかった。それでは声が声として届きようがないし、一度そういう司法の仕組みができると、それを覆すだけの力は村人にはないと思う」。奥西さんとその家族は、静かな村に降りかかった災いを振り払うためのいわば生贄だった。そうして「村」は眠って来たのだ。

奥西さんの死後、再審請求は妹の岡美代子さんに引き継がれた。やはり殺人犯の妹として、辛酸を舐め尽くしてきた人物である。彼女を継承者として請求された第一〇次再審でも弁護団は科学分析による合理的疑いを提示した。王冠に巻かれた封緘紙についた糊が、奥西さんの供述とは矛盾する犯行態様を導きだしていたのである。だが裁判所は弁護人から一度の説明を訊くこともなく請求を棄却する。理由は「捜査段階の自白は十分信用できる」だった。

決め手はまたしても「自白」だった。岡さんは既に八八歳、後を継ぐ者はいない。

「名古屋の検察も裁判官もあかんわ。もう助けてくれへんわ。やってもないようなものを死刑にして。そんなこと言うてたら裁判官に捕まるやろか」。奥西さんの遺影を前にして岡さんは言う。「裁判長も私が死ぬのを待ってる」と。劇中でも一度、大写しになる奥西さんの死に顔が胸に突き刺さる。やせ細った顔でそれでも口を目いっぱいに空け、最期の力で「私は無実だ！」と絶叫しているような顔は、余りに無残で正視できない。だがこの犯罪を完遂させた私、私たちに、あの断末魔の顔から目を逸らす権利はない。これは私、私たちが享受する世界で進行中の不正義である。ならばそれを改めるのも私たちの義務である。これは制作者の渾身の訴えなのだ。最後の眠る「村人」とは、世界で広がる死刑廃止の潮流から目を背け、定期的・機械的に人が殺されている現実から目を背ける、あるいは国家が合法的に人を殺し続ける現実に慣れてしまった者たち。極右カルト政権が七年以上に渡って高支持率を維持する異常なムラ社会で惰眠を貪り続けるマジョリティー、臣民（≒奴隷）の群れのことだろう。

『金子文子と朴烈』

何をすれば殺すか、誰を殺すか、いつ殺すかを国家権力が恣意的に決める。まさに死刑は政治だ。それは「国家のみが人を合法的に殺す権利を持つ」という認識を前提とする。死刑をめぐるその根本的な問題に目を向け、国家権力からこの野蛮で恣意的な武器を取り上げる必要性を再認識させてくれる作品が、今年取り上げる二本目の作品、韓国映画の『金子文子と朴烈』（イ・ジュンイク監督）である。関東大震災直後、政治的思惑で逮捕され、大逆事件の犯人にまで仕立てあげられた朴烈と金子文子が登場するフィクション作品だ。

朴烈は、一九〇二年、植民地化直前の慶尚北道聞慶市に生れた。高校生だった一九一九年に三・一独立運動を経験、この頃、東京に来て、社会主義者やアナキストたちと親交を結ぶ。一九二一年一一月には、大杉栄らの思想的影響を受けたアナキズム系団体「黒濤会」を組織するが、アナボル論争・対立の煽りで同会は、社会主義者グループと無政府主義者グループに分裂、朴は仲間たちとアナキスト組織「黒友会」を立ち上げる。

一方の金子文子は一九〇三年、横浜市に出生した。父・佐伯文一は母・金子きくのと婚姻せず、娘文子の出生届も出さなかった。このため彼女は無籍者となり、就学が叶わないなど様々な差別を受けた。その上、父はきくのの妹と男女関係になり、挙句はきくのと金子を捨てた。本作では描かれていないが、父と叔母とのセックスを目の当たりにした苦しみは、金子の「性」に対するある種の嫌悪感として刻み付けられたようだ（本作ではその「嫌悪感」への言及はない。天真爛漫な色気を振りまく本作での金子文子像にはそぐわないゆえ、脚本段階で省かれたのか、あるいは金子のイメージが私と根本的に違うのかもしれない）。その上、きくのも再婚して金子を捨てた。一九一二年、金子は父方の祖母・佐伯ムツに連れられ、既に日本の領土となっていた朝鮮忠清北道に渡る。だがそこで待っていたのは祖母や身内から「無籍者」と蔑まれ、こき使われる「奴隷」のような生活だった。下駄で殴打され、食事を与えられず冬の屋外に放り出される。絶望のあまり一三歳頃には入水自殺も図ったという。

同時に金子がその幼い眼に焼き付けたのは、祖母一家ら日本人入植者に牛馬のように酷使される朝鮮人たちの姿であり、憲兵隊の詰め所に連行されて鞭打たれる朝鮮人の姿である（この屈辱的な「笞刑」は当時、外地の朝鮮人にのみ適用されていた）。三・一独立運動を経て一九一九年、祖母から「役立たず」として日本に送還されるまでの七年間が、金子の権力への反逆心、社会への復讐心、そして人

間解放への思いを育んだのである。縁談を巡って父と衝突した金子は一人上京。「女医」を目指し、新聞販売店の住み込みや露天商などをしながら英語学校などに通う中で、社会主義者やアナキストたちとの親交を広げていく。それを媒介したのは貧しさだった。そんな折に金子の眼に飛び込んできたのが、朴烈の書いた詩「犬コロ」だった。映画はここから始まる。

私は犬コロである
空を見て吠える
月を見て吠える
しがない私は犬コロである

位の高い両班の股から
熱いものがこぼれ落ちて
私の体を濡らせば
私は彼の足に
勢いよく熱い小便を垂れる

私は犬コロである

人力車の料金を巡り横柄な日本人が車引きである朴烈（イ・ジェフン）を滅多打ちにする冒頭のシーンで、当時の日本人と朝鮮人の力関係を示した後、カメラは「岩崎おでん」（通称・社会主義おでん）の金子金子（チェ・ヒソ）を映し出す。今も有楽町駅近くに食堂として存在するこの店は、当時、社会主義者の溜まり場で、金子はそこの店員だった。朴の詩に、自らの渇望を満たす何かを感じた金子は、「社会主義おでん」に出入りしていた朝鮮人コミュニストの一人に、朴の紹介を請う。

念願叶って朴に出会った金子は、いきなり切り出す。「一緒に暮らしましょう。私もアナキストです」。韓国映画ならではの無駄のない展開というのもあるだろうが、実際にそれほど突飛だったようだ。時は一九二二年、第一次世界大戦終結から四年、日本の軍警による弾圧で、朝鮮人数千人が虐殺された三・一弾圧から三年である。明治政府発足以降、常に戦争を繰り返してきた日本は、当時も革命潰しを企図したシベリア派兵（干渉戦争）を行っていた。ここからの四年半が映画を流れる時間になる。

金子は朝鮮人参売りをして（車夫を辞めた朴は何をしているかよく分からない。「働かずに食い倒す」のが彼のポリシーだった）、生計を立てての同居が始まる。金子は朴に同居にあたってのルール（同居契約）を提案する。

1. 同志として生活を共にする。
2. 政治活動上、金子が女であることは考慮しない。
3. 一方の思想が堕落して、権力者と結べば共同生活は解消する。

二人三脚の同志となった朴と金子は機関誌『黒濤』を創刊、一九二二年に発覚した信濃川朝鮮人虐殺事件（新潟県の中津川第一水力発言工事現場で、朝鮮人労働者への虐待致死が多発していた問題、『読売新聞』の報道で暴露された。中津川朝鮮人虐殺事件とも言う）で朴は現地調査に赴き、内務省批判の演説などをした。同年一一月には二人して『太い鮮人』を刊行する。日本にまつろわぬ朝鮮人を指した「不逞鮮人」を捩ったのである。そして一九二三年四月には「黒友会」の流れを汲むアナキスト系団体「不逞社」を設立した。その目的は「民族的でも無く、社会主義でもなく、只叛逆という事」とされていたという。

何をするかは決まっていないが、とにかく実力行使で独立を達成したい。そんな彼らの思いは未曾有の大災害に呑み込まれていく。関東大震災である。メディアが機能を喪失した中で、「朝鮮人が井戸に毒を入れた」、「朝鮮人が放火している」などのデマが拡散する。まさに二一世紀の現在、この日本で自然災害が発生する度に起きていることと同様である。

内務大臣、水野廉太郎（キム・インウ）は戒厳令を発布する。恐怖と不安に慄く者たちにとって戒厳令は「実際に『不逞鮮人』の蛮行が起きている根拠」と受け止められ、自警団と軍警による朝鮮人虐殺が加速、拡大していく。

竹槍で刺し、日本刀や鉈で切り殺し、手足を縛りあげて焚火の中に投げ込み、並べて座らせて首を刎ねる。後ろ手に縛って川に投げ込み、妊婦の腹を割き、性器を鉄棒で突き刺して殺した。レイプされた後に惨殺された者も多い。そんな歴史的事実の一端が映像に記される。一方で当局は保護拘束名目で朝鮮人たちの身柄を押さえていく。「外にいる方が危ない」とする朴の提案で、不逞社のメンバーたちも自ら進んで拘束を受け入れる。

本作が制作され、日本で公開された大きな意味は、歴史修正主義者らが「なかったこと」にしようと目論むこの震災時の朝鮮人虐殺を描いたことだと思う。前述したように明治政府発足以降、間断なく対外戦争と軍事介入を繰り返してきた当時の日本には、国家殺人の突端を担ってきた者たち（人を殺すことへの抵抗感が少ない者）が普通に暮らしていた。第二次大戦後も他国で戦争を繰り返している米国で常に制作されてきた、殺人を経験した者の暴走や苦悩を描いた映画群を想像して欲しい。そして何よりも日本人の根底にあったのは、侮蔑し、酷使し、殺してきた者たちから復讐される潜在的な恐怖だったと思う。

さらにもう一つ、この映画を通して学ぶべきことは、差別、排除、暴力の煽動（ヘイトスピーチ）が虐殺に至る事実である。ナチス時代のドイツなどで起きたユダヤ人虐殺に例を求めずとも、それは一〇〇年も経ぬ時期に日本で起きた事実なのだ。しかもこの国で起きた悲劇は、ドイツでのように歴代政府によって歴史的事実として確認され、再び繰り返さないとの誓いが立てられたものではない（少数の良心による慰霊祭は営まれているが）。むしろこの国では、ネトウヨや「学者」、右派メディア、政治家までもが一丸となってその愚行を否定しているのが現実である。克服されない加害トラウマは繰り返す。政権の煽動で、他者への敵意と攻撃性が蔓延したこの社会は、極めて危険な状態にあることを本作は私達に突き付けて来る。

さて、水野の命令で当局は、拘束した朝鮮人たちの中から朝鮮人社会にインパクトのある人間を選び、「混乱に乗じて大官を暗殺しようとした犯罪者」に仕立て上げることになる（実際の水野は戒厳令を出した日に退任しており、この指示を出したとは考え難い。後述するがこれは演出上の「仕立て」と思われる）。朝鮮人虐殺の事実が内外から批判を浴び、責任を問われる事態を恐れた水野が、「実際に『テロ』を目論む不逞鮮人は居た」、だから戒厳令は妥当だったと主張するためのフレームアップである。一方で取り調べ（拷問）に屈服したメンバーは爆弾入手の計画を官憲に語り、その首謀者を朴烈だと言わされる。

睨まれれば逃れられないのは、現在日本の刑事事件も大同小異、特に検察捜査はそうだ。仲間に難が及ぶのを避けたい朴は、単独犯として罪を被ろうとする（映画ではそう描かれるが、私はそこに止まらぬ朴の自己顕示欲、英雄願望があるように感じる）。そんな朴に、「同志」金子は付いて行く。

最初は「大官殺害を企てた」のが容疑だった。しかし予備尋問にあたった立松懐清判事（キム・ジュハン、それにしても嘆息するのは、日本人役が軒並み、日本語が堪能な韓国人俳優や、在日朝鮮人の俳優で占められていることだ。天皇批判に直結する企画だからだろう。日本映画界の体たらくを思う）とのやり取りの中で、「容疑事実」はエスカレートし、暗殺の対象は皇太子裕仁に至る。となれば大逆罪で、量刑は死刑のみ。二人が究極の犯罪者となることは、天皇制ファシズム国家の首魁たちにとっては願ったりかなったりのこと。富山の米騒動が全国に広がってからまだ五年、しかも関東大震災の直後である。社会不安や政府への不満はいつ爆発しても不思議ではなかったはずだ。それを逸らす格好の「素材」が現れたのだから。

「敵」を発見する。居なければ作り上げて晒し、攻撃し、人々の不安や不満を逸らす。まさに今の日本と同じだ。戦争を望むかのごとく朝鮮や韓国との対立・対決を煽り立てる政権と、それに付き従い、近代以降、溜め込んできた朝鮮人蔑視と、見下してきた者たちがいつの間にか自分に物を言う存在となっていたことへの恐怖が相まって、近隣諸国や在日に対して際限ない攻撃性を発揮する二一世紀の「臣民」(≒奴隷)たち。本作を観ながら幾度となく痛感するのはこの「共通性」である。敵を見つけて「成敗する」カタルシス。死刑と戦争はまさにそのツールなのである。

当局の作り話を受け入れた二人の狙いは、法廷をメディアにして、真実を語ること。仲間は布施辰治に弁護を頼む。「生きべくんば民衆とともに、死すべくんば民衆のために」を座右の銘とする弁護士で、死刑廃止論者だ。「この事件は明らかに捏造だ」という布施が面会に来るが、朴は「自供」を変えるつもりはない。面会に来た布施に朴は言う。

「死刑を恐れて口を閉じるつもりはありません」

「真実に深入りしすぎると長生きできんというぞ。朝鮮人初の大逆罪の中心人物になるのか」と言う布施に朴は返す。

「大逆、日本人にとっては大逆でしょう。朝鮮人にとってするべきことをするのが大逆ならば、喜んで罪人になります」。

一九二六年、大審院での審理が始まる。天皇の権威を象徴するのが裁判官なら、俺は朝鮮を代表するとして、朴は朝鮮の礼服を要求。ならば私もと、チマチョゴリを纏って登場した金子は、まさに法廷を自らの劇場とする。真実を語ることが命賭けだった時代を象徴する場面である。予審尋問段階も含め、大逆を背負うことを決意した後に展開される、二人の堰を切ったような天皇批判も、本作が日本で公開された大きな意義だと思う。長くなるが引用したい。

「もともと国家とか民族とか君主というものはひとつの概念にすぎない。この概念の君主に一つの権力と神聖度を付与するためにつくられた代表的なものが日本の天皇であり、皇太子である。人間は人間であるというただ一つの資格によって平等な権利を享受すべきだ。個の平等な人間世界を踏み躙る悪魔の権力が天皇であり皇太子であるのだ。したがって彼らは消えるべき存在だ」(金子、予審尋問で)

「天皇みたいな寄生虫を生かすと、人類の平和を損なうことにならない

か？　この日本だけでなく、宇宙の万物までも滅ぼすことが俺の夢だ」（朴、同）

「天皇の神聖さを強要することによって国家体制が維持されている日本で、その虚構性が日本民衆によって明らかになれば、天皇制が崩れるだろうと思った。だが日本民衆はそのような認識も意志もない。日本という国家が維持されるのは、天皇の神聖さを日本民衆に強要できる間だけだ。その神聖さが危機に陥る度、国家の方へ注意を惹き、やっと免れて来ただろうが、すぐに滅亡の時がくるだろう」（朴、大審院で）。

「地上の平等なる人間世界を踏み躙る、悪魔的権力は天皇であり皇太子である。己を犠牲にして国家のために尽くすという、忠臣愛国という思想は、実は権力が私利を貪るを形容詞で包んだものであり、これは己の利権のために民衆の生命を犠牲にする一つの残忍なる欲望にすぎない。従ってそれを無批判に受け取ることはすなわち、少数特権階級の奴隷たることを警告する」（金子、同）。

金子と朴の命を賭したこれらの言葉を受け止めきれなかったことに、敗戦からわずか七〇年で、南京大虐殺や日本軍「性奴隷」、挙句は大陸への侵略や強制連行、徴用までもを「なかった」と言い募る者たちが多数派を占めるこの社会の現状がある。人々の意志で侵略戦争と植民地支配の主犯である天皇ヒロヒトを処断し、存在それ自体が差別である天皇制を解体し、それを受容した個々人の責任を省みる。そのプロセスの欠落に、戦前からの連続でしかなかった現在の惨状の根があると、私は思う。

二人は思う存分に語る。天皇制という諸悪の根源を、三・一独立運動への共感を、人間の平等を。「臣民」たちは一貫して、本当のことを言い続ける二人を「狂人」の枠に押し込め、済ませてしまおうとする。天皇という一介の「製糞機」を「神」と仰ぎ、差別を自明として生きている自分たちの「おかしさ」を直視しないため。他民族を支配し、夥しい死者を出し続けている国民的責任から目を背けるため。そして「狂気」の上に築かれた日常を続けていくために。とりわけ「同じ日本人」である金子に対しては、不幸な生い立ちで社会への怒りを募らせた結果、朴に惑わされた女などと見做し、彼女がその艱難辛苦の中から掴み出した思想、立ち上げた主体を認めようとしない。二人はそれに抗うように、「本当の事」を言い続ける。天皇制は悪であり、人間は平等である、誰かが誰かを支配することは不正であると。

大荒れになった大審院の審議は非公開となり、二人は一九二六年三月二五日、死刑を言い渡される。裁判長に詰め寄り、「俺の体は自由にできても精神は自由にできない」と朴が叫ぶ一方で、金子は万歳三唱をする。「生きるとはただ動くと言うことではない。私の意志で動いた時、それがたとえ、死に向かうものであろうと、それは生の否定ではない、肯定である。彼と共に闘った三年の間こそ、私は、私自身を生きた」と語り、「奴らの法」を否定し切った金子の歓喜と、裁判長を怒りに任せて罵倒した朴……実に対照的だが、両方とも史実である。

　そしてここからである。一〇日後の四月五日、二人に恩赦が下る。他でもない天皇の「慈悲」である。元々、具体的計画などなかった捏造事件である。劇中でも言及されるように、この命がけの「パフォーマンス」は外地・朝鮮でも注目を集めていた（日本の新聞は、二人が判決に打ちのめされたと歪曲報道したが、『朝鮮日報』は金子が法廷内で万歳三唱をしたことも報じていた）。政府内には、ここで二人の執行を強行すれば、「やっと」鎮圧した三・一闘争が再燃するとの判断もあった。だがそれは、予備中から執拗に転向を迫られてきた二人への更なる攻撃であり、死を突き付けても自在にできない者たちへの辱めである。それは「奴らの法」とその権威を受け入れることになるのだから。朴は恩赦状を握りつぶし、金子はそれを判事の面前で破り捨てる。私はここで、外国人登録法に基づく指紋押捺を拒否して起訴され、当時も被告人であった在日朝鮮人や中国人ら三十数人が、ヒロヒトの葬儀に伴う大赦で免責された屈辱を思い起こす。

　そして金子は宇都宮刑務所に移送されてから約三か月半後の七月二三日、縊死する。

　「将来の自分を生かす為、現在の自分を殺すことは断じて出来ないのです。私はね、権力の前に膝折って生きるよりは寧ろ死んで飽くまで自分の裡に終始します」。もちろんその真相は知る由もないが——彼女自身にも理解できていたかどうかは分からない——、彼女は当局から転向を迫られた時に語ったこの言葉に殉じたのだと思う。無籍者としての日々、朝鮮での虐待と、同じく植民地主義と差別に蹂躙された者たちへの共感、そして出会った社会主義、虚無主義、アナキズム。彼女は人が人を支配しない、権力関係から解き放たれた共同体を夢見ていた。死刑という究極の暴力行使を手に屈服を迫る国家に対峙し、彼女は、何者にも侵せない自由を獲得したのである。それはひとつの勝利だった。

　彼女は自らに残された最後の自由、すなわち自らの命を絶つという権利を行使して、国家からの「赦し」をも跳ね付けた、最後まで「奴らの法」に支配されることを拒み切ったのである。同時に私が思ったのは、現在の死刑制度の残虐さである。監視カメラのついた独房で、完全消灯がなされない二四時間のモニタリングされた生活の末、当日の朝に告知して数時間後には執行されてしまう。自裁の自由すら認められない残酷さに、死刑の一つの本質があると思う。

一方で朴は一九三七年に獄中で思想転向、恭順上申書を提出し、朝鮮人の進むべき道は日本人になることなどと表明している。彼は政治犯では最長となる二二年二か月を刑務所で過ごした後、一九四五年一〇月に釈放された。敗戦（ポツダム宣言を受託した後、戦艦ミズーリ船上で降伏文書に署名した九月二日）から二か月近い。「戦後」政府が自発的に釈放したのではない。九月二六日、三木清の獄死を外電で知り（日本の新聞ではなかった）、大量の政治犯がいまだ収監されている事実に驚愕した連合国軍総司令部（＝米国）が、一〇月四日に人権指令を出して特別高等警察を廃止、政治犯の釈放を命じたからだ。大逆事件の裁判を通じて朝鮮人の間でも「有名人」になっていた朴は、大勢の朝鮮人たちから英雄として迎えられた。釈放時の朴は反共主義の立場をとっており、同月に結成されていた汎民族組織「在日本朝鮮人連盟」の左派傾向に反発する右派、親日派が立ち上げた「新朝鮮建国同盟」の委員長に祭り上げられ、その後、在日本朝鮮居留民団（現・韓国民団）の初代団長に収まった。社会主義、アナキズム、ニヒリズムを経て民族主義者となった彼は、右派団体の首魁になったのである。

団長選挙に落ちて失脚した朴は、一九四九年五月、李承晩独裁下の韓国に渡る。翌年に起きた朝鮮戦争の混乱のなか、朝鮮民主主義人民共和国（DPRK）の領域に渡った（朝鮮人民軍に連れ去られたといわれる）彼は、今度は北南平和統一委員会で活動し、一九七四年、朝鮮で死亡した。享年七一歳。処刑されたとも言われる彼が、朝鮮で如何なる政治的な立場を取ったのか不明だが、信じ難い思想的な振れ幅である。時代の荒波の中で、何があろうと「生き抜く」ことも一つの「抵抗」なのだとは思うが、一方で「死なずにいること」と「生きること」とは違うとも思う。

そんな変節漢に他ならなかった朴烈が、イ・ジェフンの名演も相まってとにかく恰好よく描かれていることそれ自体に私は抵抗を覚えるが、それは置いておく。その上で指摘したいのは、冒頭から字幕で「実話」、「実在」などを強調し、イ・ジュンソク監督もインタビューなどで「事実」と強調していることへの違和感だ。確かに当時の新聞記事を基に細部を詰めてはいる。金子が働いていた「おでん屋」の名前や、前述した二人の同居契約とその内容、文言も金子の手記などから実に正確に引用されている。

その一方で脚色も目立つ。水野廉太郎を突出した悪役に仕立てた設定（戒厳令が出た二日に彼は辞任し、翌年一月に復帰している。その空白を考えれば彼が事件のすべてを指示したような展開には無理がある）や、二人を救おうと尽力する立松のキャラクターも実際とは異なる。自警団、軍警による六〇〇〇人以上という犠牲者数も学術的な異議が出ている。最後に強調される金子文子殺害説もミスリードである。

映画で史実の脚色や変更はあって当然だとは思うのだが、その上で「事実」を売りにする姿勢には疑問を持つ。事実を題材に脚色したならば、そうアナウンスすればいいだけである。トリビア的細部の再現に拘る一方、物語の幹を脚色してなお「事実」で売る手法は、細部の間違いを言い募り、全体を否定する歴史修正主義者の戦略と表裏だとすら思う。

そして残念だったのは金子の描き方である。見解の違いと言われればそれまでだが、『何が私をこうさせたか』を読んだ一人として、映画の金子は素晴らしいがイメージが違う。公判には獄中手記の執筆に合わせて彼女の原点の一端が語られるが、足りない。前述した幼少期の経験に基づくであろう、性に対するある種の嫌悪感や、人を寄せ付けない拒絶の美しさと怖さ、その合間に挟まれるユーモアが金子の魅力なのだが、チェ・ヒソ演じる金子は余りにキュートで、魅惑的に過ぎる。韓国での原題〝박열〟（パク・ヨル）を日本公開にあたって変更し、金子文子の名を前に持ってきたのは配給・宣伝を担った人たちのひとつの判断だが、監督にとって金子は、朴を愛し抜く脇役なのだ。もちろん、それも金子文子なのは間違いないだろうが、朴烈を「恰好よく描く」ことを大前提に人物像が構築されているゆえ、そんな金子の一面ばかりが突出している。予審尋問や法廷などで発せられる金子の激越な言葉の数々にも関わらず、その壮絶極まる半生を通じて立ち上げて来た自らの主体、思想を護り抜く彼女の「個」としての闘いが、相応の強度を持って伝わらないのはそのせいだろう。それを「二人の物語」として描いているかのごとく題するのは、私は正直、違うではと思うのである。

さて、映画は最後、朴が出獄後、一九八九年（盧泰愚政権時代）に、大韓民国建国勲章大統領章を授与されたことと、一九三一年に金子が朴の故郷、聞慶に埋葬され、金子が獄中で書いた自伝が栗原一男によって世に出されたこと。そして布施辰治が二〇〇四年、日本人としては初めて大韓民国建国勲章を受章したことを字幕で伝えて終わる。

左右を行き来しつつ民族主義者として出所後を生きたらしい朴烈には、勲章、すなわち権力による人間の格付けもありだろう。民団初代団長を務めた彼なら、全斗煥と並ぶ光州民衆抗争弾圧の下手人、盧泰愚から勲章を貰うのも相応しいかもしれないと毒づきたくもなる。だが金子は違う。彼女はあくまでもアナキストとして死んだはずなのだ。映画には描かれていないが、その金子に韓国・文在寅政府は二〇一八年一一月、布施に続いて日本人二人目となる建国勲章を出した。正直、これにはクラクラ来る。支配、被支配のない平等な社会を夢想し、命を賭けて国家に抗い、死をもって赦しを拒んだ金子に対し、国家が勲章を「贈る」というのだ。良い国家、悪い国家ではない。彼女は暴力の独占体である「国家」という統治形態、常に外部を造り、人を階層化する制度を全魂で拒んだのである。金子が生きていれば、これを何と言うかは想像するしかない。植民地支配、解放、分断、同族相食む戦争と軍事独裁政権を経て、東アジア随一の民主主義国家を生み出した、人々の血と涙に敬意を表して受け取るのか、あるいはアナキストとしての原理原則に則りそれを拒むのか――。でも私はやはり、人間解放を目指して旧体制を打倒した「力」が、何時の間にか新たな権力と化して人々を抑圧することに絶望した金子が、国家からの顕彰を有難がるとは思えない。私は想像する。背筋を伸ばして毅然と、そして確信を込めてこう言う金子の姿を。「恩赦も勲章も、国からの一切の格付けを私は拒否します」と。

そして金子はこう続けるだろう。「人間は人間として平等であらねばなりませぬ。そこには馬鹿もなければ利口もない。強者もなければ、弱者もない。地上における自然的存在たる人間としての価値からいえば、すべての人間は完全に平等であり、したがってすべての人間は人間であるという、ただ一つの資格によって人間としての生活の権利を完全に、かつ平等に享受すべきはずのものであると信じております」（一九二四年五月一四日、第一二回尋問調書）。

金子死去から九三年後、退廃の極みを生きる私、私たちは、今こそこの言葉に覚悟と決断をもって応答しなければならないと思う。

死刑関係文献案内 二〇一九年

前田 朗

一……オウム真理教事件死刑執行

二〇一八年七月六日・二六日の二日間、オウム真理教教祖の松本智津夫（麻原彰晃）をはじめとする一三人の死刑執行が行われた。一九九五年の地下鉄サリン事件など一連の事件で死刑が確定していた元教団幹部たちである。

昨年の本欄では、**森達也・深山織枝・早坂武禮『A4または麻原・オウムへの新たな視点』**（現代書館）、**アンソニー・トゥー『サリン事件死刑囚――中川智正との対話』**（角川書店）、**田口ランディ『逆さにつるされた男』**（河出書房新社）を取り上げた。

河出書房新社編集部編『オウムと死刑』（河出書房新社、二〇一八年一一月）は、一三人の死刑執行から四か月後に出版された。一四人の筆者のエッセイ、論説、インタヴューが収録されている。

古川日出男（小説家）「あの七月以降、僕たちはもう、全員オウムの信者だ」は、「消せば、なかったことにできる」というキーワードを、日本軍による戦争犯罪の証拠を焼却した日本国を引き合いに出しながら、死刑執行のメンタリティーも同じではないかと問う。

青木理（ジャーナリスト）「耐えがたい苦みと、無力感と」は、民主主義国家の刑事手続きではとうてい考えられない、拙速、隠密の「虐殺（大量死刑執行）」に疑義を唱える声はほとんど聞こえてこないことに「耐えがたい苦み」と「無力感」を表明する。

田口ランディ（小説家）「林泰男さんの死刑をどう受けとめたか――オウムから見えてきた闇」は、林泰男と文通、面会を続けてきた立場から、「自分が（家族が）被害者だったら」という仮想被害者が世論を形成している現状が実際の被害者を置き去りにする危険を提示する。

大石圭（小説家）「土谷正実くんについて」は、執行された土谷と幼い頃からの顔見知りで、何度も面会してきた立場から、「恐怖という感情を持たない少年」が、「正直で、実直、そして、極めて一途で、頑なな男」になり「本当に拒絶されることを怖がる人間」になったプロセスを描く。

河井匡秀（弁護士）「端本悟さんの弁護人として――なぜ再審請求を出さなかったのか」は、何度も再審請求を持ちかけたが、本人が「大変申し訳ないことをした」「弁解めいたことは言いたくない」という心情だったことを紹介するとともに、死刑執行命令を出しながら「赤坂自民亭」で宴会騒ぎをした上川陽子法務大臣に疑問を呈する。

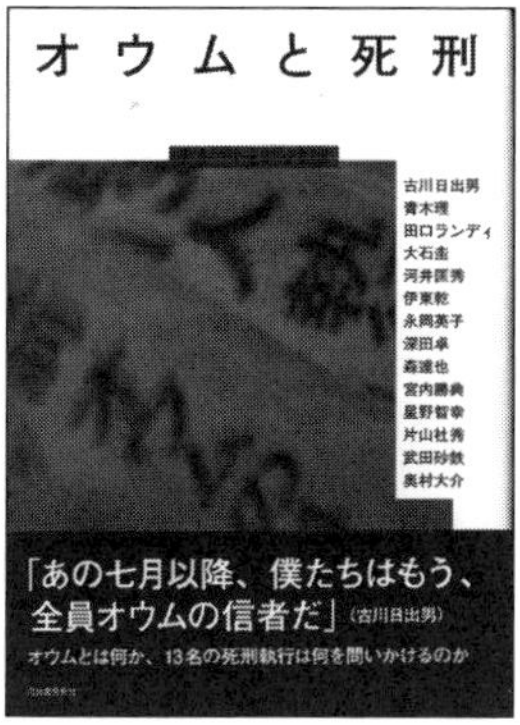

河出書房新社編『オウムと死刑』（河出書房新社、18年11月）

伊東乾（作曲家・指揮者）「因縁因果と形代流し――『執行後』に見る日本の病巣」は、「しるし付きの排除」や因果応報について考察し、科学者の道義的責任問題としてホロコーストとマンハッタン計画を対比する。「原水爆を作った科学者で、刑死した人は一人もいない」。他方、死刑囚の家族等への社会的非難が「連座」と化しているとし、作家の村上春樹の「サリン商法」を厳しく批判する。

永岡英子（オウム真理教家族の会）「十二名も被害者なのです――家族の会として活動して」は、坂本弁護士事件の捜査の在り方に「人間にやさしくない国」を見るとともに、サリン事件は防げた事件であり、行政の責任が大きいにもかかわらず、一三人への非難に収れんされた点を批判的に見る。

深田卓（死刑廃止フォーラム）「十三名の死刑執行は死刑制度を根底から変えた」は、確定者の移送問題、再審請求問題（十三人中一〇人が請求中だった）、心神喪失の可能性問題、確定順の執行問題等から、「死刑執行へのプロセスが完全に変わってしまった」と指摘する。

森達也（映画監督・作家）「オウムから見えた社会の歪みと変貌」は、『A』から『A4』に至る経過を振り返りながら、「社会にとってオウムとは何か」と、過去形ではなく現在形で問い、「サリン事件で煽られた不安と恐怖を燃料に、同質なものでまとまりたいとの衝動が強くなり、異質なものを排除したいとの欲求が高まった」現状を憂慮する。

宮内勝典（作家）「オウムが壊したもの、オウムにあらがうもの」は、「こういう出来事に向き合うべきなのは、やはり文学者ではないかと思います。人間精神の光から、どす黒い闇の部分まで、その全領域を生きていくのが文学者ですから、避けて通れない」という。

星野智幸（作家）「オウム事件は形を変えて始まっている――処罰社会とオウムの悪夢」は、報復的な処罰感情が差別や排除という終わりなき暴力を正当化してしまう危険を捉え、「オウム真理教の事件が終わったというより、私は形を変えた再現が始まったように感じている」という。

片山杜秀（政治学者）「三十一年之悪夢――北一輝と麻原彰晃」は、執行を耳にして石川啄木の「時代閉塞の現状」を思い出したといい、「オウム真理教が教祖のもとで被害者意識と『陰謀論』をバネに最大限結束していった姿も、閉塞する今の日本によって無意識になぞられている」と反復模倣の恐れを指摘する。

武田砂鉄（ライター）「平成の事件は平成のうちに?」は、死刑執行命令を出しながら「赤坂自民亭」で騒いだ上川陽子法務大臣らの惨状を確認し、危機意識の拡大や相互監視と同時に「物事をあやふやなまま終わらせる技術」と、「議論を怖がり、手っ取り早く要点を整理する」だけの「わかりやすさ」に危惧を表明する。

奥村大介（文化史・比較文学）「オウム真理教と科学――あるいは、認識という罪について」は、オウム真理教による科学研究を科学史の文脈に位置づけなおし、科学や技術にとっての負の遺産に視線を送り、「悪意によって得た科学的知見を善用することは善なのか」を改めて問う。

以上の諸論考が収録されているが、編者による総括はない。若い読者のために、巻末に奥村大介による「[入門]オウム真理教事件とは何か」が収められている。

広瀬健一（朝日新聞出版編）『悔悟――オウム真理教元信徒広瀬健一の手記』

（朝日新聞出版、二〇一九年三月）は、オウム真理教正悟師、科学技術省次官であり、二〇一八年七月二六日に死刑執行された広瀬の手記である。

冒頭に高村薫による序文があり、「私たちが問答無用で断罪したオウム信者たちは、たんに未曾有の事件を引き起こした反社会的モンスターや殺人マシンだったのではない。彼らは何よりも、あなたや私と同じ時代を生きていた日本人だった」という。

「私は地下鉄サリン事件の実行犯として、被害関係者の皆さまを筆舌に尽くし難い惨苦にあわせてしまいました。そのことは心から申し訳なく思い、謝罪の言葉も見つかりません。また、社会の皆さまにも多大なご迷惑をおかけ致しました。その贖罪は、私がいかなる刑に服そうとかなわないと存じております。せめて、このような悲惨な事件の再発を防止するための一助となることを願い、私の経験を述べさせていただきたく思います」。

広瀬は高校時代に「生きる意味」の問題に悩み、さまざまな著作を読んで考える中、一方では物理学研究をめざしつつ、麻原彰晃の著作に接して「宗教的経験（クンダリニーの覚醒）」にめざめ、オウム真理教に入信していった経過を説明する。在家信徒としての生活、麻原の説得による出家、説法がエスカレートしていった過程、ボツリヌス菌の大量培養、各種兵器（プラズマ兵器、レーザ兵器等）の開発、そして地下鉄サリン事件への転落の経緯が語られる。

本書出版にこぎつけた谷川修眞（真宗大谷派圓光寺住職）は、広瀬死刑囚との交流の一端を紹介し、「カルト的集団の信者を脱会させ、また新たな入信者が出るのを防ぐためにはどうしたらいいのか」、そのための手掛かりとして本書を送り出したという。

地下鉄サリン事件被害者の会代表世話人の高橋シズヱは、断ろうと思いながらも寄稿し、法廷で見た広瀬や、裁判所で会った広瀬の母親のことも紹介したうえで、被害者の衝撃、怒り、痛嘆、絶望の深さに触れる。

「死刑囚の身で、法廷では語りきれなかったオウム真理教の教義や、そこに自分を埋没させてしまった過程。当時の教団内における自己分析などを手記に書きとどめ、将来への教訓にしようと執行直前まで書き続けた広瀬に、それ以上の何ができたというのでしょうか」。

広瀬健一『悔悟――オウム真理教元信徒広瀬健一の手記』
（朝日新聞出版、19年3月）

門田隆将『オウム死刑囚魂の遍歴――井上嘉浩すべての罪はわが身にあり』（PHP、二〇一八年一二月）は、死刑執行された井上嘉浩が残した五〇〇〇枚の手記、その父親が書いた六〇〇枚の回想記、母親への取材を通して、これまで誤解されてきた井上の真実を伝えようとする。

「修行の天才」と呼ばれ神通力の強さを誇った井上は麻原彰晃の側近となり、数々の犯罪に関与した。自身が手を下した殺人は一件もなく、むしろ殺人から「逃げていた」という井上は、膨大な法廷証言を通じて麻原とオウム元幹部達の犯罪を暴き、検察に全面協力した。このため井上は、被害者遺族からの怒りだけでなく、オウム関係者やメディアからも批判を受けるようになった。有罪認定の多くが井上証言に依拠しているのではないか。果たして井上証言はどこまで信用できるのか。井上は自分の罪を逃れるために、オウム元幹部たちに罪をなすりつけているのではないか。さまざまな憶測を生んだ。

特に一審判決では井上は無期懲役であったから、他の被告らを死刑に追い込んで自分は死刑を逃れたと見なされた。ところが二審では井上自身が死刑を言い渡され、確定した。オウム死刑囚一三人のなかで無期から死刑に変わったのは井上だけである。

一人の少年がいかにしてオウム真理教に入信し、犯罪に関与し、裁判において教祖と対決し、すべてを敵に回しながら、「生きて罪を償う」途を歩もうとしたのか。門田は井上の全人生を追いかけ、周囲の人々の思いに耳を傾ける。

再審請求の経過は重要である。一九九五年の假谷事件の事実認定は一審と二審で分かれた。二審は中川智正証言をもとに井上の弁解を退けた。假谷の死亡時刻は三月一日午前一〇時四五分から一一時頃とされている。一一時頃に電話で指示を受けた井上が井田を上九一色村に連れて行ったことになっている。井上はこれを否定する。大雪だったから一一時頃に電話を受けても、午後に上九一色村に行くことはできなかったと主張する。二審判決は大雪の件を無視した。ところが、三月一日未明からの大雪で中央高速道をはじめ積雪のため通行できなかったのだ。井上の記憶が正しかった。

二〇一八年三月、弁護団は井上の再審請求を提出した。五月八日、東京高裁刑事第八部は再審請求に関する「進行協議」を始めた。再審請求提出から二か月に満たない。通例ならこれほど早い対応はなされない。確定判決の事実誤認が顕著だと東京高裁も受け止めたのだろう。七月三日、二回目の進行協議が行われ、九五年三月一日の井上の携帯電話の発信記録が焦点となった。中川からの電話を受けて、井上が井田を探すために各所に電話をかけたからだ。その記録の存在を検察官は認め、証拠開示できると述べた。そこで次回の進行協議は八月六日に決まった。証拠が開示され、中川の電話の時刻が明らかになれば、確定判決の事実認定が崩壊する。再審請求は一気に重大局面に達した。

ところが七月六日、井上も中川も死刑執行されてしまった。

「わずか三日前の七月三日、再審請求の二回目の進行協議が開かれ、東京高裁刑事八部は、検察に対して二週間以内に井上の携帯電話の発信記録を提出するよう命じ、いよいよ本格的な真相究明がスタートしたばかりだ。

その新資料をもとに検証をおこなうため、次回の進行協議の期日は、一か月後の『八月六日』と、すでに決まっていた。法務省は、そんなこともお構いなしに、問答無用の『死刑執行』をおこなったのである。

法治国家として、それは『あり得ないこと』だった」。

井上再審に限らず、オウム真理教事件での裁判所と法務省の姿勢は杜撰な審理と言われようが何と言われようが、とにかく死刑にするという絶対目標に貫かれていた。

処刑の前日、井上は、支援者であり宗教者である女性に最後の手紙を書いた。投函されることなく、遺品として渡されたその手紙の次の言葉を引用して、門田は井上の「魂の遍歴」を終える。

「7月7日、七夕ですね。

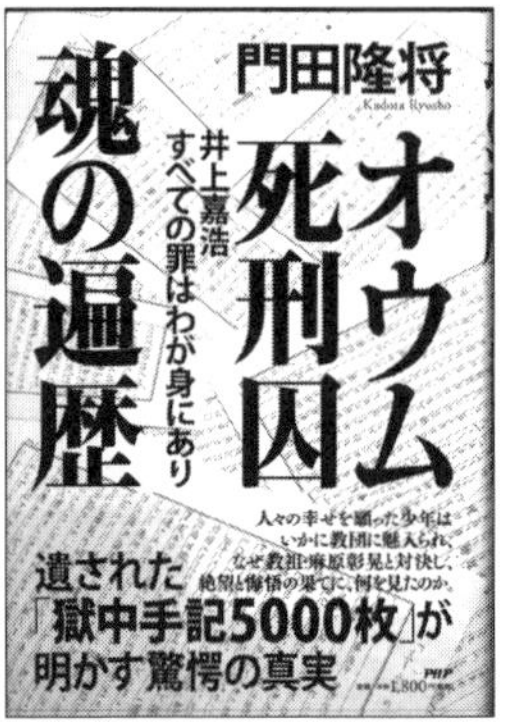

門田隆将『オウム死刑囚魂の遍歴―井上嘉浩すべての罪はわが身にあり』（PHP、18年12月）

いのちの大空に、七夕の星々が
輝いていいます。
いのちの大空の下、いつも一緒です」。

二……重大凶悪事件と死刑

重大凶悪犯罪の実行者とされた殺人犯へのジャーナリストによる面会記録が相次いで出版された。

小野一光『人殺しの論理——凶悪殺人犯へのインタビュー』（幻冬舎新書、二〇一八年一一月）は、「戦場から風俗まで」をフィールドとするフリーライターで、『家族喰い——尼崎連続変死事件の真相』（文春文庫）の著者によるインタビュー記録である。「同じ相手と長時間にわたって面会を繰り返し、手紙のやりとりを重ねていくうちに、その人物の人間的な部分が見えてくることがある。たとえ凶悪犯であっても、そうして心を通わせるようになった相手との、未来永劫の別れには、やはり一抹の寂しさがつきまとう」と言い、「平穏に生きる人々にはまったく関係ないと思われる殺人犯という存在が、じつは決して遠い存在ではない」という。冒頭に、取材現場の多様性や、拘置所での面会方法などの説明がなされる。続いて大牟田四人殺人事件の北村孝紘、北九州監禁連続殺人事件の松永太、尼崎連続変死事件の角田瑠衣、某県女性刺殺事件の山口浩一（仮名）、近畿連続青酸死事件の筧千佐子との会話や資料が紹介される。それぞれの事件、人生模様、裁判経過、被害者の思いなどとともに、取材者と被疑者・被告人の間の交流が描かれる。死刑についての検討はなされていないが、例えば筧千佐子は初対面であるにもかかわらず、自ら「死刑」という言葉を口にしたという。「私な、死刑判決を受けたやんか、いつ頃執行されるの？」。殺人犯五人と面会してきた経験のなかで、ここまで単刀直入に死刑や自身の生命の期限について口にする人物はいなかったという。面会を重ねて事件の真相に迫ろうと試みたが、結局、失敗に終わる。最後は「私もね、もう死刑になるからね。勝手に言いたいこと言うて、いう感じや」と面会室から出ていったという。

片岡健『平成監獄面会記——重大殺人犯7人と1人のリアル』（笠倉出版社、二〇一九年二月）は、『絶望の牢獄から無実を叫ぶ——冤罪死刑囚八人の書画集』の著者であるフリーライターが、報道で「凶悪殺人犯」として非難されている殺人犯の実像を知るために、本人に会うために面会を重ねた記録である。「裁判中の法廷にいる時と、面会室で向かい合った時とでは、印象が大きく異なる殺人犯も少

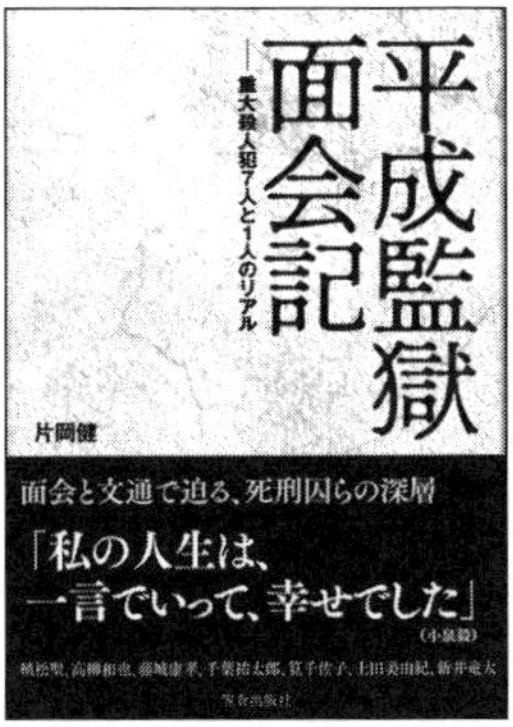

片岡健『平成監獄面会記——重大殺人犯7人と1人のリアル』（笠倉出版社、19年2月）

なくない。裁判を傍聴したあとに面会に訪ねてみると、法廷にいた時とは顔つきもまったく変わり、別人のように見える殺人犯もいるほどだ」。

面会した対象は、元厚生事務次官宅連続襲撃事件の小泉毅、相模原知的障碍者施設殺傷事件の植松聖、兵庫二女性バラバラ殺害事件の高柳和也、加古川七人殺害事件の藤城康孝、石巻三人殺傷事件の千葉祐太郎、関西連続青酸殺人事件の筧千佐子、鳥取連続不審死事件の上田美由紀、横浜・深谷親族殺害事件の新井竜太である。筧千佐子は小野一光『人殺しの論理』と共通である。

石巻三人殺傷事件は裁判員裁判で初めて少年に死刑を言い渡した事案である。逆恨みからの凶悪犯罪とされているが、犯行に計画性があったか否か、残虐性があったか否かが争いとなった。殺害の事実は確かだが、検察が組み立てた犯行ストーリーは事実とは異なると主張したが、判決では認められなかった。死刑確定後、再審請求中である。

横浜・深谷親族殺害事件の新井竜太は無実を訴えている。深谷事件及び横浜事件の実行犯が「新井から指示された」と供述し、反省の姿勢を見せたことから無期懲役となり、「二つの殺人事件に関係ない」と無実を訴えた新井が「改悛の情が窺われない」として死刑となった。著者も、本件は冤罪であると思っているという。本書のサブタイトル「重大殺人犯７人と１人のリアル」は、新井を他の７人と区別するためである。

著者は最後に「殺人犯たちの実像を知ろうとせず、『殺人鬼』『鬼畜』『毒婦』などとレッテルを貼り、悪人と決めつけるような報道は無難だろうとは思うが、有意なものは何も生まない」という。

堀慶末『鎮魂歌――闇サイト事件・殺人者の手記』（インパクト出版会、二〇一九年五月）は、第一三回大道寺幸子・赤堀政夫基金・死刑囚表現展特別賞受賞作である。堀は闇サイト事件（千種事件）で、二〇〇九年三月一八日、名古屋地裁で死刑を言い渡されたが、一一年四月一二日名古屋高裁で無期懲役に減刑となり、一二年七月一一日、最高裁で無期懲役が確定した。その後、碧南事件と守山事件で再逮捕され、一五年一二月一五日、名古屋地裁で死刑、一六年一一月八日、名古屋高裁で控訴棄却となり、上告して最高裁に係属していた。無期懲役が確定した受刑者であると同時に、死刑を言い渡されて上告中の未決死刑囚であった。本書出版直後、二〇一九年七月一九日、最高裁で上告棄却となり、同年八月七日付で判決訂正申立てが棄却されたために死刑が確定した。

複数の重大事件を犯し、一部（闇サイト事件）発覚後も余罪（碧南事件、守山事件）について隠しながら一部事件について反省を述べ、心理鑑定の結果、死刑ではなく無期懲役となったこともあって、メディアや被害者遺族から厳しい批判が向けられた。被害者遺族は堀の死刑を求めて法務大臣に手紙を出し、死刑要求署名運動を展開するだけでなく、死刑廃止論に対する厳しい批判も口にしている。日弁連の死刑廃止決議の時期に重なったこともあり、被害者遺族が社会的発言を続け、メディアでも取り上げられた。

　堀はこれまで数回にわたって死刑囚表現展に作品を応募しているが、二〇一〇年から星彩、一二年から氷室漣司の筆名でフィクションの形をとっていたが、本作品では実名で自分の事件に向き合った。それは死刑囚など重大事件を起こした者が文章や絵画作品を発表することに対して「ずるい」という社会的反応があることを受け止めて、考え直した結果である。「自分のいのちを削りながら自分自身と向き合うことになるから、そんなにつらいこともない」と思うが、世間の人がそれでも「ずるい」と感じることは「どうしようもない」。死刑囚が表現を続ける限り、この問題を避けることはできない。「伝わらない人には、たぶん何を書いても伝わらない。でも、伝えようとして書かなければ、伝わるものも伝わらない。僕らは『ずるい』という言葉から学んだことを忘れずに、きちんと何かに向き合ったものを書くべきだと思った」という。

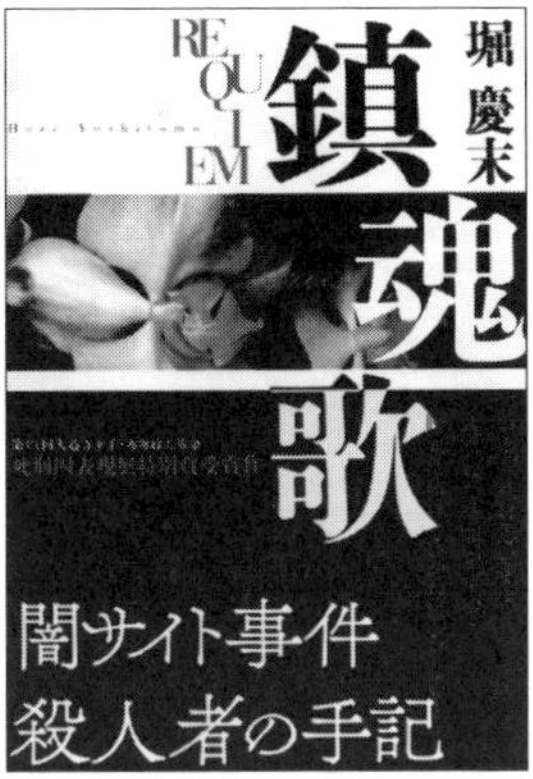

堀慶末『鎮魂歌』
（インパクト出版会、19年5月）

　本書はまず生い立ちから始め、非行に走るようになったきっかけや、シンナー、不登校、アルバイト、結婚、長男出産までの状況を説明する。

　一九九八年、最初の事件が碧南事件である。借金返済に窮して共犯者とともに強盗を計画し、被害者二名を殺害した。次いで二〇〇六年、離婚後の荒れた暮らしの中で共犯者とともに強盗を計画し、強盗致傷事件を起こした。翌二〇〇七年、今度は闇サイトで知り合った共犯者とともに強盗を計画し、被害者を殺害・遺棄した。これら三つの事件に至る経緯、当時の生活状況、共犯者との行動を順次振り返る。

　裁判中の鑑定結果に「見通しの甘さや、判断力の弱さ、軽率さが覗える」と出たことを、なるほどと納得したという。「卑しさとわがまま」、その結果がいまの自分であると納得する。「卑しさとわがままだらけの自分であることにそれまで気づかなかったことには少しぞっとしたけれども、自分がそういう人間だったと自分自身で素直に認められるようになったことだけでも、こういう施設にきた意味はあった」と、気付き始める。ここから反省と苦しみと孤独が始まる。

　さらなる展開を「唐突なあの出来事」と表現する。闇サイト事件の共犯者の神田司が、一審死刑判決への控訴を自ら取り下げて死刑が先に確定し、二〇一五年六月二五日、名古屋拘置所で死刑執行されたのだ。夕方のラジオニュースで処刑のことを知って、大きな衝撃を受けた。

「そんな神田さんが処刑されたと知ったとき、僕は死刑というものを生身のもののように感じました。死刑という刑罰のにおいや感触のようなものを強烈に感じたのです。それまで、どこかで死刑が執行されたという報道を見聞しなかったわけではないですが、それは遠い国で起こっている内戦などのように現実味のない感じしかせず、たとえ自分が収容されている拘置所の出来事だとしても、同じような感じしか受けませんでした。死刑を本当に生身のもののように感じたのは、神田さんのときが初めてです。重大な事件を起こしてしまった僕がいうのもおかしな話ですが、正気の沙汰とは思えません。事件のときに数日間一緒にいただけで、彼についてほとんど何も知りませんでしたが、人生行路が交差した人間が同じ拘置所のなかで、それも人の手によって堂々と殺されたという現実が、ただただおぞましかった。

ただ、そういうことを神田さんが文字どおり命を削って教えてくれたおかげで、自分が何をして、どういうものを人から奪い、何を人に与えてしまったかということをさらに思い知らされ、そして自分が奪ってしまった命の真の重みを痛感することにもつながりました。

とにかく神田さんの処刑は重苦しさに満ち、あのとき一緒にいたあの人が処刑されたのかと思うと胸の奥底から悲しさが込みあげてきて、その日の夜、僕は独房の布団のなかで唇を噛みしめました。声を殺して泣きました。」

本書第二部「煉獄の扉」は、シスターWからの手紙（二〇一〇～一一年）、シスターWや母親への手紙、次男への手紙（二〇一五年）、及びこれらへの解説文によって構成されている。カトリック信者で修練長を務めるシスターWが面会に訪れ、手紙をやり取りするようになり、事件に向き合い、人が生きることに強く思いを馳せるようになっていった過程を示す。シスターWが名古屋から新庄に転勤になったため、面会は大幅に減り、往復書簡での対話が中心になっていく。また、余罪発覚後の手紙は収められていない。

死刑囚表現展選考委員会の審議では、シスターWや母親の手紙が特に評価が高く、これらを一緒に書籍化することが推奨されたという。

三……冤罪と死刑

里見繁『冤罪――女たちのたたかい』（インパクト出版会、二〇一九年二月）は、数々の冤罪を追跡してきた報道記者、研究者の里見が、冤罪に関連して女性のたたかいに絞ってまとめた一冊である。徳島事件の冨士茂子、袴田事件の袴田巌の姉・袴田秀子、布川事件の桜井昌司の妻・桜井恵子、東住吉事件の青木惠子を取り上げる。

このうち死刑事件は袴田事件である。
二〇一八年六月一一日、東京高裁は袴田巌の再審開始決定を取り消した。驚愕の決定であり、無念の決定である。一九六六年の事件から半世紀を超え、強引な取調べによる自白強要ばかりか、証拠の捏造疑惑が指摘された。担当元裁判官による爆弾発言も飛び出した。姉・秀子と、支えた人々、弁護団の粘り強い努力の積み重ねによって、ついに再審開始決定が出された。決定は有罪証拠は捏造と考えるのが合理的と述べた。しかも、これ以上身柄拘束を続けることは正義に反するとまで明快に断じて、袴田巌は獄から解放された。死刑囚でありながら、再審請求の過程で身柄拘束を解かれて、自宅に帰るという前代未聞の事態である。それほど無理な有罪判決だったと言うしかない。にもかかわらず、東京高裁はすべてを闇に葬る決定を下した。

里見繁『冤罪ー女たちのたたかい』
（インパクト出版会、19年2月）

袴田巌の再審請求を支えてきた秀子は、一九三三年生れで、巌は三歳下の弟である。タイプライター、簿記を独学して公務員となり、後に税理士事務所で経理の仕事も覚えて、珈琲会社で経理の職についてきた。弟の事件の時は三三歳だったという。当時の家族の思いが紹介されている。警察もテレビも巌が犯人だと断定するなか、「僕は白です」という手紙が届く。ここから秀子の長いたたかいの人生が始まる。

冤罪はおびただしい「被害者」を生み出す。家族や友人たちが巻き込まれ、失意のうちに去っていくか、沈黙に追いやられるか。立ち上がるのは容易ではない。凶悪犯人の家族に対する偏見と差別は露骨である。まして女性には二重三重の負担が押し寄せる。それでも、たたかい続けたのが秀子である。

死刑判決に打ちのめされ、巌が拘禁症になり、面会のできない日々が続く。再審請求も棄却され続けた。それでも諦めることなく、弟が帰ってくる日のために資産を蓄え、ビルを建てた。そのビルに獄中から生還した弟を迎え入れた。

「準備というか、ともかく、出てくるとは思わないよ。いや、その時には思わなんだ。だけど、そういう希望を持ってやっていかないと、自分が参っちゃう、ね。死んじゃう。だからもう希望を持って、もし、巌が出てきたら、住むうちもないじゃ困るから。で、ここが三〇〇〇万で売りに出た。あ、こりゃいいなと思って」

「なかなか大変でしたね。仕事も一所懸命やって、巌のことも一所懸命やる。要するに巌のことがあるからこの家を建てたようなもんですよ。私はこんなもの欲しくない。何も、ね。体一つありゃ何とでもなるもんで、女の人生は。巌のことがあったからやったんです、確かに。例えば、途中でへこたれて自殺したい時でも、借金があれば自殺もしやせんでしょう、ははは、借金返さなくちゃいかんと思や。そういうことですよ。本当にそういうことがあったんですよ、はははは」。

最高裁はいつ、どのような決定を下すだろうか。司法の名にふさわしい決定を出すことができるだろうか。それとも名張毒ぶどう酒事件のように、請求人が死ぬのを待っているのだろうか。

四……アメリカと日本

デイビッド・T・ジョンソン（笹倉香奈訳）『アメリカ人のみた日本の死刑』（岩波新書、二〇一九年五月）は、ハワイ大学教授で『アメリカ人のみた日本の検察制度』の著者が日本の死刑制度について考察した著作である。

「はじめに」において、本書の翻訳中にオウム真理教一三人の死刑執行がなされたことに触れる。著者は、麻原彰晃の死刑判決の時に東京地方裁判所前で三〇人にインタヴューしたところ、二九人が死刑が適切であると答えたという。それから一四年後の死刑執行を前に作家の村上春樹が「死刑制度そのものには反対」と言いながら、「この件に関しては、簡単には公言できない」と表明したことに注目する。

「死刑制度自体には反対する、でもこの事件は別だ、という村上春樹氏のこの議論は、日本における死刑制度をめぐる議論に共通する感覚を表現しているように思う。つまり、死刑は『やむを得ない』という感覚だ」。

なるほど検察官も法務大臣も被害者遺族もジャーナリストも「やむを得ない」と言い、政府の世論調査でも「場合によっては死刑もやむを得ない」が用いられる。これは死刑が「オブラートに包んだことばで隠されている」ことだという。

著者はもう一つ重要な指摘をしている。通常、死刑執行は秘密裏に行われてきたのに、「オウムの死刑執行は逐一日本のメディアによって報道された。七月六日の執行日の朝、刑場がある東京拘置所の外からはテレビ中継が行われ、テレビでは息をつく間もなく行われてゆく執行について有名人たちがコメントをし続けた。そして何百万人もの視聴者たちはその日のテレビで、日本のもっとも有名な犯罪者たちがこの世からどんどん姿を消していく様子を目の当たりにしたのである。この非現実的なメディアによる報道を見て、国民は死刑をめぐる議論を最大限愉しんだ。これに対して国家による殺人の現実に、国民の目が向けられることはなかった」。

死刑が祝祭となり、祝祭が反復を通じて日常を浸潤していく恐怖を、著者は感じているのだろう。

「はしがき」末尾の短い行に本書のポイントがまとめられている。「無実の者や、死刑に値しない者に対して死刑を言い渡すことなく、一部の死刑がふさわしい事件にのみ死刑を言い渡すというような死刑制度を作ることが可能なのか否かが重要なのである。そして、そのような死刑制度を作ることはできない、ということを本書は明らかにしようとする」。

　第1章「日本はなぜ死刑を存置しているのか?」では、アメリカ、シンガポール、台湾、中国と比較しつつ、日本は「独特の死刑存置国」であるとし、日本という国家の性質や国家行為のコンテクストを分析することで、死刑制度の安定性や変化を測定する。第二次大戦終了時に死刑を廃止できなかったこと、保守政党の長期政権であったこと、国際法や人権規範に縛られない「力のある国」であったことを指摘する。

　第2章では、日本は死刑を「特別」な刑罰とは見ておらず、被告人に特別な補償を必要としていない特徴があるという。第3章では、死刑執行の秘密性に焦点を当て、「密行性と沈黙」が他国とは比較できないくらい「極端」であるとし、占領期における執行記録の分析（永田憲史の研究）や、絞首刑の残虐性を改めて問いかけた高見訴訟の経緯を踏まえて、残虐な刑罰の禁止という憲法上の要請にもかかわらず、裁判所が残虐性は避けがたいと開き直ったことを明らかにする。

　第4章「冤罪と否定の文化」では、袴田事件の経緯、欧米諸国における冤罪問題、冤罪を生み出す構造的原因を分析し、日本で改革が進まない要因の一つとして司法関係者が自らの過ちを認めない「否定の文化」の根強さ、それゆえ「正義の否定」に着目する。

　第5章では、被害者参加と裁判員制度という改革が死刑制度には何一つ影響を与えなかった謎を追及する。ここでも正義の文化ではなく「復讐の文化」が浮かび上がる。

　第6章「死刑と民主主義」では、世論や議論によって死刑制度が改革されるという誤解を指摘し、「人権尊重を含む民主主義的な価値観」が共有されていないため、形式的には民主主義国家であるかのごとく振舞っているが、議論が常に矮小化されてしまうことを確認する。

　日本の外から見た死刑論として優れた分析である。日本における死刑論も、アメリカと比較したり、欧州と比較したり、東アジア諸国と比較したり、多様な比較研究を積み重ねてきたが、本書を通じていくつもの新たな側面が見えてくる。議論を触発し、死刑廃止を展望するための重要文献である。死刑問題を、文化論や「日本問題」一般に還元してしまう危険性がないではないが、著者（及び訳者）は

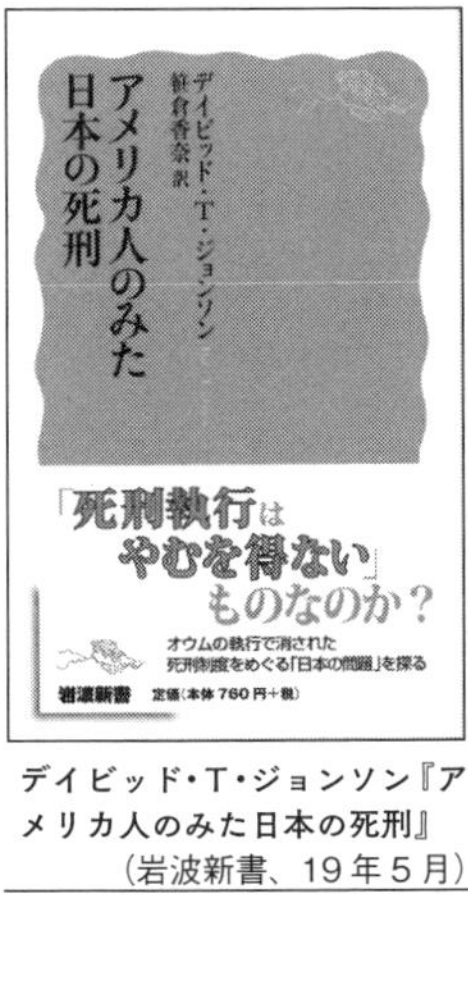

デイビッド・T・ジョンソン『アメリカ人のみた日本の死刑』（岩波新書、19年5月）

その先を見ているだろう。

五……死刑と文学

加賀乙彦『ある若き死刑囚の生涯』（ちくまプリマー新書、二〇一九年一月）は、『死刑囚の記録』『宣告』の著者である加賀が「齢八九歳になって、身辺の、特に書斎の引き出しや戸棚を開いてみたり、手紙に読みふけったりするようになった。ある日、スチール製の引き出しを開いてみて『純多摩良樹』と書かれた一塊の書類に出会った」という。かつて加賀が面会・交流した若き死刑囚からの手記や手紙類である。死刑執行後二〇年の一九九五年には純多摩良樹歌集『死に至る罪』（短歌新聞社）を出版したが、それから二三年をへだてて、死後四三年に「かれについて、これまでできなかったことどもをぜひとも成就しておこうと私は決意したのだ。言ってみれば、私はこれらの資料を元に、純多摩良樹の評伝を書いてみたくなったのだ」。

純多摩良樹は一九四三年に山形県に生まれ、一九六八年六月一六日、横須賀線爆破事件を起こした。電車を止めてやろうと思い、東京駅に停車中の横須賀線電車の網棚に時限爆破装置を置いたのだ。電車が大船駅近くを走行中に時限装置が爆発し、乗客一人が死亡、二九人が重軽傷を負った。同年一一月に逮捕。六九年三月二〇日、横浜地裁で死刑を言い渡された。七〇年八月一一日、東京高裁で控訴棄却。七一年四月二二日、最高裁で上告棄却となり、死刑が確定した。七五年一二月五日、死刑執行。三五歳だった。異様に素早い裁判、迅速な執行である。

大江健三郎『遅れてきた青年』新潮文庫版「あとがき」が、横須賀線爆破事件のことに触れ、純多摩良樹の文章を引用している。そして大江は次のように言う。「ぼくはこの青年の不安と、かれがその不安からかれ自身を自由に解放しようとした試みの全体について、あらためて繰りかえし考えることであろうと思う」。

純多摩良樹は獄中で洗礼を受けた。加賀は「純多摩良樹の世界を示すときに、彼がプロテスタントの信者であったことから出発しようと思った」という。

「拘置所の独房に閉じ込められながら、彼は自分の信仰が安定した深いものではない、未熟な程度だと自覚はしていた。この信仰を深く確固とした根強いものにしなければ、自分はやがて来るべき死刑の執行に打ち勝てない。それどころか恐怖のあげく取り乱してしまうと自覚していた」という。

死刑執行の前日、純多摩良樹が加賀に宛てた最後の手紙は次のように始まる。

「加賀先生に最後のお手紙を、書かなければならない日がやってまいりました。とうとう私に〈お迎え〉が参りました。数時間後の旅立ちに備え、こうしてお別れの筆を執っている次第です。〈お迎え〉のドアが開いた時私は、まったく不安も動揺もありませんでした。平安な気持ちで面会にでも行く足どりでした。所長さんに、お世話になったお礼を述べ、握手させて頂きました。このゆとりに自分自身が不思議でした。もっともこれは執行宣告の時ですが、なに、明朝も変わることはありません。私は飽くまでも信仰者を貫いてきました。これまで自分自身の闘いは大変なものでした。しかし、こうして現実に平安なる自分の姿を見れば、やはり、わがキリスト教信仰は、つちかわれて来て、いま成就したと思わなければなりません」。

　純多摩良樹は七一年一一月、獄中で短歌を詠み、潮音社に入社した。格別の素養もないままに、五年足らずで数々の秀作を残した。いくつか紹介しよう。

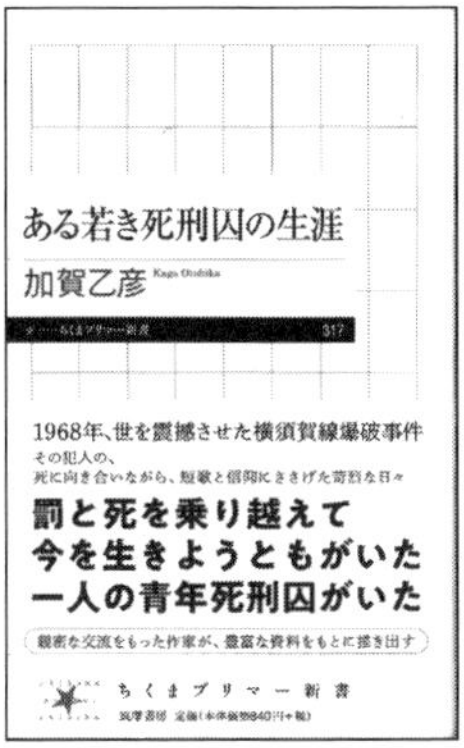

加賀乙彦『ある若き死刑囚の生涯』（ちくまプリマー新書、19年1月）

戦争が起こらねば父は在りしとて　人らも母も我に教へき

水溜に映る死囚の影淡し　その影さへも風にさゆらぐ

鉄窓に凭れて夜空を見放くれば小さき星がわれにまたたく

獄の壁に話かくれば夜の更けを何か心にひびくものあり

真新しき聖書をこよひ披くとも影法師さへたたぬ灯の色

わが希ひ歌に託して詠みゆかん処刑さるる日近づきてゐむ

罪の告白する言の葉のまづしくて獄の祭壇あまりにまぶし

友逝きし日空ひくく垂れ刑場へつづく木立よ風のさわげる

殉教者たたふるマーチ厳かなれば処刑の朝も聴きたき曲なり

刑にたつ日まで学ばん重ねたる書物のなかの遺書はみだせり

ユゴー（小倉孝誠訳）『死刑囚最後の日』（光文社古典新訳文庫、二〇一八年一二月）は、豊島与志雄訳（岩波文庫）、小潟昭夫訳（潮出版社）に続く翻訳であり、これらでは割愛された「ある悲劇をめぐる喜劇」も訳出している。

　『レ・ミゼラブル』『ノートル＝ダム・ド・パリ』『九十三年』で知られる小説家・詩人・劇作家にして政治家・国会議員としても活躍したヴィクトル・ユゴー（一八〇二〜八五年）が二七歳の時に書いた『死刑囚最後の日』（一八二九年）は、フランスにおける死刑存廃論争の渦中に執筆されたという。

　訳者による充実した解説には次のように記載されている。

　「フランスでは、社会党のミッテラン政権下の一九八一年九月に死刑が全面的に廃止されて、現在に至る。当時の法務大臣で、以前から死刑廃止を唱導していた弁護士でもあるロベール・バダンテールの尽力が大きかった。最後に死刑が執行されたのは、一九七七年のことである。それよりはるか以前の一九四八年には、政治的な理由による死刑が廃止された。そのフランスでも、二十世紀初頭まで死刑は公開によるギロチン刑で執行されていた。十八世紀末のフランス革命時代以来、死刑制度をめぐって存続派と廃止論者のあいだで長い論争が交わされてきた。廃止論者の代表のひとりがヴィクトル・ユゴーであり、本書『死刑囚最後の日』はその論争に一石を投じた著作にほかならない」。

　死刑廃止のために論争的に提示されたこの小説は、第一に、死刑囚の日記という文体に特徴がある。語り手が一人称の主語で登場する。「死刑囚！　この想念をいだきながら私が暮らすようになって、もう五週間になる」と始まり、とらわれの日々、夢の中でもギロチンの恐怖に脅えながらの日記体である。

　第二の特徴は、主人公たる死刑囚を含めて、登場人物のほとんどが固有名詞ではなく、その人となりや経歴も不明のまま、死刑囚、弁護士、看守、牢番、憲兵、司祭、死刑執行人として登場する。例外は死刑囚の娘マリーだけである。

　第三の特徴は、舞台が明確に限定されている。パリ重罪裁判所の法廷、上告中に収容されたビセートル監獄、死刑確定後に移送されたコンシエルジュリ監獄、そして刑が執行されるグレーヴ広場である。場所の移動は死への接近を意味する。

　ユゴーの死刑廃止論は「一八三二年の序文」において詳しく語られている。社会を守るための隔離や、復讐や、見せしめという死刑正当化論に反論したのちに、ユゴーは次のように主張する。

「死刑擁護論者は死刑とは何か熟考したことがないのではないか、と時に思いたくなる。そこで、与えもしなかったものを奪い取るという、社会が勝手にわが物としている、途方もない権利、つまり最も取り返しのつかない刑罰たるあの死刑という刑罰を、何であれ犯罪といっしょに秤の上に載せて、両者の重さを比べてみてほしい！」

　死刑を廃止するとどうなるのか。最後にユゴーは宣告する。

「あなた方はいったい何を目撃することになるのか。刑罰の変化である。キリストの穏やかな掟がついに刑法典の中に浸透して、それを通して光り輝くだろう。犯罪は病と見なされるだろうし、この病には裁判官に取って代わる医者と、徒刑場に取って代わる病院があてがわれる。自由と健康は似たものになるだろう。鉄と火を押し当てていたところに、これか

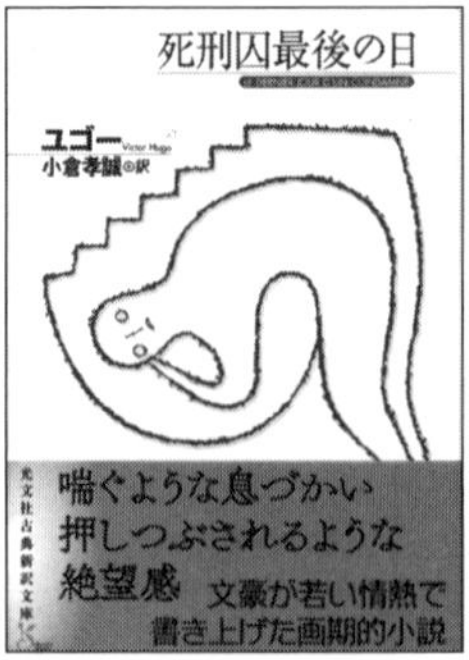

ヴィクトル・ユゴー『死刑囚最後の日』
（光文社古典新訳文庫、18年12月18年1月）

らは芳香と香油を注ぐだろう。かつては怒りをもって処置したこの病弊を、これからは慈愛をもって処置するだろう。それは単純であり、崇高である。絞首台に十字架が取って代わるのだ。それだけのことである」。

六……………精神科医の死刑論

大河原昌夫『トラウマを負う精神医療の希望と悲しみ――摂食障害・薬物依存・自死・死刑を考える』（インパクト出版会、二〇一九年六月）は、精神科医・財団法人住吉病院副院長のエッセイ集である。大河原は二〇〇四年から六年間、思想の科学研究会会長でもあった。本書は全九章から成るが、第四章が「精神医療から死刑を考える」である。

死刑存廃をめぐって、応報、被害者感情、生育歴、世論、抑止力、誤判、残酷な刑罰について検討した上で、大河原は次のように述べる。

「死刑を語り合うことがなぜ精神科の人の助けになるのか。死刑という国家による計画的な殺害行為を考え、ここまで私が述べてきたような被害者感情、殺人へ至る気持ちなどを考えてゆく作業は、孤独と自死を遠くから眺め返す作業に通じると思う。

あなたが他者に対して抱えた殺意、自分に向かった殺意、つまり自死への傾斜を、遠くに見える死刑から見つめるとどうなるであろうか。現在も繰り返されるシリア、スーダンでの内戦から見つめるとどうなるだろうか」。

「私の出会う精神科の患者さんたちの幾ばくかが、明瞭に死刑に反対する、その心情は少数派に対する共感ではないかと想像する。自分たちはこの世ではどこまでいっても少数ではないかとの自覚が苦しみであると同時に誇りでもある。

自殺、殺人、死刑を考えれば、前二者間の距離は、死刑との距離よりも遙かに近い。

前二者間の差は個人の殺意がどこへ向くかである。もちろん、組織犯罪による殺人は別である。死刑は国家による処罰であり、万が一にも死を免れ得ない死であるがゆえに他とは区別される。これはドストエフスキーたちが、既に十九世紀に語っていたことでもある。

個人の殺意と、組織あるいは国家が下す殺意は別個の範疇であると私は考える。精神科を訪れる人で、他者に対しても自らに対しても集団で殺意を実行する人はいなかった」。

ここでは二つのことが語られている。一つは、死刑は組織たる国家による計画

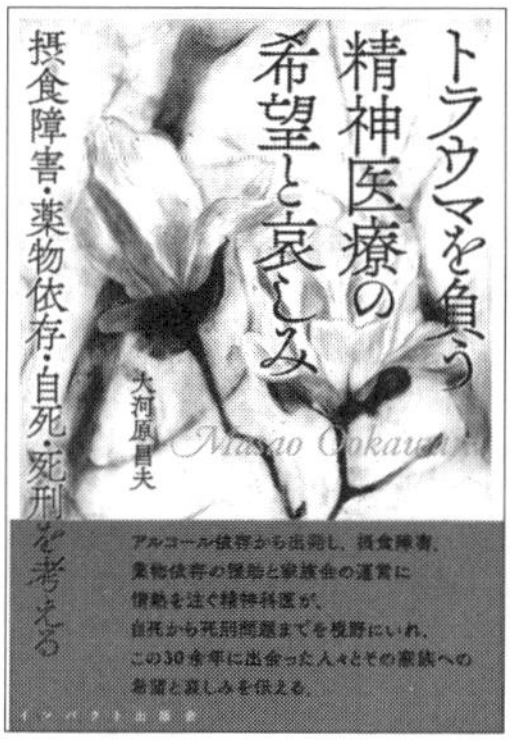

大河原昌夫『トラウマを負う精神医療の希望と悲しみ』
（インパクト出版会、19年6月）

的な殺害行為であり、組織犯罪であるという側面だ。組織犯罪としての死刑。

もう一つは、少数派に対する優越感という問題である。「精神医療とは私にとって少数者の味方であり続けることである。少数者にはかならず、どこかに義がある」という大河原は、人を殺した者は死刑だという主張の裏に張り付いている「自分は違う」という優越感を取り上げ、「劣等感は辛いかもしれない。しかし、他者を見下す優越感よりよほど暖かな感情である事実を忘れずにいたい。劣等感は人を殺したりはしない」と言う。優越感による死刑。

組織犯罪としての死刑と優越感による死刑。両者の結びつきが、死刑制度を安定的に運用させ、小さき者、弱き者を排除し、消失させていく。

七……デリダと死刑

高桑和巳編著『デリダと死刑を考える』（白水社、二〇一八年一一月）は、ジャック・デリダが一九九九年―二〇〇〇年度に行った講義の記録『死刑Ⅰ』（白水社）を導きの糸とする死刑研究である。編者による「はじめに」と六人の執筆者による論考が収められている。

「死刑制度の是非を云々することはちょうど、象徴天皇制の是非を云々するのと同じくらい現実味がないように感じられるのではないだろうか？」と問う高桑和巳は、「直接の情緒から離れた本質的論点――誤判・冤罪の可能性や刑罰の残酷さ――をいまさら云々しても、世論はもはやそのような議論に耳を傾けなくなってしまったように見える。しかし、廃止論にはもともと、この問題を情緒から引き剥がすという以外の道はなかったのだろう。だとすればもう一度、いや何度でも、原則の側から論じなおすのでなければならない。情緒の国にあって、その身振りがいかに絶望的なものに見えようともである」と言う。

デリダの九〇年代の講義のテーマは「責任の問い」の大枠の中で、証言、歓待、偽誓、赦し等を辿っていった。こうした議論を踏まえつつデリダの死刑論を解読し、批判的に検証するという大きな課題に本書は挑んでいる。

ジュネとカミュを召喚して死刑論を展開したデリダの分析を再分析する鵜飼哲は、「デリダによればこのように、主権者としての人民とは、死刑執行を『見る』ことがそのまま自己を『見る』ことと等しい存在のことだ。そしてここで『見る』こととは受動的な観察ではなく能動的な行為であり、強い欲動的性格を持つ。死刑執行を『見る』ことでおのれを構成する当のものの名において下される死刑判決とは何か。ムルソーのアイロニーはこの循環構造に、死刑と人民と主権の根源的な相互規定性に向けられていたのではないだろうか」と問い直す。

鵜飼によれば、デリダの死（二〇〇四年）の六年後、ジュネの生誕百周年の二〇一〇年に、ジュネの『判決』という小さなテクストが出版された。そこに表出されたジュネの死刑観をデリダは知ることがなかった。もし、デリダが『判決』を手にすれば、どのような論旨の展開になっていただろうか。今後の研究課題となる。

江島康子は「ヴィクトール・ユゴーの死刑廃止論、そしてバダンテール」について論じる。『死刑囚最後の日』のユゴーをバダンテールは「最も偉大な死刑廃止論者」と呼び、自らを「古参のユゴー崇拝者」と呼ぶ。そのバダンテールは「ミスター死刑廃止論者」と呼ばれた。当然のことながらデリダはユゴーとバダンテールを論じている。

高桑和巳編著『デリダと死刑を考える』
（白水社、18年11月）

江島はデリダに依拠して、死刑における残酷なもの、ユゴーにおけるキリスト教的なものを論じた上で、「死刑廃止へと向かう進歩の歴史において、ユゴーは革命に決定的な役割を付与する。死刑廃止は、『王、司祭、死刑執行人』によって構成されていた古い社会が歴史の大変革を経て、別の秩序によって代替されることによってのみ可能になる。それはフランスの歴史においては、革命によって達成されたかに見えた。しかし、革命は、やがて恐怖政治に行き着く。一七九二年七月から一七九四年七月の間に三万五千人から四万人が死刑に処され、獄中で命を落とした人々も数千人であったと推測されている。デリダは、ユゴーの『人命の不可侵性』の宣言が、フランス大革命に異を唱える一つの革命であるとする。ユゴーは『フランス革命の精神への真の忠実さの名のもとに』、恐怖政治を、つまりはギロチンを断罪する」と言う。

デリダとニーチェの間に重大な結びつきがあるという梅田孝太は、『死刑Ⅰ』と『道徳の系譜学』の交響と反発を解読しようとし、そのための補助線としてカントを召喚する。梅田は次の地点に到達する。

「人間的な認識全般の本質は、ニーチェの言うように計算可能性を追求するものなのかもしれない。そして認識者の自己認識の困難という局面においてその企てはいつも必ず失敗するのかもしれない。それでもなお、そこで生じた『取り違え』は社会に通用してしまう。たとえ認識としては誤謬であっても、それが一定の利を生むものであるならば、『信』を集めて流通してしまう。こうして流通してしまっている『取り違え』の一つにして最大のものが、死を計算可能なものだとする死刑存置論なのである。その誤謬を指摘するだけでは流通を阻止することはできない。それゆえデリダは死刑存置論の『不正』を糾弾する。デリダの死刑論が死刑論でなければならないのは、まさに死刑論において『他なるもの』に対する『不正』が行われていることが明らかになるからだ。」

増田一夫「定言命法の裏帳簿――カントの死刑論を読むデリダ」は、「死刑の廃止は、人間性の創設を意味する」のか、それとも「死刑こそ人間に固有なもの」なのかと、原理的に、換言すれば初歩的に問いを提示し、この問いが実に手強い問いであることを確認する。

増田は、死刑廃止論を脱構築するデリダのカント解析をていねいにフォローし、定言命法の隘路をすりぬけ、いまだ途上にある啓蒙の光に回帰する。

「法権利の起源は神的な命法ではなく、むしろ暴力的な、苦しみを与える学習や調教というかたちをとった記憶術にほかならない。『先史時代の動物的-人間的な生の運動の数々にまでさかのぼる、法権利と刑法の系譜』。そこにおいて、死刑は『人間に固有なもの』という性格、そして尊厳を回復すべき人間が処せられる刑罰という位置づけを失う。ニーチェを代弁しつつデリダは述べる。『繰り返しますが、死刑には独自性はありません。それは拷問における一段階としての、残忍さにおける一戦略としての致死であって、それはいわば法的ではないしかたで解釈されることを要求しています』。死刑は、法権利全体を凝縮した要石ではなく、法権利でさえない。それは、『法権利以前のもの、法権利自体より古い』時代の、動物的-人間的残酷さを残した遺物とされるのである」。

「死刑論の脱構築」をめぐる思考は、増田に続いてさらに郷原佳以によって追求される。郷原は、デリダの死刑論が「ユダヤ=キリスト教というアブラハムから始まる一神教文化を軸に『世界ラテン化』として発展した近代世界における主権の問題」に位置することを確認したうえで、「『西暦二〇〇〇年』のアクチュアリティ」として、死刑を廃止したフランスではなく、いまなお死刑大国であるアメリカ合衆国に焦点を当てる。ここでもデリダの矛先は死刑廃止論の危うさに向けられる。「非原理的な廃止運動が合衆国で高まり、かつその運動をヨーロッパが指導するような形で世界的に廃止運動が高まっている。まさしくそのような時期にデリダが死刑論を主題に選んだ理由は、第七回講義で明確になる。死刑囚を使ったベネトンの広告キャンペーンを想起させながらデリダが示唆するように、市場経済の世界化、法権利および人権の世界化と死刑廃止運動の世界的高まりが軌を一にしているからである。そのような背景があって一定の『利益』が見込めなければベネトンは例のキャンペーンを行わなかっただろう、とデリダは言う。デリダが存置論よりも廃止論に手厳しく見える理由もここから明らかになる。デリダはグローバリゼーションと軌を一にする廃止運動の危うさに警鐘を鳴らそうとしているのである。このことからわかるのは、デリダの問題にする〈政治神学的なもの〉とは、宗教の世俗化によって解消するものであるどころか、『死刑Ⅰ』のカミュ論からもうかがわれるように、民主主義的な世俗化によってこそ残るものだということである。」

刑罰制度改革研究と死刑廃止運動の先頭を走ってきた石塚伸一は、二〇一八年七月六日のオウム真理教元幹部たちの大量執行の一日を振り返ることから始める。「そして、誰もが口にしないことがある。執行の日に『大洪水』が起こったという事実である」。

麻原彰晃は「本物の死刑で処罰され、処刑されたのである」。それでは「本物の死刑」とは何か。石塚は一九一〇年の大逆事件に遡る。ハレー彗星の大逆事件と、大洪水のオウム真理教事件――「洪水神話」を媒介に、教祖と「十二人の使徒」の処刑がいかなる「暗喩」として時代に影を落とすのか、石塚は不安の帆をあげる。次いでアメリカと日本の死刑状況を再確認し、石塚は次のように慨嘆する。

「残虐で（血生臭く）、正常ではない（例外的な）死刑という刑罰の数を減らし、無意識のうちの緩やかな死にして、いまの時代に相応しい『品位あるもの』にしようとしても、最後に残る先験的な、野蛮で異常な特性は、政治的決断の非合理と神々の怒りの不条理に由来している。オウム死刑確定者の処刑に対する国家（政府）と社会（大衆）の反応は、わたしたちの思考を根本から打ち砕いた。オウムの処刑は、大逆事件の処刑同様、政治と宗教と法体系の間に『宙吊り』になった『死刑』という形で姿を現した。変わろうとする『主権』の薄明り（黎明）の中で、死刑の正当性が問われている。死刑は殺人に対する応報としてでも、被害者感情への宥恕としてでもなく、国家の主権に敵対する他国に対する戦争という外向きのベクトルの対自的強化に即応する、内向きのベクトルの即自的強化が顕在化しているもののようにも見える。」

デリダと死刑をめぐる議論の土俵を日本で設定する際、近代国家と市民社会の「普遍性」と、日本的特殊性の双方をどのように関係づけるべきだろうか。ヨーロッパとアメリカの対比の枠組みに日本を挿入するのか。死刑存置国の多いアジア、特に東アジアの文脈をどこまで意識すべきだろうか。

近代日本一五〇年の死刑史にハレー彗星と大洪水の凶兆（吉兆？）を見るならば、天皇制国家の権力論をこそ介在させるべきではなかろうか。

死刑という祝祭を消費する〈天皇〉と〈国民〉の幸せな蜜月にいかにして亀裂を差し込むのか。死刑廃止論はますます山盛りの宿題の前で次の一歩を進めなくてはならない。

2018—2019 死刑をめぐる状況

死刑廃止条約採択三〇年

死刑廃止に向けた国際的動向二〇一八年

山口 薫（公益社団法人アムネスティ・インターナショナル日本 死刑廃止チーム東京コーディネーター）

1. はじめに

二〇一七年、アムネスティ・インターナショナルは、死刑廃止の力強い潮流によって刑罰制度の在り方は転換期を迎えたと判断した。ある国では大統領が死刑制度を支持することを明言し、ある国では廃止された死刑制度を復活する可能性があるなどという暗いニュースもある中、廃止の潮流が継続しているというアムネスティの判断は揺らいでいない。一部の国のみで後退した状況が起きているだけで、人権無視が主流になっているわけではない。国家の刑罰制度として死刑は廃止すべきだという理解が国際的に広まっている。二〇一八年末時点で、法律上・事実上の廃止国は一四二カ国である。そのうちすべての犯罪に対して死刑を廃止した国は一〇六カ国、通常犯罪のみ廃止した国は八カ国、事実上廃止した国は二八カ国となっている。存置国は五六カ国であった。

2. 二〇一八年における死刑判決と死刑執行

（1）死刑判決

二〇一八年、死刑判決を下した国は五四カ国であった。二〇一七年は二五九一件だったが、二〇一八年は二五三一件となり死刑判決自体はわずかに減少した。このうち、エジプトは七一七件であって約三割を占める。エジプトではこれまでもテロ事件や政治犯罪で大量の死刑判決が下されたことがあり、二〇一七年に四〇二件であったのが急増した。イラク（二七一件以上）、ガーナ（一二件）、クウェート（三四件以上）、アラブ首長国連邦（一〇件以上）も二〇一七年に比べるとイラクは四倍、その他は二倍の数値となった。一部の国で極端な数の変化があるが、全体数はあまり変化がない。執行数を公表していない国や調査が困難な国もあり、実際はこれ以上と考えられる。しかし、ここ数年は全体数に大幅な変化はない。また、判決が下されたとしても、死刑執行を行っていない国も多いため判決数から死刑執行数を推測することは困難である。

（2）死刑執行

死刑廃止の流れに逆行している国がある。タイは、二〇〇九年を最後に停止していた死刑執行を再開した。一名が処刑されたこの執行は秘密裡に薬物注射によって行われ、執行後に詳細が発表された。処刑された死刑囚は妻へ電話をかけることだけが許されたという。タイ法務省によれば、二〇一八年の年末で五五一人の死刑囚がおり、うち二四五人の判決が確定している。一一四人は薬物関連犯罪で死刑判決が下されている。二〇一九年から二〇二三年まで実施される第四次国家人権計画が採択されたが、死刑廃止についての言及はなく、今後これを機会に執行が続く可能性は否定できない。

【昨年版】2018 年統計
＊ 2018 年 12 月末日までの情報による

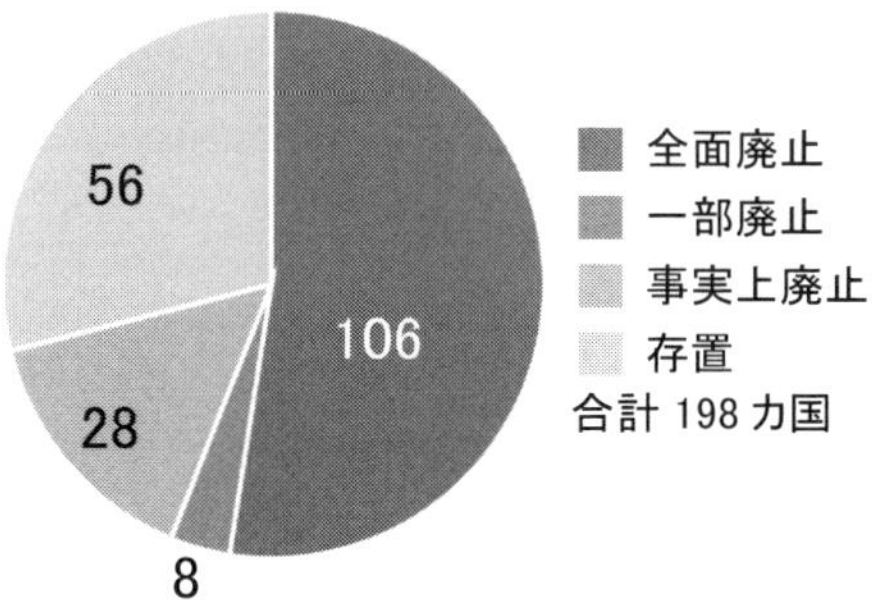

二〇一八年に執行があった国は二〇カ国で、二〇一七年より三カ国減少した。死刑執行国の顔ぶれにはあまり変化がなく、執行の記録を調査できなかった中国を除くと、世界で少なくとも六九〇件の執行があった。イランの二五三件以上、サウジアラビアの一四九件、ベトナムの八五件以上が三位までを占め、これに続くのが、イラク（五二件以上）、エジ

死刑廃止国および執行国の推移

死刑全廃止国の数

年	1980	1990	2000	2005	2010	2011	2012	2013	2014	2015	2016	2017	2018
国数	23	46	75	86	96	96	97	98	98	102	104	106	106

法律上または事実上廃止国合計数

年	2006	2007	2008	2009	2010	2011	2012	2013	2014	2015	2016	2017	2018
国数	128	134	138	139	139	140	140	140	140	140	141	142	142

死刑執行国の数

年	2006	2007	2008	2009	2010	2011	2012	2013	2014	2015	2016	2017	2018
国数	25	24	25	18	23	20	21	22	22	25	23	23	20

死刑執行数の推移（2009-2018）

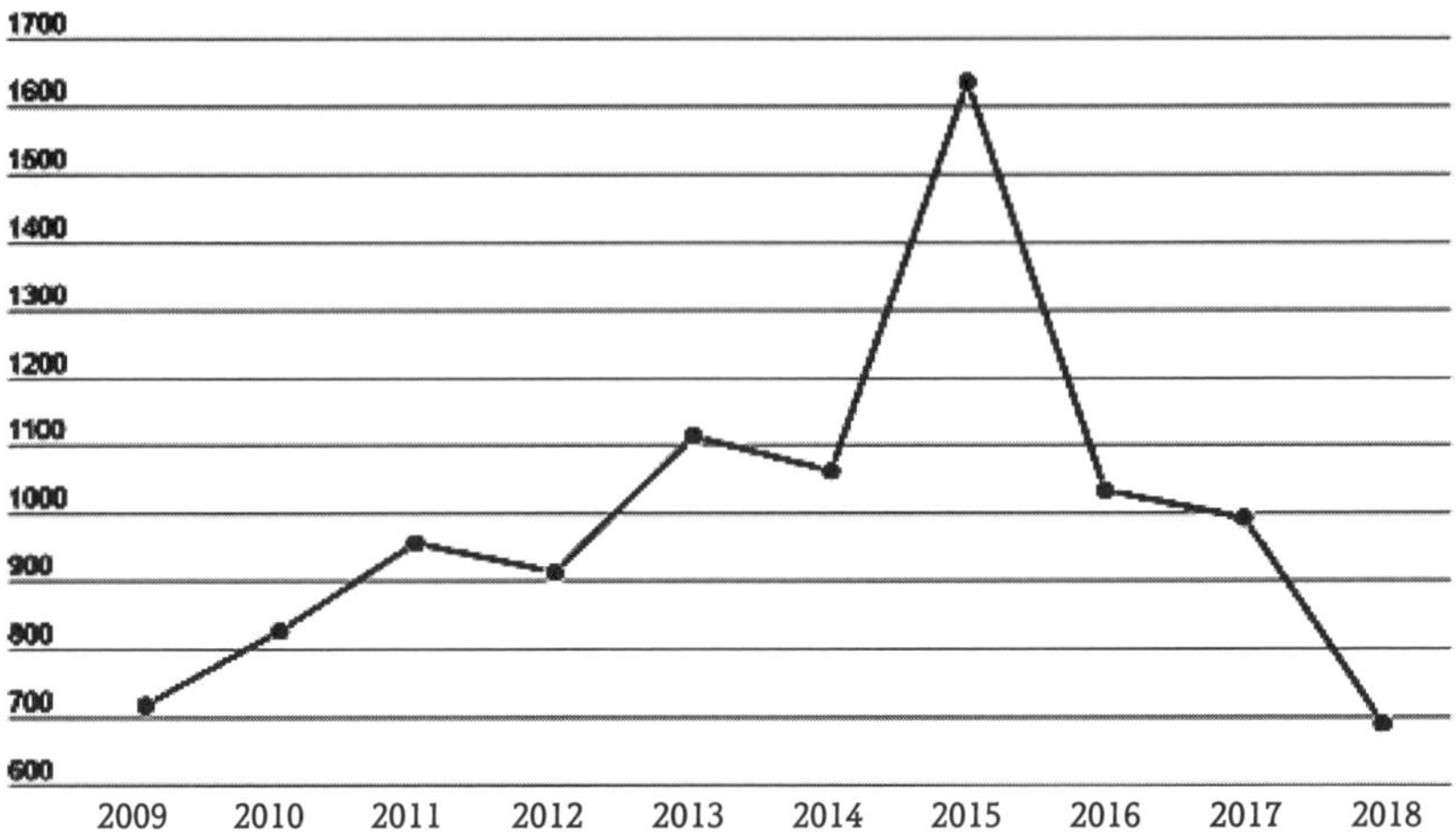

死刑を執行した国数の推移（1999-2018）

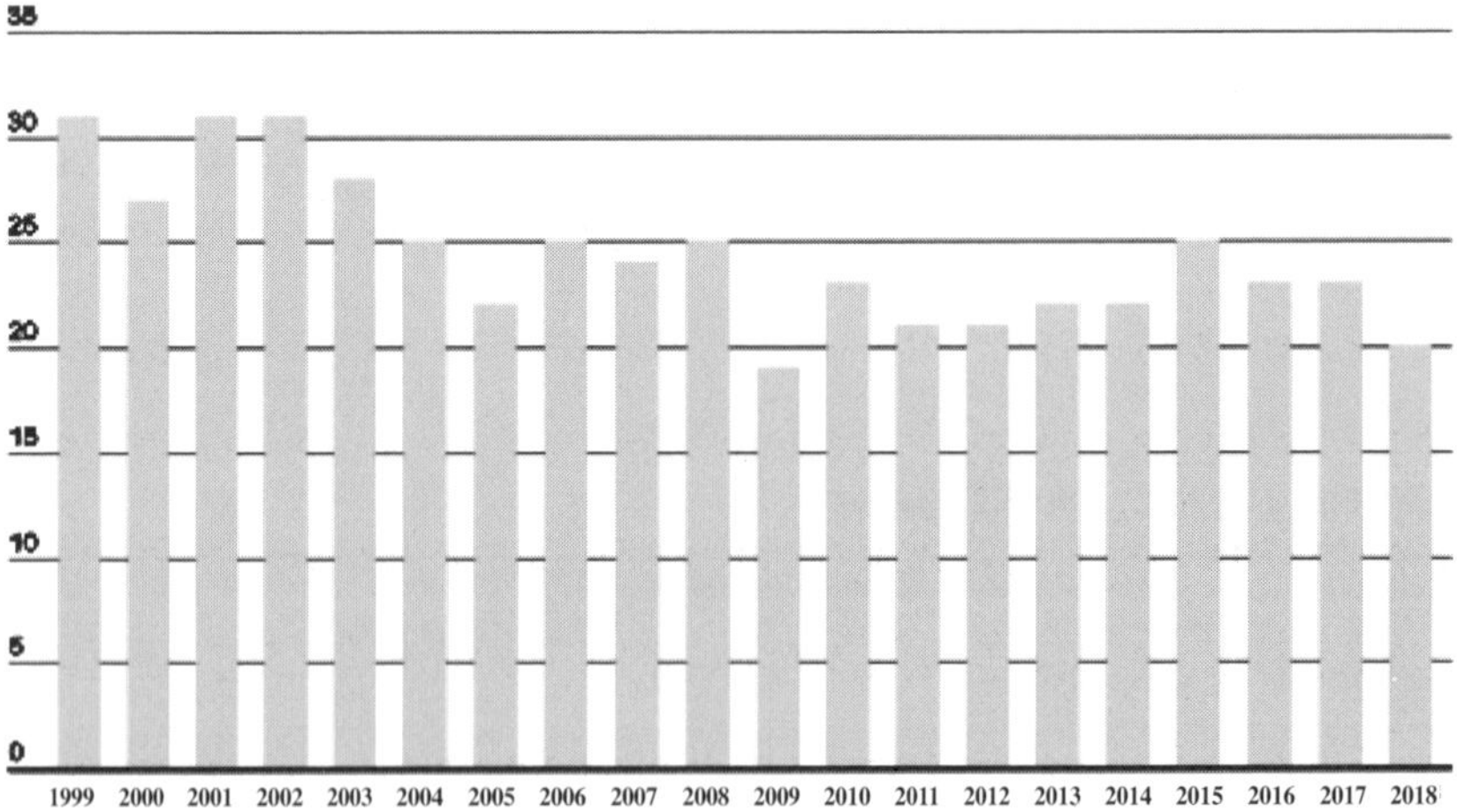

DEATH SENTENCES AND EXECUTIONS 2018
AMNESTY INTERNATIONAL

プト（四三件以上）、米国（二五件）、日本（一五件）、パキスタン（一四件以上）となっている。

二〇一八年に執行がなかった国もあるが、再開した国もある。再開した国は、タイ、台湾のほか、ボツワナとスーダンである。その時の政権の判断で執行数は左右されるため、多少変動があるが、毎年必ず執行をする国ではない場合、執行数は数件にとどまる場合が多い。執行国は限られてきているため、ほぼ二〇カ国前後で今後も推移していくと考えられる。なお、執行方法は、これまでと同じく、斬首、電気椅子、絞首、致死薬による薬物注射、銃殺となっている。

二〇一八年の日本の執行数は衝撃的である。二〇カ国中六位であって、これまでの執行数から三倍に近い急増となった。一度に二、三人が執行されることが多かったが、今回はオウム関連事件の一斉執行で執行数が急増した。今後はまた年に四、五人の執行数を保つ可能性が高い。執行数ではなく、執行を継続していくことが法務省にとっては大事なことなのであろう。

しかし、国際的に数字のみを比較した場合は、これまで一桁台、しかも三、四件が多かった日本が、強硬路線に踏み切ったと思われてもおかしくない。特に、数年間死刑執行を停止し、再開に踏み切ったパキスタンと同じ程度の執行数となっており、この二桁台に上がった数字がどう捉えられるのか国際的な評価を待ちたい。

二〇一八年末で、世界の死刑囚は少なくとも一九三三六人となった。世界の人口からするとわずかな数字であって、いかに死刑が特殊な刑罰制度になりつつあるかを示している。中国は調査が困難であって死刑を執行される人は数千人いるとも言われているため、死刑囚はその何倍もいるはずである。しかし、全体的には減少傾向という報告もある。なお、死刑のある国でも死刑の減刑あるいは恩赦をしている国は二九カ国となった。そのうち、死刑囚から無罪になったのは四カ国、八件あった。数はわずかであっても、適正手続きや再審の機会が保障されている国では無罪となることも不可能ではないと考えられる。

（3）国際機関の動き

国連総会において、これまで七回、死刑廃止を視野に入れた死刑執行の停止を求める決議が採択されてきた。二〇一八年の決議は加盟国一九三カ国のうち、一二一カ国が賛成し、反対は三五カ国、棄権は三二カ国であって、これまでの決議のうち最多の賛成国数となった。日本は一貫して反対の立場をとっている。決議案は、総会に諮る前に委員会で決議文案を議論する。二〇一八年の決議案が議論された第三委員会で、各国が意見を述べている。日本は修正案を棄権した上で決議案そのものに反対し、死刑制度は世論など様々な要因を十分に考慮する必要があると述べた。また、一八歳未満には死刑は適用されていないことを説明した。ベトナムやインドネシアは、死刑の存置や廃止は国家主権の問題だとしている。こうした強い反対姿勢は米国やサウジアラビアなど、死刑執行をしている国の意見である。

それに対して、カナダ、オーストラリア、アイスランド、ノルウェー、ニュージーランド、スイスなどは明確にあらゆる死刑に反対であると述べた。また、ルワンダは二一世紀最悪のジェノサイドを経た経験から、死刑廃止の道しかないと主張した。各国の意見をみるとそれぞれの立場が分かりやすい。死刑をただちに廃止しないが検討すべきとする国もあった。すでに七回も決議が行われてきたことを考慮すると、やはり廃止派が圧倒的多数と考えられる。（注：第三委員会議事録 https://www.un.org/press/en/2018/gashc4252.doc.htm）

さらに国際機関の介入の動きが注目される。外国人が死刑囚となった場合に、その死刑囚の母国で死刑制度が廃止されたとしても、状況や罪を犯した国や判決を受けた国において死刑制度があると国際問題に発展することがある。

米国テキサス州で、二〇一八年一一月、ロベルト・モレノ・ラモスというメキシコ人が処刑された。モレノは逮捕された時に、メキシコ領事館に連絡して支援を受ける権利があることを米国当局が本人に知らせていなかった。これは手続き上の重大な人権侵害だとして、国際機関が指摘していたにもかかわらず執行されてしまった。

国家は自国民を保護するよう他国に主張でき、また自国民は自国の国家に保護を求める権利が国際法上認められている。たとえば外国人が旅行中に何らかの事件に巻き込まれて逮捕されるなど拘禁された場合には、その国籍の領事館等関係機関に対し、拘禁した国の当局が通報を行う。当局が当該被拘禁者である外国人に対して、この通報することつまり保護を求める権利があることを説明し、本人の希望を受け遅滞なく当局は関係機関へ連絡しなければならない。難民など国籍国から迫害のおそれがある場合を除いて、ただちに権利を説明しなければ人権侵害となるのだ。

米国・メキシコの場合、米州人権条約を批准している。この条約は加盟国の人権保障のために締結され、死刑廃止に関する議定書も存在している。メキシコはこの議定書も批准しており、二〇〇五年にはすべての犯罪において死刑を廃止した。死刑のような残虐な刑罰に直面する自国民の権利の保護のために、メキシコは米州人権条約機構へ申し立てることができる。二〇〇五年にはモレノのケースについて、米州人権条約機構は適正手続き違反で公平な裁判を受ける権利を侵害していると判断していた。また、国際司法裁判所も二〇〇四年に、このモレノのケースだけでなくほかにも権利の説明を受けていない五一人のメキシコ人死刑囚がいることについて記録提出を求めていた。そのため、今回の執行や同じような死刑囚に対して、今後どのようにメキシコ・米国間で調整されるのか、また機構が介入するのか注目される。

欧州にも地域的な人権保障機能がある。条約で保障された人権について締約国が侵害すれば、被害にあった個人が欧州人権条約に基づき欧州人権裁判所に訴え出ることができる。

二〇一八年五月、ルーマニア政府に対して個人が提起したある訴訟の判決が下された。サウジアラビア国籍のアブドアルラヒム・アルナシリはアルカイダに参加したとされ、米国に対するテロ行為でCIA（中央情報局）によって逮捕された。その後彼は各地で拷問を受け、グアンタナモ収容所に移送された後、軍事法廷で死刑を求刑された。アルナシリは、ルーマニア政府が米国へ自分を引き渡すことに協力したことは、ルーマニアが批准する欧州人権条約に違反すると主張し提訴に踏み切ったのである。欧州人権条約の第六議定書は、基本的自由の保護として死刑廃止を規定している。ルーマニアは第六議定書に基づき何人でも死刑に直面するような人の引き渡しをすることは許されないと考えられる。したがって、アルナシリ対ルーマニアの判決で、裁判所はルーマニアがCIAへの移送に協力したことは国際的な義務違反であると結論づけた。これは死刑を廃止しなければならないEU（欧州連合）加盟国と死刑のある国との関係で大変重要な判決となるだろう。

こうした動きは、死刑制度を廃止した国であっても、自国民の保護を行う際に、または外国人の移送時に、相手国に死刑制度が存在する場合は十分に注意しなければならないことを示している。死刑制度がある国にとっても、自国の適正手続きに基づき死刑は適法だと主張しても、それは単なる自国の観点にすぎないこともあり得るのだ。該当国同士の外交関係が死刑執行によって悪化するだけでなく、国際機関の介入など様々な影響を与える可能性があることを、各国政府は理解しておく必要がある。

3. 二〇一九年の動き

（1）執行方法の変化

執行方法についてはここ数年、米国で様々な動きがある。死刑はその者の生命を奪う究極の刑罰であるからこそ、憲法に違反せず刑罰として目的を達するためにより迅速で適切な方法で行うことが必要だとして、米国では「より良い」執行方法が検討され続けている。首を吊る方法は残虐だからと電気椅子が開発されたが、これも皮膚を焼き脳への刺激が強烈であって拷問だと批判されたり、執行に失敗するなどして致死薬による薬物注射を行うようになった。

死刑制度に反対するEU各国は、死刑のために自分たちの製薬会社の製品が使われていることに反対し、輸出を禁止してきた。致死薬は三種類の薬物を混ぜて確実に死亡するようにしていたが、二種類は規制により使用できなくなったため、国内で入手できる一種類のみに制限されるようになった。この一種類の薬物だけでは致死力が弱いため、死亡に至る時間がかかりすぎて執行に失敗するケースも起きた。このEUの規制は薬物注射の執行方法に打撃を与えた。いくつもの州で、薬物注射は残虐な方法で違法な執行方法であると裁判で争われてきた。

二〇一八年八月以降、テネシー州では四人が執行されたが、うち二人は州の提案する薬物注射で、二人は電気椅子を選択した。電気椅子は薬物注射よりも迅速で痛みの少ない方法であるという考えもあり、州によってはどの方法をとるのか死刑囚に選択権を認めるようになった。

さらに、米国では窒素ガスによる執行も検討が進められていると報じられている。二〇一五年にオクラホマ州で導入が認められてから、アラバマ州、ミズーリ州でも窒素ガスの執行を認め始めている。しかし、窒素ガスによる執行はこれまで実行されたことはなく、実際にこうした方法で死刑執行が可能なのか、より残虐でないと言えるのかまだ検証が不十分である。米国で動物の安楽死の方法として窒素ガスが用いられてきたが、現在は使用していない。今後、この方法が主流となるのか議論されていくだろう。

（注：ニューズウィークジャパン記事 https://www.newsweekjapan.jp/stories/world/2018/06/post-10330.php）

（2）連邦政府の死刑執行再開の動き

二〇一九年七月二五日、米国連邦政府は一六年間停止していた死刑執行を再開する判断を下した。連邦政府の管轄となっている死刑囚は、米国の死刑情報センターによると、二〇一九年七月二五日の時点で六二人である。日本と異なり、州内で罪を犯し死刑判決が下されるとその州において死刑囚となるが、州をまたいで起きた犯罪で死刑事件となれば、連邦政府の管轄となる。また、ＦＢＩ（連邦捜査局）による捜査対象となった事件も同様である。死刑囚となれば連邦政府管轄の刑務所へ収監される。

司法省は、五人の死刑囚の執行日を設定し、執行方法は一種類の薬物注射によることを決定した。厳罰を推進したいロナルド・トランプ大統領の要請を反映したという。トランプ大統領は、ある事件で死刑を求める新聞広告を行ったことがあるほど、強い賛成派である。バラク・オバマ前大統領の在任期間中に執行はなく、民主党の政策には死刑制度の廃止を入れるという議論もあったため、トランプ政権下での連邦政府の死刑復活は予想された動きかもしれない。

（注：ＢＢＣニュース　https://www.bbc.com/japanese/49123965）

（3）州知事による執行停止の宣言

連邦政府とは異なり、米国の各州で、死刑廃止につながる動きが進んでいる。死刑情報センターによると、二〇一九年八月四日現在、二一州が死刑を廃止し、二九州が死刑制度を存置している。連邦政府と軍も存置している。死刑制度があっても一一州が過去一〇年執行していない。コロラド州、オレゴン州、ペンシルバニア州ではモラトリアム（死刑執行停止）を知事が宣言している。住民投票により各州で死刑制度の賛否が問われたここ数年の動きは落ち着き、知事が率先して執行停止を宣言する動きに変わりつつある。

（注：死刑情報センター https://deathpenaltyinfo.org/state-and-federal-info/state-by-state）

二〇一九年三月にはカリフォルニア州知事のギャビン・ニューサム知事が、死刑執行の一時停止を命じる文書に署名した。これにより、米国で最多の死刑囚がいるカリフォルニア州で七三七人の死刑囚の執行が停止された。

カリフォルニア州はリベラル勢力が強く、死刑制度について住民投票が行われたこともある。前回は二〇一六年に行われ、死刑の廃止と死刑に代わる最高刑として仮釈放のない終身刑の導入を求めるものだったが、結果は五三・八パーセント対四六・二パーセントで否決された。死刑制度の廃止まではなかなか行き着かないとしても、州知事の宣言は当面の死刑執行がなくなるだけでなく、死刑制度そのものを考えなおす良い契機となる。カリフォルニア州の民主党議員は、反発が起きるだろうが、無実の人を処刑する可能性がある制度は誰も望まないだろうと知事に賛同したという。

これに対し、トランプ大統領は、ツイッターで「いつも忘れられている犠牲者の友達や家族は気にくわないだろうし、私もそうだ！」と批判した。

州知事一人では死刑を廃止することはできず、法で定められている以上、法改正の手続きが必要である。しかし、執行命令書に署名することを拒むことはできる。そして知事には、死刑から終身刑へ減刑する権限もある。

知事は、ロイターの取材に対し、七三七人の死刑囚には無実の可能性がある者も含まれているかもしれず、「夜眠れないこともある。私たちは殺す権利はあるのか？　そんな権利はないだろう」と述べている。えん罪の可能性がある死刑囚は、知事の考えでは七三七人中三〇人いるという。州知事による執行停止の動きは、今後も広がっていくだろう

（注：ロイター https://www.reuters.com/article/us-usa-california-death-penalty/california-governor-halts-death-penalty-i-couldnt-sleep-idUSKCN1QU2R8）

（４）国際的な死刑廃止への動き

市民的及び政治的権利に関する国際規約の第二選択議定書が一九八九年一二月一五日に採択されて三〇年になる。当時

の総会決議ではこの議定書に対する賛成五九カ国、反対二六カ国、棄権四八カ国であった。
（注：国際連合決議番号 A/RES/44/128 https://research.un.org/en/docs/ga/quick/regular/44）
二〇一八年の死刑廃止を視野に入れた執行停止を求める国連決議では、執行停止に賛同する国が一二一カ国であるから、この三〇年における人権意識の進歩を感じさせる。

二〇一九年に入り、死刑廃止への動きをとっている国がある。赤道ギニアは、二〇一四年が最後の執行となりそれ以降、執行を停止してきた。そして、四月に大統領は死刑廃止に向けた法案を議会に提出することを表明した。

さらに、ガンビアでは大統領が五月、死刑囚二二人を終身刑に減刑した。アムネスティの西アフリカ・中央アフリカ地域コーディネーターが大統領と面談し、その席で死刑を廃止する方針を確認した。

また、ブルネイはすでに事実上の死刑廃止国であるが、二〇一九年四月にシャリア法（イスラム法）を導入した。このシャリア法では死刑が規定されている。そこで、国王が五月に死刑判決を出さない現在の方針を続けることを発表した。シャリア法による死刑判決はこれまで他国で何件も下されている。神に対する冒涜罪や、同性間での性交渉に死刑が定められている。また、死刑だけではなく、道を歩く人による石打ち刑や何千回も科せられるむち打ち刑もあるなど、いわゆる現代の価値観に合致しない残酷な刑罰が定められている。法を導入しても、ブルネイ国王のように人権を尊重する判断が他国に広がることを期待したい。

4・おわりに

世界的な死刑廃止を推進する連盟組織である、World Coalition Against the Death Penalty は、一〇月一〇日を世界死刑廃止デーとし、世界的な運動を後押ししている。この連合組織は二〇〇二年に設立され、二〇一九年は第一七回の廃止デーにあたる。毎年テーマが設定されているが、二〇一九年のテーマは、死刑判決を受けた親を持つ子どもたちである。子どもたちを「目に見えない犠牲者」と位置づけている。

死刑囚本人の支援がまず必要であることは言うまでもないが、その子どもたちは判決を受けたり死刑執行されたことによる心理的な負担を受ける。逮捕から執行までのあらゆる段階で傷つく可能性が高い。家族構成や置かれている環境、性別、年齢によっても子どもの受ける影響が異なり、きめ細やかな支援が必要である。こうしたことを、支援者だけが理解するのではなく、裁判官、検察官、メディアなどにも理解を進めなければならず、国際的な運動が各国で推進されるよう求められている。
（注：World Coalition Against the Death Penalty

http://www.worldcoalition.org/worldday.html)

死刑廃止運動はそれぞれの国で展開されているが、それを支える活動家がいる。あるギニア人の活動家は、フランスに留学していた時にアムネスティの死刑廃止運動に出会ったという。そこで、ギニアに戻り、ボランティアグループを設立し、三四団体と連携して死刑廃止運動を展開してきた。五カ月間毎日のように国会でロビー活動を行い、二〇一六年についに刑法改正法案が成立し、死刑が廃止となり、二〇一七年には軍法でも死刑が廃止された。人の力がいかに重要であったか、これほど多くの団体が一緒にキャンペーンを行ったのは初めてだという。

第二選択議定書が採択されてから三〇年、日本だけでなく世界であらためて死刑廃止の運動を展開していきたい。

(図表出典＝アムネスティ・インターナショナル日本)

World Coalition Against the Death Penalty の 2019 年版ポスター

死刑判決・無期懲役判決（死刑求刑）一覧

菊池さよ子
救援連絡センター

□は死刑判決
▽は無期懲役判決（死刑求刑）
△は有期刑判決（死刑求刑）
◇はその他の判決

◇二月六日福岡高裁
（岡田信裁判長）

飯塚事件の再審請求棄却

福岡県飯塚市で一九九二年、小学一年の女児二人が誘拐、殺害された「飯塚事件」の再審請求即時抗告審で、福岡地裁の再審請求棄却決定を支持し、殺人などの罪ですでに死刑が執行された久間三千年さんの再審開始を認めない決定をした。

法務省によると、死刑執行後に裁判のやり直しが認められた例はなく、判断が注目された。決定は「犯人であることは合理的な疑いを超えた高度の立証がされている」とし、弁護団の主張を全面的に退けた。弁護団は最高裁に特別抗告した。

久間さんは、登校中の女児二人（いずれも当時七歳）を誘拐し首を絞めて殺害し、山中に遺棄したとして、事件から二年半以上たって逮捕、起訴された。

犯行を裏付ける直接的な証拠はなく、一貫して関与を否認したが、一審・福岡地裁は複数の状況証拠に基づき、九九年に死刑判決を言い渡し、二審・福岡高裁も支持。二〇〇六年に最高裁が上告を棄却し確定した。確定からわずか二年後の〇八年に死刑が執行され、翌年、妻が再審請求。一四年三月福岡地裁は再審請求を棄却し、弁護団が即時抗告していた。

弁護団は、法医学者の鑑定書などを「新証拠」として提出し「目撃証言は、元死刑囚を犯人と見立てた警察官の誘導があった。DNA型などは元死刑囚と異なる」と主張した。高裁決定は「誘導はなかった。DNA型鑑定の証明力は慎重に評価すべきだが、結論は左右されない」とした。

□二月一四日東京高裁
（栃木力裁判長）

前橋連続殺人事件で控訴棄却・死刑判決

前橋市で一四年、高齢者二人を相次いで殺害したとして強盗殺人などの罪に問われた無職土屋和也さん（二九歳）に対し、一審前橋地裁の裁判員裁判による死刑判決を支持し、弁護側の控訴を棄却した。

判決は「(最初の事件で)人の命を奪ったことを認識しながら、悔い改めることなく再度強盗殺人に及んだ。結果は重大で、死刑を回避する事情はない」とした。

弁護側は「犯行の背景には不遇な生い立ちが原因のパーソナリティー障害がある」と主張したが、判決は「借金による生活苦に陥ったことには障害が影響しているが、強盗殺人は被告の自由な意思決定によるものだ」とした。

判決によると、一四年一一月一〇日未明、高齢の女性(九三歳)宅に侵入して女性を殺害し、現金七千円を強奪。一二月一六日未明には高齢男性(当時八一歳)宅でリンゴ二個を盗み、同日昼ごろ、男性を包丁で刺殺、妻に重傷を負わせたとされる。

□二月二三日静岡地裁
(佐藤正信裁判長)

浜名湖二名殺人・遺棄事件で死刑判決

静岡県で一六年、元同僚(当時六二歳)と知人(当時三二歳)の二人を殺害し、遺体を浜名湖周辺に遺棄したとして、強盗殺人や死体損壊・遺棄などの罪に問われた宅地建物取引士川崎竜弥さん(三四歳)の裁判員裁判で、求刑通り死刑判決が言い渡された。

被告は公判を通じほぼ黙秘。凶器は未発見のままで、犯行を裏付ける目撃情報もなく、検察側は被告と被害者の足取りのほか、被告の実家から押収したトラックや台車に被害者の血痕が付着していたことなど状況証拠を積み上げた。

検察側は論告で「事件の後、周囲に殺害と遺棄を告白している。犯人性は明白なのに謝罪と反省の態度もない」と指摘。弁護側は「二人を殺害する理由がない」として無罪を主張した。

判決によると、被告は一六年一月二九日ごろ、浜松市のマンションで

2018年死刑判決

判決日	裁判所	裁判長	被告	現在
2月14日	東京高裁	栃木力	土屋和也	上告審
2月23日	静岡地裁	佐藤正信	川崎竜弥	控訴審
3月9日	さいたま地裁	佐々木直人	ナカダ・ルデナ・バイロン・ジョナタン	控訴審
3月22日	横浜地裁	渡辺英敬	今井隼人	控訴審
7月30日	東京高裁	大島隆明	肥田公明	上告審
9月6日	最高裁第1小法廷	木澤克之	林振華	確定
12月19日	大阪地裁	浅香竜太	山田浩二	取下げで確定
12月21日	最高裁第2小法廷	鬼丸かおる	渡邉剛	確定

元同僚を殺害してキャッシュカードなどを奪い、遺体を焼損して遺棄。同年七月五日には、磐田市のアパートで知人を刃物で刺殺し、遺体を切断して遺棄したとされる。

　被告は控訴した。

□三月九日さいたま地裁

（佐々木直人裁判長）

熊谷六人殺害事件でペルー人被告に死刑判決

　埼玉県熊谷市で一五年九月、小学生姉妹を含む男女六人が殺害された事件で、強盗殺人などの罪に問われたペルー人、ナカダ・ルデナ・バイロン・ジョナタンさん（三二歳）に対し、裁判員裁判で求刑通り死刑判決が言い渡され、弁護側は即日控訴した。

　責任能力の有無や程度が争点。判決は、被告が被害者の遺体を隠したり血を拭き取ったりしていることから「法に触れると認識していた」と指摘。完全責任能力を認め、「統合失調症の影響で心神喪失だった」との弁護側の無罪主張を退けた。

　その上で「何ら落ち度のない六人の生命が奪われた結果は極めて重大で、残虐な犯行」と厳しく非難した。

　また「被告が人の生命を奪う危険な行為と分かって行っていたことは明らか」と殺意を認定。弁護側は、強盗殺人の立証が不十分として、殺人と窃盗の罪にとどまると主張していたが、判決は「強盗の故意があったと強く推認できる」とした。

　判決によると、一五年九月一四～一六日、金品を奪う目的で住宅三軒に侵入し、夫妻（当時五五歳と五三歳）、女性（当時八四歳）、女性（当時四一歳）と娘二人（当時一〇歳と七歳）の六人を包丁で刺すなどして殺害したとされる。

　被告は控訴した。

□三月二二日横浜地裁

（渡辺英敬裁判長）

高齢者三人転落死で死刑判決

　一四年に川崎市の介護付き有料老人ホーム「Sアミーユ川崎幸町」で入所者の高齢男女三人が相次ぎ転落死した事件の裁判員裁判で、元施設職員今井隼人さん（二五歳）に求刑通り死刑の判決を言い渡した。被告は無罪を主張していた。弁護側は即日控訴した。

　任意段階や逮捕直後に三人殺害を認めた自白の信用性が最大の争点だった。判決は「客観的状況などと合致し、自然で合理的。警察官の高圧的な態度や誘導は見られず、信用性は相当高い」とした。

　検察側は取り調べの様子を撮影した映像を法廷で流した。一方、今井被告は警察官の圧迫による虚偽の説明だったとしていた。

　判決は事件性や犯人性についても検討。高齢の三人が自力でベランダを乗り越えられないことなどから事故や自殺の可能性はないと認定した上で「偶然では説明が困難な異常な頻度で発生しており、犯罪による転落死」とした。

約二カ月の短期間に同じ場所で起きていることから「同一犯だと強く推認させる」とし、三事件に共通する夜勤者が被告だけだった点から「犯人性は明らか」とした。

弁護側は責任能力についても争ったが、判決は「犯罪と理解して合理的に行動していた」として退けた。

判決は、介護の鬱憤を晴らそうとしたり、転落直後の被害者の救急救命措置をして周囲の称賛を得ようとしたりしたのが動機とし、「人間性のかけらもうかがわれない冷酷な犯行」とした。

判決によると、一四年一一月に男性（当時八七歳）を施設四階のベランダから投げ落として殺害、翌一二月には女性（当時八六歳）を四階のベランダから、女性（当時九六歳）

最近の死刑判決と執行数

年	地裁判決数	高裁判決数	最高裁判決数	新確定数	執行数	病死等	確定者総数
1992	1	4	4	5	0	0	56
1993	4	1	5	7	7	0	56
1994	8	4	2	3	2	0	57
1995	11	4	3	3	6	0	54
1996	1	3	4	3	6	0	51
1997	3	2	4	4	4	0	51
1998	7	7	5	7	6	0	52
1999	8	4	4	4	5	1	50
2000	14	6	3	6	3	0	53
2001	10	16	4	5	2	0	56
2002	18	4	2	3	2	0	57
2003	13	17	0	2	1	2	56
2004	14	15	13	15	2	1	68
2005	13	15	10	11	1	0	78
2006	13	15	16	20	4	0	94
2007	14	14	18	23	9	1	107
2008	5	14	8	10	15	2	100
2009	9	9	16	18	7	4	107
2010	4	3	7	8	2	2	111
2011	9	2	22	24	0	3	132
2012	3	4	9	10	7	0	135
2013	4	3	6	7	8	3	131
2014	2	8	6	6	3	5	129
2015	4	1	3	3	3	1	128
2016	3	4	6	6	3	2	129
2017	3	0	3	3	4	4	124
2018	4	2	2	2	15	0	110

12月末現在。確定者数は確定判決時。

を六階のベランダから、それぞれ投げ落として殺害したとされる。

被告は控訴した。

▽三月二七日長崎地裁（小松本卓裁判長）
父娘放火殺人で無期懲役判決

長崎県対馬市で一六年一二月、漁業を営む男性（当時六五歳）とその娘（当時三二歳）を殺害し、被害者宅に放火したとして、殺人と現住建造物等放火の罪に問われた元鉄工所経営、須川泰伸さん（三九歳）の裁判員裁判で、無期懲役の判決を言い渡した。

検察側は死刑を求刑していた。弁護側は「犯人ではない」と無罪を主張、判決を不服として即日控訴した。

判決は、火災現場のガソリン携行缶から被告の掌紋が検出されたことなどから、犯人と認定。二人を強い力で複数回殴ったことから「執拗な犯行だ」と指摘。一方で、被害者と漁船の修理を巡るトラブルがあり「口論となって、怒りに任せて殴った可能性もある」として、計画性を否定した。

被告は最終意見陳述で「絶対にやっていない。信じてほしい」と訴えていた。

判決によると、一六年一二月六日午後から七日朝までの間、対馬市内で被害者の頭を鈍器で複数回殴り殺害し、被害者の娘も殺害。ガソリンや灯油をまいて火を付け、全焼させたとされる。

△四月一三日大阪地裁（浅香竜太裁判長）
一家四人殺傷事件で懲役三〇年判決

大阪府門真市で一六年、住宅に侵入して大工を営む男性（当時四三歳）を刺殺し、子ども三人にも重軽傷を負わせたとして殺人や殺人未遂などの罪に問われ、死刑を求刑されていた無職小林裕真さん（二五歳）の裁判員裁判で、犯行時は心神耗弱の状態だったとして懲役三〇年の判決が言い渡された。

主な争点は責任能力の有無。動機が立証されていないとした上で、妄想型統合失調症の影響を認定。「自己の行動をコントロールする力を著しく欠いた状態で犯行に及んだ」とし、完全責任能力があったとの検察側主張を退けた。

その上で「殺害を確実に実現しようと、殺傷能力の高い凶器や音を立てずに侵入する道具を計画的に準備し、無防備な四人を一方的に攻撃した冷酷で残忍な犯行だ。生命軽視の度合いは甚だしい」とした。

死亡被害者が一人の事件では非常に重い部類と位置付ける一方、心神耗弱の状態を考慮し「有期刑の上限の懲役三〇年が相当だ」とした。

検察側の求刑に対しては死刑がやむを得ない具体的、積極的根拠を示しているとはいえず、仮に心神耗弱の状態を考慮しなくても死刑を適用せずに無期懲役とするケースだとした。

判決によると、一六年一〇月一九日未明、被害者宅の一階窓から侵入し、二階で寝ていた被害者の胸や背を短刀で約三〇回突き刺して失血死させた上、長女（二二歳）、次女（一九歳）、長男（一七歳）の腕や後頭部などを切り付けたとされる。

　公判で被告側は「三人の男に脳波で指示されて短刀を持って行ったが、殺害はしていない」と主張し、精神疾患の影響で心神喪失状態だったとして無罪を訴えていた。

　検察側は、精神疾患が犯行に影響したとは認められず、インターネットで殺害方法を調べた経緯などから「一家皆殺しのために合理的に行動していた」と述べていた。

　判決を不服として、被告・検察双方が控訴した。

◇六月一一日東京高裁（大島隆明裁判長）

袴田さん再審開始認めず　静岡地裁決定覆す

　一九六六年に静岡県で一家四人が殺害された強盗殺人事件で死刑が確定した元プロボクサー袴田巌さん（八二歳）の第二次再審請求で、二〇一四年の静岡地裁の決定を取り消し、再審開始を認めない決定をした。地裁決定により袴田さんは釈放されたが、検察側が即時抗告していた。弁護側は最高裁に特別抗告した。

　姉秀子さんが〇八年に申し立てた第二次再審請求で、静岡地裁は一四年三月、DNA型鑑定の結果から、衣類の血痕は袴田さんや被害者のものではない可能性があると認定。警察による証拠捏造の疑いも指摘し、再審開始を認めた。さらに死刑と拘置の執行を停止。袴田さんは約四八年ぶりに釈放された。

　しかし検察側は、鑑定の信用性に疑問があるとして東京高裁に即時抗告。高裁では主に鑑定手法の有効性について争われた。

　今回の高裁決定は、静岡地裁の決定の根拠となったDNA型鑑定の結果について「鑑定手法を過大評価している」と判断。地裁が指摘した捜査機関による証拠捏造の疑いは「具体的な根拠に乏しく、捏造した合理的な疑いは生じない」とした。

　ただし死刑と拘置の執行停止の決定については「年齢や健康状態などに照らすと取り消すのは相当ではない」として静岡地裁の判断を支持。袴田さんは再収監されない。

▽七月六日千葉地裁（野原俊郎裁判長）

千葉女児殺人事件で無期懲役判決

　一七年三月に千葉県松戸市のベトナム国籍の小学三年女児（当時九歳）が殺害された事件で、殺人や強制わいせつ致死などの罪に問われた元保護者会会長渋谷恭正さん（四七歳）に対する裁判員裁判で、死刑求刑を退け、無期懲役とした。

　無罪主張の被告側は、即日控訴。検察も控訴した。

　判決は「犯行は卑劣で悪質」と指摘。

一方、死刑回避の理由は、無期懲役の他の同種事件と比べ「殺害方法の執拗性、残虐性は高くなく、殺害行為に計画性がない。死刑が真にやむを得ないとは言えない」とした。

検察側の「犯行態様が特異で冷酷、残虐。殺人にも計画的犯行に匹敵する事情がある」との主張には、立証が不十分と言及。弁護側がＤＮＡ型鑑定などで証拠の捏造や改ざんなどの可能性があると訴えた点も退け「被告が犯人」と断じた。

判決によると、一七年三月二四日、登校中の女児を軽乗用車に乗せて連れ去り、わいせつな行為をした上、首を圧迫して窒息死させ、同県我孫子市の排水路脇に遺棄したとされる。

△七月二〇日横浜地裁　（青沼潔裁判長）

中国人姉妹殺害事件で懲役二三年判決

知人の中国籍の姉妹を殺害し、遺体が入ったキャリーバッグを山中に遺棄したとして、殺人や死体遺棄などの罪に問われ、死刑を求刑されていた無職岩嵜竜也さん（四〇歳）の裁判員裁判で、懲役二三年の判決を言い渡した。弁護側は即日控訴した。

判決は、好意を持っていた姉に偽装結婚の相手としか見られていなかったことが動機と認定し、妹は発覚を恐れてとっさに殺害したと考えられるとした。死刑や無期懲役の回避については「妹の殺害や死体遺棄まで綿密に計画していたとは認められず、凶器が使われていないことなどから、刑を格別に重くする理由はない」とした。

弁護側が「姉妹が失踪を装う計画に協力したが、事件には関与していない」と無罪主張した点に対しては「第三者の関与はうかがえず、犯行現場の姉妹の部屋に出入りしていたのは被告しか考えられない」とした。

判決によると、一七年七月六日、中国籍の姉妹（当時二五歳と二二歳）が住んでいた横浜市中区のマンションに侵入して二人の首を圧迫して殺害、遺体をキャリーバッグに詰めて運び出し、翌七日に神奈川県秦野市の山林にバッグごと遺棄したとされる。

被告は無実を主張して控訴、検察も控訴した。

□七月三〇日東京高裁　（大島隆明裁判長）

静岡県干物店強盗殺人事件で控訴棄却・死刑判決

静岡県伊東市の干物販売店で一二年、社長と従業員を殺害して現金を奪ったとして強盗殺人罪に問われた元従業員肥田公明さん（六五歳）に対し、一審静岡地裁沼津支部の死刑判決を支持し、控訴を棄却し死刑とする判決を言い渡した。

被告は一貫して無罪を主張。凶器などの物的証拠や目撃証言もなく、状況証拠の積み重ねで有罪と認定できるかどうかが主な争点だった。

判決は（1）被告が事件直後、金融機関に預けた現金の硬貨の種類と額が被害の一部と類似している。（2）被告が犯行時間帯と近接する時間帯に店内にいたことなどから「犯人であることは合理的な疑いを入れる余地がなく証明されている」とした。

その上で「元勤務先の経営者らの命を奪ってまで当面必要となる現金を得ようとした動機に酌量の余地はなく、死刑を選択することも、やむを得ない」とした。

弁護側は、車の目撃証言などを根拠に被告が店内に約四〇分間滞在していたとする一審判決の認定は誤りだと訴えたが、判決は「不合理ではない」と退けた。第三者にも犯行の機会があったとの主張も「被告と犯人が鉢合わせする可能性が相当高く、現実的可能性は考え難い」とした。

判決によると被告は一二年一二月一八日夜、伊東市の干物店で、社長（当時五九歳）と従業員（当時七一歳）を刃物で刺し、店の業務用冷凍庫に閉じ込めて出血性ショックで殺害、店内にあった売上金など約二九万円を奪ったとされる。

▽八月六日佐賀地裁

（吉井広幸裁判長）

佐賀県男女二人殺人事件で無期懲役判決

佐賀市の残土置き場で一四年、男女二人を生き埋めにして殺害したとして、殺人罪に問われた無職於保照義さん（六九歳）への裁判員裁判で死刑求刑に対し、無期懲役判決を言い渡した。

検察側は、被害者の会社経営者から借金返済を迫られ、呼び出して殺害したと主張。「事前に穴を掘り、待ち構えて重機で激しい攻撃を加えて車ごと落とした。強固な殺意に基づく計画的な犯行だ」とし、死刑を求刑した。

一方、弁護側は「死因が不明で、借金も動機にはならない。穴は産業廃棄物を埋めるために掘った」と反論していた。

判決は、残土処理会社を経営していた被告が事件前に穴を掘るよう従業員に指示したほか、被告とみられる男の声で被害者を呼び出した音声記録があるとして、直接的な証拠はないとする弁護側の無罪主張を退けた。

殺害方法に関し検察側は、車ごと深さ約五メートルの穴に落とした後、土砂をかけて生き埋めにしたと主張したが、判決は二人の死亡時期は特定できないとし、重機で衝撃を与えた際に死亡した可能性にも言及。土砂をかけたのは証拠隠滅が目的で、生き埋めによる殺害とは断定できないとした。

判決は「残虐で執拗な犯行」と指摘する一方で、被告の借金を取り立てる男性被害者の言動が度を超えていたとして「死刑がやむを得ないとは言えない」とした。

判決によると、被告は一四年八月一五日、自分が経営していた残土処理会社の敷地内で、山口県下関市の会社経営者（当時七六歳）と知人の女性（当時四八歳）が乗った車に対し、油圧ショベルのバケットで衝撃を与え、穴に落として殺害したとされる。

判決に対しては被告・検察双方が控訴した。

□九月六日最高裁第一小法廷

（木澤克之裁判長）

愛知三人殺傷事件で上告棄却・死刑確定判決

愛知県蟹江町で〇九年、親子三人を殺傷したとして強盗殺人などの罪に問われ、一、二審で死刑とされた中国籍の元留学生林振華さん（三五歳）の上告を棄却し、死刑が確定した。

判決は「強固な殺意に基づく無慈悲で残酷な犯行で、刑事責任は極めて重大だ」と指摘。以前起こした窃盗事件の罰金に充てる資金を得るため犯行に及んだとして「身勝手な動機に酌量の余地はない」とした。

判決によると〇九年五月、女性会社員（当時五七歳）宅に侵入して金品を物色中、女性に見つかったため頭をモンキーレンチで殴り、次男（当時二六歳）を包丁で刺して、それぞれ殺害。三男にもけがをさせ、約二〇万円を奪ったとされる。

弁護側は計画性を否定し、死刑回避を求めていた。

▽一一月八日神戸地裁姫路支部

（木山暢郎裁判長）

二件の殺人と逮捕監禁致死事件で無期懲役判決

元暴力団員の男性ら三人の死亡に関与したとして殺人二件と逮捕監禁致死の罪に問われた韓国籍で無職陳春根さん（四七歳）の裁判員裁判で、「計画性があり、冷酷な犯行だ」として無期懲役（求刑死刑）の判決を言い渡した。一件の殺人罪を無罪と判断。初公判からの審理期間は二〇七日で過去最長の裁判員裁判となった。

判決は「配下を利用し、自らは手を汚さずに発覚防止策も準備した」と認定。一方、一〇年に広告会社役員の男性（当時五〇歳）を殺害したとする起訴内容について、遺体や血痕などの客観的証拠がなく「殺害行為に及ぶ前に死亡した可能性も否定できない」として無罪とした。

判決によると、実行役とされる共犯者（殺人罪などで公判中）と共謀し、一一年に元組員の男性（当時三七歳）を殺害したほか、一〇年には無職男性（当時五七歳）を監禁して死亡させたとされる。

元組員以外の二人の遺体が見つかっておらず、被告側が起訴内容の大半を否認していたことから審理は長期化。判決を含めて計七〇回の公判で、八〇人が証人として出廷した。裁判員六人のうち、三人が途中で辞退を申し出て解任された。

判決に対して、被告・検察双方が控訴した。

□一二月一九日大阪地裁

（浅香竜太裁判長）

大阪中学一年男女殺人事件で死刑判決

一五年八月に大阪府寝屋川市の中学一年の男女を殺害したとして殺人罪に問われた山田浩二さん（四八歳）の裁判員裁判で、二人への殺意があったと認め、いずれも殺人罪が成立するとした上で「出会ったばかりの子どもの命を奪い、生命軽視の態度は著しい」と求刑通り死刑を言い渡した。

公判で被告は「二人を殺すつもりはなかった」と殺意を否認し、殺人罪の成立を争っていた。女子（当時一三歳）殺害に関する責任能力の有無も争点だったが、判決は完全責任能力があったと認めた。弁護側は「事実誤認は明らかだ」とし、即日控訴した。

判決は、二人の殺害について「体格差がある被害者の急所である首を数分間、強い力で絞め続け、殺意があったことは明らかだ」と指摘。女子には顔面のうっ血などがあり、男子（当時一二歳）にも首を絞められた特徴とされる歯のピンクの変色が見られたことから、いずれも頸部圧迫で窒息死させたと認定した。

弁護側は、女子を頸部圧迫で死亡させたことは間違いないが、殺意はなく、傷害致死罪にとどまるとし、注意欠陥多動性障害（ＡＤＨＤ）などの影響で心神耗弱状態だったと主張。男子については体調不良などで病死の疑いがあるとし、無罪を求めていた。

判決は、被告の犯行前後の行動などからＡＤＨＤの影響は限定的で責任能力に問題はなかったと認定。「健康面に全く問題のない男子がその日のうちに死亡する可能性は極めて低い。急死する疾病も認められず、被告が窒息死させたと考えられる」と判断した。殺意を否定する被告の公判供述も「二人の死亡の経緯や状況という重要な点が虚偽で信用できない」「類例を見ない悪質な犯行で、まれにみる重大事案。心身ともに未熟で守られるべき二人の尊い命を次々と奪い去った」と非難。計画性は見られないが、強制わいせつ罪などの前科で服役したにもかかわらず犯行に及び、犯罪傾向が深まり更生は困難だとして、死刑の選択はやむを得ないとした。

判決によると、被告は一五年八月一三日ごろ、大阪府またはその周辺で、女子の首を手などで圧迫し窒息死させた。男子の首も何らかの方法で圧迫し窒息死させたとされる。

被告は控訴したが、一九年五月に被告本人が自ら控訴を取り下げた。現在、弁護人から控訴取り下げは無効とする申立が出されている。

□一二月一一日最高裁第二小法廷

（鬼丸かおる裁判長）

資産家殺人事件で上告棄却・死刑確定判決

スイスに住んでいた資産家夫婦を一時帰国中に殺害したとして、強盗殺人などの罪に問われ、一、二審で死刑とされた元会社役員渡邉剛さん（四九歳）の上告審判決で、被告の上告を棄却し、死刑が確定した。

　判決は「周到に準備された高度に計画的な犯行で、二人の生命を奪った結果は重大だ」とした。

　判決によると、一二年一二月、金品を奪う目的で、親交のあった会社役員（当時五一歳）と妻（当時四八歳）を誘い出して車に乗せ、二人の首をロープで絞めて殺害。財布などを奪い、埼玉県久喜市の空き地に二人の遺体を埋めたとされる。

◉二〇一八年の判決をふりかえって

　二〇一八年の死刑判決は地裁で四件、高裁で二件、最高裁で二件あった。

　地裁で死刑判決だったが、高裁で無期懲役判決になったのが四件、地裁で懲役三〇年判決が一件、懲役二三年判決が一件あった。ここ数年地裁での死刑判決が、高裁で破棄されて無期懲役になるケースは増えているが、一年間に無期懲役と有期刑になった判決が六件もあったことは異例のことである。一方で地裁で無期懲役だったが、高裁で死刑判決になったケースは一件もない。地裁の裁判員裁判での死刑判決が重すぎるという面と、検事の死刑求刑基準に問題があるのと両面があると思う。

　この数年間、死刑判決は減少傾向にあることは歓迎すべきである。

　一方、一八年は七月にオウム真理教関係で一三名の大量死刑執行があり、年末の二名の執行と合わせて一五名もの死刑が執行された。年に一五名もの執行は二〇〇八年以来のことであり、大量の死刑執行をくり返し、死刑執行を日常化させる攻撃を許してはならない。

　安倍内閣では第一次安倍内閣で一〇名、第二次以降の安倍内閣では三六名の大量執行である（一八年末段階の数で）。しかも再審請求中の死刑執行が目立っている。

　法務省は再審請求は執行を停止する理由には当たらないとしており、このことは重大な問題である。

　名張毒ぶどう酒事件や袴田事件ではいったん再審開始決定が出ても検事の抗告により上訴審で再審開始決定が取り消されている。また死後再審請求である飯塚事件や三鷹事件で再審請求を認めないという裁判所の決定にも大きな疑問がある。

　その上で再審開始決定が出たら、検察は抗告できないような法制度が必要ではないだろうか？

　そもそも税金を使って証拠を集め、その証拠を検事が独占して、被告や弁護士に開示もせずに、勝手に使うこと自体が許されない。名張毒ぶどう酒事件のように無罪判決が出たら、検事が抗告して何としても有罪判決にもっていこうとすることは許されない。とくに有罪判決には誤りがあるとして再審開始決定が出た場合、再審裁判で争うのならまだしも、再審請求を先延ばしにして抗告するなど検察にそんな権限を認めてはならない。

　再審請求中の死刑執行を禁止すること

も含め、再審法の改正が必要だと思う。

検察・法務省はこれまでさんざん証拠改ざんや証拠隠しなど不正をくりかえし、多くの冤罪事件を生み出してきた。しかしまったく反省していない。さらに新たな捜査手法や司法制度を改悪して、ますます検察に有利な司法制度を作り上げようとしている。

八〇年代に免田栄さんや赤堀政夫さんら四人の死刑囚再審無罪が相次いだが、それ以降、死刑囚の再審を絶対に認めないとする法務省・最高裁の強固な壁が立ちはだかっている。

この壁を打ち破り、何としても第五、第六の死刑囚再審・無罪を実現しよう。

国際社会は大きく死刑廃止に向けて動いている。日本でも日弁連が二〇二〇年までに死刑を廃止することを求める決議を上げ、一九年には「死刑をなくそう市民会議」が発足した。一九年は国際条約採択から三〇年を迎える年である。

再審法の見直しや死刑囚の外部交通権の拡大など、さまざまな改善すべき課題も見えてきた。いろんな運動体が集まって、これ以上の死刑執行を許さず、死刑廃止に向けて大きな声をあげていきたい。

死刑をめぐる状況 2018—2019

死刑廃止運動にアクセスする

廃止運動団体・フォーラム・ネットワークなど

新たに寄せられた自己紹介文を掲載しています。
団体の自己紹介のないものに関しては前号あるいは前々号を参照して下さい。
今後も全国各地の情報をお寄せ下さいますようにお願いします。

救援連絡センター

機関紙➡『救援』月刊。年間購読料＝開封四五〇〇円、密封五〇〇〇円。協力会費＝月一口一〇〇〇円（一口以上）

住所➡〒105-0004　東京都港区新橋二—八—一六　石田ビル五階（ＪＲ新橋駅日比谷口ＳＬ広場から徒歩三分）

TEL➡03-3591-1301　FAX➡03-3591-3583

E-mail➡kyuen2013@gmail.com

HP➡http://kyuen.jp/

郵便振替➡00100-3-105440

アムネスティ・インターナショナル日本 死刑廃止ネットワーク東京

アムネスティ・インターナショナルは、すべての人が人権を享受し、人間らしく自分らしく生きることのできる世界を目指して、世界規模で活動している国際人権団体です。

現地調査に基づき、さまざまな国・地域で起きている人権侵害を告発し、主に署名・はがき書きという形で世界中の市民の参画を得て、状況改善のために各国政府や組織などに働きかける、というのが運動の基本的なアプローチです。

現在、世界二〇〇の国・地域で七〇〇万人が活動に参加しています。この「数の力」と調査力で、人権侵害を受けている個人の救済から、世論の形成、人権侵害を助長する法や慣習などの廃止、人権を保護する法の導入などを成し遂げています。

また、現地調査で得た情報を活用して、国際人権法の観点から国連などの人権機関に提言したり、各国政府へのロビー活動などをしたりしています。

運動の出発点は、政治的意見や信念、人種、宗教などを理由に逮捕・拘禁されている人々たちの釈放であり、現在ではさまざまな差別の廃止、難民・移民の保護、表現の自由、紛争下の人権侵害、拷問撲滅など、活動のテーマは多岐にわたっています。

その中で、「生きる」という基本的人

権を否定する「死刑」の廃止は、根幹をなすテーマのひとつです。

　死刑制度を持つ日本での活動は、毎年死刑をめぐる世界動向をメディアに発表する等の情報発信に加え、死刑廃止について考えるセミナーを毎月開催、死刑執行時の抗議活動、関連映画の上映などを、東京と大阪の専門チームが中心となって行っています。

　二〇一八年、東京チームでは、執行場のある東京拘置所見学と拘置所との意見交換を行いました。また、新宿アルタ前で死刑について賛成か、反対かを問う街頭アンケートを行いました。街頭アンケートからは死刑に対する様々な意見等が聞け、今後の活動の参考となりました。また、二〇一九年からは不定期で「いのちを考える読書会」を始めています。報告や今後の活動はアムネスティ日本の公式サイトに掲載しています。ぜひ、一緒に死刑廃止運動を盛り上げていきましょう。

連絡先➡公益社団法人アムネスティ・インターナショナル日本　東京事務所
住所➡〒101-0052　東京都千代田区神田小川町二―一二―一四　晴花ビル七階
TEL➡03-3518-6777　FAX➡03-3518-6778

○死刑廃止国際条約の批准を求めるフォーラム90（フォーラム90）

一九九〇年春、前年国連で「死刑廃止国際条約」が採択されたのを機に、アムネスティ・インターナショナル、死刑執行停止連絡会議、ＪＣＣＤの三団体が、条約批准を求める運動を通して全国の廃止論者を顕在化させるフォーラム運動を呼びかけた。賛同人は全国で約五〇〇〇人。

　二〇一八年は以下の行動を行った。

一月二五日、上川陽子法務大臣の死刑執行に抗議する集会（議員会館）。

二月一七～二三日、第七回死刑映画週間（ユーロスペース）。

五月末、福島みずほ事務所と確定死刑囚にアンケートを発送。

六月二三日、無実を叫ぶ死刑囚たち　狭き門の前で！（全水道会館）。

七月六日、オウム死刑囚七人執行、執行抗議記者会見。

七月二六日、オウム死刑囚六人執行、執行抗議記者会見。

七月二七日　執行抗議集会（文京区民センター、三〇〇人）。

一〇月六日、執行停止20年　死刑廃止の韓国から　朴秉植（四谷岐部ホール）。

一〇月一三日、響かせあおう死刑廃止の声２０１８（星陵会館）。

一一月一〇日～一一日　死刑廃止全国合宿　亀岡・大本に参加。

一二月二七日、執行抗議記者会見。

フォーラム90のニュースレターは隔月で毎号四〇〇〇部発行、二〇一九年九月末で一六七号。年間六号刊行している。

　ホームページ内にある死刑廃止チャンネルには集会、映画週間のトークショーなどの動画を掲載している。

住所➡〒107-0052　東京都港区赤坂二―一四―一三　港合同法律事務所気付

TEL➡03-3585-2331　FAX➡03-3585-2330

HP➡http://www.jca.apc.org/stop-shikei/index.html

死刑廃止チャンネル➡http://forum90.net/

ユニテ

ユニテは獄外協力者と連携しつつ死刑の廃止、人権問題、処遇の改善などを目指し、罪の問い直しを自らに課し、その実現に一歩でも近づけるべく情報交換の

場として機関誌『希望』を発行しております。

現在「ユニテ」では、弁護士も依頼できない仲間のため「再審学習会」を開催しており、『希望』はその活動、及び円滑化を図るため重要な役割をも担っております。

郵便振替➡00190-0-77306「ユニテ」

被拘禁者更生支援ネットワーク麦の会

住所➡〒359-0023　埼玉県所沢市東所沢和田一―二六―三一　聖ペトロ・パウロ労働宣教会内　麦の会事務局

TEL・FAX➡04-2945-0510

E-mail➡wakainet@gmail.com

都高教・死刑に反対する会

住所➡〒224-0007　横浜市都筑区荏田南一―二〇―一―四〇六　小笠原博綜

監獄人権センター（CPR）

刑事施設などの人権状況を国際水準に合致するよう改善していくこと、死刑制度の廃止などを目的に一九九五年に設立。

中心的事業である被収容者からの手紙相談は、二〇一八年中、約一二〇〇件が寄せられ、ボランティアが随時対応しています。

七月の上川陽子法務大臣、十二月の山下貴司法務大臣による死刑執行に対しては抗議声明を日本語・英語で発表。アムネスティ日本、フォーラム90、死刑を止めよう宗教者ネットワークとの共同記者

会見に参加しました。

そのほか、四月に東京・日比谷で、レディング大学（イギリス）との共同プロジェクト「CrimeInfo」（https://www.crimeinfo.jp/）主催による「刑務所のいまを知る写真展」を開催し、関東圏の五カ所の刑務所ならびに東京拘置所の写真を展示しました（十月に東京・霞ヶ関、十二月に東京・国立でも開催）。五月にウイーンで開催された「国連犯罪防止刑事司法委員会」に参加し、サイドイベントに登壇しました。中高生向け教材「知らないからこそ話し合おう！裁判員裁判・死刑制度」を制作・発行し教育関係者等に配布しました。五月、東京・広尾で同教材を利用した人権セミナー「望むのは死刑ですか？教材おためしワークショップ」を開催しました。

郵便送付先➡〒160-0022　東京都新宿区新宿二-三-十六 ライオンズマンション御苑前七〇三 TEL・FAX➡03-5379-5055

HP➡http://cpr.jca.apc.org/

東京拘置所のそばで死刑について考える会（そばの会）

月に一度、綾瀬駅前でのビラ配りを続けています。二〇一八年の一年間のビラのタイトルを紹介します。

一月「再審請求中の2名を／東京拘置所で死刑執行」、二月「ハッピーエンドになるのかな？／再審で冤罪を晴らす難しさ」、三月「国連人権理事会の勧告／『外圧』にも耳を傾けてみませんか？」、四月「勝手に死んではいけない死刑囚／誰が執行を決めているのか？」、五月「狭き門の前で／袴田巖さんの再審が問うもの」、六月「冤罪が目の前で、現在進行している！／袴田巖さんの再審に、不当決定」、七月「『大臣』という肩書とは／オウム真理教7人の同日執行」、八月&九月「『容認』しますか？／大逆事件以来の13人もの死刑執行」、一〇月「『正しいこと』を疑ってみませんか、市原両親殺害事件から見えること」、一一月「死刑？ それちょっと待った！／進化する鑑定技術によって明かされる真実」、

こんな僕でも生きてていいの

死刑廃止のための大道寺幸子基金 第1回死刑囚表現展受賞作

年間15名の執行がもたらすもの

年末の死刑執行

死刑について考えてみませんか

東京拘置所のそばで死刑について考える会（そばの会）

http://sobanokai.my.coocan.jp/

昨年（2018）は、オウム真理教関連事件の死刑囚13名への執行があった上に、12月27日にも大阪拘置所で2名の死刑執行がありました。

年間15名もの執行数は、日本では2008年以来の大量執行になります。

「人の生きる権利を無理やり奪った私に、人を責める権利はないと思う。また、逆に言えばそんな私に生きる権利があるのだろうか。これらのことを深く考えていけばいくほど早く死んでしまいたいと思う。この世から消えてしまいたいと思うも、今となっては自害することも許されなくなってしまった。」

自分で罪を認めているのなら「冤罪」ではないじゃないか、と思われるかもしれません。しかし、その罪が、その人が死刑に値するのかどうかは、また別の問題です。その判断の誤りは「冤罪」に近いことではないでしょうか。

山下法相の死刑執行に抗議する緊急集会
日時・2019年1月21日（月）18時30分～
会場・岐部ホール（四谷）

一二月「新宿バス放火事件の被害者の想い／作家杉原美津子さんが歩んだ道のり」

九月にビラ担当者が不在になったので、八月と同じビラで間に合わせ、それから年末まではメンバーが交代で執筆しました。

二〇一八年は、オウム真理教関連死刑囚の大量執行と、その後も再審請求中だった人たちへの執行が続くなど、日本が「死刑大国」であることを印象づけた一年でした。死刑を濫発するような国が長続きするとは思えません。

住所➡〒116-0003　東京都荒川区南千住一—五九—六—三〇二

HP➡http://sobanokai.my.coocan.jp/

TOKYO1351

ＴＯＫＹＯ１３５１は、二〇一六年一二月に発足したボランティアグループです。

死刑制度について広く関心と議論を喚起すべく、ネットテレビを通じて、死刑制度についての討論番組を放送したり、ライブハウスを借り切って、ミュージシャンの方々と共に、死刑についてカジュアルに語るイベントを開催しています。

名称は、東京拘置所の住所、小菅1-35-1に因んでいます。

HP:http://www.tokyo1351.com/page-72/

二〇一八年の主な活動（以下、敬称略）

【LIVE & TALK in 下北沢・風知空知】

一月六日　TOKYO1351 LIVE&TALK vol.4 佐々木亮介、山口洋、東直子、森達也、安田好弘、ジョー横溝

【TOKYO1351×ニコニコ生放送】

三月二〇日「麻原彰晃死刑囚再審弁護人が語る、オウム死刑囚は今」大谷昭宏、森達也、安田好弘、ジョー横溝

七月六日「なぜ今なのか?·オウム死刑囚執行の背景を考える」宮台真司、ジョー横溝、竹田昌弘、森達也

一〇月一四日「日本の国会議員はなぜ死刑問題と向き合わないのか」平岡秀夫、安田好弘、竹田昌弘

FB➡https://m.facebook.com/TOKYO1351/

真宗大谷派死刑廃止を願う会

住所➡「願う会」事務局　〒432-8021　浜松市佐鳴台五—一七—二二—A一〇六　楯《たて》泰也気付

死刑廃止フォーラム・金沢

住所➡〒921-8111　金沢市若草町一五—八　志村恵

TEL・FAX➡076-280-3421

死刑廃止フォーラム・イン静岡

住所➡〒432-8021　浜松市佐鳴台五—一七—二二—A一〇六　笹原方　死刑廃止フォーラム・イン静岡事務局

死刑廃止フォーラムinなごや

死刑廃止フォーラムinなごやが誕生してから二七年となります。

この間、各年のほぼ定例的な活動として、高校生を主たる受講生とする七月のサマーセミナーへの出講（講師派遣）と春期と秋期に講演会等を開催してきました。また、死刑の執行があれば、その都度、法務大臣、総理大臣に対して抗議声明を発することも続けてきました。

長期にわたる活動で、当フォーラムの活動メンバーもかなり入れ替わりました。

現在は、月に一回程度の頻度で会議(例会)を開きます。例会には一〇名ほどのメンバーが参集し、行事や企画を相談したり、準備の作業を行います。専用のML（メーリングリスト）で情報交換も行います。

以下、二〇一八年度の活動の概況です。

春期の企画として、三月二四日、「死刑制度を憲法から考える映画と講演」と題して集会を開催しました（会場は名古屋市市民活動推進センター）。映画は、死刑執行をテーマとする「休暇」を上映しました。講演は、当フォーラムの活動メンバーでもある平川宗信氏（名古屋大学名誉教授）による「憲法から死刑を視る。死刑論は憲法に立脚すべきである」をテーマとするものでした。法律制度としての死刑制度は憲法に反するものであることを諄々と説かれる平川講演に多くの参加者が心から納得された様子でした。

椙山女学園高校で開催されたサマーセミナーに「死刑廃上を考える」講座の開設を申込み、七月一六日、講師四名を派遣しました。受講者は高校生を中心に約八〇名でした。四名の講師は、①死刑制度の現状、②死刑執行の状況、③死刑囚との交流体験、④冤罪の問題をテーマとする講義をしました。熱気あふれるセミナーとなり、「死刑制度についてよく考えてみたい」、「死刑は反対だとあらためて思った」などのアンケートの回答が寄せられました。

世界死刑廃止デーにちなんだ秋期の企画として、一〇月六日、「文在寅大統領が約束した死刑廃止—死刑執行停止二〇年の韓国、執行が続く日本、どこが違うのか?」と題する集会を開催しました（会場は名古屋市市民活動推進センター）。二部構成で、第一部が朴秉植氏（韓国・東国大学教授）の講演、第二部が朴教授と安田好弘弁護士との対談でした。朴教授の講演は、韓国における死刑制度の過去と現在をきちんと見据えながら、死刑執行停止二〇年の意味するところ、そして文大統領による死刑廃止法案提唱の意味を分かりやすく解説するものでした。第二部の朴教授と安田弁護士の対談では、日本の死刑制度運用の現状の問題点（検察支配、死刑についての情報の希薄さなど）が浮かび上がりました。多くの参加者が、日本での「粛々と執行」をこのまま放置してはならないと実感したでしょう。

二〇一八年には、七月六日にオウム真理教関連の七名が、七月二六日にオウム真理教関連の六名が、さらに一二月二七日にも二名が執行されました。当フォーラムはそれぞれの日に執行の命令者である法務大臣宛に抗議声明を発出しました。

住所➡〒461-0023　名古屋市東区徳川町一三一〇　稲垣法律事務所

◯「死刑を止めよう」宗教者ネットワーク

発足の経緯

イタリアの聖エジディオ共同体が主催した死刑廃止セミナー『生命のために連帯を』（二〇〇三年五月、東京・四谷）に参加した宗教者が、「死刑の執行を停止させ、死刑についての議論を広く行い、命について考える機会をできるだけ多く設けよう」という目的のもと、①情報交換や共同行動を行う、②一年に数回集会を行うことを目指して、二〇〇三年六月、超教派のネットワークを発足しました。

私たちの考え

私たちは各宗教に共通する「命を大切にする価値観」に基づき、死刑に関わるさまざまな方々（死刑囚、被害者遺族、刑務官、教誨師など）のお話から学んで、死刑について次のように考えています。

◇

・どんな人の命も人の手で奪うことは許されないと考えます。

・どんな罪を犯した人であっても、悔い改める可能性があり、その機会を奪うことはできないと考えます。

・被害者の癒しは応報的な刑罰によってではなく、被害者への心理的・社会的支援に向けた努力によってなされるべきだと考えます。

・犯罪は、力によって押さえ込むのではなく、罪を犯した背景を考え、更生を社会全体で支えていくことによってこそ、抑止できると考えます。

◇

マスコミによって連日のように凶悪犯罪が報道され、死刑判決が激増し、死刑の大量執行が定着しようとしている今こそ、少し立ち止まって、死刑について、罪とゆるし、癒しと和解について共に考える機会を提供できればと考え、活動しています。

二〇一八年度活動報告

・七月五日　第27回死刑廃止セミナー

京都YMCAホール
講師　大道寺ちはる「わたし、死刑囚の妹になりました」
・一〇月二四日　第28回死刑廃止セミナー　イエズス会社会司牧センター岐部ホール
講師　宮台真司「死刑の存在理由・廃止するべき理由・廃止するための条件」
・一二月一七日　死刑執行停止を求める諸宗教による祈りの集い2018　日本聖公会の聖マルコ教会　ミニコンサート　真宗大谷派僧侶バンド「我聞」
・一一月一〇日～一一日　死刑廃止全国交流合宿2018　天恩郷　大本本部「オウム死刑執行を受けての死刑廃止運動の今後の展開」

住所➡〒600-8164　京都市下京区上柳町199　しんらん交流館　真宗大谷派（東本願寺）解放運動推進本部　死刑を止めよう宗教者ネットワーク事務局／雨森慶為
メールアドレス　amemorikeii@hotmail.com
sdpreligion@freeml.com　フリーメール配信希望の方は、上記のメールアドレスまでご連絡を。
連絡先電話　090-1963-0952（雨森）
TEL➡075-371-9247　FAX➡075-371-9224

死刑廃止を求める京都にんじんの会

二〇一八年四月、京都にんじんの会は、『デッドマン・ウォーキング』を観て死刑について考える集まりを龍谷大学犯罪学研究センターに協力して開催しました。

二〇二〇年四月には日本で国連犯罪防止刑事司法会議（京都コングレス）が開催され、それまでに死刑制度を廃止することを目標にして日弁連は活動しています。京都にんじんの会メンバーも京都、滋賀、大阪などでの弁護士会の集会に参加してきました。

また、それぞれのメンバーが大阪拘置所の林眞須美さんの再審請求を支援したり、「死刑を止めよう！」宗教者ネットワークの活動に参加するなどしており、さらに京都で死刑映画の上映会を開催できるか模索しているところです。

かたつむりの会

かたつむりの会は一九七九年、「死刑廃止関西連絡センター」を前身として発足。一九八九年芝居仕立ての集会「絞められて殺されて」、一九九一年「寒中死刑大会」、一九九二年からの連続講座が『殺すこと殺されること』『死刑の文化を問いなおす』（インパクト出版会から書籍化）。二〇〇八年「死刑廃止！殺すな！一〇五人デモ」等、その他学習会への参加など。

大阪拘置所で死刑執行された日の夜には門前に集まって、形にとらわれない各自思い思いの抗議、死刑囚への激励を行なっています。毎年四月には大拘近くの大川沿いの桜のある公園で死刑廃止の横断幕を広げ皆で恒例のお花見&夜回り。十月の世界死刑廃止デーの頃にも梅田にて死刑廃止を訴えてビラ配り、拘置所前夜回りを行っています。兵庫県宝塚市の清荒神にある死刑囚の墓参りも。

会誌としては年五回「死刑と人権」という冊子を編集・発行しており、全国の刑事収容施設に収監されている死刑囚や不当な処遇を受けている当事者からの訴え、その他の方々の寄稿から広く人権問題や学習会などの活動記録も掲載しています。

依然として国家によって死刑の執行は繰り返され、多くの命が奪われ続けています。死刑囚一人一人個別ケースで事例も千差万別、中には障がいをかかえた人達もいる。国が殺して済ませてしまう社会のままでは問題が解決していくとは思えません。あなたも、あなたの家族も親戚も友人もみんな冤罪死刑囚になる可能性だってある。

偽善のために生贄になるやなんて誰でもまっぴら御免ですわ。私たちは、死刑廃止と末永くお付き合い致します。

「死刑と人権」購読料➡年間二千円（年五回発行）
郵便振替➡00900-3-315753
連絡先➡日本郵便（株）大阪北郵便局　私書箱室一九三号
E-mail➡saitoon@sea.plala.or.jp（齋藤）

死刑廃止フォーラムinおおさか

毎月一回の定例会をもち、有志で大阪拘置所の死刑囚の方々にハガキを送付。春の大阪拘置所前花見は梅田の陸橋で太鼓付きのビラまき後に拘置所前の公園にて歌あり太鼓にギターにキムチ鍋で、花見をし夕方に正門前にて死刑囚の方々に激励行動。夏には和歌山カレー集会。秋は世界死刑廃止デーにあわせ、梅田でビラまき、大阪拘置所にて在監死刑確定囚に激励行動。冬は越年カンパ発送、千円、年賀ハガキ、絵ハガキに靴下と送付案内を発送者が手書きをして一二月中に送付しています。夏もタオルを送付してます。大阪拘置所内に只今一九人。

二〇一八年はオウムの方々の死刑執行が七月に二回にわたり先進国にあるまじき事を安倍政権はやってのける中、大阪拘置所はまだまだ建て替え工事中です。新しい風が吹かないものかと、定例会はどなたでも参加できます。

アクセスお待ちしてます。。

住所➡〒530-0047 大阪市北区西天満一—一一—二〇 イトーピア西天満ソアーズタワー九〇四 中道法律事務所気付

◆公益社団法人アムネスティ・インターナショナル日本・死刑廃止ネットワークセンター大阪

一人でも多くの方に死刑制度の現状を知って関心を持っていただき、死刑が究極の人権侵害であることを訴えるために、アムネスティ・インターナショナルの大阪事務所を拠点として、活動しているチームです。

毎月の定例ミーティングで各メンバーや他団体の活動状況とそれぞれの課題や計画を情報共有して今後の活動に生かしています。

定期的な活動としては、毎月第3木曜日と第3土曜日に、大阪事務所で誰でも参加できる「死刑廃止を考える入門セミナー」を開催しています。

また、半年ごとに死刑に関する世界の最新ニュースをはじめ、死刑の問題を扱った映画評や書評、様々な方からの寄稿を掲載した小冊子「死刑廃止ニュース・スペシャル」を発行しており、獄中にも熱心な読者がいます。今年の五月には第58号を発行しました。

また、毎年死刑廃止をテーマにした講演会などのイベントも開いています。

昨年は九月に刑事弁護人として長い経験をお持ちの下村忠利弁護士による講演会「死刑弁護の現場から」を開催して死刑囚の現状について勉強しました。また、今年は四月にえん罪救済センター副代表の笹倉香奈さんの講演会「米国と日本の死刑—死刑制度廃止への道は」を開催して参加者の方と共に意義深い時間を過ごしました。

究極の人権侵害である死刑制度の廃止について、関心をお持ちの方はぜひお声がけいただいて一緒に考え活動しましょう。

連絡先➡公益社団法人 アムネスティ・インターナショナル日本 大阪事務所・死刑廃止ネットワークセンター大阪

〒541-0045 大阪市中央区道修町三—三—一〇 日宝道修町ビル三〇二

TEL➡06-6227-8991 FAX➡06-6227-8992

E-mail➡osakashihai@amnesty.or.jp

フォーラムひろしま

住所➡〒733-0011　広島市西区横川町一—一〇—一八—二〇五　猪原薫方
TEL・FAX➡082-294-2953
E-mail➡ino-bri@cap.ocn.ne.jp

死刑廃止国際条約の批准を求める四国フォーラム

住所➡〒791-0129　愛媛県松山市川の郷町
今治谷
TEL・FAX➡089-977-5340
E-mail➡imabaridani@river.ocn.ne.jp

死刑廃止・タンポポの会

こんにちは、死刑廃止・タンポポの会です。何十年たっても相変わらず、毎月の例会で情報共有、自分たちにできる活動を検討し、毎年七月と一二月に発行する会報「わたげ通信」に、わたしたちの活動と普段の生活からの思いを詰め込むという地味な活動です。でも、昨年七月には史上最悪の一三人もの大量死刑執行があり、一〇月の死刑廃止デーイベントには怒りを込めました。

一〇月一三日、二〇年ぶりの福岡の死刑廃止デモ、三〇人が、福岡の街を「死刑廃止！」と叫びながら歩きました。徳田靖之弁護士の「飯塚事件」講演会では六〇人が集まって熱気むんむんでした。

しかし、一二月には、また大阪で二人の死刑執行があり、どこまでも死刑制度を維持していくんだという国の強い意思が示されました。再審請求中であっても容赦なく執行する国への怒りは街頭での抗議情宣ではおさまりきれないものです。

福岡死刑廃止デモ　10月13日

わたしたちは、福岡拘置所の倉吉政隆さんの再審請求支援をしています。また、えん罪死刑囚の金川一さん、確定前に交流のあった奥本章寛さんのことも気にかけ、支援団体との交流を続けています。近年は、一一月頃に福岡拘置所の死刑確定者全員に一〇〇〇円ずつですが現金差し入れをしています。交流のあった奥本さんからは礼状が届きます。これがとてもうれしいです。

最近、米連邦政府が死刑執行を再開すると知って、死刑制度への依存をやめることがいかに難しいものかと思いました。タンポポの会のメンバーは、死刑廃止の他にも野宿者支援や労働運動、反原発、反基地、反弾圧などの社会運動、ライブハウス演奏など、いろんなことをしています。そんな様々な運動の中、あるいは日常の中にこそ死刑廃止の風を吹かせて

福岡死刑執行抗議行動　12月27日

いかなければならないのだと感じています。

　この年報が届く一〇月には、わたしたちは佐藤慶紀監督の「HER MOTHER」上映会、監督と原田正治さんのトークという世界死刑廃止デーイベントに取り組みます。

住所➡〒812-0024　福岡市博多区網場町九—二八—七〇三　山崎方
TEL・FAX➡092-291-7896

◉個人救援会は除いています。今後も各地の情報をお寄せください。

死刑廃止国際条約の批准を求める
FORUM90
地球が決めた死刑廃止

〒107-0052 東京都港区赤坂 2-14-13 港合同法律事務所気付
TEL：03-3585-2331　FAX：03-3585-2330
振替口座：郵便振替 00180-1-80456
加入者名：フォーラム 90

167号（2019.8.31）
山下法相の死刑執行を糾弾する！
庄子幸一さんから
オウム13人執行から一年　オウム真理教家族の会の永岡英子さんに聞く

166号（2019.7.25）
被害と加害の断絶は埋められるか　森達也・繁澤かおる
島田アピール：冤罪を生み出す温床の解消を目指し、再審法改正と死刑廃止を求めるアピール～1·31赤堀政夫さん解放30年に寄せて
「死刑をなくそう市民会議」発足

165号（2019.5.25）
死刑を廃止したアメリカ・ワシントン州を訪ねて　朴純佳
動くアメリカの死刑―ワシントン州・死刑廃止・終身刑調査について　石塚伸一
終身刑と死刑―ワシントン州調査から見えたもの　金子武嗣
死刑判決を受けているみなさんへ　死刑廃止のための大道寺幸子・赤堀政夫基金
カリフォルニア州知事の英断は世界へ影響を与えるか　山口薫

164号（2019.2.28）
残虐な年末の執行　安田好弘
劣化する法務大臣の人権意識　二見伸明
虫けらみたいに執行する国を許さない　小田幸児
一日一生の思いで生きた河村啓三さん　深田卓
山下貴司法務大臣地元で死刑廃止を考える　江田五月元法務大臣を囲んで　中村有作・安田好弘
韓国における死刑制度の過去と現在と将来　朴秉植
映画紹介「眠る村」　可知亮

163号（2018.12.30）
山下法相の地元・岡山で集会、要請書を提出
成長し続ける死刑囚の作品群　第14回大道寺幸子・赤堀政夫基金・死刑囚表現展公開講評　池田浩士・加賀乙彦・北川フラム・太田昌国
「日本の死刑制度の今後を考える議員の会」発足
死刑囚の絵展　広島カフェ・テアトロ・アビエルトで2月開催
死刑映画週間

162号（2018.11.30）
もっと議論を！そのための情報公開を！　森達也
大逆事件の時代に戻った　安田好弘
抗議集会へのメッセージ＝加城千波、大木和弘・宮田桂子、中川智正さんの支援者、新實智光さんの妻
無実を叫ぶ死刑囚たち―5件の死刑冤罪事件 大河内秀明、四宮啓、内山成樹、高遠あゆ子、小野順子

93年3月26日以降の死刑確定囚（アミは被執行者及び獄死者）（作成・フォーラム90）

氏名　拘置先 判決日	事件名（事件発生日） 生年月日	備　考
尾田　信夫　福岡 70.11.12 最高裁 70. 3.20 福岡高裁 68.12.24 福岡地裁	川端町事件 （66.12.5） 1946年9月19日生まれ	死因の一つとされる放火を否認して再審請求中。98.10.29 最高裁は再審請求棄却に対する特別抗告を棄却、その中で「一部無罪」も再審請求は可能と判断。
奥西　勝（享年89歳） 15.10. 4 八王子医療刑務所で病死 72. 6.15 最高裁 69. 9.10 名古屋高裁　死刑 64.12.23 津地裁　無罪	名張毒ぶどう酒事件 （61.3.28） 1926年1月1日生まれ	一審無罪、高裁で逆転死刑に。05年4月、7次再審が認められたが、検察の異議申立で06年12月再審開始取消決定。10年4月最高裁、名古屋高裁へ差戻決定。12年5月名古屋高裁、再審開始取消決定。13年10月最高裁特別抗告棄却。15年第9次再審請求中に病死。同年11月6日、妹が第10次再審請求。
冨山　常喜（享年86歳） 03. 9. 3 東京拘置所で病死 76. 4. 1 最高裁（藤林益三） 73. 7. 6 東京高裁（堀義次） 71.12.24 水戸地裁土浦支部（田上輝彦）	波崎事件 （63.8.26） 1917年4月26日生まれ	物証も自白も一切なし。 再審請求中に病死。
大濱　松三　東京 77. 4.16 控訴取下げ 75.10.20 横浜地裁小田原支部	ピアノ殺人事件 （74.8.28） 1928年6月4日生まれ	精神鑑定次第で減刑もありえた。本人控訴取下げで死刑確定。
近藤　清吉（享年55歳） 93. 3.26 仙台拘置支所にて執行 80. 4.25 最高裁（栗木一夫） 77. 6.28 仙台高裁 74. 3.29 福島地裁白河支部	山林売買強殺事件等 （70.7/71.5）	1件を否認、4回にわたって自力で再審請求。
袴田　巌　釈放 80.11.19 最高裁（宮崎梧一） 76. 5.18 東京高裁（横川敏雄） 68. 9.11 静岡地裁（石見勝四）	袴田事件 （66.6.30） 1936年3月10日生まれ	一審以来無実を主張。14年3月27日静岡地裁再審開始決定。同日釈放。18年6月11日、東京高裁、再審開始決定取り消し。ニュースとして「さいしん」「無罪」「袴田ネット通信」などがある。
小島　忠夫（享年61歳） 93.11.26 札幌拘置支所にて執行 81. 3.19 最高裁（藤崎万里） 77. 8.23 札幌高裁 75. 9.　釧路地裁	釧路一家殺人事件 （74.8.7）	責任能力の認定等で再審請求、棄却。
小野　照男（享年62歳） 99.12.17 福岡拘置所にて執行 81. 6.16 最高裁（環昌一） 79. 9.　福岡高裁 78. 9.　長崎地裁	長崎雨宿り殺人事件 （77.9.24）	最高裁から無実を主張、自力で18年にわたり再審請求。初めて弁護人がつき、再審請求を申し立てた4日後に執行。
立川修二郎（享年62歳） 93. 3.26 大阪拘置所にて執行 81. 6.26 最高裁（木下忠良） 79.12.18 高松高裁 76. 2.18 松山地裁	保険金目当実母殺人事件等 （71.1/72.7）	一部無実を主張。

関　幸生（享年 47 歳） 93.11.26 東京拘置所にて執行 82. 9.　東京高裁（内藤丈夫） 79. 5.17 東京地裁（金隆史）	世田谷老女強殺事件 （77.12.3）	上告せず確定。
藤岡　英次（享年 40 歳） 95. 5.26 大阪拘置所にて執行 83. 4.14 徳島地裁（山田真也）	徳島老人殺人事件等 （78.11/12.16）	控訴せず確定。
出口　秀夫（享年 70 歳） 93.11.26 大阪拘置所にて執行 84. 4.27 最高裁（牧圭次） 80.11.28 大阪高裁 78. 2.23 大阪地裁（浅野芳朗）	大阪電解事件 （74.7.10/10.3）	
坂口　徹（享年 56 歳） 93.11.26 大阪拘置所にて執行 84. 4.27 最高裁（牧圭次） 80.11.18 大阪高裁 78. 2.23 大阪地裁（浅野芳朗）	大阪電解事件 （74.7.10/10.3）	
川中　鉄夫（享年 48 歳） 93. 3.26 大阪拘置所にて執行 84. 9.13 最高裁（矢口洪一） 82. 5.26 大阪高裁（八木直道） 80. 9.13 神戸地裁（高橋通延）	広域連続殺人事件 （75.4.3 ～）	精神病の疑いがあるにもかかわらず執行。
安島　幸雄（享年 44 歳） 94.12. 1 東京拘置所にて執行 85. 4.26 最高裁（牧圭次） 80. 2.20 東京高裁（岡村治信） 78. 3. 8 前橋地裁（浅野達男）	群馬 3 女性殺人事件 （77.4.16）	養父母との接見交通禁止に対しての国賠訴訟中の処刑。
佐々木和三（享年 65 歳） 94.12. 1 仙台拘置支所にて執行 85. 6.17 青森地裁	青森旅館主人他殺人事件 （84.9.9）	弁護人控訴の翌日、本人取下げで確定。
須田　房雄（享年 64 歳） 95. 5.26 東京拘置所にて執行 87. 1　控訴取下げ確定 86.12.22 東京地裁（高島英世）	裕士ちゃん誘拐殺人事件 （86.5.9）	本人の控訴取下げで確定。
大道寺将司（享年 68 歳） 17. 5.24 東京拘置所にて病死 87. 3.24 最高裁（伊藤正己） 82.10.29 東京高裁（内藤丈夫） 79.11.12 東京地裁（簑原茂広）	連続企業爆破事件 （71.12 ～ 75.5） 1948 年 6 月 5 日生まれ	「共犯」は「超法規的措置」により国外へ。交流誌「キタコブシ」が出ていた。著書『死刑確定中』、句集『鴉の日』『棺一基』『残の月』などがある。
益永　利明　東京 87. 3.24 最高裁（伊藤正己） 82.10.29 東京高裁（内藤丈夫） 79.11.12 東京地裁（簑原茂広）	連続企業爆破事件 （71.12 ～ 75.5） 1948 年 6 月 1 日生まれ	旧姓片岡。「共犯」は「超法規的措置」により国外へ。国賠多数提訴。交流誌「ごましお通信」が出ていた。著書『爆弾世代の証言』がある。
井田　正道（享年 56 歳） 98.11.19 名古屋拘置所にて執行 87. 4.15 上告せず確定 87. 3.31 名古屋高裁（山本卓） 85.12. 5 名古屋地裁 （鈴木雄八郎）	名古屋保険金殺人事件 （79.11 ～ 83.12） 1942 年 6 月 27 日生まれ	上告せず確定。「共犯」の長谷川は 93 年に確定。
木村　修治（享年 45 歳） 95.12.21 名古屋拘置所にて執行 87. 7. 9 最高裁（大内恒夫） 83. 1.26 名古屋高裁（村上悦夫） 82. 3.23 名古屋地裁（塩見秀則）	女子大生誘拐殺人事件 （80.12.2） 1950 年 2 月 5 日生まれ	恩赦出願したが、その決定が代理人に通知されないままの処刑。著書に『本当の自分を生きたい』がある。

秋山　芳光（享年77歳） 06.12.25 東京拘置所にて執行 87. 7.17 最高裁（香川保一） 80. 3.27 東京高裁（千葉和郎） 76.12.16 東京地裁	秋山兄弟事件 （75.8.25）	殺人未遂等を否認して再審請求。棄却。
田中　重穂（享年69歳） 95. 5.26 東京拘置所にて執行 87.10.23 最高裁（香川保一） 81. 7. 7 東京高裁（市川郁雄） 77.11.18 東京地裁八王子支部	東村山署警察官殺人事件 （76.10.18） 1929年7月13日生まれ	旧姓・小宅。
平田　直人（享年63歳） 95.12.21 福岡拘置所にて執行 87.12.18 最高裁（牧圭次） 82. 4.27 福岡高裁（平田勝雅） 80.10. 2 熊本地裁（辻原吉勝）	女子中学生誘拐殺人事件 （79.3.28） 1932年1月1日生まれ	事実誤認があるとして再審請求、棄却。
浜田　武重（享年90歳） 17. 6.26 福岡拘置所にて病死 88. 3. 8 最高裁（伊藤正己） 84. 6.19 福岡高裁（山本茂） 82. 3.29 福岡地裁（秋吉重臣）	3連続保険金殺人事件 （78.3～79.5） 1927年3月10日生まれ	3件中2件については無実を主張。
杉本　嘉昭（享年45歳） 96. 7.11 福岡拘置所にて執行 88. 4.15 最高裁（香川保一） 84. 3.14 福岡高裁（緒方誠哉） 82. 3.16 福岡地裁小倉支部 （佐野精孝）	福岡病院長殺人事件 （79.11.4）	被害者1人で2名に死刑判決。自力で再審請求をしていたらしいが、詳細は不明。
横山　一美（享年59歳） 96. 7.11 福岡拘置所にて執行 88. 4.15 最高裁（香川保一） 84. 3.14 福岡高裁（緒方誠哉） 82. 3.16 福岡地裁小倉支部 （佐野精孝）	福岡病院長殺人事件 （79.11.4）	被害者1人で2名に死刑判決。再審請求を準備していた。
綿引　　誠（享年74歳） 13. 6.23 東京拘置所にて病死 88. 4.28 最高裁（角田礼次郎） 83. 3.15 東京高裁（菅野英男） 80. 2. 8 水戸地裁（大関隆夫）	日立女子中学生誘拐殺人事件 （78.10.16） 1939年3月25日生まれ	再審請求中に病死。
篠原徳次郎（享年68歳） 95.12.21 東京拘置所にて執行 88. 6.20 最高裁（奥野久之） 85. 1.17 東京高裁（小野慶二） 83.12.26 前橋地裁（小林宣雄）	群馬2女性殺人事件 （81.10、82.7）	無期刑の仮釈放中の事件。
渡辺　　清　　　　大阪 88. 6. 2 最高裁（高島益郎） 78. 5.30 大阪高裁　死刑 （西村哲夫） 75. 8.29 大阪地裁　無期 （大政正一）	4件殺人事件 （67.4.24～73.3） 1948年3月17日生まれ	一審は無期懲役判決。4件中2件は無実と主張。
石田三樹男（享年48歳） 96. 7.11 東京拘置所にて執行 88. 7. 1 最高裁（奥野久之） 84. 3.15 東京高裁（寺沢栄） 82.12. 7 東京地裁（大関規雄）	神田ビル放火殺人事件 （81.7.6）	起訴から高裁判決まで1年半というスピード裁判。

日高　安政（享年 54 歳） 97. 8. 1 札幌拘置支所にて執行 88.10.11 控訴取下げ 87. 3. 9 札幌地裁（鈴木勝利）	保険金目当て放火殺人事件 (84.5.5) 1944 年生まれ	恩赦を期待して控訴を取り下げた。放火は認めているが、殺意は否認。
日高　信子（享年 51 歳） 97. 8. 1 札幌拘置支所にて執行 88.10.11 控訴取下げ 87. 3. 9 札幌地裁（鈴木勝利）	保険金目当て放火殺人事件 (84.5.5) 1947 年生まれ	恩赦を期待して控訴を取り下げた。放火は認めているが、殺意は否認。
平田　光成（享年 60 歳） 96.12.20 東京拘置所にて執行 88.10.22 上告取下げ 82. 1.21 東京高裁（市川郁雄） 80. 1.18 東京地裁（小野幹雄）	銀座ママ殺人事件他 (78.5.21/6.10)	恩赦を期待して上告取下げ、死刑確定。「共犯」野口は 90 年 2 月死刑確定。
今井　義人（享年 55 歳） 96.12.20 東京拘置所にて執行 88.10.22 上告取下げ 85.11.29 東京高裁（内藤丈夫） 84. 6. 5 東京地裁（佐藤文哉）	元昭石重役一家殺人事件 (83.1.29)	事件から二審判決まで 2 年。恩赦を期待してか上告取下げ、死刑確定。
西尾　立昭（享年 61 歳） 98.11.19 名古屋拘置所にて執行 89. 3.28 最高裁（安岡満彦） 81. 9.10 名古屋高裁 80. 7. 8 名古屋地裁	日建土木事件 (77.1.7) 1936 年 12 月 18 日生まれ	「共犯」とされる山根は無実を主張したが、最高裁で異例の無期懲役に減刑判決。
石田　富蔵（享年 92 歳） 14. 4.19 東京拘置所にて病死 89. 6.13 最高裁（坂上寿夫） 82.12.23 東京高裁（菅間英男） 80. 1.30 浦和地裁（杉山英巳）	2 女性殺人事件 (73.8.4/74.9.13) 1921 年 11 月 13 日生まれ	1 件の強盗殺人事件の取り調べ中に他の傷害致死事件を自ら告白、これが殺人とされた。前者の強殺事件は冤罪を主張。再審請求中に病死。
藤井　政安　　　　東京 89.10.13 最高裁（貞家克己） 82. 7. 1 東京高裁（船田三雄） 77. 3.31 東京地裁（林修）	関口事件 (70.10 ～ 73.4) 1942 年 2 月 23 日生まれ	旧姓関口。
神田　英樹（享年 43 歳） 97. 8. 1 東京拘置所にて執行 89.11.20 最高裁（香川保一） 86.12.22 東京高裁（萩原太郎） 86. 5.20 浦和地裁（杉山忠雄）	父親等 3 人殺人事件 (85.3.8)	控訴から二審判決まで半年、上告後 3 年で死刑確定。
宇治川　正（享年 62 歳） 13.11.15 東京拘置所にて病死 89.12. 8 最高裁（島谷六郎） 83.11.17 東京高裁（山本茂） 79. 3.15 前橋地裁（浅野達男）	2 女子中学生殺人事件等 (76.4.1) 1951 年 6 月 29 日生まれ	旧姓田村。覚醒剤の影響下での事件。再審請求中に病死。交流誌「ひよどり通信」が出ていた。
野口　　悟（享年 50 歳） 96.12.20 東京拘置所にて執行 90. 2. 1 最高裁（四ツ谷巌） 82. 1.21 東京高裁（市川郁雄） 80. 1.18 東京地裁（小野幹雄）	銀座ママ殺人事件他 (78.5.21/6.10)	「共犯」の平田光成は上告取下げで 88 年に確定。
金川　　一　　　　福岡 90. 4. 3 最高裁（安岡満彦） 83. 3.17 福岡高裁 死刑（緒方誠哉） 82. 6.14 熊本地裁八代支部 無期（河上元康）	主婦殺人事件 (79.9.11) 1950 年 7 月 7 日生まれ	一審途中から無実を主張、一審は無期懲役判決。客観的証拠なし。

永山　則夫（享年48歳） 97. 8. 1東京拘置所にて執行 90. 4.17最高裁（安岡満彦） 87. 3.18東京高裁　死刑 （石田穣一） 83. 7. 8最高裁　無期破棄差戻 （大橋進） 81. 8.21東京高裁　無期 （船田三雄） 79. 7.10東京地裁　死刑	連続射殺事件 （68.10.11～11.5） 1949年6月27日生まれ	犯行時19歳。『無知の涙』『人民をわすれたカナリアたち』『愛か無か』『動揺記』『反—寺山修司論』『木橋』『ソオ連の旅芸人』『捨て子ごっこ』『死刑の涙』『なぜか、海』『異水』『日本』『華』など多数の著作がある。没後永山子ども基金設立。ペルーの貧しい子どもたちに支援をつづける。
村竹　正博（享年54歳） 98. 6.25福岡拘置所にて執行 90. 4.27最高裁（藤島昭） 85.10.18福岡高裁　死刑 （桑原宗朝） 83. 3.30長崎地裁佐世保支部 無期（亀井義朗）	長崎3人殺人事件等 （78.3.21） 1944年3月30日生まれ	一審の情状をくんだ無期判決が高裁で逆転、死刑判決に。
晴山　広元（享年70歳） 04. 6. 4札幌刑務所で病死 90. 9.13最高裁（角田礼次郎） 79. 4.12札幌高裁　死刑 76. 6.24札幌地裁岩見沢支部 無期	空知2女性殺人事件等 （72.5～74.5） 1934年5月8日生まれ	自白のみで物証もなく、違法捜査による自白として無実を主張。一審は無期懲役判決。再審請求中に病死。
荒井　政男（享年82歳） 09. 9. 3東京拘置所にて病死 90.10.16最高裁（坂上寿夫） 84.12.18東京高裁（小野慶二） 76. 9.25横浜地裁横須賀支部 （秦不二雄）	三崎事件 （71.12.21） 1927年2月4日生まれ	一審以来無実を主張。再審請求中に病死。家族が再審を引きつぐ。救援会の機関誌「潮風」。
武安　幸久（享年66歳） 98. 6.25福岡拘置所にて執行 90.12.14最高裁（中島敏次郎） 86.12. 2福岡高裁 （永井登志彦）	直方強盗女性殺人事件 （80.4.23） 1932年6月20日生まれ	無期刑の仮釈放中の事件。
諸橋　昭江（享年75歳） 07. 7.17東京拘置所にて病死 91. 1.31最高裁（四ツ谷巖） 86. 6. 5東京高裁（寺沢栄） 80. 5. 6東京地裁（小林充）	夫殺人事件他 （74.8.8/78.4.24） 1932年3月10日生まれ	夫殺しは無実を主張。再審請求中に病死。
島津　新治（享年66歳） 98. 6.25東京拘置所にて執行 91. 2. 5最高裁（可部恒雄） 85. 7. 8東京高裁（柳瀬隆治） 84. 1.23東京地裁（田尾勇）	パチンコ景品商殺人事件 （83.1.16） 1931年12月28日生まれ	無期刑の仮釈放中の事件。
津田　　暎（享年59歳） 98.11.19広島拘置所にて執行 91. 6.11最高裁（園部逸夫） 86.10.21広島高裁（久安弘一） 85. 7.17広島地裁福山支部 （雑賀飛龍）	学童誘拐殺人事件 （84.2.13） 1939年8月15日生まれ	刑確定後、俳句の投稿を禁止された。
佐川　和男（享年48歳） 99.12.17東京拘置所にて執行 91.11.29最高裁（藤島昭） 87. 6.23東京高裁（小野慶二） 82. 3.30浦和地裁（米沢敏雄）	大宮母子殺人事件 （81.4.4） 1951年3月21日生まれ	「共犯」者は逃亡中に病死。

佐々木哲也　東京 92. 1.31 最高裁（大堀誠一） 86. 8.29 東京高裁（石丸俊彦） 84. 3.15 千葉地裁（太田浩）	両親殺人事件 （74.10.30） 1952 年 9 月 14 日生まれ	無実を主張。
佐藤　真志（享年 62 歳） 99. 9.10 東京拘置所にて執行 92. 2.18 最高裁（可部恒雄） 85. 9.17 東京高裁（寺沢栄） 81. 3.16 東京地裁（松本時夫）	幼女殺人事件 （79.7.28） 1937 年 3 月 12 日生まれ	無期刑の仮釈放中の事件。
高田　勝利（享年 61 歳） 99. 9.10 仙台拘置支所にて執行 92. 7　控訴せず確定 92. 6.18 福島地裁郡山支部 （慶田康男）	飲食店女性経営者殺人事件 （90.5.2） 1938 年 4 月 27 日生まれ	無期刑の仮釈放中の事件。控訴せず確定。
森川　哲行（享年 69 歳） 99. 9.10 福岡拘置所にて執行 92. 9.24 最高裁（大堀誠一） 87. 6.22 福岡高裁（浅野芳朗） 86. 8. 5 熊本地裁（荒木勝己）	熊本母娘殺人事件 （85.7.24） 1930 年 4 月 10 日生まれ	無期刑の仮釈放中の事件。
名田　幸作（享年 56 歳） 07. 4.27 大阪拘置所にて執行 92. 9.29 最高裁（貞家克己） 87. 1.23 大阪高裁（家村繁治） 84. 7.10 神戸地裁姫路支部（藤原寛）	赤穂同僚妻子殺人事件 （83.1.19） 1950 年 6 月 17 日生まれ	
坂口　弘　東京 93. 2.19 最高裁（坂上寿夫） 86. 9.26 東京高裁（山本茂） 82. 6.18 東京地裁（中野武男）	連合赤軍事件 （71 ～ 72.2） 1946 年 11 月 12 日生まれ	「共犯」は「超法規的措置」により国外へ。著書『坂口弘歌稿』『あさま山荘 1972』、歌集『常しへの道』『暗黒世紀』など。
永田　洋子（享年 65 歳） 11. 2. 6 東京拘置所にて病死 93. 2.19 最高裁（坂上寿夫） 86. 9.26 東京高裁（山本茂） 82. 6.18 東京地裁（中野武男）	連合赤軍事件 （71 ～ 72.2） 1945 年 2 月 8 日生まれ	「共犯」は「超法規的措置」により国外へ。著書『十六の墓標』『私生きてます』など多数。再審請求中に病死。
澤地　和夫（享年 69 歳） 08.12.16 東京拘置所にて病死 93. 7　上告取下げ 89. 3.31 東京高裁（内藤丈夫） 87.10.30 東京地裁（中山善房）	山中湖連続殺人事件 （84.10） 1939 年 4 月 15 日生まれ	上告を取下げて、確定。再審請求中に病死。『殺意の時』『東京拘置所　死刑囚物語』『なぜ死刑なのですか』など著書多数。「共犯」の猪熊は 95 年 7 月確定。
藤波　芳夫（享年 75 歳） 06.12.25 東京拘置所にて執行 93. 9. 9 最高裁（味村治） 87.11.11 東京高裁（岡田満了） 82. 2.19 宇都宮地裁（竹田央）	覚醒剤殺人事件 （81.3.29） 1931 年 5 月 15 日生まれ	覚醒剤と飲酒の影響下で、元妻の家族を殺害。
長谷川敏彦（享年 51 歳） 01.12.27 名古屋拘置所にて執行 93. 9.21 最高裁（園部逸夫） 87. 3.31 名古屋高裁（山本卓） 85.12. 5 名古屋地裁 （鈴木雄八郎）	名古屋保険金殺人事件 （79.11 ～ 83.12）	旧姓竹内。「共犯」の井田は上告せず 87 年確定。最高裁判決で大野正男裁判官の補足意見が出る。事件の被害者遺族が死刑執行をしないでと上申書を提出して恩赦出願したが、98 年に不相当。
牧野　正（享年 58 歳） 09. 1.29 福岡拘置所にて執行 93.11.16 控訴取下げ 93.10.27 福岡地裁小倉支部 （森田富人）	北九州母娘殺人事件 （90.3） 1950 年 3 月 18 日生まれ	無期刑の仮釈放中の事件。一審弁護人控訴を本人が取下げ、確定。二審弁護人不在のまま本人が取り下げたことが問題。公判再開請求が最高裁で棄却。

太田　勝憲（享年 55 歳） 99.11. 8 札幌拘置支所で自殺 93.12.10 最高裁（大野正男） 87. 5.19 札幌高裁（水谷富茂人） 84. 3.23 札幌地裁（安藤正博）	平取猟銃一家殺人事件 （79.7.18）	自殺。
藤原　清孝（享年 52 歳） 00.11.30 名古屋拘置所にて執行 94. 1.17 最高裁（小野幹雄） 88. 5.19 名古屋高裁 （吉田誠吾） 86. 3.24 名古屋地裁（橋本享典）	連続殺人 113 号事件 （72.9 ～ 82.10） 1948 年 8 月 29 日生まれ	旧姓、勝田。著書に『冥晦に潜みし日々』がある。
宮脇　　喬（享年 57 歳） 00.11.30 名古屋拘置所にて執行 94. 3.18 上告取下げ 90. 7.16 名古屋高裁 （吉田誠吾） 89.12.14 岐阜地裁（橋本達彦）	先妻家族 3 人殺人事件 （89.2.14） 1943 年 7 月 26 日生まれ	事件から二審判決まで 1 年 4 か月というスピード判決。3 人のうち 2 人は傷害致死を主張。上告を取下げ確定。
大森　勝久　　　　札幌 94. 7.15 最高裁（大西勝也） 88. 1.21 札幌高裁 （水谷富茂人） 83. 3.29 札幌地裁（生島三則）	北海道庁爆破事件 （76.3.2） 1949 年 9 月 7 日生まれ	一貫して無実を主張。
大石　国勝（享年 55 歳） 00.11.30 福岡拘置所にて執行 95. 4.21 最高裁（中島敏次郎） 89.10.24 福岡高裁（丸山明） 87. 3.12 佐賀地裁（早船嘉一）	隣家親子 3 人殺人事件 （82.5.16） 1945 年 1 月 10 日生まれ	事件当時「精神障害」だったとして責任能力について争ったが認められず。
藤島　光雄（享年 55 歳） 13.12.12 東京拘置所にて執行 95. 6. 8 最高裁（高橋久子） 88.12.15 東京高裁（石丸俊彦） 87. 7. 6 甲府地裁（古口満）	2 連続殺人事件 （86.3.6/3.11） 1958 年 4 月 22 日生まれ	事件から 1 年数か月で一審判決という拙速裁判。
猪熊　武夫　　　　東京 95. 7. 3 最高裁（大西勝也） 89. 3.31 東京高裁（内藤丈夫） 87.10.30 東京地裁（中山善房）	山中湖連続殺人事件 （84.10） 1949 年 7 月 2 日生まれ	「共犯」澤地は上告取下げで、93年7月に死刑確定、08年病死。
池本　　登（享年 75 歳） 07.12.07 大阪拘置所にて執行 96. 3. 4 最高裁（河合伸一） 89.11.28 高松高裁　死刑 （村田晃） 88.3.22 徳島地裁　無期 （山田真也）	猟銃近隣 3 人殺人事件 （86.6.3） 1932 年 12 月 22 日生まれ	一審は無期懲役判決、高裁で死刑判決。
山野静二郎　　　　大阪 96.10.25 最高裁（福田博） 89.10.11 大阪高裁（西村清治） 85. 7.22 大阪地裁（池田良兼）	不動産会社連続殺人事件 （82.3） 1938 年 7 月 31 日生まれ	重大な事実誤認を主張。著書『死刑囚の祈り』『死刑囚の叫び』。支援会誌「オリーブ通信」。
朝倉幸治郎（享年 66 歳） 01.12.27 東京拘置所にて執行 96.11.14 最高裁（高橋久子） 90. 1.23 東京高裁（高木典雄） 85.12.20 東京地裁（柴田孝夫）	練馬一家 5 人殺人事件 （83.6.28）	

向井　伸二（享年42歳） 03. 9.12 大阪拘置所にて執行 96.12.17 最高裁（尾崎行信） 90.10. 3 大阪高裁（池田良兼） 88. 2.26 神戸地裁（加藤光康）	母子等3人殺人事件 (85.11.29/12.3) 1961年8月17日生まれ	
中元　勝義（享年64歳） 08. 4.10 大阪拘置所にて執行 97. 1.28 最高裁（可部恒雄） 91.10.27 大阪高裁（池田良兼） 85. 5.16 大阪地裁堺支部 （重富純和）	宝石商殺人事件 (82.5.20) 1943年12月24日生まれ	殺人については無実を主張。再審請求、棄却。
松原　正彦（享年63歳） 08. 2. 1 大阪拘置所にて執行 97. 3. 7 最高裁（根岸重治） 92. 1.23 高松高裁（村田晃） 90. 5.22 徳島地裁（虎井寧夫）	2主婦連続強盗殺人事件 (88.4.18/88.6.1) 1944年3月19日生まれ	
大城　英明　　　福岡 97. 9.11 最高裁（藤井正雄） 91.12. 9 福岡高裁（雑賀飛龍） 85. 5.31 福岡地裁飯塚支部 （松信尚章）	内妻一家4人殺人事件 (76.6.13) 1942年3月10日生まれ	旧姓秋好。4人のうち3人殺害は内妻の犯行と主張。島田荘司著『秋好事件』『秋好英明事件』。HPは「WS刊島田荘司」上にある。
神宮　雅晴　　　大阪 97.12.19 最高裁（園部逸夫） 93. 4.30 大阪高裁 （村上保之助） 88.10.25 大阪地裁（青木暢茂）	警察庁指定115号事件 (84.9.4 他) 1943年1月5日生まれ	旧姓廣田。無実を主張。
春田　竜也（享年36歳） 02. 9.18 福岡拘置所にて執行 98. 4.23 最高裁（遠藤光男） 91. 3.26 福岡高裁（前田一昭） 88. 3.30 熊本地裁（荒木勝己）	大学生誘拐殺人事件 (87.9.14 〜 9.25) 1966年4月18日生まれ	旧姓田本。一審は異例のスピード審理。
浜田　美輝（享年43歳） 02. 9.18 名古屋拘置所にて執行 98. 6. 3 控訴取下げ 98. 5.15 岐阜地裁（沢田経夫）	一家3人殺人事件 (94.6.3)	本人控訴取り下げで、死刑確定。
宮崎　知子　　　名古屋 98. 9. 4 最高裁（河合伸一） 92. 3.31 名古屋高裁金沢支部 （浜田武律） 88. 2. 9 富山地裁（大山貞雄）	富山・長野2女性殺人事件 (80.2.23 〜 3.6)	真犯人は別人と主張。
柴嵜　正一　　　東京 98. 9.17 最高裁（井嶋一友） 94. 2.24 東京高裁（小林充） 91. 5.27 東京地裁（中山善房）	中村橋派出所2警官殺人事件 (89.5.16) 1969年1月1日生まれ	
村松誠一郎　　　東京 98.10. 8 最高裁（小野幹雄） 92. 6.29 東京高裁（新谷一信） 85. 9.26 浦和地裁（林修）	宮代事件等 (80.3.21) 1956年5月17日生まれ	宮代事件は無実を主張。
松本美佐雄　　　東京 98.12. 1 最高裁（元原利文） 94. 9.29 東京高裁（小林充） 93. 8.24 前橋地裁高崎支部 （佐野精孝）	2人殺人1人傷害致死、死体遺棄事件 (90.12/91.7) 1965年2月20日生まれ	1件の殺人について否認。他の1件については共犯者の存在を主張。

高田和三郎　　　　東京 99. 2.25 最高裁（小野幹雄） 94. 9.14 東京高裁（小泉祐康） 86. 3.28 浦和地裁（杉山忠雄）	友人３人殺人事件 （72.2 ～ 74.2） 1932 年 8 月 17 日生まれ	真犯人は別人と主張。
嶋﨑　末男（享年 59 歳） 04. 9.14 福岡拘置所にて執行 99. 3. 9 最高裁（千種秀夫） 95. 3.16 福岡高裁　死刑 （池田憲義） 92. 11.30 熊本地裁　無期	熊本保険金殺人事件	一審は無期懲役判決。高裁で死刑判決。
福岡　道雄（享年 64 歳） 06.12.25 大阪拘置所にて執行 99. 6.25 最高裁（福田博） 94. 3. 8 高松高裁（米田俊昭） 88. 3. 9 高知地裁（田村秀作）	３件殺人事件 （78.12/80.4/81.1） 1942 年 7 月 13 日生まれ	無実を主張。
松井喜代司（享年 69 歳） 17.12.19 東京拘置所にて執行 99. 9.13 最高裁（大出峻郎） 95.10. 6 東京高裁（小泉祐康） 94.11. 9 前橋地裁高崎支部 （佐野精孝）	安中親子３人殺人事件 （94.2.13） 1948 年 1 月 23 日生まれ	再審請求中に執行。
北川　　晋（享年 58 歳） 05. 9.16 大阪拘置所にて執行 00. 2. 4 最高裁（北川弘治） 95. 3.30 高松高裁（米田俊昭） 94. 2.23 高知地裁（隅田景一）	高知・千葉殺人事件 （83.8.16/86.2.6） 1947 年 5 月 21 日生まれ	
日高　広明（享年 44 歳） 06.12.25 広島拘置所にて執行 00. 2. 9 広島地裁（戸倉三郎）	４女性強盗殺人事件 （96）	控訴せず確定。
小田　義勝（享年 59 歳） 07. 4.27 福岡拘置所にて執行 00. 3.15 福岡地裁（陶山博生）	２件保険金殺人事件	弁護人の控訴を 00 年 3 月 30 日に本人が取下げ確定。
松本　健次　　　　大阪 00. 4. 4 最高裁（奥田昌道） 96. 2.21 大阪高裁（朝岡智幸） 93. 9.17 大津地裁（土井仁臣）	２件強盗殺人事件 （90.9/91.9） 1951 年 2 月 3 日生まれ	「主犯」の兄は事件後自殺。
田中　政弘（享年 42 歳） 07. 4.27 東京拘置所にて執行 00. 9. 8 最高裁（河合伸一） 95.12.20 東京高裁（佐藤文哉） 94. 1.27 横浜地裁（上田誠治）	４人殺人事件 （84.11/88.3/89.6/91.3） 1964 年 9 月 12 日生まれ	旧姓宮下。４人のうち２人の殺人を否認。再審請求が棄却され恩赦出願を準備中に執行。
竹澤一二三（享年 69 歳） 07. 8.23 東京拘置所にて執行 00.12. 11 東京高裁（高橋省吾） 98. 3.24 宇都宮地裁 （山田公一）	栃木県３人殺人事件 （90.9.13/93.7.28）	嫉妬妄想による犯行と弁護側主張。上告せず死刑が確定。
瀬川　光三（享年 60 歳） 07. 8.23 名古屋拘置所にて執行 01. 1.30 最高裁（元原利文） 97. 3.11 名古屋高裁金沢支部 （高木實） 93. 7.15 富山地裁（下山保男）	富山夫婦射殺事件 （91.5.7）	
岩本　義雄（享年 63 歳） 07. 8.23 東京拘置所にて執行 01. 2. 1 東京地裁（木村烈）	２件強盗殺人事件 （96.6/97.7）	弁護人が控訴したが、本人が控訴を取下げ、死刑確定。

上田　大（享年33歳） 03. 2.28 名古屋拘置所で病死 01. 9.20 最高裁（藤井正雄） 96. 7. 2 名古屋高裁（松本光雄） 94. 5.25 名古屋地裁一宮支部（伊藤邦晴）	愛知2件殺人事件 (93.2.16/3.3)	
S・T（享年44歳） 17.12.19 東京拘置所にて執行 01.12. 3 最高裁（亀山継夫） 96. 7. 2 東京高裁（神田忠治） 94. 8. 8 千葉地裁（神作良二）	市川一家4人殺人事件 (92.3.5) 1973年1月30日生まれ	犯行時19歳の少年。再審請求中に執行。
萬谷　義幸（享年68歳） 08. 9.11 大阪拘置所にて執行 01.12. 6 最高裁（深沢武久） 97. 4.10 大阪高裁（内匠和彦） 91. 2. 7 大阪地裁（米田俊昭）	地下鉄駅短大生殺人事件 (88.1.15) 1940年1月24日生まれ	無期刑の仮釈放中の事件。
陳　代　偉　東京 02. 6.11 最高裁（金谷利広） 98. 1.29 東京高裁（米沢敏雄） 95.12.15 東京地裁八王子支部（豊田建）	パチンコ店強盗殺人事件 (92.5.30) 1961年2月13日生まれ	中国国籍。定住以外の外国人の死刑確定は戦後初めて。主犯格国外逃亡中。取調べ時拷問を受け、自白を強要された。強盗殺人の共謀と殺意の不在を主張。通訳の不備が問題となる。
何　力　東京 02. 6.11 最高裁（金谷利広） 98. 1.29 東京高裁（米沢敏雄） 95.12.15 東京地裁八王子支部（豊田建）	パチンコ店強盗殺人事件 (92.5.30) 1964年10月3日生まれ	同上。
横田　謙二　東京 02.10. 5 上告取下げ 02. 9.30 東京高裁　死刑（高橋省吾） 01. 6.28 さいたま地裁　無期	知人女性殺人事件 (99.1) 1949年5月23日生まれ	無期刑の仮釈放中の事件。一審は無期懲役判決。弁護人の上告を本人が取下げ。
府川　博樹（享年42歳） 07.12. 7 東京拘置所にて執行 03. 1. 5 上告取下げ 01.12.19 東京高裁（高橋省吾） 01. 3.21 東京地裁（木村烈）	江戸川老母子強盗殺人事件 (99.4)	異例のスピード裁判。上告を取下げ死刑確定。
宅間　守（享年40歳） 04. 9.14 大阪拘置所にて執行 03. 9.26 控訴取下げ 03. 8.28 大阪地裁（川合昌幸）	池田小児童殺傷事件 (01.6.8)	一審弁護人の控訴を本人が取下げて、死刑確定。確定から執行までわずか1年。
黄　奕　善　東京 04. 4.19 最高裁（島田仁郎） 98. 3.26 東京高裁（松本時夫） 96. 7.19 東京地裁（阿部文洋）	警視庁指定121号事件 (93.10.27 ～ 12.20) 1968年12月14日生まれ	中国系のマレーシア国籍。「共犯」の松沢は05年9月確定。強盗殺人の共謀と殺意の不存在を主張。
石橋　栄治（享年72歳） 09.10.27 東京拘置所にて病死 04. 4.27 最高裁（藤田宙靖） 99. 4.28 東京高裁　死刑（佐藤文哉） 96. 3. 8 横浜地裁小田原支部　無期（萩原孟）	神奈川2件強盗殺人事件 (88.12.28/89.1.1) 1937年10月25日生まれ	一審では、2件のうち1件を無罪として無期懲役判決。再審請求中に病死。

藤間　静波（享年 47 歳） 07.12. 7 東京拘置所にて執行 04. 6.15 最高裁（浜田邦夫） 00. 1.24 東京高裁（荒木友雄） 88. 3.10 横浜地裁（和田保）	母娘他 5 人殺人事件 (81.5/82.5/82.6) 1960 年 8 月 21 日生まれ	本人が控訴を取下げたが弁護人が異議申立。特別抗告が認められ「控訴取下は無効」とされ、控訴審が再開された。
岡﨑　茂男（享年 60 歳） 14. 6.24 東京拘置所にて病死 04. 6.25 最高裁（北川弘治） 98. 3.17 仙台高裁（泉山禎治） 95. 1.27 福島地裁 （井野場明子）	警察庁指定 118 号事件 (86.7/89.7/91.5) 1953 年 6 月 30 日生まれ	殺人の被害者 2 人で 3 人に死刑判決。再審請求中に病死。
迫　康裕（享年 73 歳） 13. 8.15 仙台拘置支所にて病死 04. 6.25 最高裁（北川弘治） 98. 3.17 仙台高裁（泉山禎治） 95. 1.27 福島地裁 （井野場明子）	警察庁指定 118 号事件 (86.7/89.7/91.5) 1940 年 7 月 25 日生まれ	殺人の被害者 2 人で 3 人に死刑判決。殺人に関しては無罪主張。再審請求中に病死。
熊谷　昭孝（享年 67 歳） 11. 1.29 入院先の病院で病死 04. 6.25 最高裁（北川弘治） 98. 3.17 仙台高裁（泉山禎治） 95. 1.27 福島地裁 （井野場明子）	警察庁指定 118 号事件 (86.7/89.7/91.5) 1943 年 2 月 10 日生まれ	殺人の被害者 2 人で 3 人に死刑判決。再審請求中に病死。
名古　圭志（享年 37 歳） 08. 2. 1 福岡拘置所にて執行 04. 8.26 控訴取下げ 04. 6.18 鹿児島地裁（大原英雄）	伊仙母子殺傷事件 (02.8.16) 1970 年 5 月 7 日生まれ	本人控訴取下げで死刑確定。
中村　正春（享年 61 歳） 08. 4.10 大阪拘置所にて執行 04. 9. 9 最高裁（島田仁郎） 99.12.22 大阪高裁（河上元康） 95. 5.19 大津地裁（中川隆司）	元同僚ら 2 人殺人事件 (89.10.10/12.26) 1947 年 3 月 11 日生まれ	
岡本　啓三　（享年 60 歳） 18. 12.27 大阪拘置所にて執行 04. 9.13 最高裁（福田博） 99. 3. 5 大阪高裁（西田元彦） 95. 3.23 大阪地裁（谷村充祐）	コスモ・リサーチ殺人事件 (88.1.29) 1958 年 9 月 3 日生まれ	旧姓河村。著書に『こんな僕でも生きてていいの』『生きる』『落伍者』がある。再審請求中の執行。
末森　博也　（享年 67 歳） 18. 12.27 大阪拘置所にて執行 04. 9.13 最高裁（福田博） 99. 3. 5 大阪高裁（西田元彦） 95. 3.23 大阪地裁（谷村充祐）	コスモ・リサーチ殺人事件 (88.1.29) 1951 年 9 月 16 日生まれ	
持田　孝（享年 65 歳） 08. 2. 1 東京拘置所にて執行 04.10.13 最高裁（滝井繁男） 00. 2.28 東京高裁　死刑 （仁田陸郎） 99. 5.27 東京地裁　無期 （山室恵）	前刑出所後、被害届を出した女性への逆恨み殺人事件 (97.4) 1942 年 5 月 15 日生まれ	一審は無期懲役判決。

坂本　正人（享年 41 歳） 08. 4.10 東京拘置所にて執行 04.11.13 上告せず確定 04.10.29 東京高裁死刑（白木勇） 03.10.09 前橋地裁　無期 （久我泰博）	群馬女子高生誘拐殺人事件 （02.7.19） 1966 年 5 月 19 日生まれ	一審は無期懲役判決。上告せず、死刑確定。被害者は 1 名。
坂本　春野（享年 83 歳） 11. 1.27 大阪医療刑務所にて病死 04.11.19 最高裁（津野修） 00. 9.28 高松高裁（島敏男） 98. 7.29 高知地裁（竹田隆）	2 件保険金殺人事件 （87.1.17/92.8.19） 1927 年 6 月 21 日生まれ	確定判決時 77 歳。無実を主張。病死。
倉吉　政隆　　　福岡 04.12. 2 最高裁（泉徳治） 00. 6.29 福岡高裁（小出錞一） 99. 3.25 福岡地裁（仲家暢彦）	福岡・大牟田男女 2 人殺人事件他 （95.4） 1951 年 7 月 2 日生まれ	
森本　信之　　　名古屋 04.12.14 最高裁（金谷利広） 01. 5.14 名古屋高裁 （堀内信明） 00. 3. 1 津地裁（柴田秀樹）	フィリピン人 2 女性殺人事件 （98.12）	2 人の共犯のうち、1 人は公判途中で死亡。もう 1 人は二審で無期懲役に減刑。
山崎　義雄（享年 73 歳） 08. 6.17 大阪拘置所にて執行 05. 1.25 最高裁（上田豊三） 00.10.26 高松高裁死刑（島敏男） 97. 2.18 高松地裁　無期 （重古孝郎）	保険金殺人事件（仙台・高松） （85.11/90.3） 1935 年 6 月 10 日生まれ	一審は無期懲役判決。
間中　博巳　　　東京 05. 1.27 最高裁（才口千晴） 01. 5. 1 東京高裁（河辺義正） 94. 7. 6 水戸地裁下妻支部 （小田部米彦）	同級生 2 人殺人事件 （89.8/9.13） 1967 年 12 月 6 日生まれ	
秋永　　香（享年 61 歳） 08. 4.10 東京拘置所にて執行 05. 3. 3 最高裁（泉徳治） 01. 5.17 東京高裁　死刑 （吉本徹也） 99. 3.11 東京地裁　無期 （山崎学）	資産家老女ら 2 人殺人事件 （89.10） 1946 年 12 月 14 日生まれ	旧姓岡下。一審は無期懲役判決。1 件については否認。歌集に『終わりの始まり』がある。
宮前　一明（享年 57 歳） 18. 7.26 名古屋拘置所にて執行 05. 4. 7 最高裁（島田仁郎） 01.12.13 東京高裁（河辺義正） 98.10.23 東京地裁（山室恵）	坂本弁護士一家殺人事件等 （89.11.4 他） 1960 年 10 月 8 日生まれ	旧姓佐伯→岡崎。自首は認めたが減刑せず。2018 年 3 月、名古屋へ移送。
西川　正勝（享年 61 歳） 17. 7.13 大阪拘置所にて執行 05. 6. 7 最高裁（浜田邦夫） 01. 6.20 大阪高裁（河上元康） 95. 9.12 大阪地裁（松本芳希）	警察庁指定 119 号事件 （91.11.13 ～ 92.1.5） 1956 年 1 月 14 日生まれ	強盗殺人は否認、強盗殺人未遂は殺意を否認。再審請求中の執行。
鎌田　安利（享年 75 歳） 16. 3.25 大阪拘置所にて執行 05. 7. 8 最高裁（福田博） 01. 3.27 大阪高裁（福島裕） 99. 3.24 大阪地裁（横田伸之）	警察庁指定 122 号事件 5 人女性殺人 （85 ～ 94） 1940 年 7 月 10 日生まれ	2 件に分けてそれぞれに死刑判決。一部無実を主張。

高根沢智明　東京 05. 7.13 控訴取下げ 04. 3.26 さいたま地裁 （川上拓一）	パチンコ店員連続殺人事件 (03.2.23/4.1)	「共犯」の小野川は09年6月確定。本人の控訴取下げに弁護人が異議申立。05年11月30日に確定。
松沢　信一　東京 05. 9.16 最高裁（中川了滋） 01. 5.30 東京高裁（龍岡資晃） 98. 5.26 東京地裁（阿部文洋）	警視庁指定121号事件 (93.10.27 ～ 12.20)	旧姓下山。判決では主導的役割を認定された。「共犯」の黄は04年4月確定。
堀江　守男　仙台 05. 9.26 最高裁（今井功） 91. 3.29 仙台高裁（小島達彦） 88. 9.12 仙台地裁（渡辺建夫）	老夫婦殺人事件 (86.2.20) 1950年12月29日生まれ	被告が心神喪失状態にあるか否かが争点となり、5年の公判停止後、訴訟能力ありとして公判が再開された。
陸田　真志（享年37歳） 08. 6.17 東京拘置所にて執行 05.10.17 最高裁（泉徳治） 01. 9.11 東京高裁（高木俊夫） 98. 6. 5 東京地裁（岩瀬徹）	ＳＭクラブ連続殺人事件 (95.12.21) 1970年9月24日生まれ	著書に『死と生きる―獄中哲学対話』(池田晶子と共著)がある。
上田　宜範　大阪 05.12.15 最高裁（横尾和子） 01. 3.15 大阪高裁（栗原宏武） 98. 3.20 大阪地裁（湯川哲嗣）	愛犬家ら5人連続殺人事件 (92 ～ 93) 1954年8月14日生まれ	無実を主張。
宮崎　勤（享年45歳） 08. 6.17 東京拘置所にて執行 06. 1.17 最高裁（藤田宙靖） 01. 6.28 東京高裁（河辺義正） 97. 4.14 東京地裁（田尾健二郎）	埼玉東京連続幼女殺人事件 (88.8 ～ 89.6) 1962年8月21日生まれ	著書に『夢のなか』『夢のなか、いまも』がある。
田中　毅彦　大阪 06. 2.14 最高裁（上田豊三） 01.12.25 大阪高裁　死刑 （池田真一） 00. 3.16 大阪地裁　無期 （古川博）	右翼幹部らと2人殺人事件 (92.2/94.4) 1963年7月13日生まれ	一審は無期懲役判決。旧姓久堀。
山口　益生　名古屋 06. 2.24 最高裁（今井功） 01. 6.14 名古屋高裁　死刑 （小島裕史） 99. 6.23 津地裁差戻審　無期 （柴田秀樹） 97. 9.25 名古屋高裁（土川孝二） 死刑判決破棄差戻し 97. 3.28 津地裁四日市支部 死刑（柄多貞介）	古美術商ら2人殺人事件 (94.3 ～ 95.3) 1949年11月16日生まれ	「共犯」は、02年、上告中に病死。第1次名古屋高裁判決は、利害の反する2人の被告に1人の弁護人では訴訟手続上不備として、支部判決を破棄、差戻審は無期懲役判決。その後第2次名古屋高裁判決で2人に死刑判決。
豊田　義己　名古屋 06. 3. 2 最高裁（横尾和子） 02. 2.28 名古屋高裁（堀内信明） 00. 7.19 名古屋地裁（山本哲一）	静岡、愛知2女性殺害事件 (96.8/97.9) 1944年1月31日生まれ	静岡の事件は否認。
山本　峰照（享年68歳） 08. 9.11 大阪拘置所にて執行 06. 3.21 控訴取下げ 06. 3.20 神戸地裁（笹野明義）	老夫婦強盗殺人事件 (04.7.22) 1940年4月2日生まれ	期日間整理手続きが適用され4回の公判で死刑判決。弁護人が控訴したが、翌日本人が取り下げ。06年4月4日に確定。
高橋　和利　東京 06. 3.28 最高裁（堀籠幸男） 02.10.30 東京高裁（中西武夫） 95. 9. 7 横浜地裁（上田誠治）	横浜金融業夫婦殺人事件 (88.6.20) 1934年4月28日生まれ	無罪を主張。「死刑から高橋和利さんを取り戻す会」の会報がある。著書に『「鶴見事件」抹殺された真実』がある。

川村　幸也（享年 44 歳） 09. 1.29 名古屋拘置所にて執行 06. 6. 9 最高裁（今井功） 03. 3.12 名古屋高裁（川原誠） 02. 2.21 名古屋地裁（片山俊雄）	2 女性ドラム缶焼殺事件 （00.4.4） 1964 年 3 月 23 日生まれ	4 人に死刑求刑、2 名は無期懲役。再審請求、棄却。
佐藤　哲也（享年 39 歳） 09. 1.29 名古屋拘置所にて執行 06. 6. 9 最高裁（今井功） 03. 3.12 名古屋高裁（川原誠） 02. 2.21 名古屋地裁（片山俊雄）	2 女性ドラム缶焼殺事件 （00.4.4） 1969 年 10 月 17 日生まれ	旧姓野村。4 人に死刑求刑、2 名は無期懲役。08 年 7 月、再審請求取り下げ。
中山　　進（享年 66 歳） 14. 5.15 大阪拘置所にて病死 06. 6.13 最高裁（堀籠幸男） 03.10.27 大阪高裁（浜井一夫） 01.11.20 大阪地裁（氷室真）	豊中 2 人殺人事件 （98.2.19） 1948 年 1 月 13 日生まれ	無期刑の仮釈放中の事件。再審請求中に病死。
陳　　徳通（享年 40 歳） 09. 7.28 東京拘置所にて執行 06. 6.27 最高裁（藤田宙靖） 03. 2.20 東京高裁（須田賢） 01. 9.17 横浜地裁川崎支部 （羽渕清司）	川崎中国人 3 人殺人事件 （99.5.25） 1968 年 4 月 20 日生まれ	中国国籍。重大な事実誤認があり、強盗殺人の殺意の不在を主張。
平野　　勇（享年 61 歳） 08. 9.11 東京拘置所にて執行 06. 9. 1 最高裁（中川了滋） 02. 7. 4 東京高裁（安弘文夫） 00. 2.17 宇都宮地裁 （肥留間健一）	夫婦殺人放火事件 （94.12） 1948 年 2 月 10 日生まれ	放火と殺意について否認。
江東　　恒　　　　大阪 06. 9. 7 最高裁（甲斐中辰夫） 03. 1.20 大阪高裁（那須彰） 01. 3.22 大阪地裁堺支部 （湯川哲嗣）	堺夫婦殺人事件 （97.10.30） 1942 年 7 月 21 日生まれ	
久間三千年（享年 70 歳） 08. 10.28 福岡拘置所にて執行 06. 9. 8 最高裁（滝井繁男） 01.10.10 福岡高裁（小出錞一） 99. 9.29 福岡地裁（陶山博生）	飯塚 2 女児殺人事件 （92.2） 1938 年 1 月 9 日生まれ	一貫して無実を主張。09 年 10 月、家族が再審請求。
松本智津夫（享年 63 歳） 18. 7. 6 東京拘置所にて執行 06. 9.15 最高裁特別抗告棄却 06. 5.29 東京高裁異議申立棄却 06. 3.27 東京高裁控訴棄却決定 （須田賢） 04. 2.27 東京地裁（小川正持）	坂本事件、松本・地下鉄サリン事件等 （89.2 ～ 95.3） 1955 年 3 月 2 日生まれ。	オウム真理教「教祖」麻原彰晃。弁護団の控訴趣意書の提出遅延を理由に、抜き打ちで控訴棄却決定。一審の審理のみで死刑が確定。第四次再審請求中の執行。
石川　恵子　　　　福岡 06. 9.21 最高裁（甲斐中辰夫） 03. 3.27 福岡高裁宮崎支部 （岩垂正起） 01. 6.20 宮崎地裁（小松平内）	宮崎 2 女性殺人事件 （96.8/97.6） 1958 年 5 月 23 日生まれ	一部無罪を主張。
小林　　薫（享年 44 歳） 13. 2. 21 大阪拘置所にて執行 06.10.10 控訴取下げ 06. 9.26 奈良地裁（奥田哲也）	奈良市女児誘拐殺人事件 （04.11.17） 1968 年 11 月 30 日生まれ	本人控訴取下げ。弁護人が 07 年 6 月 16 日控訴取下げ無効の申立。08 年 4 月棄却。恩赦不相当の 2 週間後の執行。

長　勝久　東京 06.10.12 最高裁（才口千晴） 03. 9.10 東京高裁（白木勇） 01.12.18 宇都宮地裁 （比留間健一）	栃木・妻と知人殺人事件 （88.10 ～ 89.11） 1966 年 9 月 11 日生まれ	無実を主張。
高橋　義博　東京 06.10.26 最高裁（島田仁郎） 03. 4.15 東京高裁（須田贒） 00. 8.29 横浜地裁（矢村宏）	医師ら 2 人強盗殺人事件 （92.7） 1949 年 9 月 16 日生まれ	殺人に関しては無罪を主張。実行犯 3 人は無期懲役。
朴　日光（享年 61 歳） 09. 1. 4 福岡拘置所にて病死 06.11.24 最高裁（中川了滋） 03. 3.28 福岡高裁（虎井寧夫） 99. 6.14 福岡地裁（仲家暢彦）	タクシー運転手殺人事件他 （95.1.12/1.28） 1946 年 12 月 7 日生まれ	名古屋の事件は知人の犯行、福岡の事件は薬物の影響による心神喪失等を主張。再審請求中に病死。
高塩　正裕（享年 55 歳） 08. 10.28 仙台拘置支所にて執行 06.12.20 上告取下げ 06.12. 5 仙台高裁（田中亮一） 死刑 06. 3.22 福島地裁いわき支部 （村山浩昭）無期	いわき市母娘強盗殺人事件 （04.3.18）	一審は無期懲役判決。上告を取り下げて確定。
西本正二郎（享年 32 歳） 09. 1.29 東京拘置所にて執行 07. 1.11 控訴取下げ 06. 5.17 長野地裁（土屋靖之）	愛知・長野連続殺人事件 （04.1.13 ～ 9.7） 1976 年 10 月 22 日生まれ	本人控訴取下げ。
松本　和弘　名古屋 07. 1.30 最高裁（上田豊三） 03. 7. 8 名古屋高裁（小出錞一） 02. 1.30 名古屋地裁一宮支部 （丹羽日出夫）	マニラ連続保険金殺人事件 （94.12 ～ 95.6） 1954 年 6 月 25 日生まれ	双子の兄弟と友人の 3 人が共謀したとされるが、3 人とも「病死」を主張してマニラの事件を否認。
松本　昭弘（享年 61 歳） 16. 1.22 名古屋拘置所にて病死 07. 1.30 最高裁（上田豊三） 03. 7. 8 名古屋高裁（小出錞一） 02. 1.30 名古屋地裁一宮支部 （丹羽日出夫）	マニラ連続保険金殺人・長野殺人事件 （94.12 ～ 96.5） 1954 年 6 月 25 日生まれ	同上。病死。
下浦　栄一　大阪 07. 1.30 最高裁（上田豊三） 03. 7. 8 名古屋高裁（小出錞一） 02. 1.30 名古屋地裁一宮支部 （丹羽日出夫）	マニラ連続保険金殺人・長野殺人事件 （94.12 ～ 96.5） 1971 年 3 月 9 日生まれ	同上。
松田　康敏（享年 44 歳） 12. 3.29 福岡拘置所にて執行 07. 2. 6 最高裁（那須弘平） 04. 5.21 福岡高裁宮崎支部 （岡村稔） 03. 1.24 宮崎地裁（小松平内）	宮崎 2 女性強盗殺人事件 （01.11.25/12.7） 1968 年 2 月 23 日生まれ	
篠澤　一男（享年 59 歳） 10. 7.28 東京拘置所にて執行 07. 2.20 最高裁（那須弘平） 03. 4.23 東京高裁（高橋省吾） 02. 3.19 宇都宮地裁 （肥留間健一）	宇都宮宝石店 6 人放火殺人事件 （00.6.11） 1951 年 3 月 13 日生まれ	

加納　恵喜（享年62歳） 13. 2.21 名古屋拘置所にて執行 07. 3.22 最高裁（才口千晴） 04. 2. 6 名古屋高裁　死刑 （小出錞一） 03. 5.15 名古屋地裁　無期 （伊藤新一）	名古屋スナック経営者殺人事件 （02.3.14） 1950年3月12日生まれ	旧姓武藤。一審は無期懲役判決。
小林　光弘（享年56歳） 14. 8.29 仙台拘置支所にて執行 07. 3.27 最高裁（上田豊三） 04. 2.19 仙台高裁（松浦繁） 03. 2.12 青森地裁（山内昭善）	弘前武富士放火殺人事件 （01.5.8） 1958年5月19日生まれ	第三次再審特別抗告棄却の3週間後の執行。
西山　省三　　　　広島 07. 4.10 最高裁（堀籠幸男） 04. 4.23 広島高裁　死刑 （久保真人） 99.12.10 最高裁、検事上告を受けて高裁に差し戻し 97. 2. 4 広島高裁　無期 94. 9.30 広島地裁　無期	老女殺人事件 （92.3.29） 1953年1月13日生まれ	無期刑の仮釈放中の事件。一・二審は無期懲役判決。97～98年の5件の検察上告中、唯一高裁差し戻しとなったケース。
造田　　博　　　　東京 07. 4.19 最高裁（横尾和子） 03. 9.29 東京高裁（原田国男） 02. 1.18 東京地裁 （大野市太郎）	東京・池袋「通り魔」殺傷事件 （99.9.8）	
山地悠紀夫（享年25歳） 09. 7.28 大阪拘置所にて執行 07. 5.31 控訴取下げ 06.12.13 大阪地裁（並木正男）	大阪市姉妹強盗殺人事件 （05.11.17） 1983年8月21日生まれ	本人控訴取下げ。
中原　澄男　　　　福岡 07. 6.12 最高裁（上田豊三） 05. 4.12 福岡高裁（虎井寧夫） 03. 5. 1 福岡地裁（林秀文）	暴力団抗争連続殺人事件 （97.10.6/10.13） 1947年6月3日生まれ	無罪を主張。
薛　　　松　　　　東京 07. 6.19 最高裁（藤田宙靖） 04. 1.23 東京高裁（白木勇） 02. 2.22 さいたま地裁 （川上拓一）	春日部中国人夫婦殺人事件 （00.9）	中国国籍。事実誤認あり、量刑不当を主張。
浜川　邦彦　　　　名古屋 07. 7. 5 最高裁（甲斐中辰夫） 04. 3.22 名古屋高裁（小出一） 02.12.18 津地裁（天野登喜治）	三重男性2人射殺事件 （94.7.19/11.20） 1960年4月10日生まれ	無実を主張。
前上　　博（享年40歳） 09. 7.28 大阪拘置所にて執行 07. 7. 5 控訴取下げ 07. 3.28 大阪地裁（水島和男）	自殺サイト利用3人連続殺人事件（05.2.19～6月） 1968年8月20日生まれ	本人控訴取下げ。
尾形　英紀（享年33歳） 10. 7.28 東京拘置所にて執行 07. 7.18 控訴取下げ 07. 4.26 さいたま地裁 （飯田喜信）	熊谷男女4人拉致殺傷事件 （03.8.18） 1977年7月20日生まれ	本人控訴取下げ。

横山　真人（享年 54 歳） 18. 7.26 名古屋拘置所にて執行 07. 7.20 最高裁（中川了滋） 03. 5.19 東京高裁（原田国男） 99. 9.30 東京地裁（山崎学）	地下鉄サリン事件等 (95.3.20 他) 1963 年 10 月 19 日生まれ	18 年 3 月、東京から名古屋に移送。第一次再審請求即時抗告中の執行。
後藤　良次　　　　東京 07. 9.28 最高裁（津野修） 04. 7. 6 東京高裁（山田利夫） 03. 2.24 宇都宮地裁（飯渕進）	宇都宮・水戸殺人事件 (00.7.30/8.20) 1958 年 7 月 24 日生まれ	05 年 10 月に、99 ～ 00 年に他の 3 件の殺人事件に関わったと上申書で告白。その事件では 09 年 6 月 30 日水戸地裁で懲役 20 年の判決、12 年最高裁で確定。
端本　　悟（享年 51 歳） 18. 7.26 東京拘置所にて執行 07.10.26 最高裁（津野修） 03. 9.18 東京高裁（仙波厚） 00. 7.25 東京地裁（永井敏雄）	坂本弁護士一家殺人事件 松本サリン事件等 (89.11/95.3.20 他) 1967 年 3 月 23 日生まれ	
畠山　鐵男（享年 74 歳） 17. 9.16 東京拘置所にて病死 07.11. 1 控訴取下げ 07. 3.22 千葉地裁（根本渉）	警視庁指定 124 号事件 (04.8.5 ～ 11.22) 1943 年 4 月 17 日生まれ	旧姓小田島。控訴を取下げ確定。「共犯」の守田は 11 年 11 月に死刑確定。
庄子　幸一（享年 64 歳） 19. 8. 2 東京拘置所にて執行 07.11. 6 最高裁（藤田宙靖） 04. 9. 7 東京高裁（安広文夫） 03. 4.30 横浜地裁（田中亮一）	大和連続主婦殺人事件 (01.8.29/9.19) 1954 年 10 月 28 日生まれ	共犯者は無期判決（死刑求刑）。再審請求中の執行。
古澤　友幸（享年 46 歳） 12. 3.29 東京拘置所にて執行 07.11.15 最高裁（甲斐中辰夫） 05. 5.24 東京高裁（安広文夫） 04. 3.30 横浜地裁（小倉正三）	横浜一家 3 人刺殺事件 (02.7.31) 1965 年 4 月 7 日生まれ	
宇井鋑次（享年 68 歳） 08. 2. 7 大阪医療刑務所で病死 07.11.15 最高裁（甲斐中辰夫） 04. 2.25 広島高裁岡山支部 （安原浩） 03. 5.21 岡山地裁（榎本巧）	女性殺人事件 (01.8.9)	無期刑の仮釈放中の事件。病死。
外尾　計夫　　　　福岡 08. 1.31 最高裁（涌井紀夫） 04. 5.21 福岡高裁（虎井寧夫） 03. 1.31 長崎地裁（山本恵三）	父子保険金殺人事件 (92.9.11/98.10.27) 1947 年 7 月 11 日生まれ	「共犯」は一審死刑判決だったが、高裁で無期に。
小池　泰男（享年 60 歳） 18. 7.26 仙台拘置支所にて執行 08. 2.15 最高裁（古田佑紀） 03.12. 5 東京高裁（村上光鵄） 00. 6.29 東京地裁（木村烈）	松本・地下鉄サリン事件等 (94.6.27/95.3.20 他) 1957 年 12 月 15 日生まれ	旧姓林。18 年 3 月、東京から仙台へ移送。第一次再審請求の特別抗告中に執行。
服部　純也（享年 40 歳） 12. 8. 3 東京拘置所にて執行 08. 2.29 最高裁（古田佑紀） 05. 3.29 東京高裁　死刑 （田尾健二郎） 04. 1.15 静岡地裁沼津支部 無期（高橋祥子）	三島短大生焼殺事件 (02.1.23) 1972 年 2 月 21 日生まれ	一審は無期懲役判決。

長谷川静央　　　　　東京 08. 3.17 上告取下げ 07. 8.16 東京高裁（阿部文洋） 07. 1.23 宇都宮地裁 （池本寿美子）	宇都宮実弟殺人事件 （05.5.8） 1942 年 8 月 6 日生まれ	無期刑の仮釈放中の事件。上告を取下げ確定。
松村恭造（享年 31 歳） 12. 8. 3 大阪拘置所にて執行 08. 4. 8 控訴取下げ 08. 3.17 京都地裁（増田耕兒）	京都・神奈川親族殺人事件 （07.1.16/1.23） 1981 年 8 月 3 日生まれ	控訴を取下げ確定。
山本　開一（享年 62 歳） 10. 1. 2 東京拘置所にて病死 08. 4.24 最高裁（才口千晴） 06. 9.28 東京高裁（阿部文洋） 05. 9. 8 さいたま地裁 （福崎伸一郎）	組員 5 人射殺事件 （03.12.14） 1947 年 4 月 2 日生まれ	病死。
加賀　聖商　　　　　東京 08. 6. 5 最高裁（才口千晴） 05. 7.19 東京高裁（須田豐） 04. 2. 4 横浜地裁（小倉正三）	伊勢原母子殺人事件 （01.8.4） 1961 年 4 月 30 日生まれ	
上部　康明（享年 48 歳） 12. 3.29 広島拘置所にて執行 08. 7.11 最高裁（今井功） 05. 6.28 広島高裁（大渕敏和） 02. 9.20 山口地裁下関支部 （並木正男）	下関駅 5 人殺害 10 人傷害事件 （99.9.29） 1964 年 3 月 6 日生まれ	一審の精神鑑定では、心神耗弱とするものと責任能力があるとするものに結果が分かれたが、判決は責任能力を認めた。
八木　　茂　　　　　東京 08. 7.17 最高裁（泉徳治） 05. 1.13 東京高裁（須田豐） 02.10. 1 さいたま地裁 （若原正樹）	埼玉保険金殺人（2 件） 同未遂事件（1 件） （95.6.3 ～ 99.5.29） 1950 年 1 月 10 日生まれ	無実を主張。共犯者の調書が有罪の証拠とされた。
江藤　幸子（享年 65 歳） 12. 9. 27 仙台拘置支所にて執行 08. 9.16 最高裁（藤田宙靖） 05.11.22 仙台高裁（田中亮一） 02. 5.10 福島地裁（原啓）	福島県祈祷による信者 6 人殺人事件（94.12 ～ 95.6） 1947 年 8 月 21 日生まれ	
藁科　　稔（享年 56 歳） 09. 5. 2 入院先の病院で死亡 09. 1.22 最高裁（涌井紀夫） 06. 2.16 名古屋高裁金沢支部 （安江勤） 04. 3.26 富山地裁（手崎政人）	高岡組長夫婦射殺事件 （00.7.13）	旧姓伊藤。病死。「首謀者」として死刑求刑された副組長は、06 年 11 月一審で無罪判決。
幾島　賢治（享年 67 歳） 14. 7.16 名古屋拘置所にて病死 09. 3.23 最高裁（今井功） 06.10.12 名古屋高裁金沢支部 （安江勤） 05. 1.27 富山地裁（手崎政人）	高岡組長夫婦射殺事件 （00.7.13） 1947 年 3 月 15 日生まれ	旧姓大田。再審請求中に病死。「共犯」の藁科は病死。 「首謀者」として死刑求刑された副組長は、06 年 11 月一審で無罪判決。
松田　幸則（享年 39 歳） 12. 9.27 福岡拘置所にて執行 09. 4. 3 上告取下げ 07.10. 3 福岡高裁（仲家暢彦） 06. 9.21 熊本地裁（松下潔）	熊本県松橋町男女強盗殺人事件（03.10.16） 1973 年 5 月 26 日生まれ	上告を取り下げ確定。

神田　司（享年44歳） 15. 6.25 名古屋拘置所にて執行 09. 4.13 控訴取下げ 09. 3.18 名古屋地裁（近藤宏子）	名古屋闇サイト殺人事件 （07.8.24 ～ 25） 1971年3月9日生まれ	一審では被害者1人で2人に死刑判決。控訴を取り下げ確定。共犯者は11年4月無期に減刑。
林　眞須美　大阪 09. 4.21 最高裁（那須弘平） 05. 6.28 大阪高裁（白井万久） 02.12.11 和歌山地裁（小川育央）	和歌山毒カレー事件等 （98.7.25 他） 1961年7月22日生まれ	一審は黙秘。二審ではカレー事件について無実を主張。著書に『死刑判決は「シルエット・ロマンス」を聴きながら』『和歌山カレー事件——獄中からの手紙』（共著）。
関根　元（享年75歳） 17. 3.27 東京拘置所にて病死 09. 6. 5 最高裁（古田佑紀） 05. 7.11 東京高裁（白木勇） 01. 3.21 浦和地裁（須田贒）	埼玉連続4人殺人事件 （93） 1942年1月2日生まれ	病死。
風間　博子　東京 09. 6. 5 最高裁（古田佑紀） 05. 7.11 東京高裁（白木勇） 01. 3.21 浦和地裁（須田贒）	埼玉連続4人殺人事件 （93） 1957年2月19日生まれ	殺人には関与していないと主張。交流誌「ふうりん通信」。
小野川光紀　東京 09. 6. 9 最高裁（堀籠幸男） 06. 9.29 東京高裁（白木勇） 04. 3.26 さいたま地裁 （川上拓一）	パチンコ店員連続殺人事件 （03.2.23/4.1） 1977年4月20日生まれ	「共犯」の高根沢は控訴を取下げ05年に確定。
宮城　吉英（享年56歳） 13. 4.26 東京拘置所にて執行 09. 6.15 最高裁（今井功） 06.10. 5 東京高裁（池田修） 05.12.12 千葉地裁（金谷暁）	市原ファミレス2人射殺事件 （05.4.25） 1956年8月15日生まれ	「共犯」の濱崎は11年12月に死刑確定。
高橋　秀　仙台 09. 6.23 最高裁（堀籠幸男） 05. 7.26 仙台高裁（田中亮一） 04. 3.25 仙台地裁（本間栄一）	貸金業者ら2人殺人事件 （01.1.8/2.3） 1963年6月10日生まれ	旧姓石川。
小日向将人　東京 09. 7.10 最高裁（竹内行夫） 06. 3.16 東京高裁（仙波厚） 05. 3.28 前橋地裁（久我泰博）	前橋スナック乱射事件 （03.1.25） 1969年8月18日生まれ	「共犯」の山田は13年6月、矢野は14年3月に確定。
早川紀代秀（享年68歳） 18. 7.26 福岡拘置所にて執行 09. 7.17 最高裁（中川了滋） 04. 5.14 東京高裁（中川武隆） 00. 7.28 東京地裁（金山薫）	坂本弁護士一家殺人事件等 （89.11 ～） 1949年7月14日生まれ	18年3月、東京から福岡へ移送。第三次再審請求中の執行。
豊田　亨（享年50歳） 18..7.26 東京拘置所にて執行 09.11.6 最高裁（竹内行夫） 04. 7.28 東京高裁（高橋省吾） 00. 7.18 東京地裁（山崎学）	地下鉄サリン事件等 （95.3.20 他） 1968年1月23日生まれ	第一次再審請求の即時抗告中に執行。
広瀬　健一（享年54歳） 18. 7.26 東京拘置所にて執行 09.11.6 最高裁（竹内行夫） 04. 7.28 東京高裁（高橋省吾） 00. 7.18 東京地裁（山崎学）	地下鉄サリン事件等 （95.3.20 他） 1964年6月12日生まれ	第一次再審請求中の執行

窪田　勇次　　　　札幌 09.12. 4 最高裁（古田佑紀） 05.12. 1 札幌高裁（長島孝太郎） 04. 3. 2 釧路地裁北見支部 （伊東顕）	北見夫婦殺人事件 （88.10） 1945年1月1日生まれ	13年余逃亡し時効成立の10か月前に逮捕された。無罪を主張。
井上　嘉浩（享年48歳） 18. 7. 6 大阪拘置所にて執行 09.12.10 最高裁（金築誠志） 04. 5.28 東京高裁　死刑 （山田利夫） 00. 6. 6 東京地裁　無期 （井上弘道）	地下鉄サリン事件、仮谷事件等 （94.1 ～ 95.3） 1969年12月28日生まれ	一審は無期懲役判決。 18年3月、東京から大阪へ移送。 第一次再審請求中の執行。
菅　　峰夫　　　　福岡 09.12.11 最高裁（古田佑紀） 06. 5.24 福岡高裁（虎井寧夫） 04. 3.11 福岡地裁（林秀文）	福岡庄内連続殺人事件 （96.6.8/11.19） 1950年10月4日生まれ	
手柴　勝敏（享年66歳） 10. 4.14 福岡拘置所にて病死 09.12.11 最高裁（古田佑紀） 06. 5.24 福岡高裁　死刑 （虎井寧夫） 04. 3.11 福岡地裁　無期 （林秀文）	福岡庄内連続殺人事件 （96.6.8/11.19）	一審は無期懲役判決。病死。
金川真大（享年29歳） 13. 2.21 東京拘置所にて執行 09.12.28 控訴取り下げ 09.12.18 水戸地裁（鈴嶋晋一）	土浦連続殺傷事件 （08.3.19 ～ 3.23） 1983年10月13日生まれ	控訴を取り下げ、確定。
新實　智光（享年54歳） 18. 7. 6 大阪拘置所にて執行 10. 1.19 最高裁（近藤崇晴） 06. 3.15 東京高裁（原田国男） 02. 6.26 東京地裁 （中谷雄二郎）	坂本弁護士一家殺人事件、松本・地下鉄サリン事件等 （89.11/94.6.27/95.3.20 他） 1964年3月9日生まれ	18年3月、東京から大阪へ移送。第二次再審請求中、恩赦申立中の執行。
大橋　健治　　　　大阪 10. 1.29 最高裁（竹内行夫） 07. 4.27 大阪高裁（陶山博生） 06.11. 2 大阪地裁（中川博之）	大阪・岐阜連続女性強盗殺人事件 （05.4.27/5.11） 1940年12月3日生まれ	
吉田　純子（享年56歳） 16. 3.25 福岡拘置所にて執行 10. 1.29 最高裁（金築誠志） 06. 5.16 福岡高裁（浜崎裕） 04. 9.24 福岡地裁（谷敏行）	看護師連続保険金殺人事件 （98.1.24 ～ 99.3.27） 1959年7月10日生まれ	
高尾　康司　　　　東京 10. 9.16 最高裁（横田尤孝） 06. 9.28 東京高裁（須田贒） 05. 2.21 千葉地裁（土屋靖之）	千葉館山連続放火事件 （03.12.18） 1963年10月3日生まれ	
藤崎　宗司　　　　東京 10.10.14 最高裁（桜井龍子） 06.12.21 東京高裁（河辺義正） 05.12.22 水戸地裁（林正彦）	鉾田連続強盗殺人事件 （05.1.21 ～ 1.28） 1961年8月31日生まれ	
尾崎　正芳　　　　福岡 10.11. 8 最高裁（須藤正彦） 07. 1.16 福岡高裁（浜崎裕） 05. 5.16 福岡地裁小倉支部 （野島秀夫）	替え玉保険金等殺人事件 （02.1.8 ～ 31） 1974年5月16日生まれ	旧姓竹本。一部無罪を主張。

原　正志　福岡 10.11. 8 最高裁（須藤正彦） 07. 1.16 福岡高裁（浜崎裕） 05. 5.16 福岡地裁小倉支部 （野島秀夫）	替え玉保険金等殺人事件 （02.1.8 ～ 31） 1957 年 8 月 12 日生まれ	旧姓竹本。
土谷　正実（享年 53 歳） 18. 7. 6 東京拘置所にて執行 11. 2.15 最高裁（那須弘平） 06. 8.18 東京高裁（白木勇） 04. 1.30 東京地裁（服部悟）	松本・地下鉄サリン事件等 （94.6 ～ 95.3） 1965 年 1 月 6 日生まれ	
熊谷　徳久（享年 73 歳） 13. 9.12 東京拘置所にて執行 11. 3. 1 最高裁（田原睦夫） 07. 4.25 東京高裁（高橋省吾） 死刑 06. 4.17 東京地裁（毛利晴光） 無期	横浜中華街店主銃殺事件等 （04.5.29） 1940 年 5 月 8 日生まれ （戦災孤児で、もう一つの戸籍では、1938 年 1 月 25 日生まれ）	一審は無期懲役判決。著書に『奈落――ピストル強盗殺人犯の手記』がある。
鈴木　泰徳（享年 50 歳） 19. 8. 2 福岡拘置所にて執行 11. 3. 8 最高裁（岡部喜代子） 07. 2. 7 福岡高裁（正木勝彦） 06.11.13 福岡地裁（鈴木浩美）	福岡 3 女性連続強盗殺人事件（04.12.12 ～ 05.1.18）	
小林　正人　東京 11. 3.10 最高裁（桜井龍子） 05.10.14 名古屋高裁（川原誠） 01. 7. 9 名古屋地裁 （石山容示）	木曽川・長良川殺人事件 （94.9 ～ 10） 1975 年 3 月 19 日生まれ	少年 3 人に死刑が求刑され、他の 2 人には一審では無期懲役判決、二審で 3 人に死刑判決。
黒澤　淳　名古屋 11. 3.10 最高裁（桜井龍子） 05.10.14 名古屋高裁　死刑 （川原誠） 01. 7. 9 名古屋地裁　無期 （石山容示）	木曽川・長良川殺人事件 （94.9 ～ 10） 1975 年 7 月 21 日生まれ	旧姓小森。一審は無期懲役、高裁で死刑判決。複数の少年に死刑が確定するのは初めて。
K・T　名古屋 11. 3.10 最高裁（桜井龍子） 05.10.14 名古屋高裁　死刑 （川原誠） 01. 7. 9 名古屋地裁　無期 （石山容示）	木曽川・長良川殺人事件 （94.9 ～ 10） 1975 年 10 月 23 日生まれ	一審は無期懲役、高裁で死刑判決。複数の少年に死刑が確定するのは初めて。
片岡　清（享年 84 歳） 16. 2.14 広島拘置所にて病死 11. 3.24 最高裁（桜井龍子） 08. 2.27 広島高裁岡山支部 （小川正明）死刑 06. 3.24 岡山地裁（松野勉） 無期	広島・岡山強盗殺人事件 （03.9.28/04.12.10）	一審は無期懲役判決。病死。
小林　竜司　大阪 11. 3.25 最高裁（千葉勝美） 08. 5.20 大阪高裁（若原正樹） 07. 5.22 大阪地裁（和田真）	東大阪大生リンチ殺人事件 （06.6.19 ～ 20） 1984 年 12 月 22 日生まれ	
大倉　修　東京 11. 4.11 最高裁（古田佑記） 08. 3.25 東京高裁（安広文夫） 07. 2.26 静岡地裁（竹花俊徳）	同僚・妻連続殺人事件 （04.9.16/05.9.9）	旧姓滝。

渕上　幸春　　　　　福岡 11. 4.19 最高裁（田原睦夫） 07. 1.23 福岡高裁宮崎支部（竹田隆） 03. 5.26 宮崎地裁（小松平内）	宮崎連続殺人事件 (99.3.25/9.20) 1969年1月23日生まれ	1件は無罪、1件は事実誤認を主張。筋ジストロフィー（両上下肢および体幹の機能障害）。
大山　清隆　　　　　広島 11. 6. 7 最高裁（大谷剛彦） 07.10.16 広島高裁（楢崎康英） 05. 4.27 広島地裁（岩倉広修）	広島連続殺人事件 (98.10/00.3.1)	
津田寿美年（享年63歳） 15.12.18 東京拘置所にて執行 11. 7. 4 控訴取下げ 11. 6.17 横浜地裁（秋山敬）	川崎アパート3人殺人事件 (09.5.30)	裁判員裁判。控訴取下げで確定。裁判員裁判での死刑確定者で初の執行。
北村　真美　　　　　福岡 11.10.3 最高裁（須藤正彦） 07.12.25 福岡高裁（正木勝彦） 06.10.17 福岡地裁久留米支部（高原正良）	大牟田市4人連続殺人事件 (04.9.16 ～ 17)	共犯の北村実雄被告、孝被告とは分離して公判。
井上　孝紘　　　　　福岡 11.10.3 最高裁（須藤正彦） 07.12.25 福岡高裁（正木勝彦） 06.10.17 福岡地裁久留米支部（高原正良）	大牟田市4人連続殺人事件 (04.9.16 ～ 17)	旧姓北村。共犯の北村実雄被告、孝被告とは分離して公判。
北村　実雄　　　　　広島 11.10.17 最高裁（白木勇） 08. 3.27 福岡高裁（正木勝彦） 07. 2.27 福岡地裁久留米支部（高原正良）	大牟田市4人連続殺人事件 (04.9.16 ～ 17)	共犯の北村真美被告、井上孝紘被告とは分離して公判。
北村　　孝　　　　　大阪 11.10.17 最高裁（白木勇） 08. 3.27 福岡高裁（正木勝彦） 07. 2.27 福岡地裁久留米支部（高原正良）	大牟田市4人連続殺人事件 (04.9.16 ～ 17)	共犯の北村真美被告、井上孝紘被告とは分離して公判。
魏　巍　　　　　　　福岡 11.10.20 最高裁（白木勇） 07. 3. 8 福岡高裁（浜崎裕） 05. 5.19 福岡地裁（川口宰護）	福岡一家4人殺害事件 (03.6.20)	共犯のうち2名は中国で逮捕・訴追され、王亮被告は無期懲役、楊寧被告は05年7月12日死刑執行。
中川　智正（享年55歳） 18. 7. 6 広島拘置所にて執行 11.11.18. 最高裁（古田佑紀） 07. 7.13 東京高裁（植村立郎） 03.10.29 東京地裁（岡田雄一）	坂本弁護士一家殺人事件、松本・地下鉄サリン事件等（89.11 ～ 95.3） 1962年10月25日生まれ	二審鑑定で入信直前から犯行時に解離性障害ないし祈祷性精神病と診断。判決は完全責任能力を認定。18年3月東京から広島へ移送。再審請求中の執行。
遠藤　誠一（享年58歳） 18. 7. 6 東京拘置所にて執行。 11.11.21 最高裁（金築誠志） 07. 5.31 東京高裁（池田修） 02.10.11 東京地裁（服部悟）	松本・地下鉄サリン事件等 (94.5/94.6.27/95.3.20 他) 1960年6月5日生まれ。	再審請求中の執行。
守田　克実　　　　　東京 11.11.22 最高裁（寺田逸郎） 08. 3. 3 東京高裁（中川武隆） 06.12.19 千葉地裁（根本渉）	警視庁指定124号事件 (05.8.5 ～ 11.22)	「共犯」の畠山は控訴を取下げて07年11月確定。
兼岩　幸男　　　　　名古屋 11.11.29 最高裁（那須弘平） 08. 9.12 名古屋高裁（片山俊雄） 07. 2.23 岐阜地裁（土屋哲夫）	交際2女性バラバラ殺人事件 (99.8.15/03.5.25) 1957年10月30日生まれ	

松永　太　　福岡 11.12.12 最高裁（宮川光治） 07. 9.26 福岡高裁（虎井寧夫） 05. 9.28 福岡地裁小倉支部（若宮利信）	北九州７人連続殺人事件（96.2.26 ～ 98.6.7）	「共犯」は二審で無期に減刑。
濱崎　勝次（享年 64 歳） 13. 4.26 東京拘置所にて執行 11.12.12 最高裁（横田尤孝） 08. 9.26 東京高裁（安広文夫） 07.10.26 千葉地裁（古田浩）	市原ファミレス２人射殺事件 （05.4.25） 1948 年 9 月 18 日生まれ	確定から執行まで 1 年 4 か月。「共犯」の宮城は 09 年 6 月に死刑確定。
若林　一行（享年 39 歳） 15.12.18 仙台拘置支所にて執行 12. 1.16 最高裁（宮川光治） 09. 2. 3 仙台高裁（志田洋） 07. 4.24 盛岡地裁（杉山慎治）	岩手県洋野町母娘強盗殺人事件（06.7.19）	二審から無罪を主張。
Ｆ・Ｔ　　広島 12. 2.20 最高裁（金築誠志） 08. 4.22 広島高裁（楢崎康英）死刑 06. 5.20 最高裁（浜田邦夫）高裁差し戻し 02. 3.14 広島高裁（重吉孝一郎）無期 00. 3.22 山口地裁（渡辺了造）無期	光市事件 （99.4.14） 1981 年 3 月 16 日生まれ	犯行当時 18 歳。一審・二審無期。検察上告により最高裁が広島高裁に差戻し。差戻し審で死刑。
岩森　稔　　東京 12. 3. 2 最高裁（竹内行夫） 09. 3.25 東京高裁（若原正樹）死刑 08. 3.21 さいたま地裁（飯田喜信）無期	埼玉本庄夫婦殺害事件 （07.7.21） 1945 年 4 月 28 日生まれ	一審は無期懲役判決。
川崎　政則（享年 68 歳） 14. 6.26 大阪拘置所にて執行 12. 7.12 最高裁（白木勇） 09.10.14 高松高裁（柴田秀樹） 09. 3.16 高松地裁（菊地則明）	坂出祖母孫３人殺人事件 （07.11.16） 1946 年 1 月 20 日生まれ	
加賀山領治（享年 63 歳） 13.12.12 大阪拘置所にて執行 12. 7.24 最高裁（寺田逸郎） 09.11.11 大阪高裁（湯川哲嗣） 09. 2.27 大阪地裁（細井正弘）	中国人留学生強盗殺人事件 ＤＤハウス事件 （00.7.29/08.2.1） 1950 年 1 月 3 日生まれ	確定から執行まで 1 年 4 か月。
池田　容之　　東京 12. 7　確定 11. 6.16 控訴取下げ 10.11.16 横浜地裁（朝山芳史）	横浜沖バラバラ強殺事件他（09.6.18 ～ 19）	裁判員裁判で初の死刑判決。控訴取下げに対し弁護人による審理継続申立。2012 年 7 月確定処遇に。
田尻　賢一（享年 45 歳） 16.11.11 福岡拘置所にて執行 12. 9.10 上告取下げ確定 12. 4.11 福岡高裁（陶山博生） 11.10.25 熊本地裁（鈴木浩美）	熊本２人強盗殺人事件 （04. 3.13、11. 2.23）	裁判員裁判での死刑判決。上告を取り下げ死刑確定。
謝　依　俤　　東京 12.10.19 最高裁（須藤正彦） 08.10. 9 東京高裁（須田贒） 06.10. 2 東京地裁（成川洋司）	品川製麺所夫婦強殺事件 （02.8.31） 1977 年 9 月 7 日生まれ	中国国籍。

高見澤　勤（享年59歳） 14. 8.29 東京拘置所にて執行 12.10.23 最高裁（大谷剛彦） 08.12.12 東京高裁（安広文夫） 08. 2. 4 前橋地裁（久我泰博）	暴力団3人殺害事件 (01.11 ～ 05.9) 1955年4月20日生まれ	
阿佐　吉廣　東京 12.12.11 最高裁（田原睦夫） 08. 4.21 東京高裁（中川武隆） 06.10.11 甲府地裁（川島利夫）	都留市従業員連続殺人事件 (97.3/00.5.14) 1949年5月21日生まれ	無罪を主張。
野崎　浩　東京 12.12.14 最高裁（小貫芳信） 10.10. 8 東京高裁（長岡哲次）死刑 09.12.16 東京地裁（登石郁朗）無期	フィリピン女性2人殺人事件 (99.4.22/08.4.3)	一審は無期懲役判決。
渡辺　純一　東京 13. 1.29 最高裁（岡部喜代子） 09. 3.19 東京高裁（長岡哲次）死刑 07. 8. 7 千葉地裁（彦坂孝孔）無期	架空請求詐欺グループ仲間割れ事件（04.10.13 ～ 16）	一審は無期懲役判決。一部無実を主張。
清水　大志　東京 13. 1.29 最高裁（岡部喜代子） 09. 5.12 東京高裁（長岡哲次） 07. 8. 7 千葉地裁（彦坂孝孔）	架空請求詐欺グループ仲間割れ事件（04.10.13 ～ 16）	
伊藤　玲雄　東京 13. 2.28 最高裁（桜井龍子） 09. 8.28 東京高裁（長岡哲次） 07. 5.21 千葉地裁（彦坂孝孔）	架空請求詐欺グループ仲間割れ事件（04.10.13 ～ 16）	
住田　紘一（享年34歳） 17. 7.13 広島拘置所にて執行 13. 3.28 控訴取り下げ 13. 2.14 岡山地裁（森岡孝介）	岡山元同僚女性殺人事件 (11.9.30) 1982年9月29日生まれ	裁判員裁判。被害者1名。本人控訴取り下げで、確定。
山田健一郎　東京 13. 6. 7 最高裁（千葉勝美） 09. 9.10 東京高裁（長岡哲次） 08. 1.21 前橋地裁（久我泰博）	前橋スナック乱射事件 (03.1.25) 1966年8月23日生まれ	「共犯」の小日向は09年7月、矢野は14年3月に死刑確定。
高柳　和也　大阪 13.11.25 最高裁（金築誠志） 10.10.15 大阪高裁（湯川哲嗣） 09. 3.17 神戸地裁姫路支部（松尾嘉倫）	姫路2女性殺人事件 (05.1.9) 1966年1月10日生まれ	
沖倉　和雄（享年66歳） 14. 7. 2 東京拘置所にて病死 13.12.17 最高裁（木内道祥） 10.11.10 東京高裁（金谷曉） 09. 5.12 東京地裁立川支部（山崎和信）	あきる野市資産家姉弟強盗殺人事件（08.4.9 ～ 13）	病死。
小川　和弘　大阪 14. 3. 6 最高裁（横田尤孝） 11. 7.26 大阪高裁（的場純男） 09.12. 2 大阪地裁（秋山敬）	大阪個室ビデオ店放火事件（08.10.2）	

矢野　治　　　東京 14. 3.14 最高裁（鬼丸かおる） 09.11.10 東京高裁（山崎学） 07.12.10 東京地裁（朝山芳史）	組長射殺事件、前橋スナック乱射事件等 (02.2 ～ 03.1) 1948 年 12 月 20 日生まれ	「共犯」の小日向は 09 年 7 月、山田は 13 年 6 月に死刑確定。17 年 4 月と 7 に、それぞれ別の殺人容疑で逮捕、起訴されたが、18 年 12 月、東京地裁で無罪判決。検察は控訴せず。
小泉　毅　　　東京 14. 6.13 最高裁（山本庸幸） 11.12.26 東京高裁 (八木正一) 10. 3.30 さいたま地裁 （伝田喜久）	元厚生次官連続殺傷事件 (08.11.17 ～ 11.18) 1962 年 1 月 26 日生まれ	
松原　智浩　　　東京 14. 9. 2 最高裁（大橋正春） 12. 3.22 東京高裁（井上弘通） 11. 3.25 長野地裁（高木順子）	長野一家 3 人強殺事件 (10. 3.24 ～ 25)	裁判員裁判で死刑判決を受け、最高裁で確定したのは初めて。
奥本　章寛　　　福岡 14.10.16 最高裁（山浦善樹） 12. 3.22 福岡高裁宮崎支部 (榎本巧) 10.12. 7 宮崎地裁（高原正良）	宮崎家族 3 人殺人事件 (10.3.1) 1988 年 2 月 13 日生まれ	裁判員裁判。
桑田　一也　　　東京 14.12. 2 最高裁（大谷剛彦） 12. 7.10 東京高裁（山崎学） 11. 6.21 静岡地裁沼津支部 （片山隆夫）	交際女性・妻殺人事件 (05.10.26、10. 2.23) 1966 年 6 月 26 日生まれ	裁判員裁判。
加藤　智大　　　東京 15. 2. 2 最高裁（桜井龍子） 12. 9.12 東京高裁（飯田喜信） 11. 3.24 東京地裁（村山浩昭）	秋葉原無差別殺傷事件 (08. 6. 8) 1982 年 9 月 28 日生まれ	著書に『解』『解＋』『東拘永夜抄』『殺人予防』がある。
藤城　康孝　　　大阪 15. 5.25 最高裁（千葉勝美） 13. 4.26 大阪高裁（米山正明） 09. 5.29 神戸地裁（岡田信）	加古川 7 人殺人事件 (04.8.2)	
新井　竜太　　　東京 15.12. 4 最高裁（鬼丸かおる） 13. 6.27 東京高裁（井上弘通） 12. 2.24 さいたま地裁（田村真）	埼玉深谷男女 2 人殺害事件（08.3.13/09.8. 7) 1969 年 6 月 6 日生まれ	裁判員裁判。
高見　素直　　　大阪 16. 2.23 最高裁（和田真） 13. 7.31 大阪高裁（中谷雄二郎） 11.10.31 大阪地裁（和田真）	大阪パチンコ店放火殺人事件（09.7.5) 1968 年 1 月 4 日生まれ	裁判員裁判。絞首刑違憲論が争われる。
髙橋　明彦　　　仙台 16. 3. 8 最高裁（木内道祥） 14. 6. 3 仙台高裁（飯渕進） 13. 3.14 福島地裁郡山支部 （有賀貞博）	会津美里夫婦殺人事件 (12.7.26) 1966 年 9 月 12 日生まれ	裁判員裁判。旧姓横倉。
伊藤　和史　　　東京 16. 5.26 最高裁（大橋正春） 14. 2.20 東京高裁（村瀬均） 11.12.27 長野地裁（高木順子）	長野一家 3 人殺人事件 (10.3.24 ～ 25) 1979 年 2 月 16 日生まれ	裁判員裁判。
浅山　克己　　　東京 16. 6.13 最高裁（千葉勝美） 14.10. 1 東京高裁（八木正一） 13. 6.11 東京地裁（平木正洋）	山形・東京連続放火殺人事件（10.10.2/11.11.24）	裁判員裁判。

C・Y　仙台 16. 6.16 最高裁（大谷直人） 14. 1.31 仙台高裁（飯渕進） 10.11.25 仙台地裁（鈴木信行）	石巻3人殺傷事件 (10.2.10) 1991年7月2日生まれ	裁判員裁判。 事件当時18歳7か月。
筒井　郷太　福岡 16. 7.21 最高裁（池上政幸） 14. 6.24 福岡高裁（古田浩） 13. 6.14 長崎地裁（重富朗）	長崎ストーカー殺人事件 (11.12.16) 1984年11月4日生まれ	裁判員裁判。無罪を主張。
井上　佳苗　東京 17. 4.14 最高裁（大貫芳信） 14. 3.12 東京高裁（八木正一） 12. 4.13 さいたま地裁 （大熊一之）	首都圏連続不審死事件等 (08. 9～09. 9) 1974年11月27日生まれ	裁判員裁判。無罪を主張。旧姓木嶋。
上田美由紀　広島 17. 7.27 最高裁（小池裕） 13. 3.20 広島高裁松江支部 （塚本伊平） 12.12. 4 鳥取地裁（野口卓志）	鳥取連続不審死事件 (09.4.23/10.6) 1973年12月21日生まれ	裁判員裁判。無罪を主張。
鈴木　勝明　大阪 17.12. 8 最高裁（戸倉三郎） 14.12.19 大阪高裁（笹野明義） 13. 6.26 大阪地裁堺支部 （畑山靖）	大阪ドラム缶遺体事件 (04.12.3) 1967年5月13日生まれ	裁判員裁判。無罪を主張。
林　振華　名古屋 18. 9. 6 最高裁（木沢克之） 15.10.14 名古屋高裁（石山容示） 15.2.20 名古屋地裁（松田俊哉）	愛知県蟹江町母子殺傷事件 (09.5.1)	中国籍。裁判員裁判。
渡邉　剛　東京 18.12.21 最高裁（鬼丸かおる） 16. 3.16 東京高裁（藤井敏明） 14. 9.19 東京地裁（田辺美保子）	資産家夫婦殺人事件 (12.12.7)	裁判員裁判。殺害は否認。
西口　宗宏　大阪 19. 2.12 最高裁（岡部喜代子） 16. 9.14 大阪高裁（後藤真理子） 14. 3.10 大阪地裁堺支部 （森浩史）	堺市連続強盗殺人事件 (11.11.5/12.1) 1961年8月26日生まれ	裁判員裁判。
山田浩二　大阪 19. 5.18 控訴取下げ確定 18.12.19 大阪地裁（浅香竜太）	寝屋川中1男女殺害事件 (15.8.13)	裁判員裁判。刑務官とトラブルとなり控訴取下げ。
保見　光成　広島 19.7.11 最高裁（山口厚） 16.9.13 広島高裁（多和田隆史） 15. 7.28 山口地裁（大寄淳）	周南市連続殺人放火事件 (13.7.21～22)	裁判員裁判。
堀　慶末　名古屋 19.7.19 最高裁（山本庸幸） 16.11. 8 名古屋高裁（山口裕之） 15.12.15 名古屋地裁（景山太郎）	碧南市夫婦強盗殺人事件(98.6.28)、守山強盗傷害事件（06.7.20）	裁判員裁判。闇サイト事件で無期刑受刑中に前刑が発覚。著書に『鎮魂歌』がある。

最高裁係属中の死刑事件

氏名　拘置先 判決日	事件名（事件発生日） 生年月日	備　考
土屋　和也　東京 18. 2.14 東京高裁（栃木力） 16. 7.20 前橋地裁（鈴木秀行）	前橋連続強盗殺傷事件 （14.11.10/11.16）	裁判員裁判。
肥田　公明　東京 18. 7.30 東京高裁（大島隆明） 16.11.24 静岡地裁沼津支部 （斎藤千恵）	伊東市干物店強盗殺人事件 （12.12.18）	裁判員裁判。無実を主張。
川崎　竜弥　東京 19. 3.15 東京高裁（大島隆明） 18. 2.23 静岡地裁（佐藤正信）	浜名湖連続殺人事件 （16.1.29 ～ 7.8）	裁判員裁判。
筧 千佐子　大阪 19. 5.24 大阪高裁（樋口裕晃） 17.11. 7 京都地裁（中川綾子）	青酸連続殺人事件 （07.12 ～ 13.12）	裁判員裁判。

高裁係属中の死刑事件

氏名　拘置先 判決日	事件名（事件発生日）	備　考
平野 達彦　大阪 17. 3.22 神戸地裁（長井秀典）	洲本５人刺殺事件 （15.3.9）	裁判員裁判。
岩間 俊彦　東京 17. 8.25 甲府地裁（丸山哲巳）	マニラ邦人保険金殺人事件 （14.10/15.8 ～ 9）	裁判員裁判。
ナカダ・ルデナ・バイロン・ジョナタン 東京 18. 3. 9 さいたま地裁 （佐々木直人）	熊谷６人殺害事件 (15.9.14 ～ 9.16)	裁判員裁判。
今井 隼人　東京 18. 3.22 横浜地裁（渡辺英敬）	川崎市老人ホーム連続転落死事件 （15.11.4 ～ 12.31）	裁判員裁判。
上村 隆 19. 3.15 神戸地裁姫路支部 （藤原美弥子）	姫路連続監禁殺人事件 （09.4 ～ 11.2）	裁判員裁判。無罪を主張。共犯者は18年11月8日、死刑求刑に対し１件が無罪となり、無期懲役に。被告・検察とも控訴。

死刑確定者の獄死者

死亡年月日	名前	年齢	拘置所
2003年　2月28日	上田　大	33歳	名古屋
2003年　9月　3日	冨山常喜	86歳	東京
2004年　6月　4日	晴山広元	70歳	札幌刑務所
2007年　7月17日	諸橋昭江	75歳	東京
2008年　2月　7日	宇井鋑次	68歳	大阪医療刑務所
2008年12月16日	澤地和夫	69歳	東京
2009年　1月　4日	朴　日光	61歳	福岡
2009年　5月　2日	藁科　稔	56歳	名古屋の病院で
2009年　9月　3日	荒井政男	82歳	東京
2009年10月27日	石橋栄治	72歳	東京
2010年　1月　2日	山本開一	62歳	東京
2010年　4月14日	手柴勝敏	66歳	福岡
2011年　1月27日	坂本春野	83歳	大阪医療刑務所
2011年　1月29日	熊谷昭孝	67歳	仙台の病院で
2011年　2月　6日	永田洋子	65歳	東京
2013年　6月23日	綿引　誠	74歳	東京
2013年　8月15日	迫　康裕	73歳	仙台
2013年11月15日	宇治川正	62歳	東京
2014年　4月19日	石田富蔵	92歳	東京
2014年　5月15日	中山　進	66歳	大阪
2014年　6月24日	岡﨑茂男	60歳	東京
2014年　7月　2日	沖倉和雄	66歳	東京
2014年　7月16日	幾島賢治	67歳	名古屋
2015年10月　4日	奥西　勝	89歳	八王子医療刑務所
2016年　1月22日	松本昭弘	61歳	名古屋
2016年　2月14日	片岡　清	84歳	広島
2017年　3月27日	関根　元	75歳	東京
2017年　5月24日	大道寺将司	68歳	東京
2017年　6月26日	浜田武重	90歳	福岡
2017年　9月16日	畠山鐵男	74歳	東京

死刑確定者の自殺者

1999年11月　8日	太田勝憲	55歳	札幌

（2019年10月1日現在）

※ 事件時未成年で、実名表記の了解の得られなかった方についてはイニシャルにしました。

法務大臣別死刑執行記録

この表は死刑の執行がどのような政治的、社会的状況下で行われているかを分析するための資料として製作された。1993年以前の記録は不備な項目もあるが参考までに掲載した。

※法務大臣就任時に〔衆〕は衆議院議員、〔参〕は参議院議員であることを、〔民間〕は国会議員でないことを示す。

首相	法相（就任年月日）	執行年月日（曜日）	死刑囚名	年齢	拘置所	執行前後の状況	年間執行数
中曽根康弘	住 栄作〔衆〕（83・12・27）	84・10・30（火）	中山 実		東京		84年＝1人
	嶋崎 均〔参〕（84・11・1）	85・5・31（木）	大島 卓士		名古屋		85年＝3人
			古谷 惣吉		大阪		
		85・7・25（木）	阿部 利秋		福岡		
	鈴木 省吾〔参〕（85・12・28）	86・5・20（火）	木村 繁治		東京		86年＝2人
			徳永 励一		東京		
	遠藤 要〔参〕（86・7・22）	87・9・30（水）	大坪 清隆		大阪		87年＝2人
			矢部 光男		東京		
竹下 登	林田悠紀夫〔参〕（87・11・6）	88・6・16（木）	松田 吉孔		大阪		88年＝2人
			渡辺 健一		大阪		
	長谷川 峻〔衆〕（88・12・27）	—				＊リクルートからの政治献金が発覚し、在任期間4日で辞任。	
	高辻 正己〔民間〕（88・12・30）	—				＊73〜80年最高裁判事。法相就任前は国家公安委員会委員。	
宇野 宗佑	谷川 和穂〔衆〕（89・6・3）	—				＊宇野内閣が69日で退陣になり、法相退任。	
海部 俊樹	後藤 正夫〔参〕（89・8・10）	89・11・10（金）	近藤 武数		福岡		89年＝1人
	長谷川 信〔参〕（90・2・28）	—				＊病気のため任期途中で辞任。10月死去。	90年＝0人
	梶山 静六〔衆〕（90・9・13）	—					91年＝0人
	左藤 恵〔衆〕（90・12・29）	—				＊第2次海部内閣の改造内閣で就任。真宗大谷派の僧侶。	92年＝0人

宮澤　喜一	田原　隆〔衆〕(91・11・5)	―					
	後藤田正晴〔衆〕(92・12・12)	93・3・26(金)	立川修二郎	62	大阪	執行再開。26年ぶりの3名同時執行。川中氏は精神分裂症。法相「このままでは法秩序が維持できない。(執行しなかった法相は)怠慢である」と発言。	
			川中　鉄夫	48	大阪		
			近藤　清吉	55	仙台		
細川　護煕	三ケ月　章〔民間〕(93・8・9)	93・11・26(金)	出口　秀夫	70	大阪	戦後初の4人同時執行。出口氏は70歳の高齢者。11月5日国連規約人権委員会から日本政府への勧告が出たばかり。9月21日の最高裁死刑判決で大野正男判事の補足意見。	93年＝7人
			坂口　徹	56	大阪		
			関　幸生	47	東京		
			小島　忠夫	61	札幌		
羽田　孜	永野　茂門〔参〕(94・4・28)	―				*「南京大虐殺はでっち上げ」発言が問題となり、在任期間11日で辞任。	
	中井　洽〔衆〕(94・5・8)	―				*羽田内閣が64日で総辞職になったため法相退任。	
村山　富市	前田　勲男〔参〕(94・6・30)	94・12・1(木)	安島　幸雄	44	東京	執行ゼロの年を回避。自社さ連立政権下の執行。11月7日国連総会で死刑廃止が議題に。11月26日に世論調査発表。	94年＝2人
			佐々木和三	65	仙台		
		95・5・26(金)	藤岡　英次	40	大阪	オウム事件を背景にした執行。	
			須田　房雄	64	東京		
			田中　重穂	69	東京		
	田沢　智治〔参〕(95・8・8)	―					
	宮澤　弘〔参〕(95・10・9)	95・12・21(木)	木村　修治	45	名古屋	オウム破防法手続き問題の時期。	95年＝6人
			平田　直人	63	福岡		
			篠原徳次郎	68	東京		
橋本龍太郎	長尾　立子〔民間〕(96・1・11)	96・7・11(木)	石田三樹男	48	東京	麻原彰晃(松本智津夫氏)全17件の事件が審理入り。オウム解散を公安審査委員会に請求。	
			横山　一美	59	福岡		
			杉本　嘉昭	45	福岡		
	松浦　功〔参〕(96・11・7)	96・12・20(金)	今井　義人	55	東京	法務大臣就任1カ月半後の執行。執行の有無を記者に答えると明言。ペルー大使館占拠事件(12月17日～)。	96年＝6人
			平田　光成	60	東京		
			野口　悟	50	東京		

	松浦　功〔参〕	97・8・1（金）	日高　安政	54	札幌	執行の事実を法務大臣認める。神戸小学生殺傷事件、オウム事件を背景にした執行。奈良県月ヶ瀬村中2生徒殺害事件で被疑者供述。	97年＝4人
			日高　信子	51	札幌		
			永山　則夫	48	東京		
			神田　英樹	43	東京		
	下稲葉耕吉〔参〕（97・9・11）	98・6・25（木）	島津　新治	66	東京	国会終了直後。参議院選挙公示日。	98年＝6人
			村竹　正博	54	福岡		
			武安　幸久	66	福岡		
小渕　恵三	中村正三郎〔衆〕（98・7・30）	98・11・19（木）	津田　暎	59	広島	法務省から執行の事実・人数を公表。11月4日の記者会見で執行の事実を公表すると表明していた。	
			西尾　立昭	61	名古屋		
			井田　正道	56	名古屋		
	陣内　孝夫〔参〕（99・3・8）	99・9・10（金）	佐藤　真志	62	東京	法務省が記者クラブに「本日9月10日（金）死刑確定囚3名に対して死刑の執行をしました」と初めてFAX。3名とも仮釈放後の再殺人で死刑。人身保護請求を行い、8月に棄却後の執行。	99年＝5人
			高田　勝利	61	仙台		
			森川　哲行	69	福岡		
	臼井日出男〔衆〕（99・10・5）	99・12・17（金）	佐川　和男	48	東京	佐川氏人身保護請求中。小野氏再審請求中。法相「再審請求は重要な理由だが、幾度もやっている場合は考慮しきれない」。	
			小野　照男	62	福岡		
森　喜朗	臼井日出男〔衆〕（00・4・5）	―				＊小渕首相が緊急入院したための「居抜き内閣」。	00年＝3人
	保岡　興治〔衆〕（00・7・4）	00・11・30（木）	勝田　清孝	52	名古屋	臨時国会閉会前日の執行であり、内閣改造直前のかけ込み執行。	
			宮脇　喬	57	名古屋		
			大石　国勝	55	福岡		
	高村　正彦〔衆〕（00・12・5）	―					
小泉純一郎	森山　眞弓〔衆〕（01・4・26）	01・12・27（木）	朝倉幸治郎	66	東京	仕事納め前日の執行。宅間守被告初公判。オウム関連被告への求刑日。	01年＝2人
			長谷川敏彦	51	名古屋		
		02・9・18（水）	田本　竜也	36	福岡	小泉首相が訪朝するという大きな報道の中での執行。国会閉会中。水曜日の執行は93年3月以降、初めて。	02年＝2人
			浜田　美輝	43	名古屋		
		03・9・12（金）	向井　伸二	42	大阪	宅間守被告への死刑判決直後の執行。	03年＝1人
	野沢　太三〔参〕（03・9・22）	04・9・14（火）	嶋﨑　末男	59	福岡	法相引退直前。火曜日の執行は93年3月以降初めて。	04年＝2人
			宅間　守	40	大阪	宅間氏、自ら控訴を取り下げ。確定後一年未満、異例の早期執行。	

小泉純一郎	南野知恵子〔参〕（04・9・27）	05・9・16（金）	北川 晋	58	大阪	退任直前、国会閉会中。異例の1人のみの執行。	05年＝1人
	杉浦 正健〔衆〕（05・10・31）	—				＊真宗大谷派の信徒であることから就任時に「死刑執行のサインはしない」と発言（直後に撤回）。	
安倍晋三	長勢 甚遠〔衆〕（06・9・26）	06・12・25（月）	秋山 芳光	77	東京	執行ゼロの年を作らぬため。確定死刑囚98人時点での4人執行。藤波氏は車椅子生活。77歳、75歳の高齢者の執行。クリスマスの執行。	06年＝4人
			藤波 芳夫	75	東京		
			福岡 道雄	64	大阪		
			日高 広明	44	広島		
		07・4・27（金）	名田 幸作	56	大阪	国会会期中の執行。	
			小田 義勝	59	福岡		
			田中 政弘	42	東京		
		07・8・23（木）	竹澤一二三	69	東京	法相退陣直前の執行。二桁執行を公言。	
			瀬川 光三	60	名古屋		
			岩本 義雄	63	東京		
	鳩山 邦夫〔衆〕（07・8・27）	—				＊第1次安倍改造内閣で就任したが約30日で内閣総辞職となり退任。	
福田康夫	鳩山 邦夫〔衆〕（07・9・26）	07・12・7（金）	池本 登	75	大阪	被執行者の氏名や事件内容を法務省が初めて発表する。法相、9月25日に「法相が署名をしなくても死刑執行できる方法を考えるべきだ」、ベルトコンベアー発言が問題に。	07年＝9人
			府川 博樹	42	東京		
			藤間 静波	47	東京		
		08・2・1（金）	松原 正彦	63	大阪	前夜に執行予定の情報が流れる。	
			名古 圭志	37	福岡		
			持田 孝	65	東京		
		08・4・10（木）	中元 勝義	64	大阪	4月22日には光市事件差戻控訴審判決。	
			中村 正春	61	大阪		
			坂本 正人	41	東京		
			秋永 香	61	東京		
		08・6・17（火）	山崎 義雄	73	大阪	7月洞爺湖サミットを前にしての執行。	
			陸田 真志	37	東京		
			宮崎 勤	45	東京		

	保岡 興治〔衆〕（08・8・2）	08・9・11（木）	萬谷 義幸	68	大阪	法相就任1カ月での執行。9月1日には福田首相が辞意を表明していた。	
			山本 峰照	68	大阪		
			平野 勇	61	東京		
麻生太郎	森 英介〔衆〕（08・9・24）	08・10・28（火）	久間三千年	70	福岡	久間氏は無実主張。足利事件菅家氏がDNA鑑定で釈放直後の執行。	08年＝15人
			高塩 正裕	55	仙台	一審無期、二審で死刑判決。上告取り下げ確定。	
		09・1・29（木）	牧野 正	58	福岡	公判再開請求が最高裁で棄却後の執行。	
			川村 幸也	44	名古屋	前年12月、再審請求棄却後の執行。	
			佐藤 哲也	39	名古屋	本人が再審請求を取り下げ。	
			西本正二郎	32	東京	控訴取り下げにより確定。	
		09・7・28（火）	陳 徳通	41	東京	中国国籍。政権交代直前の駆け込み執行。	
			前上 博	40	大阪	控訴取り下げにより確定。	
			山地悠紀夫	25	大阪	控訴取り下げにより確定。	09年＝7人
鳩山由紀夫	千葉 景子〔参〕（09・9・16）	―					
菅 直人	千葉 景子〔参〕（10・6・8）	10・7・28（水）	篠澤 一男	59	東京	政権交代後初の執行、法相執行に立ち会う。元死刑廃止議連メンバー。	
			尾形 英紀	33	東京	控訴取り下げにより確定。	
	柳田 稔〔参〕（10・9・17）	―				＊「法務大臣は二つ覚えておけばいい。『個別の事案についてはお応えを差し控えます』と『法と秩序に基づいて適切にやっている』だ」と発言して辞任。	
	仙谷 由人〔衆〕（10・11・22）	―					10年＝2人
	江田 五月〔参〕（11・1・14）	―					
野田佳彦	平岡 秀夫〔衆〕（11・9・2）	―					11年＝0人
	小川 敏夫〔参〕（12・1・13）	12・3・29（木）	松田 康敏	44	福岡	2011年は執行ゼロだったが、年度内ギリギリで執行。	
			上部 康明	48	広島		
			古澤 友幸	46	東京		
	滝 実〔衆〕（12・6・4）	12・8・3（金）	服部 純也	40	東京	法相就任2カ月での執行。	
			松村 恭造	31	大阪		

野田佳彦	滝　実	12・9・27（木）	松田　幸則	39	福岡	内閣改造で退任希望を表明した直後の執行。	12年＝7人
			江藤　幸子	65	仙台		
	田中　慶秋〔衆〕（12・10・1）	—				＊法相就任から3週間で「体調不良」を理由に辞任。	
	滝　実〔衆〕（12・10・24）	—					
安倍晋三	谷垣　禎一〔衆〕（12・12・26）	13・2・21（木）	金川　真大	29	東京	法相就任2カ月足らずでの執行。	13年＝8人
			小林　薫	44	大阪	金川・小林氏は一審のみで死刑に。加納氏は一審無期。	
			加納　恵喜	62	名古屋		
		13・4・26（金）	宮城　吉英	56	東京	濱崎氏は確定から1年4カ月での執行。	
			濱崎　勝次	64	東京		
		13・9・12（木）	熊谷　徳久	73	東京	オリンピック東京招致決定直後の執行。	
		13・12・12（木）	藤島　光雄	55	東京		
			加賀山領治	63	大阪		
		14・6・26（木）	川﨑　正則	68	大阪		14年＝3人
		14・8・29（金）	小林　光弘	56	仙台	法相退任直前の執行。再審請求準備中の二人の執行。	
			高見澤　勤	59	東京		
	松島みどり〔衆〕（14・9・3）	—				＊法相就任後「うちわ」配布が問題となり辞任。	
	上川　陽子〔衆〕（14・10・21）	15・6・25（木）	神田　司	44	名古屋		15年＝3人
	岩城　光英〔参〕（15・10・7）	15・12・18（金）	津田寿美年	63	東京	法相就任2カ月余りでの執行。裁判員裁判で死刑判決を受けた者（津田氏）への初の執行。	
			若林　一行	39	仙台		
		16・3・25（金）	鎌田　安利	75	大阪	岩城光英法相は7月の参議院選挙で落選。	16年＝3人
			吉田　純子	56	福岡		
	金田　勝年〔衆〕（16・8・3）	16・11・11（金）	田尻　賢一	45	福岡		
		17・7・13（木）	西川　正勝	61	大阪	西川氏は再審請求中の執行。法相「再審請求を行っているから執行しないという考えはとっていない」。住田氏は被害者一人、一審のみで確定。	17年＝4人
			住田　紘一	34	広島		
	上川　陽子〔衆〕（17・8・3）	17・12・19（火）	松井喜代司	69	東京	二人とも再審請求中。一人は事件当時少年。	
			関　光彦	44	東京		

安倍晋三	上川　陽子〔衆〕	18・7・6（金）	松本智津夫	63	東京	これまでにない大量執行。再審請求中、恩赦申立中など一切無視し、確定順の執行という慣例をかなぐり捨て、元オウム真理教幹部を一挙に執行した。 松本氏は再審請求中の執行。心神喪失状態だった。 早川氏は再審請求中の執行。 井上氏は一審無期懲役であり、第一次再審請求中の執行。 新實氏、中川氏は再審請求中の執行。 遠藤氏は第一次再審請求中の執行。 土谷氏は心神喪失状態だった可能性が高い。	
			早川紀代秀	68	福岡		
			井上　嘉浩	48	大阪		
			新實　智光	54	大阪		
			土谷　正実	53	東京		
			中川　智正	55	広島		
			遠藤　誠一	58	東京		
		18・7・26（木）	宮前　一明	57	名古屋	前回執行から20日目に、6名を執行。オウム死刑囚13名全員が抹殺された。 横山氏、小池氏、豊田氏、広瀬氏は第一次再審請求中の執行。	
			横山　真人	54	名古屋		
			端本　悟	51	東京		
			小池　泰男	60	仙台		
			豊田　亨	50	東京		
			広瀬　健一	54	東京		
	山下　貴司〔衆〕	18・12・27（木）	岡本　啓三	60	大阪	年末ぎりぎりの執行。岡本氏は再審請求中。	
			末森　博也	67	大阪		18年＝15人
		19・8・2（金）	庄子　幸一	64	東京	庄子氏は再審請求中。9月内閣改造前の執行。2日前から執行の情報が漏れていた。	
			鈴木　泰徳	50	福岡		
	河井　克行〔衆〕						

2018—2019

死刑廃止年表二〇一八

死刑をめぐる動き

一月

一八日付　最高裁第二小法廷は、高橋克也さんの上告を棄却。二五日付で異議申し立てを退け、無期懲役が確定。オウム真理教事件の刑事裁判がすべて終結。

二月

六日　福岡高裁（岡田信裁判長）は飯塚事件・久間三千年さんの死後再審の即時抗告を棄却。

一四日　東京高裁（栃木力裁判長）は土屋和也さんの控訴を棄却。

死刑廃止への動き

一七日　死刑は福音に反します―カトリック教会と死刑廃止　柳川朋毅（麹町イグナチオ教会、主催・麹町イグナチオ教会、イエズス会社会司牧センター）

二三日～二月四日　帝銀事件70周年　故平沢貞通画伯執念の獄中画展　gallery TEN　主催・帝銀事件再審をめざす会

二五日　上川陽子法務大臣の死刑執行に抗議する集会（議員会館）

二六日　戦後冤罪史の原点　帝銀事件70周年記念集会（不忍通りふれあい館）

二八日　無実の袴田さんに無罪判決を1・28清水集会（清水テルサ）

三一日　講演会「平安時代の日本の刑罰としての死刑観」田中禎昭、主催　第二東京弁護士会

一七日～二三日　第七回死刑映画週間　ユーロスペース

二四日　袴田巌さんの再審を開始せよ！2・24全国集会（YMCAアジア青少年センター）

二三日　静岡地裁（佐藤正信裁判長）は川崎竜弥さんに死刑判決。

三月

九日　さいたま地裁（佐々木直人裁判長）はナカダ・ルデナ・バイロン・ジョナタンさんに死刑判決。

一四日　法務省はオウム事件関連の確定死刑囚七名を東京拘置所から移送開始。

二二日　横浜地裁（渡辺英敬裁判長）は今井隼人さんに死刑判決。

二七日　長崎地裁は死刑を求刑されていた須川泰伸さんに無期懲役判決。

一一日　死刑を考える日　映画「ふたりの死刑囚」、袴田秀子、小川秀世、堀和幸（ウィングス京都）

二二日　「死刑ってどうなの？　国際人権法」野口善國弁護士（大阪弁護士会館、主催・大阪弁護士会）

二七日　国連人権高等弁務官事務所の報道官は二七日までに、死刑が確定したオウム真理教関係者一三人について、再審請求中にもかかわらず死刑が執行された場合は「死刑囚の権利保護を定めた国連規定違反となる」と指摘、国際基準上、問題になるとの認識を示した。共同通信の取材に書面で回答

三一日　死刑制度の廃止を求めて～憲法と国連の活動の観点から、木村草太（龍谷大学響都ホール）

四月

一三日　大阪地裁は死刑を求刑されていた小林裕眞さんに懲役三〇年判決。二六日、大阪地検は控訴。

三日　TOKYO1351 LIVE&TALK vol.5　金聖雄監督×小室等×ダースレイダー（風知空知）

一四日　いま、もう一度、死刑を考える～『デッドマン・ウォーキング』を観て　石塚伸一、布施勇如（響都ホール、主催・龍谷大学犯罪学研究センター　協力・京都・にんじんの会）

二二日　強さと慈悲と「素顔の袴田巌さん」青柳雄介（カトリック清瀬教会、主催・無実の死刑囚・袴田巌さんを救う会）

五月

六月

一一日　東京高裁（大島隆明裁判長）は袴田巌さんの再審開始決定を取り消す決定。

七月

六日　上川陽子法相の命令で、松本智津夫さん、土谷正実さん、遠藤誠一さん（東京）、井上嘉浩さん、新實智光さん（大阪）、早川紀代秀さん（福岡）、中川智正さん（広島）の7名の死刑が執行された。

六日　千葉地裁は死刑を求刑されていた冤罪主張の渋谷恭正さ

五月

一一日　『太田昌国さんと考える　日本はどうして死刑制度をやめないのか?』（三鷹市元気創造プラザ、主催・三鷹市生涯学習自主グループ）

三〇日　フォーラム90、死刑確定者アンケート発送

六月

四日　オウム事件真相究明の会立ち上げの集会

一一日　袴田巌さんの再審開始決定の取り消し抗議の記者会見（弁護士会館）

一三日　いま、再審請求中の死刑執行を考える東京集会　キャロル・スタイガー、西田理英他（議員会館）

一六日　死刑と適正手続　米国三弁護士他（主催・龍谷大学犯罪学研究センター）

二三日　無実を叫ぶ死刑囚たち　狭き門の前で!　発言弁護士八人（全水道会館、主催・フォーラム90）

三〇日　「東アジア反日武装戦線」と私たちの来た道、行く道（文京区民センター、主催・支援連）

七月

一日　袴田巌さんに無罪判決を!清水集会（清水テルサ）

五日　わたし、死刑囚の妹になりました、大道寺ちはる（京都YMCAホール、主催・宗教者ネットほか）

六日　オウム七死刑囚執行　記者会見（議員会館）

七日　元刑務官としての死刑の体験、野口善國（西本願寺津村

んに無期懲役判決。

一一日　大津地裁（今井輝幸裁判長）は「日野町事件」の再審開始決定。無期懲役が確定し一一年に七五歳で死亡した阪原弘元受刑者の遺族が請求。

二〇日　横浜地裁は死刑を求刑されていた岩嵜竜也さんに懲役二三年判決。

二六日　上川陽子法相の命令で、宮前一明さん、横山真人さん（名古屋）、小池泰男さん（仙台）、端本悟さん、豊田亨さん、広瀬健一さん（東京）の六名の死刑が執行された。

三〇日　東京高裁（大島隆明裁判長）は肥田公明さんの控訴を棄却。

八月

三日　上川陽子法相は三日の閣議後の記者会見で、オウム真理教を巡る一連の事件の刑事裁判記録を「刑事参考記録」に指定し、原則永久に保存すると発表した。

六日　佐賀地裁は死刑を求刑されていた於保照義さんに無期懲役判決。

九月

六日　最高裁第一小法廷（木澤克之裁判長）は林振華さんの上告を棄却、死刑確定へ。

別院ホール、主催・陪審員制度を復活させる会）

二一日　和歌山カレー事件から20年 林眞須美さんは、獄中から無実を訴え続けています!!　森達也（大阪弁護士会館、主催・和歌山カレー事件を考える人々の集い）二二日　和歌山カレー集会

二六日　オウム六死刑囚執行　記者会見（議員会館）

二七日　執行に抗議する集会（文京区民センター）三〇〇名

二八日　永山子ども基金集会

八月

二日　ローマ・カトリック教会は「カテキズム」の文面を変更し、死刑はいかなる状況においても容認できないと明記

一一日　権力と刑事司法「飯塚事件　死刑執行された事件の再審請求」徳田靖之（西本願寺津村別院ホール、主催・陪審員制度を復活させる会）

九月

一六日　死刑制度を考える討論集会（つくば市春日交流センター、主催・戦時下の現在を考える講座）

一九日　死刑弁護の現場から、下村忠利弁護士（ドーンセンター、主催・アムネスティ、フォーラムinおおさか）

二四日　キリスト者として　今、死刑にどう向き合うか、「赦し」

上映、柳川朋毅（日本キリスト教団室町教会、主催・日本キリスト教団・死刑を求める小委員会）

一〇月

二日　第四次安倍改造内閣成立、山下貴司衆議院議員、新法務大臣に就任。

四日　奥西勝元死刑囚の三回目の命日のこの日、再審請求中の妹や支援者ら約三〇〇人が名古屋高裁前に集まり再審開始決定を求める。同日、支援者らによる「全国の会」も結成。

六日　文在寅大統領が約束した死刑廃止　朴秉植（名古屋市市民活動推進センター、主催・フォーラムinなごや、AI109わやグループ）。

七日　執行停止20年　死刑廃止の韓国から　朴秉植（四谷岐部ホール）。

七日　世界死刑廃止デーin大阪、梅田連絡橋でビラまき後、大阪拘置所前アピールコール。

一三日　響かせあおう死刑廃止の声２０１８　ダースレイダー、青木理（星陵会館）。

一三日　一三人の大量死刑に抗議する！葬儀デモ（福岡）

一三日　無罪だった久間三千年さんの死刑執行から10年（日本キリスト教団西福岡教会、主催・たんぽぽの会。

二三日　死刑廃止を哲学する、萱野稔人（クレオ、主催・日弁連）。

二四日　死刑の存在理由。廃止するべき理由。廃止するための条件。宮台真司（岐部ホール、宗教者ネット）

一一月

八日　神戸地裁姫路支部は死刑を求刑されていた陳春根さんに

一日　冤罪で一六年間囚われた台湾の元死刑囚×獄中の彼を

無期懲役判決。

二一日　神戸地裁姫路支部判決で一部無罪のうえ無期懲役（求刑死刑）となった陳春根さんに対して検察側は控訴。

一二月

一三日　東京地裁（楡井英夫裁判長）は矢野治さんに無罪判決（求刑無期懲役）。矢野さんは別件で死刑が確定している。

一九日　大阪地裁（浅香竜太裁判長）は山田浩二さんに死刑判決。

二一日　最高裁第二小法廷（鬼丸かおる裁判長）は渡邉剛さんの上告棄却、死刑確定へ。

二七日　岡本啓三（河村）さん、末森博也さん、死刑執行。

撮ったトシ・カザマ「日本とアジアの死刑を語る」（参議院議員会館、主催・TOKYO1351）。

一〇日～一一日　死刑廃止全国合宿　亀岡・大本　小川原優之。

五日　死刑制度の是非を議論する超党派の議員連盟「日本の死刑制度の今後を考える議員の会」が設立総会を開催。自民党の河村建夫元官房長官が会長に就任

八日　新法務大臣地元集会　カトリック岡山教。

一一日　全日本仏教会「死刑廃止を考える」セミナー、小川原優之、柴田崇、江川紹子、戸松義晴（築地本願寺）

一二日　袴田さん再収監を赦さない12・12アピール行動（衆議院第一議員会館前）

一六日　「宗教家から見た死刑制度」教誨師の平野俊興師、柳川朋毅、（千葉県弁護士会）

一七日　死刑執行停止を求める諸宗教による祈りの集い２０１８ in日本聖公会名古屋聖マルコ教会（主催・「死刑を止めよう」宗教者ネットワーク）

二四日　オウム事件を振り返り、問う、映画「望むのは死刑ですか　考え悩む「世論」」（京都弁護士会館、主催・京都弁護士会）。

二五日　冤罪音楽プロジェクトイノセンスのクリスマスライブ（武蔵小金井・宮地楽器小ホール）

二七日　岡本（河村）啓三さん、末森博也さん、死刑執行　記者会見、法務省前抗議行動。大阪拘置所前、福岡天神でも抗議行動

編集後記

昨年七月のオウム事件一三人の執行から死刑をめぐる状況は悪化の一途をたどっている。この国は、昨年一二月二七日に再審請求中だった岡本（河村）啓三さんと、末森博也さんを大阪拘置所で処刑し、今年八月二日には東京で庄子幸一（響野湾子）さん、福岡で鈴木泰徳さんの命を奪った。私は河村さんとは二〇年近い交流があり、死刑確定後も接見交通権を獲得、他二名の支援者と四人の弁護団で執行を阻止できないか、とにかく執行を先延ばしにしようと試みたが唐突に執行されてしまった。彼はオウム執行後、ごく近い将来、自分の刑が執行されることを予感していた。

庄子さんとは個人的な交流はなかったものの、死刑廃止のための大道寺幸子・赤堀政夫基金の表現展に毎年応募され、その作品と親しんできた。彼は昨年七月六日のオウム死刑囚七人の執行直後、支援者に俳句を送っている。「怒りを籠めて　七月六日夜」と題する一七句で、すべての句に大量虐殺という言葉がついている。一句目が「大量虐殺　空蝉の　痛々し」二句目が「昨日なき　大量虐殺　初蛍」というように。再審請求や恩赦申立て、あるいは精神疾患に罹患している無抵抗な者を問答無用で処刑するのは虐殺以外の何ものでもないだろう。昨年の年報には庄子さんのこれらの句から十句を掲載した。彼は怒りを籠めて一気に句作をしながら一年後の自分の姿を幻視していたのではないだろうか。

＊

一九九六年創刊以降、毎年年報に死刑文献紹介を前田朗さんに執筆していただいている。年次で書かれたブックレビューを改稿、「死刑の現場へ」「死刑囚からのメッセージ」「死刑存廃論」「死刑と冤罪」など一一の章に編集しなおし、現在の死刑問題への奥行きと広がりが見える一冊となる。死刑文献の紹介書であり、死刑の百科全書であり、そしてすっと読める死刑入門書でもある。校正と索引作成であとしばらく時間がかかりそうだが『死刑廃止最入門』（仮題）に期待して欲しい。

（深田卓）

オウム大虐殺
13人執行の残したもの
年報・死刑廃止 2019

2019年10月25日　第1刷発行

編集委員
岩井 信
可知 亮
笹原 恵
島谷直子
高田章子
永井 迅
安田好弘
（以上50音順）
深田卓［インパクト出版会］

装幀・本文レイアウト
宗利淳一デザイン

協力
死刑廃止国際条約の批准を求めるフォーラム90
死刑廃止のための大道寺幸子・赤堀政夫基金
国分葉子
深瀬暢子
岡本真菜

宣伝ビデオ作成
可知亮

編集
年報・死刑廃止編集委員会

発行
インパクト出版会
東京都文京区本郷 2-5-11　服部ビル
TEL03-3818-7576　FAX03-3818-8676
E-mail：impact@jca.apc.org

年報・死刑廃止　インパクト出版会刊

少年事件と死刑　年報・死刑廃止 2012　2300 円＋税
更生ではなく厳罰へ、抹殺へとこの国は向かう。少年事件と死刑をめぐり徹底検証。

震災と死刑　年報･死刑廃止 2011　2300 円＋税
あれだけの死者が出てもなぜ死刑はなくならないのか。震災後の今、死刑を問い直す。

日本のイノセンス･プロジェクトをめざして　年報・死刑廃止 2010　2300 円＋税
DNA 鑑定により米国で無実の死刑囚多数を救出したプロジェクトは日本でも可能か。

死刑 100 年と裁判員制度　年報・死刑廃止 2009　2300 円＋税
足利事件・菅家利和さん、佐藤博史弁護士に聞く。

犯罪報道と裁判員制度　年報・死刑廃止 2008　2300 円＋税
光市裁判報道へのＢＰＯ意見書全文掲載。

あなたも死刑判決を書かされる　年報・死刑廃止 2007　2300 円＋税
21 世紀の徴兵制・裁判員制度を撃つ。

光市裁判　年報･死刑廃止 2006　2200 円＋税
なぜメディアは死刑を求めるのか。

オウム事件 10 年　年報･死刑廃止 2005　2500 円＋税
特集２・名張事件再審開始決定／再審開始決定書全文を一挙掲載。

無実の死刑囚たち　年報･死刑廃止 2004　2200 円＋税
誤判によって死を強要されている死刑囚は少なくはない。

死刑廃止法案　年報･死刑廃止 2003　2200 円＋税
上程直前だった死刑廃止議員連盟の廃止法案と 50 年前の死刑廃止法案。

世界のなかの日本の死刑　年報･死刑廃止 2002　2000 円＋税
死刑廃止は世界の流れだ。第１回世界死刑廃止大会のレポートなど。

終身刑を考える　年報･死刑廃止 2000 ～ 2001　2000 円＋税
終身刑は死刑廃止への近道なのか。

死刑と情報公開　年報･死刑廃止 99　2000 円＋税
死刑についてのあらゆる情報はなぜ隠されるのか。

犯罪被害者と死刑制度　年報･死刑廃止 98　2000 円＋税
犯罪被害者にとって死刑は癒しになるのか。

死刑─存置と廃止の出会い　年報･死刑廃止 97　2000 円＋税
初めて死刑存置派と廃止派が出会い、議論をした記録。

「オウムに死刑を」にどう応えるか　年報･死刑廃止 96　2000 円＋税
死刑廃止運動の理論と情報を共有することを目指し創刊された年報・死刑廃止の創刊号。創刊特集は『凶悪とはなにか？　90 ～ 95 年の死刑廃止運動の記録。なお 90 年以前の廃止運動の情報は小社刊『死刑囚からあなたへ』①②に詳しい。

オウム死刑囚からあなたへ

年報・死刑廃止 2018
定価 2300 円＋税

検証・オウム法廷と死刑執行　江川紹子×安田好弘
13 人死刑執行という大量虐殺　安田好弘
松本智津夫氏の獄中医療報告書
オウム死刑囚を語る

伊達俊二（井上嘉浩さんの再審弁護人）/ 堀和幸（新實智光さんの弁護人）/ 新實智光さんの妻から / 庄子幸一（東京拘置所在監の死刑囚）/ 中川智正さんの支援者から / 堀井準（遠藤誠一さんの再審弁護人）/ 加城千波（横山真人さんの弁護人）/ 河井匡秀（端本悟さんの上告審の弁護人）/ 吉田秀康（小池泰男さんの再審弁護人）/ 大木和弘・宮田桂子（豊田亨さんの弁護人）/ 谷川修真（広瀬健一さんの支援者）

オウム死刑囚からあなたへ　早川紀代秀 / 新實智光 / 宮前一明 / 井上嘉浩 / 土谷正実
袴田事件の不当決定　小川秀世
日本の再審法制の現状と問題点　徳田靖之

ポピュリズムと死刑　年報・死刑廃止 2017　2300 円＋税

トランプ、安倍、ドゥテルテ、世界を席巻するポピュリズムと死刑とは。鵜飼哲、保坂展人、安田好弘、など。小特集・追悼・大道寺将司。大道寺ちはる、浴田由紀子。2020 年廃止へ向けて日弁連死刑廃止宣言への道のりなど。

死刑と憲法　年報・死刑廃止 2016　2300 円＋税

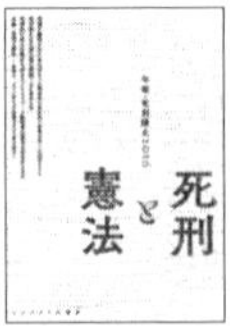

憲法 36 条に「公務員による拷問及び残虐な刑罰は、絶対にこれを禁ずる」とあるにもかかわらず、なぜ命を奪う死刑制度が温存されているのか。1948 年の最高裁死刑合憲判決はなぜ今も通用するのか。過去の死刑違憲裁判を跡づけながら死刑と憲法を再考する。

死刑囚監房から　年報・死刑廃止 2015　2300 円＋税

「フォーラム 90」が 2008 年、11 年に続き、15 年に実施した 3 度目の死刑確定者アンケートへの 73 人の回答を掲載。巻頭座談会は「地下鉄サリン事件から二〇年―オウム事件オウム事件とは何だったのか」大田俊寛・松本麗華・安田好弘・岩井信。

袴田再審から死刑廃止へ　年報・死刑廃止 2014　2300 円＋税

48 年間、無実の罪で幽閉され死刑確定により精神の均衡を失った袴田巖さん。袴田冤罪事件の存在は死刑制度があってはならないことを示している。袴田ひで子さんと巖さんインタビュー、袴田弁護団座談会や無実で執行された飯塚弁護団との鼎談など収載。

極限の表現 死刑囚が描く　年報・死刑廃止 2013　2300 円＋税

極限で描かれたこれらの作品は何を訴えるのか。大道寺幸子基金表現展のすべて。加賀乙彦「〈悪人〉を愛する」、北川フラム「枠を超え埋め尽くす」、池田浩士編「響野湾子詩歌句作品集」、櫛野展正「アールブリュットと死刑囚の絵画展」、作品多数収載。